“十二五”职业教育国家规划教材
经全国职业教育教材审定委员会审定

（第三版）

建筑工程法规

主　编　张培新
副主编　王加胜　李丕明
编　写　薛　雷　李海全
高一飞　朱　琳
主　审　王　平　张正磊

中国电力出版社
CHINA ELECTRIC POWER PRESS

内 容 提 要

本书为“十二五”职业教育国家规划教材，在第二版书的基础上，结合新颁布的《招标投标法实施细则》、《建设工程施工合同（示范文本）》和《建设工程监理规范》做了全面修订，增加了房屋征收与补偿、施工图审查制度、竣工验收备案制度等相关内容。

全书共十四章，主要内容包括：建筑工程法规导论、建筑工程立项决策阶段的法律制度、城乡规划法律制度、建筑工程用地与房屋征收法律制度、建筑工程勘察设计法律制度、建筑许可的法律制度、建筑工程的发承包与招投标、建筑工程合同、建筑工程监理法律制度、建筑工程质量管理法律制度、建筑安全生产与环境保护、建筑工程纠纷与法律服务、建筑工程相关法律制度、国外及港台地区建筑工程相关法律综述等。

本书主要作为高职高专土建施工类、建筑设备类、建筑设计类等专业教材，也可供相关工程技术管理人员参考。

图书在版编目（CIP）数据

建筑工程法规/张培新主编. —3版. —北京：中国电力出版社，2014.9（2021.8重印）

“十二五”职业教育国家规划教材

ISBN 978-7-5123-6158-4

Ⅰ. ①建… Ⅱ. ①张… Ⅲ. ①建筑法-中国-职业教育-教材 Ⅳ. ①D922.297

中国版本图书馆CIP数据核字（2014）第145581号

中国电力出版社出版、发行

（北京市东城区北京站西街19号 100005 http：//www.cepp.sgcc.com.cn）

北京雁林吉兆印刷有限公司印刷

各地新华书店经售

*

2004年5月第一版

2014年9月第三版 2021年8月北京第二十六次印刷

787毫米×1092毫米 16开本 21.25印张 528千字

定价 **50.00** 元

前　言

党的"十八大"以来，"全面推进依法治国、加快建设社会主义法治国家"已成为共识，为确保2020年"依法治国基本方略全面落实，法治政府基本建成，司法公信力不断提高，人权得到切实尊重和保障"目标实现，法治建设步伐再次提速，新法层出不穷，旧法修订不断。据统计，自2009年以来，仅全国人大常委会就废止了8部法律和有关法律问题的决定，对59部法律作出修改；国务院废止了7部行政法规，对107部行政法规作出修改；地方人大及其常委会共废止地方性法规455部，修改地方性法规1417部。工程建设及相关领域立法、修法工作也在加速，《建筑法》修订，三大诉讼法修订，房屋拆迁条例废止，《招标投标法实施细则》出台，建设工程合同相关法律法规不断完善，建设项目立项投资体制发生重大变化，等等。为适应新形势下高职高专建筑工程法规教育的需要，本书做了较为全面的修订。

本次修订的主要内容有：第二章修订了立项程序和立项审批内容，增加了第四节建设项目申请报告；第三章修订了城乡规划编制、实施内容；第四章删除了原第六节城市房屋拆迁管理，增加了房屋征收与补偿内容；第五章增加了施工图审查制度；第七章结合新的《招标投标法实施细则》做了全面修订；第八章结合新的《建设工程施工合同（示范文本）》做了全面修订；第九章结合新的《建设工程监理规范》和《建设工程施工合同（示范文本）》做了全面修订；第十章修订了建筑工程质量监督制度，增加了竣工验收备案制度；第十二章修订了仲裁及诉讼内容；第十三章修订了消防法、建筑工程税收管理的相关内容。

本次修订主要由山东城市建设职业学院张培新、王加胜，山东省高速公路有限责任公司李丕明等共同完成。具体分工如下：第二章至第十一章由张培新修订；第一章、第十二章由王加胜修订；第十三章、第十四章由李丕明修订。

编　者

2014年7月

扫码加入读者圈，
获取相关资源

第一版前言

根据国务院《关于大力推进职业教育改革与发展的决定》和教育部《关于"十五"期间高等教育教材建设与改革的意见》精神，中国电力教育协会组织制订了高职高专"十五"教材规划，《建筑工程法规》是规划教材之一。本书正是按照上述精神及中国电力教育协会的统一部署，并结合工程造价管理专业（三年及五年制）的特点和要求编写而成。

本教材以建筑工程领域的《建筑法》、《招标投标法》、《建设工程质量管理条例》等基本法律、法规为基础，以建筑工程的基本建设程序为主线，结合相关的法律、法规、规章和司法解释，同时考虑工程实践和教学的需要，力求做到前瞻性、针对性、实用性、灵活性和系统性的统一。书中有大量案例及评析，书后附有建筑工程常用法律条文；另外，本书还对世界其他一些国家及港台地区与建筑工程相关的法律做了综述，以方便读者学习、比较和参考。

本书主要适用于建筑类高职高专工程造价管理专业及其他相关专业的课程教学，也可作为其他建筑类院校的参考教材。对于从事建筑工程管理、勘察设计、施工、监理等的管理、技术人员也极具参考价值。全书由山东省城市建设学校张培新、王加胜、薛雷、李海全，山东省高速公路有限责任公司李丕明等同志共同编写而成。张培新任主编，王加胜、李丕明为副主编，北京建筑工程学院王平主审。具体编写分工如下：

张培新　第一章的二、三、四节及第二、四、六、十、十一、十四章

王加胜　第一章的第一节及第十二、十三章

李丕明　第七、九章

薛　雷　第三章

李海全　第五、八章

本教材不足之处，欢迎读者批评指正。

编　者

2003 年 12 月 1 日

第二版前言

"十一五"以来，我国的法治建设持续快速向前发展，社会主义民主更加完善，社会主义法制更加完备，依法治国基本方略得到全面落实，立法机关新颁布实施了一系列法律法规和规章制度。尤其是《物权法》、《城乡规划法》、《节约能源法》、《劳动合同法》等法律的颁布实施对工程建设领域产生了深远的影响。根据教育部及中国电力教育协会的要求，对本书进行了全面修订。

本次修订的主要内容有：第三章城乡规划法律制度，第四章的土地使用权的出让与划拨制度，第五章的工程勘察设计单位资质管理、工程勘察设计市场经营管理，第六章的建筑业企业的资质管理，第八章的劳动合同制度，第九章的工程建设监理单位资质管理，第十章的建设工程质量监督制度，第十一章的建筑安全生产管理制度，第十二章的仲裁、民事诉讼及律师实务，第十三章的标准化法、劳动法、建筑消防、建筑业税收管理等。同时，在第三章中增加了第五节"历史文化名城名镇名村保护"，第十三章中增加了第六节"建筑节能"，第五章中增加了"勘察设计发承包管理"的内容。另外，调整了部分章节的典型案例分析，增删了附件中的部分法律、法规。全书的体系、篇幅变化不大。

本次修订、编写由山东城市建设职业学院张培新、王加胜、薛雷、李海全、高一飞；山东省高速公路有限责任公司李丕明；济南信息工程学校朱琳等共同完成。具体分工如下：第六章、第十章、第十一章、第十四章张培新；第一章、第十二章王加胜；第九章李丕明；第三章薛雷；第五章、第八章李海全；第四章、第七章高一飞；第二章、第十三章朱琳。

编　者

2008 年 5 月

目 录

扫码加入读者圈，
获取相关资源

前言
第一版前言
第二版前言
第一章 建筑工程法规导论……1
第一节 法律基础知识……1
第二节 建筑工程法规的基本概念……15
第三节 建筑工程立法概况……18
第四节 学习建筑工程法规的目的和意义……20
第二章 建筑工程立项决策阶段的法律制度……22
第一节 立项决策阶段的基本程序……22
第二节 建设项目建议书……25
第三节 建设项目的可行性研究……26
第四节 建设项目申请报告……28
典型案例……29
第三章 城乡规划法律制度……31
第一节 城乡规划法概述……31
第二节 城乡规划的制定……34
第三节 城乡规划的实施……43
第四节 城乡规划的修改……50
第五节 历史文化名城、名镇、名村保护……53
典型案例 1……57
典型案例 2……57
第四章 建筑工程用地与房屋征收法律制度……59
第一节 土地管理概述……59
第二节 土地所有权和使用权制度……61
第三节 工程建设用地与土地用途管制……67
第四节 土地使用权的出让与划拨……72
第五节 土地使用权的转让、出租与抵押……77
第六节 房屋征收与补偿……82
典型案例……86
第五章 建筑工程勘察设计法律制度……88
第一节 工程勘察设计法概述……88
第二节 工程勘察设计资质资格管理……89
第三节 工程勘察设计发承包管理……99

第四节 工程勘察设计质量管理 …… 103
典型案例 …… 108
第六章 建筑许可的法律制度 …… 110
第一节 建筑许可制度概述 …… 110
第二节 建筑工程从业单位的资质管理 …… 111
第三节 建筑工程从业人员的资格管理 …… 118
第四节 建筑工程施工许可 …… 124
典型案例 1 …… 128
典型案例 2 …… 128
第七章 建筑工程的发承包与招投标 …… 130
第一节 建筑工程的发包与承包 …… 130
第二节 招投标立法概述 …… 133
第三节 建筑工程招标 …… 135
第四节 建筑工程投标 …… 139
第五节 建筑工程的开标、评标和中标 …… 143
典型案例 1 …… 145
典型案例 2 …… 146
第八章 建筑工程合同 …… 148
第一节 建筑工程合同概述 …… 148
第二节 建筑工程施工合同 …… 154
第三节 建筑工程涉及的其他合同 …… 158
第四节 FIDIC 合同条件 …… 165
典型案例 1 …… 172
典型案例 2 …… 173
第九章 建筑工程监理法律制度 …… 175
第一节 工程建设监理概述 …… 175
第二节 工程建设监理资质资格管理 …… 179
第三节 工程建设监理的实施 …… 187
第四节 工程建设监理合同管理 …… 193
典型案例 …… 196
第十章 建筑工程质量管理法律制度 …… 199
第一节 建筑工程质量监督与检测制度 …… 199
第二节 建筑工程质量体系认证制度 …… 205
第三节 建筑工程的竣工验收与质量保修制度 …… 207
第四节 建筑工程质量责任制度 …… 212
典型案例 1 …… 214
典型案例 2 …… 215
第十一章 建筑安全生产与环境保护 …… 218
第一节 建筑安全生产管理 …… 218

第二节 建筑工程安全事故的处理 …… 225
第三节 建筑工程中的环境保护 …… 228
典型案例 1 …… 232
典型案例 2 …… 234
第十二章 建筑工程纠纷与法律服务 …… 235
第一节 建筑工程纠纷概述 …… 235
第二节 建筑工程纠纷的仲裁 …… 236
第三节 建筑工程纠纷的行政复议 …… 240
第四节 建筑工程纠纷的诉讼 …… 244
第五节 建筑工程律师实务 …… 247
典型案例 …… 251
第十三章 建筑工程相关法律制度 …… 253
第一节 房地产法 …… 253
第二节 标准化法 …… 257
第三节 劳动法 …… 262
第四节 消防法 …… 267
第五节 建筑工程税收管理 …… 271
第六节 建筑节能 …… 283
第十四章 国外建筑工程相关法律综述 …… 288
第一节 世界各国法律制度简介 …… 288
第二节 大陆法系国家建筑法律制度 …… 290
第三节 英美法系国家建筑工程相关法律制度 …… 298
附录 …… 304
附录一 中华人民共和国建筑法 …… 304
附录二 中华人民共和国招标投标法 …… 310
附录三 建设工程质量管理条例 …… 315
附录四 建设工程安全生产管理条例 …… 321
主要参考文献 …… 329

第一章　建筑工程法规导论

扫码加入读者圈，
获取相关资源

第一节　法律基础知识

一、法的概念与作用

（一）法的含义

什么是法？如何界定法的概念？在法学发展史上，哲学家们和法学家们对这一问题的争论，从国家和法律产生之时起即已开始，延续几千年，至今尚无统一的解释。在中国，"法"一词的衍生意义甚为广泛。在哲理意义上，"法"与"理"、"常"通用，指"道理"、"天理"或"常行"的范型和标准。在古代汉语中，抽象的"天命"、"天志"、"礼"、"法度"、"道"、"彝"、"理"，都是"法"。同时，"法"又在典章制度意义上使用，与"律"、"法律"、"法制"等相通解。《唐律疏义·名例篇》曰："律之与法，文虽有殊，其义一也"。中国秦汉以后的法律文件采用过许多名称，如律、令、典、敕、格、式、科、比、例等，它们都是国法意义上的"法"与哲理意义上的"法"不能完全等同。清末民初，由于受日本的影响，国法意义上的"法"则逐渐由"法律"一词代替。

我们所要研究的法的概念，笼统地讲，乃是指"国法"（国家的法律）。其外延包括：①国家专门机关（立法机关）制定的"法"（成文法）；②法院或法官在判决中创制的规则（判例法）；③国家通过一定方式认可的习惯法。

（二）法的特征

1. 法是调整人们行为或社会关系的规范

法作为社会规范，像道德规范、宗教规范一样，具有规范性。所谓法的规范性，是指法具有规定人们行为模式、指导人们行为的性质。它作为法的一个基本特征，在区别不同的法律文件的效力时是非常有意义的，法律文件有规范性文件与非规范性文件之分。法的表现形式往往是规范性法律文件，具有普遍的效力。而非规范性法律文件，如判决书、公证书、委任书、结婚证书等，虽然也是由一定的机关发布的，但因其内容不是规定人们的一般行为模式和标准，所以不具有普遍的效力，仅对特定的当事人有效。

2. 法是由国家制定或认可的社会规范

一切法的产生，大体上都是通过制定和认可这两种途径。所谓法的制定，就是国家立法机关按照法定程序创制规范性文件的活动。通过这种方式产生的法，称为制定法或成文法，即具有一定文字表现形式的规范性文件，如中国的各种法律（宪法、刑法、民法通则等）即属此类。所谓法的认可，是指国家通过一定的方式承认其他社会规范（道德、宗教、风俗、习惯等）具有法律效力的活动。

3. 法是由国家强制力保证实施的社会规范

一切社会规范（道德、纪律、习惯等）都具有强制性，即借助一定的社会力量强迫人们遵守的性质。然而，法不同于其他社会规范，它具有特殊的强制性，即国家强制性。法是以国家强制力为后盾，由国家强制力保证实施的。在此意义上，所谓法的国家强制性就是指法依靠国家强制力保证实施、强迫人们遵守的性质。也就是说，不管人们的主观愿望如何，人们都必须遵守法律，否则将招致国家强制力的干涉，受到相应的法律制裁。

（三）法的分类

根据不同的标准，可以对法作不同的分类，主要有如下几种：

1. 国内法与国际法

按照法的创制与适用主体的不同，法可以分为国内法与国际法。国内法是由特定国家创制并适用于该国主权管辖范围内的法，包括宪法、民法、诉讼法等。国内法的主体一般为公民、社会组织和国家机关，国家只能在特定的法律关系中成为主体。国际法是指在国际交往中，由不同的主权国家通过协议制定或公认的适用于国家之间的法。国际法的主体一般是国家，在一定条件下或一定范围内，类似国家的政治实体以及由一定国家参加和组成的国际组织也可以成为国际法的主体。

2. 根本法与普通法

按照法的效力、内容和制定程序的不同，法可以分为根本法与普通法。根本法是宪法的别称，它规定了国家基本的政治制度和社会制度、公民的基本权利和义务、国家机关的设置、职权等内容，在一个国家中占据最高的法律地位，具有最高的法律效力，是其他法律制定的依据。普通法是指宪法以外的其他法，它规定了国家的某项制度或调整某一方面的社会关系。在制定和修改程序上，根本法比普通法更为严格。

3. 一般法与特别法

按照法的效力范围的不同，法可以分为一般法与特别法。一般法是指在一国范围内，对一般的人和事有效的法。特别法是指在一国的特定地区、特定期间或对特定事件、特定公民有效的法，如戒严法、兵役法、特别行政区法、教师法等。一般情况下，法律适用遵循特别法优于一般法的原则。

4. 实体法与程序法

按照法规定的具体内容的不同，法可以分为实体法与程序法。实体法是规定主要权利和义务（或职权和职责）的法，如民法、刑法、行政法等。程序法是指为保障权利和义务的实现而规定的程序的法，如民事诉讼法、刑事诉讼法等。当然，这种划分并不是绝对的，实体法中也可能有少数程序问题。实体法与程序法有着密切的关系，实体法是主要的，一般称为主法；程序法保障实体法的实现，称为辅助法。

5. 成文法与不成文法

按照法的创制和表达形式的不同，法可以分为成文法和不成文法。成文法是指由特定国家机关制定和公布，以文字形式表现的法，故又称制定法。不成文法是指由国家认可的不具有文字表现形式的法。不成文法主要为习惯法。随着法的发展，成文法日益增多，已成为法的主要组成部分。

（四）法的作用

1. 法的作用的概念

法的作用是指法对人们行为和社会生活发生的影响。法是统治阶级或人民按照自己的意志调整人们行为的工具，用以控制、变革或发展社会，进而建立并维护有利于统治阶级和人民自己的社会关系、社会秩序和社会进程。在本质上，法的作用意味着法作为一种社会工具对主体的用途、功能，或对主体的需要的某种满足。

2. 法的规范作用

根据行为主体的不同，法的规范作用可以分为：指引、评价、教育、预测和强制作用。

(1) 指引作用。法的指引作用是指法律作为一种行为规范，为人们提供了某种行为模式，指引人们可以这样行为，必须这样行为或不这样行为。法的指引作用的对象是人的行为。法的指引作用有两种表现形式，即确定的指引和有选择的指引。确定的指引是指人们必须根据法律规范的指引而行为（包括作为及不作为）。法律通过设定否定性的法律后果实现确定性的指引。义务性规范代表确定的指引。有选择的指引是指人们对法律规范所指引的行为模式有选择余地，法律允许人们自行决定是否这样行为。法律通过规定肯定性的法律后果实现有选择的指引。授权性规范代表有选择的指引。

(2) 评价作用。法的评价作用是指法律具有判断、衡量他人行为是否合法或违法以及违法性质和程度的作用。评价作用的对象是他人的行为。法律是一种判断标准，一种评价尺度。在对他人的行为进行判断或评价时，离不开一定的判断标准或评价尺度。道德、宗教以及政党的政策都具有一定的评价作用。与其他社会规范相比，法律具有概括性，公开性和稳定性，所以法律的评价更客观、更明确、更具体。法的评价作用及其优点，使法为人们提供了一种维护社会秩序、促进社会发展的可靠的评价工具。如果说法的指引作用可以视为法的一种自律功能的话，法的评价作用则可以视为法的一种他律功能。法的这种他律功能是建立完善的法律监督体系、建设法治社会的前提。

(3) 预测作用。预测作用是指当事人可以根据法律预先估计到他们相互将如何行为以及某种行为在法律上的后果。预测作用的对象是人们相互的行为。法律的预测作用也称为法律的可预测性，它可以分为两种情况，即行为人依据法律调整相互关系和行为人依据法律预测国家对某种行为的态度。在第一种情况下，当事人可以相互预测对方的行为，是指由于法律规范的存在，一定法律关系中的当事人可以预先估计到对方应当如何行为，从而使自己采取相应的行为。例如，在合同关系中，甲方在履行自己的合同义务时，可以合理地预计对方也会履行的合同义务；如果任何一方违约，违约方也会估计到另一方将采取哪些求偿行为。在第二种情况下，是指人们可以依据法律，预先估计到国家会对某种行为采取的态度，预见到某种行为是合法还是违法；在法律上是有效还是无效，国家会予以肯定、保护或奖励，还是否定或制裁。

(4) 教育作用。教育作用是指通过法律的实施对一般人今后的行为所产生的影响。这种作用的对象是一般人的行为。可以有不同的方式实现法的教育作用。首先，对违法行为实施法律制裁，对包括违法者本人在内的一般人来说都具有教育和警戒作用；其次，对合法行为加以保护、赞许或者奖励，对所有人都有鼓励和示范作用；再次，平等、有效地实施法律，可以在更高层次上实现法律的教育作用，根据法律程序来处理事情和接受法律判决的压力，可能比直接惩罚的威胁还要微妙；最后，一种法律能否真正实现这种作用以及这种作用的程度，归根到底取决于法律规定的内容是否真正体现绝大多数社会成员的利益。

(5) 强制作用。法的强制作用是指法律对违法行为具有制裁、惩罚的作用。强制作用的对象是违法者的行为。法的强制作用有时通过制裁违法犯罪行为直接显现出来；有时则作为某种威慑力量，起着预防违法犯罪行为，增进社会成员的社会安全感的作用。

3. 法的社会作用

法的社会作用是指法具有维护有利于一定阶级的社会关系和社会秩序的作用。这是从法的本质和法的目的出发来分析法的作用。在阶级对立的社会中，法的社会作用大体上可归纳为以下两个方面：维护阶级统治和执行社会公共事务。

（1）法在维护阶级统治方面的作用。在阶级对立社会中，社会的基本矛盾是对立阶级之间的冲突和斗争。为了维护自己的统治，统治阶级必须把阶级冲突和斗争控制在一定的秩序范围内。国家是一种表面上凌驾于社会之上，实质上是掌握在经济上和政治上居统治地位的阶级手中的政治机器。统治阶级利用国家来控制阶级冲突和阶级斗争，即利用国家制定并实施法律来使自己在社会生活中的统治地位合法化，使这些冲突和斗争保持在统治阶级的根本利益所允许的限度内，建立起有利于统治阶级的社会秩序和社会关系。

法在维护阶级统治方面的作用表现在许多方面。首先，统治阶级用法律在经济上确认和维护以生产资料私有制为基础的社会经济制度；在政治上维护统治阶级对被统治阶级的政治统治；在思想、道德方面，维护统治阶级意识形态的支配地位。其次，统治阶级通过规定一些保护被统治阶级利益的条款，向被统治阶级被迫让步，以缓和阶级斗争，稳定自己的统治。再次，法在调整统治阶级成员内部和统治阶级与其同盟者之间的关系方面也具有重要作用。为了维护统治阶级的根本利益和整体统治，法律也约束统治阶级成员的行为，统治阶级中的个别成员也可能因违法犯罪而受到惩处。对于严重腐败、滥用权力以及公开蔑视统治秩序的极端行为，危及统治秩序的，统治阶级的法律也要严惩不贷。同时，法律也被用来调整统治阶级各个利益集团之间的经济利益冲突和政治矛盾。

（2）法在执行社会公共事务方面的作用。社会公共事务是指与维护阶级统治相对应的活动。这些事务与阶级统治并无直接联系，在客观上有利于全体社会成员。在阶级对立的社会，社会公共事务及其有关法律可以概括为以下几个方面：

1）维护人类社会的基本生活条件。这些基本生活条件包括一定限度的社会治安，社会成员的基本人身安全，食品卫生，环境保护，生态平衡，交通安全等。公共安全法规，人权保障法规，食品卫生法规，资源与环境保护法规、交通及通讯法规等都具有这些方面的作用。

2）维护生产和交换条件。其中包括确定生产管理的法规，规定基本劳动条件的法规，有关各种交易行为的法律规范等。这些法律往往反映了生产和交换过程的内在必然性。实施这些法律，可以减少经济活动中的偶然性和任意性，保证交易安全，减少交易风险，降低交易成本，提高效率。

3）组织社会化生产。社会化生产及其发展，是人类经济活动及其发展的重要组成部分，如兴修水利、修筑道路。国家作为社会的公共管理机关，要通过一系列法律规划、组织社会化的经济活动。

4）促进教育、科学和文化的发展。教育、科学和文化的发展是一个民族或一个社会生存与发展的重要条件。国家通过法律规定教育、科学和文化从业人员的法律地位，保护他们从事这些事业及其智力成果的合法权利，以及有关机构和人员的法律义务，促进教育、科学和文化事业的发展。在近现代社会，有关专利、商标和著作权保护的知识产权法、义务教育法、科技进步法，随着科学技术的进步和人类文明的发展而日益发展并在社会生活中发挥着越来越重要的作用。

二、法的形式与效力

（一）法的形式

1. 法的形式的概念

法的形式即法的渊源，是指法律规范的来源，即法之源。法的渊源一般有实质意义与形式意义两种不同的解释。在实质意义上，法的渊源指法的内容的来源，如法渊源于经济或经济关系。形式意义上的法的渊源，也就是法的效力渊源，指一定的国家机关依照法定职权和程序制定或认可的具有不同法律效力和地位的法的不同表现形式，即根据法的效力来源不同，而划分法的不同形式。在我国，对法的渊源的理解，一般指效力意义上的渊源，主要是各种制定法。

2. 当代中国法的渊源

当代中国法的渊源主要是以宪法为核心的各种制定法，包括宪法、法律、行政法规、地方性法规、经济特区的规范性文件、特别行政区的法律法规、国际条约、国际惯例等。

（1）宪法。宪法是每一民主国家最根本的法的渊源，其法律地位和效力是最高的。它是国家最高权力的象征或标志，宪法的权威直接来源于人民。

宪法规定了当代中国的根本的社会、经济和政治制度、根本任务，各种基本原则、方针、政策，公民的基本权利和义务，各主要国家机关的组成和职权、职责等，涉及社会生活各个领域的最根本、最重要的方面，而一般法律如民法等只规定社会或国家生活中某一方面的问题。宪法是由我国最高权力机关——全国人民代表大会制定和修改的。

（2）法律。法律有广义、狭义两种理解。广义上讲，法律泛指一切规范性文件；狭义上讲，仅指全国人大及其常委会制定的规范性文件。我们这里仅用狭义。在当代中国法的渊源中，法律的地位和效力仅次于宪法。

法律由于制定机关的不同可分为两大类：一类为基本法律，由全国人大制定和修改的刑事、民事、国家机构和其他方面的规范性文件，如刑法、刑事诉讼法等；另一类为非基本法律，由全国人大常委会制定和修改的规范性文件，如文物保护法、商标法等。

（3）行政法规。行政法规是指作为国家最高行政机关的国务院所制定的规范性文件，其法律地位和效力仅次于宪法和法律。目前我国行政法规的数量远远超过全国人大和全国人大常委会制定的法律的数量。

国务院制定的行政法规，不得与宪法和法律相抵触。因此，全国人大常委会有权撤销国务院制定的同宪法、法律相抵触的行政法规、决定和命令。行政法规调整的范围包括为了执行法律而进行的国家行政管理活动中涉及的各种社会关系，如关于国家行政机关在行政管理活动中的职权、职责，国家行政机关在行政管理活动中同其他国家机关、社会组织、企业事业单位和公民之间的关系等，内容较为广泛。

（4）地方性法规、民族自治法规、经济特区的规范性文件。这三类都是由地方国家机关制定的规范性文件。地方性法规是一定的地方国家权力机关，根据本行政区域的具体情况和实际需要，依法制定的在本行政区域内具有法律效力的规范性文件。根据《宪法》和1986年修改后的《地方各级人民代表大会和地方各级人民政府组织法》的规定，省、自治区、直辖市以及省级人民政府所在地的市和经国务院批准的较大的市的人民代表大会及其常委会有权制定地方性法规。民族区域自治是我国的一项基本政治制度。根据《宪法》和《民族区域自治法》，民族自治地方的自治机关除行使宪法第3章第5节规定的地方国家机关的职权外，同时依照宪法和有关法律行使自治权。民族自治地方的人民代表大会有权依照当地民族的政治、经济和文化的特点，制定自治条例和单行条例，但应报上一级人民代表大会常委会批准之后才生效。自治条例是一种综合性法规，内容比较广泛。单行条例是有关某一方面事务的规范性文件，一般采用“条例”、“规定”、“变通规定”、“变通办法”等。民族自治法规只在本自治区域有效。

（5）规章。规章是行政性规范，从其制定机关而言可分为：一种是由国务院组成部门及直属机构在它们的职权范围内制定的规范性文件；另一种是省、自治区、直辖市人民政府以及省、自治区人民政府所在地的市和经国务院批准的较大的市的人民政府依照法定程序制定的规范性文件。

（6）特别行政区的法律。宪法规定，国家在必要时得设立特别行政区。在特别行政区内实行的制度按照具体情况由全国人民代表大会以法律规定。这是“一个国家、两种制度”的构想在宪法上的体现。特别行政区实行不同于全国其他地区的经济、政治、法律制度，即在若干年内保持原有的资本主义制度和生活方式，因而在立法权限和法律形式上也有特殊性，特别行政区的法律、法规在当代中国法的渊源中成为单独的一类。全国人民代表大会已于1990年和1993年先后通过了《中华人民共和国香港特别行政区基本法》和《中华人民共和国澳门特别行政区基本法》。

（7）国际条约、国际惯例。国际条约是指我国作为国际法主体同外国缔结的双边、多边协议和其他具有条约、协定性质的文件。条约生效后，根据“条约必须遵守”的国际惯例，对缔约国的国家机关、团体和公民就具有法律上的约束力，因而国际条约也是当代中国法的渊源之一。国际条约的名称很多，如条约、公约、和约、协定等。国际惯例是指以国际法院等各种国际裁决机构的判例所体现或确认的国际法规则和国际交往中形成的共同遵守的不成文的习惯。国际惯例是国际条约的补充。

（二）法的效力

1. 法的效力的概念

法的效力，通常有广义和狭义两种理解。广义上的法的效力，泛指法的约束力和法的强制性。狭义上的法的效力，是指法的生效范围或适用范围，即法在什么时间、什么地方和对什么人适用，包括法的时间效力、法的空间效力、法对人的效力。正确理解法的效力问题，是适用法的重要条件。本书所讲的法的效力，是就狭义而言的。

2. 法的时间效力

法的时间效力，是指法何时生效和何时终止效力，以及法对其颁布实施以前的行为和事件有无溯及力的问题。

（1）法的生效时间。法的生效时间，一般根据该法的具体性质和实际需要来决定。通常有以下几种情况：①自法律公布之日起生效；②由该法明文规定具体的生效时间；③规定法公布后到达一定期限开始生效。

（2）法的终止效力。法的终止效力，即法被废止，绝对地失去其拘束力。一般分为明示的废止和默示的废止两种方式。明示的废止，是在新法或其他法规中明文规定对旧法加以废止。这种终止法的效力的方式直接用语言文字明确表示，被称为“积极的表示方式”，是世界上大多数国家普遍采用的方式。

（3）法的溯及力。法的溯及力，指法溯及既往的效力，即法颁布施行后，对其生效前所发生的事件和行为是否适用的问题。如果适用，该法就有溯及力；如果不适用，该法就不具有溯及力。由于人们不可能根据尚未颁布实施的法处理社会事务，因此近代以来各国的立法一般采用法不溯及既往的原则。

3. 法的空间效力

法的空间效力，是指法生效的地域范围，即法在哪些地方具有拘束力。根据国家主权原则，一国的法在其主权管辖的全部领域有效，包括陆地、水域及其底土和领空。此外，还包括延伸意义上的领土，即本国驻外大使馆、领事馆，在本国领域外的本国船舶和飞行器。

对各个具体的法来说，由于制定的机关和法的内容的不同，其空间效力有所不同。法的空间效力一般分为法的域内效力和法的域外效力两方面。

4. 法对人的效力

法对人的效力，是指法对哪些人具有拘束力，即法对什么样的自然人和法人适用。根据我国法律的规定，法对人的效力包括以下两个方面：

（1）对中国人的法律效力。我国宪法和法律规定，我国法律适用于中国领域内的所有公民、国家机关、武装力量、政党、社团、企事业单位，法律面前人人平等。中国人在中国领域外的法律适用问题比较复杂，其原则上仍受中国法律的保护，并履行中国法律所规定的义务。但由于各国法律规定不同，既要尊重所在国司法主权，又要遵守国际条约或惯例，因而往往发生法律适用的冲突。对此，既要维护中国的主权，又要尊重他国主权，原则性与灵活性相结合，协商解决。

（2）对外国人的法律效力。根据国家主权原则，外国人在中国领域内，除法律另有规定者外，均适用中国法律，特别在刑事方面。我国《宪法》第32条规定："中华人民共和国保护在中国境内的外国人的合法权利和利益，在中国境内的外国人必须遵守中华人民共和国的法律。"外国人在中国领域外适用中国法问题，主要在刑事方面。我国《刑法》第8条规定："外国人在中华人民共和国领域外对中华人民共和国国家或者公民犯罪，而按本法规定的最低刑为3年以上有期徒刑的，可以适用本法，但是按照犯罪地的法律不受处罚的除外。"进行这样的规定，其目的是保护中国的国家利益，保障中国驻外工作人员、留学生、侨民的合法利益。

三、法律体系

（一）法律体系的概念

法律体系，也称为部门法体系，是指一国的全部现行法律规范，按照一定的标准和原则，划分为不同的法律部门而形成的内部和谐一致、有机联系的整体。法律体系是一国国内法构成的体系，不包括完整意义的国际法，即国际公法。法律体系又是一国现行法构成的体系，反映一国法律的现实状况，它不包括历史上已经废止的不再有效的法律，也不包括尚待制定、或没有生效的法律。

（二）法律部门的概念及当代中国的法律部门

法律体系可以划分为不同的相对独立的部分，这就是法律部门。法律部门，也叫部门法，是根据一定标准和原则所划定的调整同一类社会关系的法律规范的总称。

由于社会关系复杂交错，彼此联系，因此法律部门之间往往很难截然分开。事实上，有的社会关系需要由几个法律部门来调整，如经济关系就需要由经济法、民法、行政法、劳动法等调整。

当代中国的法律部门通常包括下列部门：宪法、行政法、民法、商法、经济法、刑法、诉讼法、劳动法与社会保障法、环境法。

1. 宪法

宪法作为一个法律部门，在当代中国的法律体系中具有特殊的地位，是整个法律体系的基础。它不仅反映了当代中国法的本质和基本原则，也确定了其他法律部门的指导原则。宪法规定我国的各种基本制度、原则、方针、政策，公民的基本权利和义务，各主要国家机关的地位、职权和职责等。宪法部门最基本的规范，主要反映在《中华人民共和国宪法》这样的规范性文件中。

2. 行政法

行政法是调整国家行政管理活动中各种社会关系的法律规范的总和。它包括规定行政管理体制的规范，确定行政管理基本原则的规范，规定行政机关活动的方式、方法、程序的规范，规定国家公务员的规范等。行政法包括一般行政法和特别行政法，涉及范围很广，如治安、民政、工商、文教、卫生、税务、财政、交通、环境、边境等各方面的行政管理法规。

我国一般行政法方面的规范性文件较少，主要有《行政复议法》、《公务员法》等。特别行政法方面有《食品卫生法》、《药品管理法》、《治安管理处罚法》、《邮政法》、《海关法》、《集会游行示威法》、《铁路法》等。随着改革开放的深入进行，我国在行政管理领域要求国家行政机关及其工作人员认真依法行政，坚持法治原则，并接受各方面监督。

3. 民法

民法是调整作为平等主体的公民之间、法人之间、公民和法人之间的财产关系和人身关系的法律。财产关系是人们在占有、使用和分配物质财富过程中所发生的社会关系，民法并非调整所有的财产关系，而只是调整平等主体之间发生的财产关系，如所有权关系、债权关系等。

我国民法部门主要由《民法通则》和单行民事法律组成。《民法通则》是民法部门的基本法。单行民事法律主要有《物权法》、《婚姻法》、《继承法》、《收养法》、《合同法》、《商标法》、《专利法》、《著作权法》、《担保法》等。此外还包括一些单行的民事法规，如《工矿产品购销合同条例》、《农副产品购销合同条例》、《铁路货物运输合同实施细则》等。

4. 商法

在明确提出建立市场经济体制以后，商法在法律部门的地位才为人们所认识。商法是调整平等主体之间的商事关系或商事行为的法律。我国的商法包括《企业破产法》、《海商法》、《公司法》、《票据法》、《保险法》等。商法是一个法律部门，但民法规定的有关民事关系的很多概念、规则和原则也适用于商法。从这一意义讲，我国实行了“民商合一”的原则。

5. 经济法

经济法是调整国家在经济管理中发生的经济关系的法律。作为法律部门的经济法是随着商品经济的发展和市场经济体制的逐步建立，适应国家对宏观经济实行间接调控的需要而发展起来的一个法律部门。经济法这一法律部门主要包括有关企业管理的法律规范，如《全民所有制工业企业法》、《中外合资经营企业法》、《外资企业法》、《中外合作经营企业法》、《乡镇企业法》等；有关财政、金融和税务方面的法律、法规，如《中国人民银行法》、《增值税暂行条例》、《税收征收管理法》等；有关宏观调控的法律、法规，如《预算法》、《统计法》、《会计法》、《计量法》等；有关市场主体、市场秩序的法律、法规，如《反不正当竞争法》、

《消费者权益保护法》等。

6. 刑法

刑法是规定犯罪和刑罚的法律，是当代中国法律体系中一个基本法律部门。在人们日常生活中，刑法也是最受人关注的一种法律。

刑法这一法律部门中，占主导地位的规范性文件是《刑法》，同时还包括《国家安全法》等一些单行法律、法规。在有关经济、行政管理的法律（如《商标法》、《文物保护法》、《专利法》、《枪支管理法》等）中，规定了"依照"、"比照"刑法的有关规定追究刑事责任的条款，这些法律规范也是刑法的组成部分。

7. 诉讼与非诉讼程序法

诉讼与非诉讼程序法是规范解决社会纠纷的诉讼活动与非诉讼活动的法律规范。诉讼法律制度是规范国家司法活动解决社会纠纷的法律规范，主要有《民事诉讼法》、《刑事诉讼法》、《行政诉讼法》、《海事诉讼特别程序法》、《引渡法》等；非诉讼程序法律制度是规范仲裁机构或者人民调解组织解决社会纠纷的法律规范，主要有《仲裁法》、《劳动争议调解仲裁法》、《农村土地承包经营纠纷调解仲裁法》、《公证法》、《人民调解法》等。

8. 社会法

社会法是调整劳动关系、社会保障、社会福利和特殊群体权益保障等方面的法律规范。目前，国家已制定社会法方面的法律 18 件和一大批规范劳动关系和社会保障的行政法规、地方性法规。调整劳动关系的规范性文件主要有《劳动法》、《劳动合同法》、《就业促进法》、《职业病防治法》、《工会法》等；社会保障方面的规范性文件主要有《社会保险法》、《失业保险条例》、《工伤保险条例》、《社会保险费征缴暂行条例》、《农村五保供养工作条例》等；社会福利和特殊群体权益保障方面的规范性文件主要有《红十字会法》、《公益事业捐赠法》、《残疾人保障法》、《未成年人保护法》、《妇女权益保障法》、《老年人权益保障法》、《预防未成年人犯罪法》等。

9. 环境法

环境法是关于保护环境和自然资源、防治污染和其他公害的法律，通常指自然资源法和环境保护法。自然资源法主要指对各种自然资源的规划、合理开发、利用、治理和保护等方面的法律。环境保护法是保护环境、防治污染和其他公害的法律。这一法律部门的规范性文件，属于自然资源法方面的有《森林法》、《草原法》、《渔业法》、《矿产资源法》、《土地管理法》、《水法》、《野生药材资源保护管理条例》等，属于环境保护法方面的有《环境保护法》、《海洋环境保护法》、《水污染防治法》、《大气污染防治法》、《风景名胜区管理暂行条例》等。

环境法是当代中国法律体系中的一个新兴法律部门，虽然已经制定了许多法律、法规，但仍然不够完备，需要进一步完善。

四、法律关系

（一）法律关系的概念

法律关系是根据法律规范建立的一种合法的社会关系。在社会生活中，往往存在着大量的事实关系，它们没有严格的合法形式，甚至是完全违背法律的，如非法同居关系、未经认可的收养关系，以规避法律为目的的契约关系，无效或失效的合同关系等。这些事实关系，都不能看作是法律关系。

（二）法律关系的构成要素

1. 法律关系主体

（1）法律关系主体的概念。法律关系主体是一种特定的法律主体，是指法律关系的参加者，即在法律关系中一定权利的享有者和一定义务的承担者。在每一具体的法律关系中，主体的多少各不相同，但大体上都归属于相对应的双方：一方是权利的享有者，称为权利人；另一方是义务的承担者，称为义务人。它们包括以下几类：

1）公民（自然人）。这里的公民既指本国公民，也指居住在一国境内或在境内活动的外国公民和无国籍人。在中国，还有一类由公民集合的特定主体，如个体户、农户、个人合伙等，可以参与一定范围的法律关系。

2）各种机构和组织。这主要包括三类：一是各种国家机关（立法机关、行政机关和司法机关等）；二是各种企事业组织；三是各政党和社会团体。这些机构和组织主体，在法学上可以笼统地称为法人。其中既包括公法人（参与宪法关系、行政法律关系、刑事法律关系的各机关、组织），也包括私法人（参与民事或商事法律关系的机关、组织）。

（2）法律关系主体构成的资格。权利能力和行为能力公民和法人要能够成为法律关系的主体，享有权利和承担义务，就必须具有权利能力和行为能力，即具有法律关系主体构成的资格。

1）权利能力。权利能力，又称权义能力（权利义务能力），是指能够参与一定的法律关系，依法享有一定权利和承担一定义务的法律资格。它是法律关系主体实际取得权利和承担义务的前提条件。

2）行为能力。行为能力是指法律关系主体能够通过自己的行为实际取得权利和履行义务的能力。公民的行为能力是公民的意识能力在法律上的反映。确定公民有无行为能力，其标准有二：一是能否认识自己行为的性质、意义和后果；二是能否控制自己的行为并对自己的行为负责。因此，公民是否达到一定年龄、神智是否正常，就成为公民享有行为能力的标志。例如，婴幼儿、精神病患者，因为他们不可能预见自己行为的后果，所以在法律上不能赋予其行为能力。在这里，公民的行为能力不同于其权利能力。具有行为能力必须首先具有权利能力，但具有权利能力，并不必然具有行为能力。这表明，在每个公民的法律关系主体资格构成中，这两种能力可能是统一的，也可能是分离的。

2. 法律关系的内容

（1）法律权利。法律权利是国家通过法律规定，对法律关系主体可以自主决定作出某种行为的许可和保障手段。其结构和内容包括：①权利人可以自主决定作出一定行为的权利；②权利人要求他人履行一定法定义务的权利；③权利人在自己的权利受到侵犯时，请求国家机关予以保护的权利。这三个要素是紧密联系，不可分割的。其中，第一要素（即权利人可以自主决定作出一定的行为）是权利结构的核心；其他两要素都是该要素的延伸，也是为实现该要素而自然产生的保护手段。

（2）法律义务。法律义务是国家通过法律规定，对法律主体的行为的一种约束手段。它或者表现为要求人们必须根据权利的内容作出一定的行为，或者表现为要求人们不得作出一定的行为。要求人们必须积极作出一定行为的义务，在法学上被称为“作为义务”或“积极义务”，如赡养父母、抚养子女、纳税、服兵役等。要求人们不得作出一定行为的义务，被称为“不作为义务”或“消极义务”，如不得破坏公共财产，禁止非法拘禁，严禁刑讯逼供等。法律义务的履行，是实现法律规范、保障法律权利的重要步骤。义务人履行义务是法的遵守（守法）的重要内容。而不履行义务就构成了对他人权利的侵犯，就是违法，必须承担一定的法律责任。因此，法律义务不等同于法律责任，它是构成法律责任的法定前提条件。

3. 法律关系的客体

笼统地讲，法律关系客体是指法律关系主体之间权利和义务所指向的对象。它是构成法律关系的要素之一。

法律关系的客体是一个历史概念，随着社会历史的不断发展，其范围和形式、类型也在不断地变化着，归纳起来，有以下几类：

（1）物。法律意义上的物是指法律关系主体支配的、在生产上和生活上所需要的客观实体。

（2）人身。人身是由各个生理器官组成的生理整体（有机体）。它是人的物质形态，也是人的精神利益的体现。在现代社会，现代科技和医学的发展，使得输血、植皮、器官移植等现象大量出现。同时也产生了此类交易买卖活动及其契约，带来了一系列法律问题。这样，人身不仅是人作为法律关系主体的承载者，而且在一定范围内成为法律关系的客体。但须注意的是活人的（整个）身体，不得视为法律上之“物”，不能作为物权、债权和继承权的客体，禁止任何人（包括本人）将整个身体作为“物”参与有偿的经济法律活动，不得转让或买卖。贩卖或拐卖人口，买卖婚姻，是法律所禁止的违法或犯罪行为，应受法律的制裁。

（3）精神产品。精神产品是人类及其个体通过某种物体（如书本、砖石、纸张、胶片、磁盘）或人脑记载下来并加以流传的思维成果。精神产品不同于有体物，其价值和利益在于物中所承载的信息、知识、技术、标识（符号）和其他精神文化。同时它又不同于人的主观精神活动本身，是精神活动的物化、固定化。精神产品属于非物质财富，我国法学界常称为“智力成果”或“无体财产”。

（4）行为结果。在很多法律关系中，其主体的权利和义务所指向的对象既不是物、人身，也不是精神产品，而是行为结果。这种结果一般分为两种：一种是物化的行为结果，即义务人的行为（劳动）凝结于一定的物体，产生一定的物化产品或营建物（房屋、道路、桥梁等）；另一种是非物化的行为结果，即义务人的行为没有转化为物化实体，而仅表现为一定的行为过程，直至终了，最后产生权利人所期望的结果（或效果）。例如，权利人在义务人完成一定行为后，得到了某种精神享受或物质亨受，增长了知识和能力等。

（三）法律事实

1. 法律事实的概念

所谓法律事实，就是法律规范所规定的、能够引起法律关系产生、变更和消灭的客观情况或现象。也就是说，法律事实首先是一种客观存在的外在现象，而不是人们的一种心理现象或心理活动。纯粹的心理现象不能看作是法律事实。其次，法律事实是由法律规定的、具有法律意义的事实，能够引起法律关系的产生、变更或消灭。在此意义上，与人类生活无直接关系的纯粹的客观现象（如宇宙天体的运行）就不是法律事实。

2. 法律事实的种类

（1）法律事件。法律事件是法律规范规定的、不以当事人的意志为转移而引起法律关系产生、变更或消灭的客观事实。法律事件又分成社会事件和自然事件两种，前者如社会革命、战争等，后者如人的生老病死、自然灾害等。这两种事件对于特定的法律关系主体（当事人）而言，都是不可避免，不可抗拒的，也不是以其意义为转移的。但由于这些事件的出现，法律关系主体之间的权利与义务关系就有可能产生，也有可能发生变更，甚至完全归于消灭。例如，由于人的出生便产生了父母与子女间的抚养关系和监护关系，而人的死亡却又导致抚养关系、夫妻关系或赡养关系的消灭和继承关系的产生，等等。

（2）法律行为。法律行为是意志行为，是法律关系主体（当事人）意志的表现。因为人们的意志有善意与恶意、合法与违法之分，故其行为也可以分为善意行为、合法行为与恶意行为、违法行为。善意行为、合法行为能够引起法律关系的产生、变更和消灭。例如，依法登记的结婚行为，导致婚姻关系的成立。同样，恶意行为、违法行为也能够引起法律关系的产生、变更和消灭，如犯罪行为产生刑事法律关系，也可能引起某些民事法律关系（损害赔偿、婚姻、继承等）的产生或变更。

五、法律行为与法律责任

（一）法律行为

1. 法律行为的概念和特征

行为是受思想支配而表现在外部的活动。法律行为是指由法律规定和调整的，能够引起法律关系产生、变更和消灭的人的有意识活动，包括合法行为与违法行为。

法律行为具有以下几方面特征：

（1）法律性。法律行为是由法律规定和调整的行为，是发生法律效果的行为。合法行为会受到国家肯定、承认、保护、奖励；违法行为会受到国家否定、取缔、惩罚、制裁。

（2）意志性。法律行为是受人的意志所控制的活动，是人们有目的、有意识进行的独立的意思表示和按照自己的意志确定并实现行为内容，这是法律行为成立的基本要素。

（3）价值性。法律行为是自然人或法人为了满足一定的需要而作出的、反映了行为人的某种价值追求；同时，对法律行为的评价是一种价值评价活动，人们可以用好坏、善恶等进行评判。

2. 法律行为的种类

根据不同的标准，法律行为可以作以下分类：

（1）根据法律行为的主体不同，法律行为可分为个人法律行为、集体法律行为、国家法律行为。个人法律行为是由自然人个人的意志所支配并实施的法律行为。集体法律行为是某一群体的成员、基于某种共同意志而作出的法律行为。集体法律行为如集团诉讼具有意志的共同性、人数的众多性的特征。国家法律行为是国家机关及其工作人员根据国家意志并代表国家所进行的活动，如法院的审判。

（2）根据法律行为主体的不同，法律行为可以分为单方法律行为、双方法律行为和多方法律行为。单方法律行为是根据一方当事人的意思表示或作为就可成立的法律行为，如放弃继承权。双方法律行为是当事人双方相对应的意思表示达成一致才可成立的法律行为，如结婚。多方法律行为是两个以上当事人并行的意思表示和达成一致才可成立的法律行为，如两个以上的合伙人订立合伙合同。

（3）根据法律行为的效力对象、生效范围的不同，法律行为可以分为抽象法律行为和具体法律行为。抽象法律行为是针对一般对象而作出的、具有普遍法律效力的行为，如行政机关制定规章的行为。具体法律行为是针对特定对象而作出的、具有个别法律效力的行为，如公民办理公证手续。

(4) 根据法律行为是否需要一定形式或履行一定程序，可将法律行为分为要式法律行为和非要式法律行为。要式法律行为是指依法律规定，必须采取一定形式或履行一定程序才可成立的法律行为，如房屋买卖必须办理过户才成立。非要式法律行为是指法律不要求采用特定形式，当事人可自由选择一种形式即能成立的法律行为，此为法律行为之多数。

3. 合法行为

(1) 合法行为的概念。从字面上理解，合法行为就是符合法律规定、与法律规范的要求一致的行为。法理学上所称的合法行为，是指自然人、法人或其他团体受其意志支配的，符合法律规范或法律原则要求的，能够引起法律关系产生、变更或消灭的活动。

(2) 合法行为的种类。由于社会生活的复杂性和法律调整的日益广泛，合法行为种类繁多。按照不同的标准可以作不同的分类。按行为所实现的法律规范的性质的不同，合法行为可以分为禁令的遵守、积极义务的履行、合法权利的享用和法的适用（即法在生活中实现的形式）等。

按行为主体的不同，合法行为可以分为自然人的合法行为，法人的合法行为、国家机关及其公职人员的合法行为等。

根据行为方式的不同，合法行为可以分为作为的合法行为和不作为的合法行为。作为的合法行为指行为人以直接对客体发生作用的方式进行的活动；不作为的合法行为是行为人以间接对客体发生作用的方式进行的活动，如遵守禁止性规范的行为。

根据行为人的内心动机的不同，合法行为可分为：①基于对法律的认知和认同而自觉作出的合法行为；②基于对法律的服从和惩罚的惧怕而被动作出的合法行为；③行为人主观上没有意识到，客观上与法律规范法律原则相一致的合法行为。

按照是否产生奖励性后果，合法行为可分为一般的合法行为和受奖励的合法行为。

4. 违法行为

(1) 违法行为的概念。违法行为，亦称违法，是指人们违反法律的、具有社会危害性的、主观上有过错的活动。违法行为是指那些不符合现行法律要求的，超出现行法律允许范围的危害社会的活动，而且这种危害社会的活动是行为人在主观上有过错的状态下作出的。违法行为可以表现为做法律所禁止的行为，也可以表现为不做法律所要求做的事情，从而破坏了法律所要维护的社会关系和社会秩序。

(2) 违法行为的种类。根据违法行为的具体性和危害程度的不同，违法行为一般可分为以下几种：

1) 刑事违法行为。刑事违法行为也称犯罪行为，是违法行为中社会危害性最严重的一种，是指侵犯刑法所维护的社会关系依法应受到刑罚惩处的行为。刑事违法行为是一种严重违法行为。

2) 民事违法行为。民事违法行为是指违反民事法律的规定，应当追究民事责任的行为，包括不履行责任的行为、侵权行为、受益人知情的不当得利行为等。

3) 行政违法行为。行政违法行为是指违反行政法规，危害社会的行为，包括国家行政机关及其工作人员在执行公务中的职务过错行为和行政管理相对人违反行政法规的行为。

4) 违宪行为。违宪行为是指社会组织、公民特别是国家机关及其工作人员违反宪法和宪法性文件、背离宪法原则的行为，如国家机关制定的法律法规、作出的决议决定或命令同宪法的内容和原则相抵触，公民没有履行宪法中规定的义务等，均为违宪行为。

（二）法律责任

1. 法律责任的概念

法律责任是指由于违法行为、违约行为或者由于法律规定而应承受的某种不利的法律后果。欠债还钱，杀人偿命，是人们对法律责任的最通俗的解释。“还钱”、“偿命”对责任人来说都是不利的法律后果。

产生法律责任的原因大体上可以分为下面三种：①侵权行为，也就是违法行为。侵犯他人的财产权利、人身权利、知识产权、政治权利或精神权利产生的法律责任在全部法律责任中占多数。②违约行为，即违反合同约定，没有履行一定法律关系中的作为的义务或不作为的义务。③法律规定，这是指无过错责任或叫严格责任。从表面上看，责任人并没有侵犯任何人的权利，也没有违反任何契约义务。仅仅由于出现了法律所规定的法律事实，就要承担某种赔偿责任，如产品致人损害。

2. 法律责任的种类

法律责任的种类，也是法律责任的各种表现形式，根据不同的标准，可以作不同的划分，比如：以责任的内容为标准，有财产责任与非财产责任；以责任的程度为标准，有有限责任与无限责任；以责任的人数不同为标准，有个人责任与集体责任；就行为人有无过错为标准，有过错责任与无过错责任。下面是以引起责任的行为性质为标准，对法律责任所作的划分（民事责任，刑事责任，行政责任，国家赔偿责任与违宪责任）：

（1）民事责任。民事责任是指由于违反民事法律、违约或者由于民法规定所应承担的一种法律责任。民事责任的特点是：民事责任主要是财产责任；民事责任主要是一方当事人对另一方的责任；民事责任主要是补偿当事人的损失；在法律允许的条件下，民事责任可以由当事人协商解决。民事责任可以分为违约责任、一般侵权责任、特殊侵权责任及公平责任。

（2）刑事责任。刑事责任是指行为人因其犯罪行为所必须承受的，由司法机关代表国家所确定的否定性法律后果。与民事责任不同，刑事责任不存在无过错责任的问题；同时，行为人在主观上是故意还是过失，以及故意或过失的形式和程度，对刑事责任的有无、刑事责任的种类和大小，都有重要的意义，这一点也与民事责任明显不同。

（3）行政责任。行政责任是指因违反行政法或因行政法规定而应承担的法律责任。在我国，行政责任大体可以分为以下四类：①一般公民、法人违反一般经济、行政管理法律、法规而应承担的法律责任；②无过错行政责任；③行政机关工作人员违法失职行为而应承担的法律责任，即行政处分；④行政机关及其工作人员在行政诉讼败诉后而产生的行政责任。

（4）国家赔偿责任。国家赔偿责任是指国家对于国家机关及其工作人员执行职务、行使公共权力时，损害公民、法人和其他组织的法定权利与合法利益所应承担的赔偿责任。国家赔偿责任的范围包括行政赔偿与刑事赔偿两部分。行政赔偿是指行政机关及其工作人员在行使职权时，侵犯人身权、财产权造成损害而给予的赔偿。刑事赔偿是指行使国家侦查、检察、审判、监狱管理职权的机关在刑事诉讼中，侵犯当事人人身权、财产权造成损害而给予的赔偿。

（5）违宪责任。违宪责任是指由于有关国家机关制定的某种法律和法规、规章，或有关国家机关、社会组织或公民从事的与宪法规定相抵触的活动而产生的法律责任。我国宪法规定：“全国各族人民、一切国家机关和武装力量、各政党和各社会团体、各企业事业组织，都必须以宪法为根本的活动准则，并且负有维护宪法尊严、保证宪法实施的职责”。“一切法律、行政法规和地方性法规都不得同宪法相抵触。一切国家机关和武装力量、各政党和各社会团体、各企业事业组织都必须遵守宪法和法律。一切违反宪法和法律的行为，必须予以追究。”宪法是国家的根本大法，是民主制度法律化的基本形式，是所有其他法律的立法依据和效力来源。维护宪法尊严、保证宪法实施，对于社会的稳定与发展具有特殊重要的意义。违宪责任是与破坏、违反宪法的行为作斗争的有力的法律武器。

第二节　建筑工程法规的基本概念

一、建筑工程法规的基本概念

（一）法、法律与法规

如前所述，法是指由国家制定或认可并由国家强制力保证实施的具有普遍效力的总的行为规范总称。

法律有狭义和广义之分。狭义的法律，仅指全国人民代表大会及其常委会制定的规范性文件；广义的法律，则指所有的规范性文件，即法。

法规也有狭义和广义之分。狭义的法规，包括行政法规、地方性法规和民族自治法规；行政法规是指国务院制定的规范性文件；地方性法规是指一定的地方人大及其常委会制定的只在本行政区域内具有法律效力的规范性文件；民族自治法规则是指民族自治地方的人民代表大会依照当地民族的政治、经济、文化特点制定的自治条例和单行条例。广义的法规，包括所有的法。本书中的法规取广义说，也是人们习惯上的称谓。

（二）建筑工程法规

建筑工程法规是指国家为了保证建筑工程的质量和安全，促进建筑业健康发展而制定的，调整建筑活动中所发生的社会经济关系的法律规范或法律规定的总称。这个概念包括如下含义：

（1）建筑工程法规是法的一种。建筑工程法规同其他法一样，是国家制定或认可的、用特定形式颁布并以国家强制力保障其实施的行为规则或法律规定。它具有国家强制性、法律规范性等法律基本特征，它既不同于企事业单位的内部规章，也不同于其他非法律文件。

（2）建筑工程法规是某类法律规范或法律规定的总称或综合体。建筑工程法规不是指某一个法律规范或某项法律规定，而是具有共同宗旨、性质相似、相互关联的一系列法律规范或法律规定的集合。共同宗旨，是指保证工程的质量和安全，促进建筑行业的健康发展。这里的法律规范，是指由国家制定或认可，以国家强制力保障其实施，并由假定、处理、制裁三要素（或行为模式、法律后果两要素）组成的行为规则，包括但不限于由假定、处理、制裁三要素组成的制裁性法律规范。这里的法律规定，是泛指各种法律、法规和国家认可的其他规范性文件中的有关规定，包括实体内容、政策原则、程序性规定和其他规定。

（3）建筑工程法规调整的是一种特定的社会经济关系，即建筑活动中所产生的各种社会经济关系。

二、建筑工程法规的特征

（一）调整对象的广泛性

建筑工程法规调整的是建筑活动中的各种社会经济关系。这种关系既有行政机关或被授权组织与建设单位、勘察设计单位、施工单位、监理单位等“行政相对人”之间的行政管理和被管理关系；又有国家在协调经济运行过程发生的经济关系，包括企业组织管理关系（即企业设立、变更、终止和企业内部管理过程中发生的经济关系）、市场管理关系（即在市场管理过程中发生的经济关系）、宏观经济调控关系及社会经济保障关系；还有公民个人、法人或法人组织等主体之间的民事、商事关系，如工程建设合同等。

（二）调整范围的特定性

如前所述，建筑工程法规的调整范围仅限于建筑领域。建筑领域与其他领域、其他行业有着明显的不同，具有相对独立性，同时也有一定的局限性。

（三）调整手段的多样性

由于建筑工程法规调整的社会关系具有广泛性，这就决定了其调整手段既要有行政的手段，又要有经济的、民事的、甚至是刑事的手段。

（四）技术性

建筑工程与人们生存、进步、发展息息相关，建筑产品的质量与人们的生命财产密切相关。这就需要诸如《建筑制图标准》、《建筑设计规范》、《砌筑砂浆配合比设计规程》等大量的标准、规范、规程来对建筑工程的方方面面进行规范，这些被称为技术规范（或技术标准）。但技术规范不属于建筑工程法规的范畴，因为技术规范调整的是人与自然的关系，不是社会关系，并不必然涉及人们的交互行为。但如果不遵守技术规范，则可能引起伤亡事故，导致生产效率低下，危及生产、生活秩序和交通秩序，或造成其他严重的损害。此时，不遵守技术规范的行为，就是一个有害的交互行为。为了避免此类行为的发生，将某些技术规范上升为法律规范，称为“技术法规”，强迫人们予以遵守。技术法规属于建筑工程法规的范畴。除了技术法规之外，还需要大量的管理性的法律、法规和规章（简称“管理法规”）来规范建筑活动。当然这些管理法规也会交叉有大量的技术性条文。本书研究的重点是管理法规而非技术法规。

三、建筑工程法规的表现形式

（一）宪法

宪法是国家的根本大法，具有最高的法律效力。宪法是建筑工程立法的最高依据，它规范和调整建筑工程的基本活动。

（二）法律

法律是指全国人民代表大会及其常委会制定的规范性文件，其地位和效力仅次于宪法，如《中华人民共和国建筑法》、《中华人民共和国招标投标法》等。

（三）行政法规

行政法规是指国务院制定的规范性文件，其地位和效力仅次于宪法和法律。行政法规的名称通常为“条例”、“规定”和“办法”。建筑领域的行政法规很多，如《建设工程质量管理条例》、《建设工程勘察设计管理条例》等。

（四）地方性法规与民族自治法规

地方性法规是指一定的地方人大及其常委会制定的，只在本行政区域内具有法律效力的规范性文件。根据宪法和《地方各级人民代表大会和地方各级人民政府组织法》的规定，省、自治区、直辖市以及省级人民政府所在地的市和经国务院批准的较大的市的人民代表大会以及常委会，有权制定地方性法规。地方性法规在不与宪法、法律、行政法规相抵触的前提下才有效。其名称一般采用“条例”、“规则”、“规定”、“办法”等，如《广东省建设工程质量管理条例》、《山东省建筑工程装饰装修管理办法》等。

民族自治法规是指民族自治地方的人民代表大会依照当地民族的政治、经济、文化特点制定的自治条例和单行条例，但应报上一级人民代表大会常委会批准后才生效。自治条例是一种综合性法规，内容比较广泛；单行条例是有关某一方面事务的规范性文件。民族自治法规的效力低于宪法、法律和行政法规，它只在本自治区域内有效。

（五）规章

规章有两种情况：一种是由国务院组成部门及直属机构在他们的职权范围内制定的规范性文件，称为部门规章；另一种是省、自治区、直辖市人民政府以及省、自治区人民政府所在的地市和经国务院批准的较大的市的人民政府依照法定程序制定的规范性文件，称为地方政府规章，简称地方规章。

建筑工程领域的规章数量很多，几乎涵盖了建筑工程的各个方面。其中部门规章数量最多。其名称多以“条例”、“决定”、“办法”、“命令”等称之。

部门规章的效力低于行政法规；地方规章的效力低于上级和本级的地方性法规，下级地方规章的效力低于上级规章；部门规章之间、部门规章与地方规章之间具有同等效力，在各自的权限范围内施行。

当部门规章与地方性法规对统一事项的规定不一致或不能确定如何适用时，由国务院提出意见。国务院认为应当适用地方性法规时，应当决定在该地方使用地方性法规的规定；认为应当适用部门规章时，应当提请全国人大常委会裁决。

当部门规章之间、部门规章与地方规章之间对同一事项的规定不一致时，由国务院裁决。

（六）其他表现形式

其他如经济特区的规范性文件、特别行政区的法律、国际条约、国际惯例以及国家或政党的政策、习惯等，其中有关建筑工程的法律规定，也必须遵守和执行。

四、建筑工程法规的构成

我国的建筑工程法规体系是以建筑法律为龙头，以建筑行政法规为主干，建筑部门规章、地方性法规和规章为枝干而构成的。根据其调整的社会关系的不同，建筑工程法规可以划分为以下几个主要部分。

（一）建筑行政法

建筑行政法是调整国家建设行政主管部门在管理建筑工程中所发生的各种社会关系的法律规范，主要包括《建筑法》、《土地管理法》、《城乡规划法》、《房地产管理法》、《招标投标法》、《政府采购法》以及其他行业中有关建筑工程监督管理的法律法规，是建筑工程法规的主要内容。

（二）建筑经济法

建筑经济法是调整国家在经济管理中发生的与建筑工程有关的经济关系的法律规范。这一部分主要包括有关企业管理的法律规范，如《全民所有制工业企业法》、《中外合资经营企业法》、《外资企业法》、《中外合作经营企业法》、《乡镇企业法》等；有关财政、金融和税务方面的法律、法规，如《中国人民银行法》、《税收征收管理法》等；有关宏观调控的法律法规，如《预算法》、《统计法》、《会计法》、《计量法》等；有关市场主体、市场秩序的法律法规，如《反不正当竞争法》、《消费者权益保护法》等。

（三）建筑民事、商事法

建筑民事、商事法是调整作为平等主体的公民之间、法人之间、公民和法人之间的与建筑工程有关的财产关系、人身关系、商事关系或商事行为的法律规范。主要包括《民法通则》、《合同法》、《公司法》、《票据法》、《担保法》等。

（四）建筑技术法规

建筑技术法规是国家制定或认可的，由国家强制力保证其实施的建筑勘察、设计、施工、安装、检测、验收等的技术标准、规范、规程、规则、定额、条例、办法、指标等规范性文件。它以建筑科学、技术和实践经验的综合成果为基础，经有关方面专家、学者、工程技术人员综合评价、科学论证而制定，由国务院及有关部委批准颁发，作为全国建筑行业共同遵守的准则和依据。

建筑技术法规可分为国家、行业（部颁）、地方和企业四级。下级的标准、规范等不得与上级的标准、规范相抵触。

第三节 建筑工程立法概况

1949 年中华人民共和国的诞生，标志着中国立法进入历史发展的新时代。中国历史上第一次出现以人民利益为依归的新型立法。这种新型立法在完成民主革命遗留任务、建设新社会、巩固国家政权、保障人民利益、促进体制改革等方面，作出了重要贡献。但是由于特殊的历史背景，特殊的国情，中国的立法道路屡经变故。直到近 20 年来才迎来转折，走向稳定发展的新时期。建筑工程的立法历程当然也不例外。总的说来，我国的建筑工程立法可以划分为五个阶段。

一、立法的开端（1949～1956 年）

这一阶段的立法曾一度颇为活跃，建筑工程立法也逐步展开。1950 年 6 月 30 日《中华人民共和国土地改革法》的颁布，拉开了建筑工程立法的序幕，之后大量的法规、规章及其他规范性文件相继出台。1950 年 12 月，政务院发布了《关于决算制度、预算审核、投资施工计划和货币管理的决定》，这个文件规定了建筑工程必须先设计后施工的工作程序；1951 年 3 月，政务院财经委员会发布了《基本建设工作程序暂行办法》；1951 年 8 月，颁布了《关于改进与加强基本建设设计工作指示》；1952 年 1 月又颁布了《基本建设工作暂行办法》，对基本建设的范围、程序等作了全面规定；1952 年 5 月，内务部发布了《关于加强城市公有房地产管理的意见》；1953 年 11 月，政务院发布了《关于国家建设征用土地办法》；1954 年 6 月至 7 月建筑工程部颁布了《建筑安装工程包工暂行办法》，并制定了一批设计、施工标准和规范；1955 年，国务院颁布了《基本建设工程设计任务书审查批准暂行办法》；1956 年 6 月，国务院颁布了《关于加强和发展建筑工业的决定》和《关于加强设计工作的决定》。同期，国家建设委员会和建筑工程部相继颁发了 11 个建设方面的规范性文件。

上述法律、法规、规章及相关规范性文件的出台，极大地推动了建筑业和相关产业的发展，规范了建设市场秩序，同时也适应了国家大规模建设和 156 项重点工程建设的需要，对于稳定和发展国民经济，保证第一个五年计划建设项目的完成起了重大作用。

二、曲折发展（1957～1965年）

1958年开始的"大跃进"运动，使刚刚起步的建筑工程法制建设受到很大冲击。据不完全统计，当时有关工程质量和安全方面的规章制度仅81项，但却废除了38项，即使未废除而保留下来的也未认真执行，甚至连勘察设计程序、设计制图标准、图纸审核标准等最基本的技术制度也不去执行，以致工程质量事故、伤亡事故大幅度上升。国务院有关部门及时觉察到这一问题，于1958年12月在杭州召开了全国基本建设工程质量现场会议，会后专门组织力量检查前一阶段规章制度的改革情况，并集中力量抓了设计、施工的标准定额及规章制度的修订工作。

20世纪60年代初，我国对国民经济实行"调整、巩固、充实、提高"的方针，工程建设的规章、制度得到一定的恢复和发展。1961年9月建筑工程部制定了《关于贯彻执行〈国营工业企业工作条例〉（草案）的规划》，1962年3月颁布了《建筑安装企业工作条例（草案）》（即《施工管理100条》），之后又颁布了《建筑安装工程验收标准规范修订原则》等综合规范性文件，同时国家建委、计委、建工部等部门还制定了一系列有关建设程序、设计、施工、现场管理、建筑标准定额、财务资金及技术责任等方面的规范和制度。

三、跌入低谷（1966～1976年）

1966年，"文化大革命"开始，此时，阶级斗争成为国家和社会发展的主要杠杆，人治思想和行为占据主导地位，法制建设成为一句空话，原有的一些法律、法规、制度等也被破坏殆尽。建筑工程立法更无从谈起。从1966年至1974年12月的近10年间，作为最高立法机关的全国人大未曾开过一次会议，除了1975年初匆忙炮制了一部历史上最差的宪法之外，没有制定过一部法律，中国的法制状况由此可见一斑。

四、立法的恢复（1977～1992年）

粉碎"四人帮"以后，特别是十一届三中全会以来，我国的法制建设逐步得到了恢复和发展，建筑工程立法工作也在有条不紊地进行。1977～1982年，国家建委等部门颁布了一系列关于基本建设程序、勘察设计、施工、科研、工程承包等方面的规范性文件。1983年，住房和城乡建设部召开了全国建设工作会议，制定了建筑业改革大纲，并于第二年提出了建筑领域系统改革的纲领性文件——《发展建筑业纲要》，同年9月国务院颁发了《关于改革建筑业和基本建设管理体制若干问题的暂行规定》。这两个文件是建筑业全面改革的纲领性文件，也为建筑工程立法工作走向体系化的道路奠定了基础。此后，随着建筑业改革的深化，有关部门相继颁布了关于建设投资、城市规划、城乡建设、建设勘察、建筑设计、建筑市场、建设监理、招标投标、企业资质管理、城市公用事业管理、建筑环境保护、城市房地产管理、建设税收等一系列法规、规章。这样，建筑工程法律体系初步形成。

1986年《中华人民共和国土地管理法》、1988年《楼堂馆所建设管理暂行条例》、1989年《中华人民共和国城市规划法》、1991年《城市房屋拆迁管理条例》、1992年《城市市容和环境卫生管理条例》等法律、法规的颁布实施，使建筑工程法律体系进一步得到完善。

五、蓬勃发展（1992年至今）

1992年10月，党的十四大作出了"我国经济体制改革的目标是建立社会主义市场经济"的伟大战略决策。1993年3月，八届全国人大将"国家实行社会主义市场经济"和"国家加强经济立法"载入我国的根本大法——宪法。从此，我国的社会主义现代化建设步入一个新的时代——市场经济时代。而加强立法、健全法制，则成为当务之急。

众所周知，“市场经济就是法制经济。”市场经济条件下的各种经济关系、各类市场体系、各类市场主体、企业的经营机制、政府职能转换、对外开放等方方面面都必须有严密的法律来规范和调整。同时，市场经济下的法律和以前计划经济下的法律也有根本的区别。因此，加强和完善立法工作就成为重中之重。建筑工程领域的立法，正是在这种背景下蓬勃发展的。1993 年 9 月，《经济合同法》和《反不正当竞争法》，6 月的《村庄和集镇规划建设管理条例》，12 月的《公司法》；1994 年 7 月，《劳动法》和《城市房地产管理法》；1995 年 9 月的《注册建筑师条例》和 10 月的《建筑企业资质管理规定》；1996 年 6 月的《城市道路管理条例》和《国家重点建设项目管理办法》；1997 年 11 月的《建筑法》；1998 年 6 月《土地管理法》的修订，7 月的《城市房地产开发经营管理条例》和 11 月的《建设项目环境保护管理条例》；1999 年 3 月的《合同法》，4 月的《住房公积金管理条例》，8 月的《招标投标法》；2000 年 3 月的《立法法》，2000 年 1 月的《建设工程质量管理条例》和 9 月的《建设工程勘察设计管理条例》；2002 年 7 月的《超限高层建筑工程抗震设防管理规定》，2002 年 9 月的《外商投资建筑业企业管理规定》；2003 年 3 月的《工程建设项目施工招标投标办法》等有关工程建设的法律、法规都作了制定，同时还制定和修订了大量的建设规章和地方法规、规章。这样我国的建筑工程法律体系不仅在数量上，而且在质量上、效力上都比计划经济时期有了质的飞跃和发展。

1997 年 11 月 1 日颁布的《中华人民共和国建筑法》，是建筑业的基本法律之一，是建筑工程立法史上的里程碑，是建筑工程法律体系初步走向完善的标志。2007 年 3 月 16 日颁布的《中华人民共和国物权法》，是我国法制建设中的又一个里程碑；《物权法》的颁布和实施，不仅极大地推进了我国社会主义法治国家的建设进程，而且为我国社会主义市场经济的发展进一步拓展了道路，同时也将对工程建设领域产生深远的影响。相信随着立法进程的不断加快，相关的工程设计法、市政公用事业法、住宅法等建筑工程基本法将陆续出台，一个完备的、严谨的、适应市场经济要求的建筑工程法律体系将呈献在我们面前。

第四节 学习建筑工程法规的目的和意义

一、建筑工程法规的法律地位

法律地位是指其在一国法律体系中所处的位置。

法律体系，是指一国的全部现行法律规范按照一定的标准和原则，划分为不同的法律部门，而形成的内部和谐一致、有机联系的整体。而法律体系又可以根据其调整对象和调整手段的不同划分为若干相对独立的部分，即法律部门（也叫部门法）。当代中国的法律部门包括下列九大部分：宪法、行政法、民法、商法、经济法、刑法、诉讼法、环境与资源法、劳动法与社会保障法。

建筑工程法规不是独立的部门法，它是涵盖了行政法、民法、商法、经济法、环境与资源法等的综合性的法律部门，但其主要部分为行政法。因为它所调整的最基本、最主要的社会关系是建筑行政和管理关系，其特征完全符合行政法律关系的特征；其内容是建筑行政管理的内容；其调整方式主要是行政监督、检查、行政命令、行政处罚等行政手段。因此，建筑工程法规就其主要的法律规范的性质来说，属行政法的范围，是行政法的分支部门。当然，把建筑工程法规作为行政法部门的分支，称作建筑行政法律部门只具有相对的意义，与其他部门法如经济法、民法等并不是截然分开的。建筑工程法规也调整部分经济关系和民事关系，部分建筑工程法规也具有经济或民事法律规范的性质。所以从整体上讲，建筑工程法规是属于行政法范围的。

二、建筑工程法规的作用

建筑业是国民经济的基础产业之一，与工业、农业、商业、交通运输业共同构成国民经济的五大物质生产部门。建筑业通过自己的生产活动，为人们的生产、生活提供住宅、厂房、仓库、办公楼、学校、医院、商店、体育场（馆）等各类建筑，为社会创造财富。同时，建筑业还能带动相关产业的发展（据有关部门测算，我国建筑业每完成1元产值，可以带动相关产业完成1.76元产值）。但是在我国建筑业的发展过程中，还存在一些不容忽视的问题，有些还相当严重，如建筑市场中主体行为不规范，在工程承包活动中行贿受贿，或者将承揽的工程进行层层转包，层层扒皮，一些不具备从事建筑活动所应有的资质条件的包工队通过“挂靠”或其他违法手段承包工程，留下严重的建筑质量隐患，破坏了建筑市场的正常秩序；房屋建筑工程质量低劣，以至频频发生房倒屋塌的恶性事故，社会反映强烈；有些建设行政主管部门的工作人员不认真履行监督管理职责，玩忽职守，徇私舞弊，给建筑活动中的违法行为开了方便之门等。

为此，建筑工程法规通过各种法律规范规定建筑业的基本任务、基本原则、基本方针，以加强建筑业的管理，维护建筑市场秩序，促进建筑业的健康发展，为国民经济各部门提供必需的物质基础，为国家增加积累，为社会增加财富，推动社会主义各项事业的发展，促进社会主义现代化建设。

建筑工程法规的作用可概括为以下几个方面：①规范指导建筑活动，使人们的行为遵循一定的准则并在法律规定的范围内进行；②确认和保护建筑活动中的合法行为，以确定并维护当事人的权利和义务；③为建筑行政管理部门及其公务人员执行公务提供法律依据、法律程序、规定职责和权限，以保证他们公正、廉洁、有效地执行公务；④预防和处罚建筑活动中的违法犯罪行为。

三、学习建筑工程法规的目的

学习目的主要有以下几个方面：

（1）了解建筑业的基本内容，掌握建筑工程法规所涉及的基本法理。

（2）熟悉建筑工程的基本法律、法规和规章，并能在实践中逐渐加深对其理解和运用。

（3）明确建筑工程法规在建筑活动中的地位、作用和如何实施，并能及时掌握我国新颁布的相关法律、法规和规章。

（4）树立法制观念，形成依法从事建筑活动和依法管理的法制意识。

四、学习建筑工程法规的意义

在社会主义市场经济体制下，各种经济活动必须在法制的框架下进行，建筑工程活动也不例外。建筑工程法规是一切工程建筑活动的依据和指针，作为建筑从业人员必须知法、学法，并在实施具体建筑活动和管理中，依法进行勘察、设计、施工、监理和监督，以保证建筑工程的质量和安全，维护建筑市场秩序，维护国家、企业和人民的利益，促进我国建筑事业的健康发展。

第二章　建筑工程立项决策阶段的法律制度

第一节　立项决策阶段的基本程序

一、建设程序

（一）建设程序的概念

工程建设是一项很复杂的工作，有其特殊性。正是由于建设项目的复杂性和特殊性决定了我们必须按照建设项目发展的内在规律和过程，将建设程序分成若干阶段，这些阶段有严格的先后次序，不能任意颠倒，必须共同遵守，这个先后次序就是我们通常说的建设程序。

建设程序是指建设项目从设想、选择、评估、决策、设计、施工到竣工验收、投入生产的整个建设过程中，各项工作必须遵循的先后次序的法则。这个法则是人们在认识客观规律的基础上制定出来的，是建设项目科学决策和顺利进行的重要保证。

（二）国外的建设程序

项目的建设程序并非我国独有。世界各国包括世界银行在内，在进行项目建设时，大多有各自的建设程序。以世界银行为例，它对项目管理一般分为以下六个步骤：

（1）项目的选定。世界银行根据它制订的贷款计划，结合各国计划部门制订的国民经济发展计划，经双方研究确定贷款项目。

（2）项目的准备。由建设单位负责组织可行性研究，准备向世界银行提供各种资料。

（3）项目的评估。由世界银行派员完成评估报告，经项目所在国校正后，送交世界银行董事会审批。

（4）贷款谈判签约。

（5）项目的执行与监督。

（6）项目总结（后评价）。一般在项目完成后一年左右进行。

（三）我国的建设程序

按我国现行的规定，工程建设程序按先后次序大致可分为立项决策、勘察设计、工程施工、竣工验收与工程保修、项目后评价五个阶段。

1. 立项决策阶段

立项是工程建设程序的第一步骤。其表现形式是项目建议书，主要内容包括：建设项目提出的必要性和依据；拟建规模和工程建设的初步设想；投资估算和资金筹措的设想；资源情况、建设条件的初步分析；建设进度安排；经济效益和社会效益的初步估算等。

项目建议书一般由计划部门审批。大中型和限额以上的投资项目须报国家发展与改革委员会审批，小型投资项目按隶属关系分别由国务院有关部门或省、自治区、直辖市发改委审批。

项目建议书经批准后，即可开展前期工作，进行可行性研究。可行性研究的任务是对建设项目在技术、工程和经济上是否合理和可行进行全面分析、论证，作出方案比较，提出评价，为编制和审批设计任务书提供可靠的依据。

2. 勘察设计阶段

勘察设计是对拟建工程进行技术上和经济上的全面和详尽的安排，是整个工程的决定性环节，是组织施工的依据，任何工程建设项目都必须先勘察设计而后施工。

首先应编制设计任务书。设计任务书是确定工程项目、编制设计文件的主要依据，它的主要内容是明确列出可行性研究报告的要点、结论和报送单位意见。建设项目设计任务书须经计划部门审批。大中型项目的设计任务书应附经过评估的可行性研究报告，报国家发展与改革委员会审批，小型项目按隶属关系分别由国务院主管部门或省、自治区、直辖市发改委审批。然后进行初步设计和施工图设计。重大项目和技术复杂的项目，还要根据不同行业特点和需要增加技术设计阶段。

3. 工程施工阶段

施工前应做好必要的准备工作，这包括：征地与拆迁工作；施工现场的“三通一平”工作；组织设备、材料订货；审核设计图纸；委托监理，进行施工招标签约；办理施工许可证等。

组织施工是工程建设的实施阶段。施工单位应按照建筑承包合同规定的权利、义务施工，要确保工程质量、施工安全、文明施工和工期，必须严格按图施工。建设单位、监理单位、工程质量监督管理单位等要对工程质量及其形成过程实行监督管理，对不符合质量要求的要及时采取措施，不留隐患，按期全面完成施工任务。

4. 竣工验收与工程保修阶段

竣工验收是工程项目建设的最后环节，是全面考核建设成果、检验设计与施工质量的重要环节和法定手续。所有建设项目按批准的设计文件所规定的内容建成后，都必须组织竣工验收。竣工验收合格的工程，承发包双方应签订竣工验收书，并按有关规定及时办理固定资产移交与结算。竣工验收过程中如发现工程内容或工程质量不符合设计规定时，施工单位应负责限期补修、返工或重建，所需费用由施工单位承担。

竣工验收交付使用之日起规定的期限内，承包单位要对工程中出现的质量缺陷承担保修与赔偿责任，这段时间称为保修期。保修期内如发生返修、修复等，可视为施工过程的延续。

5. 项目后评价阶段

建设项目后评价是工程项目竣工投产一段时间后，再对项目的立项决策、设计施工、竣工投产、生产运营等全过程进行系统评价的一种技术经济活动，是固定资产投资管理的一项重要的内容，也是固定资产投资管理的最后一个环节。通过建设项目后评价以达到肯定成绩、总结经验、研究问题、吸取教训、提出建议、改进工作、不断提高项目决策水平和投资效果的目的。

按建设程序办事，还要区别不同情况，具体项目具体分析。各行各业的建设项目，具体情况千差万别，各有自己的特殊性。而一般的基本建设程序只反映它们共同的规律性，不可能反映各行业的差异性。因此，在建设实践中，还要结合行业项目的特点和条件，有效地贯彻执行建设程序。

二、建设项目的立项分类

建设项目的立项，可分为生产性建设项目和非生产性建设项目两大类。

（一）生产性建设项目

1）工业建设，包括国防和能源建设。

2）农业建设，包括林、牧、渔、水利建设。

3）基础设施建设，包括交通、邮电、通信建设，地质普查、勘探建设，建筑业建设等。

4）商业建设，包括商业、饮食、营销、仓储及综合技术服务事业的建设。

（二）非生产性建设项目

1）办公用房，包括各级国家党政机关、社会团体、企事业管理机关的办公用房。

2）居住建筑，包括住宅、公寓、别墅。

3）公共建筑，包括科学、教育、文化艺术、广播电视、卫生、博览、体育、社会福利事业、公用事业、咨询服务、宗教、金融、保险等的建设。

4）其他建设，包括不属于上述各类的其他非生产性建设。

三、建设项目的立项程序

目前，国家对建设项目的立项按照投资主体、资金来源、项目性质的不同，分别采取审批制、核准制、备案制三种方式。

（一）项目审批制

1. 审批制的适用范围

凡使用政府性资金的建设项目都使用审批制。

政府性资金包括：财政预算投资资金（含国债资金）；国际金融组织和外国政府贷款等主权外债资金；纳入预算管理的专项建设资金；法律、法规规定其他政府性资金。政府投资按照资金来源、项目性质和宏观调控需要，分别采用直接投资、资本金注入、投资补助、转贷、贴息等投资方式。

2. 项目审批的基本要求

对于政府投资项目，采用直接投资和资本金注入方式的，从投资决策角度只审批项目建议书和可行性研究报告，除特殊情况外不再审批开工报告，同时应严格政府投资项目的初步设计、概算审批工作；采用投资补助、转贷和贷款贴息方式的，只审批资金申请报告。

在审批权限的划分上，基本原则是谁投资、谁决策、谁审批。

（二）项目核准制

1. 核准制的适用范围

核准制的适用范围是企业不使用政府性资金投资建设的重大和限制类固定资产投资项目。

2. 项目核准的基本要求

实行政府核准制的项目范围要严格限定，并根据变化的情况适时调整。《政府核准的投资项目目录》（以下简称《目录》）由国务院投资主管部门会同有关部门研究提出，报国务院批准后实施。未经国务院批准，各地区、各部门不得擅自增减《目录》规定的范围。

企业投资建设实行核准制的项目，仅需向政府提交项目申请报告，不再经过批准项目建议书、可行性研究报告和开工报告的程序。政府对企业提交的项目申请报告，主要从维护经济安全、合理开发利用资源、保护生态环境、优化重大布局、保障公共利益、防止出现垄断等方面进行核准。对于外商投资项目，政府还要从市场准入、资本项目管理等方面进行核准。

（三）项目备案制

1. 备案制的适用范围

对于《政府核准的投资项目目录》以外的企业投资项目，实行备案制，除国家另有规定外，由企业按照属地原则向地方政府投资主管部门备案。备案制的具体实施办法由省级人民政府自行制定。

2. 项目备案的基本要求

建设项目备案按属地原则实行分级管理。一般项目的备案只需提供《建设项目备案申请表》、项目简介或项目申请报告、企业营业执照、国土资源部门的预审意见、规划部门的预审意见、环境保护部门出具的关于环境影响评价文件等即可。

第二节　建设项目建议书

一、项目建议书的作用

项目建议书是要求建设某一具体工程项目的建议文件，是基本建设程序中最初阶段的工作，是投资决策对拟建项目轮廓的设想，主要是从宏观上来衡量分析项目建设的必要性，看其是否符合国家长远规划的方针和要求。同时初步分析建设的可能性，看其是否具备建设条件，是否值得投资。

以前，国家规定的建设程序第一步是设计任务书（计划任务书）。设计任务书一经批准，就表示项目已经成立。为了进一步加强项目前期工作，对项目的可行性进行充分论证，国家从20世纪80年代初期开始在程序中增加项目建议书这一步骤。项目建议书经批准后，可以进行详细的可行性研究工作，但并不表明项目非上不可，项目建议书不是项目的最终决策。

二、项目建议书的编制

项目建议书一般由建设单位（或项目法人、业主）委托具有相应资质条件的工程咨询单位或设计单位负责编制。

基本建设项目建议书应包括下列主要内容：

（1）建设项目提出的必要性和依据。

（2）建设地点、拟建规模和产品方案的初步设想。

（3）资源情况、建设条件、协作关系和引进国国别、厂商的初步分析。

（4）投资估算和资金筹措设想。

（5）项目进度安排。

（6）经济效果、社会效益和环境效益的初步估计。

技术改造和技术引进限额以上项目建议书的主要内容是：

（1）项目提出的目的、必要性和依据。

（2）产品方案和引进消化吸收方案、市场需求的初步预测，对改造规模的初步意见。

（3）资金情况、建设条件、协作关系和可能从哪些国家、厂商引进的初步分析。

（4）投资估算和资金筹措办法，包括偿还贷款能力的大体测算。

（5）改造的主要内容和进度的初步安排。

（6）经济效益和社会效益的初步估算。

限额以下项目建议书至少要包括：

（1）企业概况及需要改造的理由。

（2）技术改造及技术引进的主要内容。

（3）改造后预期达到的经济效果。

（4）投资概算及资金来源。

对于外商投资的项目，建议书还应增加下列内容：

（1）中方合营单位。

（2）合营的目的及对象。

（3）合营的范围和规模。

（4）投资估算。

（5）投资方式和资金来源。

（6）生产技术，主要设备，原材料，水、电、气、运输等的需要量和来源。

（7）人员的数量、构成和来源。

（8）经济效益，并着重说明外汇收支的安排。

（9）其他附件。

三、项目建议书的审批

项目建议书按编制要求完成后，按项目建设总规模和建设性质的不同，由不同的机关进行审批。

1）大中型建设项目和限额以上更新改造项目的建议书，由行业归口管理部门根据国家长期规划，着重从建设布局、资源合理利用、经济合理性、技术政策等方面进行初审，然后提出意见上报国家发改委；国家发改委要从建设总规模、生产力布局、资源优化配置以及资金供应可能、外部协作关系等方面进行综合平衡后审批。其中总投资额超过 2 亿元的项目，由国家发改委报国务院审批。对行业归口部门初审未通过的项目，国家发改委不予立项。

2）以中央投资或融资为主的小型和限额以下项目，具有一定规模的，由行业归口部门按产业政策、行业发展规划和投资总规模控制额度进行审批。

3）地方投资为主的小型和限额以下项目的建议书审批权，由地方自行规定审批的程序。

选审的项目建议书如未按规定的内容和形式编制或不符合要求，缺少必要的材料，有权审批的机关可将项目建议书退回，由编报单位补充或重新编报。项目建议书一经批准，即可开展项目可行性研究。

第三节　建设项目的可行性研究

一、可行性研究概述

可行性研究是立项决策阶段非常重要的环节，它是对建设项目在技术上、经济上是否可行所进行的科学分析与论证。其主要做法是经过科学的调查研究，对建设项目进行技术、经济方面论证，为决策提供可靠的依据。

建设项目可行性研究一般分为以下三个阶段。

（一）投资机会研究

投资机会研究是可行性研究的第一步，主要目的是为建设项目投资提出建议，在一个确定的地区或部门内，以自然资源和市场预测为基础，选择建设项目，寻找最有利的投资机会。

机会研究阶段一般比较粗略，主要依靠经验提出笼统估计。投资额一般依据类似工程概算作出估算，这一阶段的估算误差为 30％左右。如果投资者对工程有兴趣，才可进行下一步的初步可行性研究。

（二）初步可行性研究

投资机会研究后的工程项目还难以决定取舍时，需要进行初步可行性研究。初步可行性研究的目的，是要分析、判明投资机会研究后的工程项目是否有生命力，是否进行下一步详细可行性研究，尚有哪些关键问题需进行专题研究，如市场调查、工厂试验等。

初步可行性研究还要对建设规模、产品方案、建设地点、资源供给可能性、主要技术工艺、外部协作条件、工程项目的经济效益和社会效益等进行研究和初步评价。

（三）详细可行性研究

详细可行性研究也称最终可行性研究。它是在项目建议书获得批准后，进行的详细的可行性研究工作，是依据项目建议书进一步对项目进行技术和经济的可行性论证。

详细可行性研究阶段必须深入研究市场、生产纲领、厂址、工艺、设备、土建、建设周期、总投资额、投资回收期、效益等问题，并写出《可行性研究报告》。

二、可行性研究报告的编制

可行性研究报告是确定建设项目，编制设计文件的重要依据。所有建设项目都要在可行性研究通过的基础上，选择经济效益、社会效益和环境效益最好的方案编制可行性研究报告。由于可行性研究报告是项目量终决策和进行初步设计的重要文件，要求它必须有相当的深度和准确性。

编制可行性研究报告的主要依据包括以下内容：

1）国家有关的发展规划、计划文件。

2）项目主管部门对项目建设要求请示的批复。

3）项目建议书及其审批文件。

4）双方签订的可行性研究合同协议。

5）拟建地区的环境现状资料。

6）相关的试验、试制报告。

7）项目法人与有关方面达成的协议。

8）国家或地方颁布的与项目建设有关的法律法规。

9）市场调研报告。

10）主要工艺和设备的技术资料。

11）自然、社会、经济等有关资料。

12）其他相关资料。

各类建设项目的可行性研究报告内容不尽相同，大中型建设项目一般应包括以下内容：

1）总论。

2）根据经济预测、市场预测确定的建设规模和产品方案。

3）资源、原材料、燃料、动力、供水、运输条件等。

4）项目建设条件和位置方案。

5）各种技术经济指标。

6）主要单项工程、公用辅助设施及配套工程。

7）环境保护、城市规划、防震、防洪等要求和采取的相应措施方案。

8）工程建设进度和工期。

9）投资估算和资金来源。

10）效益（包括经济效益、社会效益和环境效益）评价。

11）其他相关附件。

三、可行性研究报告的审批

工程咨询或设计单位完成可行性研究工作后报送的可行性研究报告，是建设单位作出投资决策并立项的依据，必须通过有权机关的审批才有效。

可行性研究报告的审批权限划分如下：

1）所有大中型及限额以上项目的可行性研究报告，按照项目隶属关系由行业主管部门或省、自治区、直辖市和计划单列市审查同意后，报国家发改委审批。

2）地方投资安排的地方院校、医院及其他文教卫生事业、企业横向联合投资的大中型建设项目，可行性研究报告由省、自治区、直辖市和计划单列市发改委审批，抄报国家发改委和有关部门备案。

3）小型项目的可行性研究报告，按照项目隶属关系，分别由主管部门和省、自治区、直辖市、计划单列市计委审批。

可行性研究报告经批准后，不得随意修改和变更。如果在建设规模、产品方案、建设地区、主要协作关系等方面有变动以及突破投资控制数额时，应经原批准机关同意。经过批准的可行性研究报告，是确定建设项目、编制设计文件的依据。

第四节 建设项目申请报告

一、项目申请报告概述

项目申请报告，是企业投资建设应报政府核准或备案的项目时，为获得项目核准或备案机关对拟建项目的行政许可，按核准或备案要求报送的项目论证报告。

项目申请报告与可行性研究报告不同。项目申请报告主要从宏观的角度，重点阐述项目的外部性、公共性等事项，包括维护经济安全、合理开发利用资源、保护生态环境、优化重大布局、保障公众利益、防止出现垄断等内容；可行性研究报告主要从企业（投资者）的角度出发，分析和论证项目的市场前景、经济效益、资金来源、产品技术方案等内容。

按照国务院关于投资体制改革的要求，政府不再审批企业投资项目的可行性研究报告，但为了防止和减少投资失误、保证投资效益，企业在进行自主决策时，仍应编制可行性研究报告，作为投资决策的重要依据，其内容和深度可由企业根据决策需要和项目情况相应确定。

二、项目申请报告的编制

项目申请报告应由具备相应工程咨询资格的机构编制，其中由国务院投资主管部门核准的项目，其项目申请报告应由具备甲级工程咨询资格的机构编制。

境内建设的企业投资项目（含外商投资项目）申请报告应包括以下内容：

(1) 申报单位及项目概况；

(2) 发展规划、产业政策和行业准入分析；

(3) 资源开发及综合利用分析；

(4) 节能方案分析；

(5) 建设用地、征地拆迁及移民安置分析；

(6) 环境影响、地质灾害影响、特殊环境影响分析及生态环境保护措施；

(7) 经济费用效益或费用效果分析，行业、区域及宏观经济影响分析；

(8) 社会影响效果、社会适应性、社会风险及对策分析。

境外投资项目申请报告应包括以下内容：

(1) 项目名称、投资方基本情况。

(2) 项目背景情况及投资环境情况。

(3) 项目建设规模、主要建设内容、产品、目标市场，以及项目效益、风险情况。

(4) 项目总投资、各方出资额、出资方式、融资方案及用汇金额。

(5) 购并或参股项目，应说明拟购并或参股公司的具体情况。

(6) 附件，包括：

1) 公司董事会决议或相关的出资决议；

2) 证明中方及合作外方资产、经营和资信情况的文件；

3) 银行出具的融资意向书；

4) 以有价证券、实物、知识产权或技术、股权、债权等资产权益出资的，按资产权益的评估价值或公允价值核定出资额。应提交具备相应资质的会计师、资产评估机构等中介机构出具的资产评估报告，或其他可证明有关资产权益价值的第三方文件；

5) 投标、购并或合资合作项目，中外方签署的意向书或框架协议等文件；

6) 境外竞标或收购项目，应按规定报送信息报告，并附国家发改委出具的有关确认函件。

企业在编写具体项目的申请报告时，可根据拟建项目的实际情况，对上述内容进行适当调整。如果拟建项目不涉及其中有关内容，可以在说明情况后，不进行相关分析。

对于专项或专题的项目申请报告，还需根据专项或专题要求，结合项目的实际情况，进行适当调整。

典 型 案 例

违反建设程序，截留、挪用建设资金被依法查处案

【案情】

湖北荆江大堤加固工程（二期）是对长江防洪具有重要作用的堤段，在1998年抗洪抢险斗争中备受瞩目。但在1999年3月国家计委稽察特派员稽察时发现，国家用于该大堤的建设资金被层层截留和挪用，严重影响了工程建设。其中，1996年长江水利委员会挪用该项目投资500万元，用于自建住宅楼；湖北省水利厅截留400万元用于厅周转使用，账面虚列投资完成；此外，1996年至1998年，湖北省水利厅、长江水利委员会等单位挪用4000万元用于初步设计外工程和其他水利项目建设。三项合计截留、挪用的工程投资约占这三年国家计划投资的39%。

除上述问题外，还存在层层违规提取管理费问题。省水利厅作为项目建设单位，没有全部承担建设单位的管理职责，却将概算所列的荆江大堤加固工程（二期）管理费全部留用，致使承担大部分建设单位管理职能的荆江市长江管理处和所属管理总段、管理分段没有管理

费来源，因而层层违规从工程款中提取管理费。仅管理处机关在 1996 年、1997 年就分别提取管理费 96 万元和 58 万元；1998 年，在荆江大堤加固工程的堤身加培土方这一项工程施工中，又提取管理费 233 万元，下属的各级管理总段、管理分段也层层提取管理费，三级提取管理费比重占此项单项工程投资的 20％以上。

【处理】

国家发改委针对湖北荆江大堤加固工程（二期）项目层层截留、挪用国家建设资金的问题，并根据国务院领导指示作出处理决定：

（1）水利部和湖北省政府要彻底查清荆江大堤加固工程（二期）截留、挪用的资金，限 1999 年 5 月底前收回；违规建筑要依法进行拍卖，所得资金由省政府统一安排用于工程建设；对直接责任人要严肃处理，触犯刑律的要依法追究刑事责任。在整顿期间，由水利部、湖北省政府提出处理意见并报国家发改委。

（2）水利部要对本行业建设项目的计划安排、资金使用和工程建设的标准定额等情况进行一次认真检查，对查出的问题要严肃处理。同时，针对存在的问题制定相应的资金管理办法，明确资金使用责任制，堵塞漏洞，确保国家资金的安全和专款专用。

国家发改委要求各地区、各有关部门要从上述项目截留、挪用资金问题上吸取教训，本着对国家、对人民高度负责的态度，按照全国基础设施建设工程质量工作会议的要求，采取切实可行的政策措施，强化建设项目的管理和监督，防止资金的截留和挪用，确保国家资金的安全和效益，保证工程质量。

【评析】

本案是关于违反固定资产投资建设程序擅自截留挪用建设资金应受处罚的问题。

《建设工程质量管理条例》第 43 条规定“国家实行建设工程质量监督管理制度”。第 45 条规定：“国务院发展计划部门按照国务院规定的职责，组织稽察特派员，对国家出资的重大建设项目实施监督检查；国务院经济贸易主管部门按照国务院规定的职责，对国家重大技术改造项目实施监督检查。”国家发改委是国家法定的负责对国家重大投资建设项目资金使用进行监督的机构，稽察特派员制度的建立，就是代表国家发改委巡视各地在建项目的专门机构，并对查获的工程违纪行为上报主管机构作出处理。

《固定资产投资法》明确规定：“国家基础设施建设资金必须专款专用，接受政府职能部门的监督。对于违反规定擅自截留、挪用建设资金，逃避职能部门监管的行为，中国建设银行和业务主管部门有权冻结其资金，停止基建拨款，并可依照法律规定和借款合同规定，追究其法律责任。”上述部门和地方，政企不分，财务把关不严，财务部门不能对资金使用进行有效的监督，很多项目没有按要求实行项目法人责任制，造成责任主体缺位，国家有关职能部门对于项目建设也还缺少全过程的资金监管。

截留、挪用国家建设资金，是严重的违法违纪行为，必须采取果断、有力的措施予以解决，严肃处理。要建立起严格的资金跟踪管理制度，严加监管，堵塞漏洞；对使用财政预算内专项资金的建设项目，要建立专项账户，专款专用；对截留、挪用、挤占工程建设资金的，在查处期间要停止拨款；对非法形成的资产，要进行拍卖，收回的资金要及时归还；对有关责任人员要严肃查处，直至追究当事人的法律责任。

第三章　城乡规划法律制度

第一节　城乡规划法概述

一、城乡规划

（一）城乡规划的概念

城乡规划是指对一定时期内城市、镇、乡、村庄的经济和社会发展、土地利用、空间布局以及各项建设的综合部署、具体安排和实施管理，是由城镇体系规划、城市规划、镇规划、乡规划和村庄规划组成的规划体系，是政府指导、调控城市和乡村建设的基本手段，是促进城市和乡村协调发展的有效途径，也是维护社会公平、保障公共安全和公众利益、提供公共服务的重要公共政策之一。

（二）城乡规划的目的和目标

城乡规划的根本目的在于通过城乡规划的编制、审批、实施以及监督检查的法制化，实现城乡空间协调布局，建造良好的人居环境，真正为人民群众谋福祉。

城乡规划的终极价值目标是促进城乡经济社会全面、协调、可持续发展。这也是贯彻落实科学发展观、构建社会主义和谐社会的必然要求，是城乡规划公益性的集中体现。

二、城乡规划法

（一）城乡规划法的概念

狭义的城乡规划法，是指第十届全国人大常委会第三十次会议于2007年10月28日通过的《中华人民共和国城乡规划法》（简称《城乡规划法》）；城乡规划法从广义角度讲，还包括国务院、住房和城乡建设部及相关部门制定的与城乡规划有关的法规、规章，如《历史文化名城名镇名村保护条例》、《村庄和集镇规划建设管理条例》、《风景名胜区管理条例》等。

（二）我国的城乡规划法制建设进程

新中国成立之初，即20世纪50年代，我国主要学习前苏联的经验，制定和颁布了《城市规划编制办法》；1978年全国城市工作会议，中央发布《关于加强城市建设工作的意见》；1984年国务院颁布了《城市规划条例》；1989年12月26日，七届全国人大常委会表决通过《城市规划法》并正式颁发，1990年4月1日，《城市规划法》正式施行；1993年6月29日，国务院颁布《村庄和集镇规划建设管理条例》，1993年11月1日起正式施行；2007年10月28日，十届全国人大常委会表决通过《城乡规划法》并正式颁发，2008年1月1日《城乡规划法》正式施行，原《城市规划法》同时废止。

《城乡规划法》是以科学发展观为指导，适应我国经济社会发展阶段性特征，实现全面建设小康社会目标要求而制定的一部重要法律。《城乡规划法》的颁布和实施，对于加深理解党的十七大精神，发挥城乡规划对中国特色城镇化道路的引导和调控作用，促进城乡统筹和人口、资源环境相协调，具有重大意义；对于完善城乡规划工作的体制机制，规范政府和城乡规划部门行政行为，切实加强城乡规划管理，将发挥重要作用；对于落实党的执政能力建设的要求，推进科学执政、民主执政和依法执政，将产生深远的影响。

（三）《城乡规划法》的主要内容

《城乡规划法》在总结原《城市规划法》和《村庄集镇规划建设管理条例》实施经验的基础上，分别对城乡规划的制定、实施、修改、监督检查、法律责任等作出规定，共7章70条。其具体内容可概括为十个方面：

（1）突出城乡规划的公共政策属性。《城乡规划法》明确提出："为了加强城乡规划管理，协调城乡空间布局，改善人居环境，促进城乡经济社会全面、协调、可持续发展，制定本法"。从内容上看，重视资源节约、环境保护、文化与自然遗产保护；促进公共财政首先投到基础设施、公共设施项目；强调城乡规划制定、实施全过程的公众参与；保证公平，明确了有关赔偿或补偿责任。

（2）强调城乡规划综合调控的地位和作用。《城乡规划法》指出："任何单位和个人都应当遵守依法批准并公布的城乡规划，服从规划管理"。这就从法律上明确，城乡规划是政府引导和调控城乡建设和发展的一项重要公共政策，是具有法定地位的发展蓝图。同时，法律适用范围扩大，强调城乡统筹、区域统筹；确立先规划后建设的原则；"三规合一"是规划未来发展的必然趋势。

（3）新的城乡规划体系的建立。体现了一级政府、一级规划、一级事权的规划编制要求；明确规划的强制性内容；突出近期建设规划的地位；强调规划编制责任。

（4）严格城乡规划修改程序。对城乡规划评估，修改省域城镇体系规划、城市总体规划、镇总体规划，修改详细规划等，都作出了详细的规定。

（5）城乡规划行政许可制度的完善。建立完善了针对土地有偿使用制度和投资体制改革的建设用地规划管理制度；规定了各项城乡规划的行政许可。

（6）行政权力的监督制约。明确了上级行政部门的监督，人民代表大会的监督，以及全社会的公众监督。

（7）对城乡规划编制单位提出了新的要求。对城乡规划编制单位的资质管理，对规划师职业的管理，都有明确规定。

（8）加强人民代表大会的监督作用。省域城镇体系规划、城市和县城关镇总体规划由本级人大常委会审议，镇总体规划由人大审议。城市控制性详细规划报本级人大常委会备案，县城关镇控制性详细规划报县人大常委会备案。省域城镇体系规划、城市和镇总体规划定期评估须向人大报告。

（9）强化法律责任。追究政府和行政人员的责任；追究城乡规划编制单位的责任；追究违法建设行为的责任；明确对违法行为给予罚款的范围和数额；授予市政府强制拆除权。

（10）法律授权，建立完善的城乡规划法律体系。

三、城乡规划制定实施的原则

（一）城乡统筹原则

以科学发展观统筹城乡区域协调发展，充分发挥城市的辐射带动作用，发展特色小城镇，促进大中小城市和小城镇协调发展以及城市、镇、乡和村庄的有序健康发展，做好村庄建设与整治规划，合理安排城乡布局。

（二）节约土地、集约发展原则

遵循节约土地的原则，始终把节约集约利用土地、严格保护耕地作为重要目标，从严控制新增建设用地规模。遵循集约发展的原则，推进城镇发展方式从粗放型向集约型转变，增强可持续发展能力。

（三）先规划后建设原则

这是《城乡规划法》根据我国城乡建设快速发展的实际，从保障城镇健康发展的目标出发确立的一项重要原则。没有科学规划的指导，建设活动必然没有明确目标，城乡建设必然盲目无序。因此，必须按照《城乡规划法》的要求，依法编制城乡规划，以规划为依据进行建设，坚决杜绝“先建设后规划”、“边建设边规划”现象。

（四）环保节能、可持续发展原则

在制定和实施城乡规划时，应认真分析城乡建设发展的资源环境条件，明确为保护环境、资源需要严格控制的区域，合理确定发展规模、建设步骤和建设标准，推进城乡建设发展方式从粗放型向集约型转变，增强可持续发展能力。

（五）保护历史文化遗产、体现地方特色原则

城镇旧城区的改建，应当保护历史文化遗产和传统风貌，合理确定拆迁和建设规模，有计划地对危房集中、基础设施落后等地段进行改建；城市新区的开发和建设，应当合理确定建设规模和时序，充分利用现有市政基础设施和公共服务设施，严格保护自然资源和生态环境，体现地方特色。

（六）关注民生、以人为本原则

在制定和实施城乡规划时，应十分重视社会公正和改善民生。要有效配置公共资源，合理安排城市基础设施和公共服务设施，改善人居环境，方便群众生活；要关注中低收入阶层的住房问题，做好住房建设规划；要加强对公共安全的研究，提高城乡居民点的综合防灾减灾能力。

四、城乡规划的管理

（一）城乡规划管理的概念

城乡规划管理是指城乡规划的编制、审批和实施管理。即通过行政的、法律的、经济的和社会的管理手段，对城乡土地的使用和各项建设活动进行控制、引导和监督，使之纳入城乡规划的轨道，促进经济、社会和环境在城市、乡镇空间上协调、有序、可持续地发展。

城乡规划管理的内容主要包括城乡规划编制审批管理、城乡规划实施管理、城乡规划实施监督检查管理和城乡规划行业管理等几个方面。

（二）城乡规划管理的法律依据

城乡规划管理的法律依据，是以《城乡规划法》为龙头的一系列有关城乡规划和建设的法律、法规和规范性文件，其主要功能和作用就是调整和规范城乡规划的制定和管理中的各种社会关系，城乡规划管理必须坚持依法行政，即严格依照城乡规划及相关法律法规来进行城乡规划和建设的行政管理。

城乡规划实施管理是各级政府城市规划行政主管部门的一项行政职能。我国城乡规划管理所依据的法律法规包括全国人大及其常务委员会制定的法律；国务院制定的有关城乡规划的行政法规；国务院建设行政主管部门制定的一系列部门规章；省、自治区、直辖市和较大的市的人大及其常务委员会和民族自治地方的人大及其常务委员会制定的地方性法规，以及省、自治区、直辖市和较大的市的市人民政府制定的规章。

（三）城乡规划管理体制

国务院城乡规划行政主管部门即住房和城乡建设部主管全国的城乡规划管理工作。其具体职权有：

研究拟定全国城市发展战略及城市、村镇规划的方针、政策和规章制度；组织编制和监督实施全国城市和村镇体系规划；负责国务院交办的城市总体规划、省域城镇体系规划的审查报批；参与土地利用总体规划的审查；承担对历史文化名城相关的审查报批和保护监督工作；指导全国城乡规划执法监察；指导城市和村镇规划；城乡勘察和市政工程测量工作；拟定规划单位的资质标准并监督执行；提出城乡规划专业技术人员执业资格标准。

县级以上地方人民政府城乡规划行政主管部门主管本行政区域内的城乡规划工作。其具体职权有：

城市人民政府城乡规划主管部门组织编制城市的控制性详细规划，县人民政府城乡规划主管部门组织编制县人民政府所在地镇的控制性详细规划；城市、县人民政府城乡规划主管部门组织编制重要地块的修建性详细规划；省、自治区、直辖市人民政府城乡规划主管部门审查资质等级条件，实施行政许可；城市、县人民政府城乡规划主管部门核发选址意见书、建设用地规划许可证、乡村建设规划许可证、建设工程规划许可证；城市、县人民政府城乡规划主管部门批准在城市、镇规划区内的临时建设；县级以上地方人民政府城乡规划行政主管部门对建设工程是否符合规划条件予以核实；县级以上地方人民政府城乡规划行政主管部门对城乡规划进行编制、审批、实施修改的监督检查，并有权采取《城乡规划法》规定的各种措施。

第二节 城乡规划的制定

一、城乡规划的编制

（一）城乡规划编制的层次

城乡规划包括城镇体系规划、城市规划、镇规划、乡规划和村庄规划。城市规划、镇规划分为总体规划和详细规划；大、中城市根据需要，可以依法在总体规划的基础上组织编制分区规划。详细规划分为控制性详细规划和修建性详细规划。

（二）城乡规划组织编制的主体

国务院城乡规划主管部门（住房和城乡建设部）会同国务院有关部门组织编制全国城镇体系规划，用于指导省域城镇体系规划、城市总体规划的编制。

省、自治区人民政府组织编制省域城镇体系规划。

城市人民政府负责组织编制城市总体规划和城市分区规划。具体工作由城市人民政府建设主管部门（城乡规划主管部门）承担。城市人民政府应当依据城市总体规划，结合国民经济和社会发展规划以及土地利用总体规划，组织制定近期建设规划；控制性详细规划由城市人民政府建设主管部门（城乡规划主管部门）依据已经批准的城市总体规划或者城市分区规划组织编制；修建性详细规划可以由有关单位依据控制性详细规划及建设主管部门（城乡规划主管部门）提出的规划条件，委托城市规划编制单位编制。

县人民政府组织编制县人民政府所在地镇的总体规划，其他镇的总体规划由镇人民政府组织编制；镇人民政府根据镇总体规划的要求，组织编制镇的控制性详细规划，县人民政府所在地镇的控制性详细规划，由县人民政府城乡规划主管部门根据镇总体规划的要求组织编制；城市、县人民政府城乡规划主管部门和镇人民政府可以组织编制重要地块的修建性详细规划。

乡、镇人民政府组织编制乡规划、村庄规划。

（三）城乡规划中各层次规划编制的任务和主要内容

1. 城镇体系规划的任务和主要内容

城镇体系规划是在一定地域范围内，以区域生产力合理布局和城镇职能分工为依据，确定不同人口规模等级和职能分工的城镇的分布和发展规划。城镇体系规划一般分为全国城镇体系规划、省域城镇体系规划、市域城镇体系规划、县域城镇体系规划四个基本层次及按流域或其他跨行政区域进行的城镇体系规划。

全国城镇体系规划的重点是确定国家城市发展方针政策，组织全国城镇空间结构以分类指导各省（自治区）的城镇体系规划。

省域（或自治区）城镇体系规划的重点是明确适合当地特点的城市化发展模式，确定发展重点，安排和协调省域（或自治区）基础设施建设，对重点城市发展的职能、方向和规模提出指导性规划。

市域（包括直辖市、市和有中心城市依托的地区、自治州、盟域）城镇体系规划的主要任务是在省域城镇体系规划的指导下，制定市域城市发展战略，协调市辖各区县发展和建设规划布局，确定重点发展的小城镇（指建制镇，一般各县包括县城在内1～2个），进行重大基础设施的规划布局。市域城镇体系规划属于城市总体规划的内容之一。

县城（包括县、自治县、旗域）城镇体系规划重点是对全县建制镇和重点乡镇的发展作出整体规划，并对建制镇发展提出具体指导。县域城镇体系规划属于县城所在地城市总体规划的内容之一。

按流域或其他跨行政区域进行的城镇体系规划，应按所确定的主题组织区域内的城镇布局及其协调发展。

2. 城市总体规划的任务和主要内容

城市总体规划包括市域城镇体系规划和中心城区规划。编制城市总体规划，应当先组织编制总体规划纲要，研究确定总体规划中的重大问题，作为编制规划成果的依据。

（1）总体规划纲要。总体规划纲要的任务是研究总体规划的重大原则问题，结合国民经济长远规划、国土规划、区域规划，根据当地自然、历史、现状情况，确定城市地域发展的战略部署。其主要内容如下：

1）市域城镇体系规划纲要，内容包括：提出市域城乡统筹发展战略；确定生态环境、土地和水资源、能源、自然和历史文化遗产保护等方面的综合目标和保护要求，提出空间管制原则；预测市域总人口及城镇化水平，确定各城镇人口规模、职能分工、空间布局方案和建设标准；原则确定市域交通发展策略。

2）提出城市规划区范围。

3）分析城市职能、提出城市性质和发展目标。

4）提出禁建区、限建区、适建区范围。

5）预测城市人口规模。

6）研究中心城区空间增长边界，提出建设用地规模和建设用地范围。

7）提出交通发展战略及主要对外交通设施布局原则。

8）提出重大基础设施和公共服务设施的发展目标。

9）提出建立综合防灾体系的原则和建设方针。

（2）市域城镇体系规划。市域城镇体系规划应当包括下列内容：

1）提出市域城乡统筹的发展战略。其中位于人口、经济、建设高度聚集的城镇密集地区的中心城市，应当根据需要，提出与相邻行政区域在空间发展布局、重大基础设施和公共服务设施建设、生态环境保护、城乡统筹发展等方面进行协调的建议。

2）确定生态环境、土地和水资源、能源、自然和历史文化遗产等方面的保护与利用的综合目标和要求，提出空间管制原则和措施。

3）预测市域总人口及城镇化水平，确定各城镇人口规模、职能分工、空间布局和建设标准。

4）提出重点城镇的发展定位、用地规模和建设用地控制范围。

5）确定市域交通发展策略，原则确定市域交通、通信、能源、供水、排水、防洪、垃圾处理等重大基础设施，重要社会服务设施，危险品生产储存设施的布局。

6）根据城市建设、发展和资源管理的需要划定城市规划区。城市规划区的范围应当位于城市的行政管辖范围内。

7）提出实施规划的措施和有关建议。

（3）中心城区规划。中心城区规划应当包括下列内容：

1）分析确定城市性质、职能和发展目标。

2）预测城市人口规模。

3）划定禁建区、限建区、适建区和已建区，并制定空间管制措施。

4）确定村镇发展与控制的原则和措施；确定需要发展、限制发展和不再保留的村庄，提出村镇建设控制标准。

5）安排建设用地、农业用地、生态用地和其他用地。

6）研究中心城区空间增长边界，确定建设用地规模，划定建设用地范围。

7）确定建设用地的空间布局，提出土地使用强度管制区划和相应的控制指标（建筑密度、建筑高度、容积率、人口容量等）。

8）确定市级和区级中心的位置和规模，提出主要的公共服务设施的布局。

9）确定交通发展战略和城市公共交通的总体布局，落实公交优先政策，确定主要对外交通设施和主要道路交通设施布局。

10）确定绿地系统的发展目标及总体布局，划定各种功能绿地的保护范围（绿线），划定河湖水面的保护范围（蓝线），确定岸线使用原则。

11）确定历史文化保护及地方传统特色保护的内容和要求，划定历史文化街区、历史建筑保护范围（紫线），确定各级文物保护单位的范围；研究确定特色风貌保护重点区域及保护措施。

12）研究住房需求，确定住房政策、建设标准和居住用地布局；重点确定经济适用房、普通商品住房等满足中低收入人群住房需求的居住用地布局及标准。

13）确定电信、供水、排水、供电、燃气、供热、环卫发展目标及重大设施总体布局。

14）确定生态环境保护与建设目标，提出污染控制与治理措施。

15）确定综合防灾与公共安全保障体系，提出防洪、消防、人防、抗震、地质灾害防护等规划原则和建设方针。

16）划定旧区范围，确定旧区有机更新的原则和方法，提出改善旧区生产、生活环境的标准和要求。

17）提出地下空间开发利用的原则和建设方针。

18）确定空间发展时序，提出规划实施步骤、措施和政策建议。

3. 城市近期建设规划的任务和主要内容

近期建设规划的期限原则上应当与城市国民经济和社会发展规划的年限一致，并不得违背城市总体规划的强制性内容。近期建设规划到期时，应当依据城市总体规划组织编制新的近期建设规划。近期建设规划的内容应当包括：

（1）确定近期人口和建设用地规模，确定近期建设用地范围和布局。

（2）确定近期交通发展策略，确定主要对外交通设施和主要道路交通设施布局。

（3）确定各项基础设施、公共服务和公益设施的建设规模和选址。

（4）确定近期居住用地安排和布局。

（5）确定历史文化名城、历史文化街区、风景名胜区等的保护措施，城市河湖水系、绿化、环境等保护、整治和建设措施。

（6）确定控制和引导城市近期发展的原则和措施。

4. 城市分区规划的任务和主要内容

编制分区规划，应当综合考虑城市总体规划确定的城市布局、片区特征、河流道路等自然和人工界限，结合城市行政区划，划定分区的范围界限。分区规划应当包括下列内容：

（1）确定分区的空间布局、功能分区、土地使用性质和居住人口分布。

（2）确定绿地系统、河湖水面、供电高压线走廊、对外交通设施用地界线和风景名胜区、文物古迹、历史文化街区的保护范围，提出空间形态的保护要求。

（3）确定市、区、居住区级公共服务设施的分布、用地范围和控制原则。

（4）确定主要市政公用设施的位置、控制范围和工程干管的线路位置、管径，进行管线综合。

（5）确定城市干道的红线位置、断面、控制点坐标和标高，确定支路的走向、宽度，确定主要交叉口、广场、公交站场、交通枢纽等交通设施的位置和规模，确定轨道交通线路走向及控制范围，确定主要停车场规模与布局。

5. 详细规划的任务和主要内容

（1）控制性详细规划。控制性详细规划应当包括下列内容：

1）确定规划范围内不同性质用地的界线，确定各类用地内适建、不适建或者有条件地允许建设的建筑类型。

2）确定各地块建筑高度、建筑密度、容积率、绿地率等控制指标；确定公共设施配套要求、交通出入口方位、停车泊位、建筑后退红线距离等要求。

3）提出各地块的建筑体量、体型、色彩等城市设计指导原则。

4）根据交通需求分析，确定地块出入口位置、停车泊位、公共交通场站用地范围和站点位置、步行交通以及其他交通设施。规定各级道路的红线、断面、交叉口形式及渠化措施、控制点坐标和标高。

5）根据规划建设容量，确定市政工程管线位置、管径和工程设施的用地界线，进行管线综合。确定地下空间开发利用具体要求。

6）制定相应的土地使用与建筑管理规定。

（2）修建性详细规划。修建性详细规划应当包括下列内容：

1）建设条件分析及综合技术经济论证。

2）建筑、道路和绿地等的空间布局和景观规划设计，布置总平面图。

3）对住宅、医院、学校和托幼等建筑进行日照分析。

4）根据交通影响分析，提出交通组织方案和设计。

5）市政工程管线规划设计和管线综合。

6）竖向规划设计。

7）估算工程量、拆迁量和总造价，分析投资效益。

6. 其他规划的任务和主要内容

镇的总体规划、详细规划的编制，应当结合农村经济社会发展和产业结构调整，优先安排供水、排水、供电、供气、道路、通信、广播电视等基础设施和学校、卫生院、文化站、幼儿园、福利院等公共服务设施的建设，为周边农村提供服务。应发挥镇规划对镇发展的引导和调控作用，促进镇的健康发展。要根据地区的环境、资源承载力，科学合理地规划小城镇的布局、人口和产业规模，制定与区域经济相适应的城镇体系规划，作为编制小城镇总体规划的依据。镇规划编制的具体要求参照城市规划。

乡规划、村庄规划应当从农村实际出发，尊重村民意愿，体现地方和农村特色。乡规划、村庄规划的内容应当包括：规划区范围，住宅、道路、供水、排水、供电、垃圾收集、畜禽养殖场所等农村生产、生活服务设施、公益事业等各项建设的用地布局、建设要求，以及对耕地等自然资源和历史文化遗产保护、防灾减灾等的具体安排。乡规划还应当包括本行政区域内的村庄发展布局。

二、城乡规划的审批

（一）城乡规划审批的主体

根据《城乡规划法》的规定，我国的城乡规划实行分级审批制度。城乡规划的审批主体是国务院、省（自治区、直辖市）、市、县和镇（乡）人民政府或其城乡规划行政主管部门。按照法定的审批权限，各层次规划的审批主体如下：

1. 城镇体系规划的审批主体

全国城镇体系规划由国务院城乡规划主管部门报国务院审批，省、自治区人民政府组织编制的省域城镇体系规划，也由国务院审批。

省域城镇体系规划在报上一级人民政府审批前，应当先经省、自治区人民代表大会常务委员会审议，常务委员会组成人员的审议意见交由省、自治区人民政府研究处理。

2. 城市、镇总体规划的审批主体

（1）直辖市的城市总体规划由直辖市人民政府报国务院审批；省、自治区人民政府所在地的城市以及国务院确定的城市的总体规划，由省、自治区人民政府审查同意后，报国务院审批；其他城市的总体规划，由城市人民政府报省、自治区人民政府审批。

（2）县人民政府所在地镇及其他镇的总体规划，均报上一级人民政府审批。

城市、县人民政府组织编制的总体规划，在报上一级人民政府审批前，应当先经本级人民代表大会常务委员会审议，常务委员会组成人员的审议意见交由本级人民政府研究处理。

镇人民政府组织编制的镇总体规划，在报上一级人民政府审批前，应当先经镇人民代表大会审议，代表的审议意见交由本级人民政府研究处理。

3. 详细规划的审批主体

城市的控制性详细规划，经本级人民政府批准后，应报本级人民代表大会常务委员会和上一级人民政府备案。

镇的控制性详细规划，报上一级人民政府审批；县人民政府所在地镇的控制性详细规划，经县人民政府批准后，报县人民代表大会常务委员会和上一级人民政府备案。

4. 乡村规划的审批主体

乡、镇人民政府组织编制的乡规划、村庄规划，报上一级人民政府审批；村庄规划在报送审批前，应当经村民会议或者村民代表会议讨论同意。

（二）城市专业系统规划的审批

城市的专业系统规划一般是纳入城市总体规划并报批。确因特殊情况，也可以单独编制和审批。单独编制的专项规划，一般由当地的城乡规划行政主管部门会同专业主管部门，根据城市总体规划要求进行编制，报城市人民政府审批。

1. 单独编制的城市人防建设规划的审批

（1）直辖市要报国家的人民防空委员会和住房和城乡建设部审批。

（2）一类人防重点城市中的省会城市，要经省、自治区人民政府和大军区人民防空委员会审查同意后，报国家人民防空委员会、住房和城乡建设部审批。

（3）一类人防重点城市中的非省会城市及二类人防重点城市需报省、自治区人民政府审批，并报国家人民防空委员会、住房和城乡建设部备案。

（4）三类人防重点城市报市人民政府审批，并报省、自治区人民防空办公室、建委（建设厅）备案。

2. 单独编制的国家级历史文化名城保护规划的审批

（1）由国务院审批其总体规划的城市，报住房和城乡建设部、国家文物局审批。

（2）其他国家级历史文化名城报省、自治区人民政府审批，并报住房和城乡建设部、国家文物总局备案。

（3）省、自治区、直辖市级历史文化名城的保护规划由省、自治区、直辖市人民政府审批。

（三）城乡规划审批的其他要求

城乡规划报送审批前，组织编制机关应当依法将城乡规划草案予以公告，并采取论证会、听证会或者其他方式征求专家和公众的意见，公告的时间不得少于30日。组织编制机关应当充分考虑专家和公众的意见，并在报送审批的材料中附具意见采纳情况及理由。

省域城镇体系规划、城市总体规划、镇总体规划批准前，审批机关必须组织专家和有关部门进行审查。

三、城乡规划行业管理制度

（一）城乡规划编制单位资质管理

住房和城乡建设部于2012年7月2日颁布了新的《城乡规划编制单位资质管理规定》，2012年9月1日起正式施行。其主要内容如下：

1. 城乡规划编制单位的资质等级与标准

凡从事城乡规划编制的单位，应当取得相应等级的资质证书，并在资质等级许可的范围内从事城乡规划编制工作。城乡规划编制单位资质分为甲、乙、丙三级，其分级标准如下：

（1）甲级。

1）有法人资格。

2）注册资本金不少于100万元人民币。

3）专业技术人员不少于40人，其中具有城乡规划专业高级技术职称的不少于4人，具有其他专业高级技术职称的不少于4人（建筑、道路交通、给排水专业各不少于1人）；具有城乡规划专业中级技术职称的不少于8人，具有其他专业中级技术职称的不少于15人。

4）注册规划师不少于10人。

5）具备符合业务要求的计算机图形输入输出设备及软件。

6）有400平方米以上的固定工作场所，以及完善的技术、质量、财务管理制度。

（2）乙级。

1）有法人资格。

2）注册资本金不少于50万元人民币。

3）专业技术人员不少于25人，其中具有城乡规划专业高级技术职称的不少于2人，具有高级建筑师不少于1人、具有高级工程师不少于1人；具有城乡规划专业中级技术职称的不少于5人，具有其他专业中级技术职称的不少于10人。

4）注册规划师不少于4人。

5）具备符合业务要求的计算机图形输入输出设备。

6）有200平方米以上的固定工作场所，以及完善的技术、质量、财务管理制度。

（3）丙级。

1）有法人资格。

2）注册资本金不少于20万元人民币。

3）专业技术人员不少于15人，其中具有城乡规划专业中级技术职称的不少于2人，具有其他专业中级技术职称的不少于4人。

4）注册规划师不少于1人。

5）专业技术人员配备计算机达80%。

6）有100平方米以上的固定工作场所，以及完善的技术、质量、财务管理制度。

2. 城乡规划编制单位的业务范围

甲级城乡规划编制单位承担城乡规划编制任务的范围不受限制。

乙级城乡规划编制单位可以在全国承担下列任务：镇及20万现状人口以下城市总体规划的编制；镇、登记注册所在地城市和100万现状人口以下城市相关专项规划的编制；详细规划的编制；乡、村庄规划的编制；建设工程项目规划选址的可行性研究。

丙级城乡规划编制单位可以在全国承担下列任务：镇总体规划（县人民政府所在地镇除

外）的编制；镇、登记注册所在地城市和20万现状人口以下城市的相关专项规划及控制性详细规划的编制；修建性详细规划的编制；乡、村庄规划的编制；中、小型建设工程项目规划选址的可行性研究。

3. 城乡规划编制单位的资质申请与审批

（1）申请《城乡规划编制资质证书》必须具备以下基本条件。

1）有符合国家规定、依照法定程序批准设立机构的文件。

2）有明确的名称、组织机构、法人代表和固定的工作场所、健全的财务制度。

3）符合分级标准。

（2）城乡规划编制单位的资质审批。

城乡规划编制资质，实行分级审批制度。

申请甲级资质的，由省、自治区、直辖市人民政府城乡规划行政主管部门初审，国务院城乡规划行政主管部门审批，核发《资质证书》。

申请乙级、丙级资质的，由所在地市、县人民政府城乡规划行政主管部门初审，省、自治区、直辖市人民政府城乡规划行政主管部门审批，核发《资质证书》，并报国务院城乡规划行政主管部门备案。

另外，工程勘察设计单位、科研机构、高等院校及其他非以城乡规划为主业的单位，只要符合资质标准的，均可申请城乡规划编制资质。其中，高等院校的城乡规划编制机构中专职从事城乡规划编制的人员不得低于技术人员总数的70%。

4. 资质证书的使用

城乡规划编制资质证书是从事城乡规划编制的资格凭证，只限持证单位使用，不得超越证书规定范围承揽任务，不得涂改、倒卖、出租、出借或者以其他形式非法转让资质证书。

城乡规划编制单位资质证书分为正本和副本，正本一份，副本若干份，由国务院城乡规划主管部门统一印制，正本和副本具有同等法律效力。资质证书有效期为5年。有效期届满，需要延续资质证书有效期的，应当在资质证书有效期届满前3个月，申请办理资质延续手续。对在资质证书有效期内遵守有关法律、法规、规章、技术标准，信用档案中无不良行为记录，满足资质标准要求的城乡规划编制单位，经资质许可机关同意，有效期延续5年。城乡规划编制单位领取新的资质证书，应当将原资质证书交回资质许可机关予以注销。城乡规划编制单位遗失资质证书的，应当在公众媒体上发布遗失声明后，向资质许可机关申请补发。

两个以上城乡规划编制单位合作编制城乡规划，资质等级较高的一方应对编制成果质量负责。编制城乡规划以及所提交的规划编制成果，应当符合国家有关城乡规划的法律、法规和规章，符合与城乡规划编制有关的标准、规范。城乡规划编制单位提交的城乡规划编制成果，应当在文件扉页注明单位资质等级和证书编号。

（二）注册城市规划师制度

1. 概述

注册城市规划师是指通过全国统一考试，取得注册城市规划师执业资格证书，并经注册登记后从事城市规划业务工作的专业技术人员。注册城市规划执业资格制度属职业资格证书制度范畴，纳入专业技术人员执业资格制度的统一规划，由国家确认批准。

目前，规范注册城市规划师管理的法规为国务院于1999年月7日颁布的《注册城市规划师执业资格制度暂行规定》（新的《注册规划师执业资格管理办法》正在制定中）。人力资源和社会保障部、住房和城乡建设部共同负责全国城市规划师执业资格制度的政策制定、组织协调、资格考试、注册登记和监督管理工作。

2. 考试与注册

（1）考试。

注册城市规划师执业资格考试实行全国统一大纲、统一命题、统一组织的办法。凡中华人民共和国公民，具备下列条件之一者，可申请参加注册考试：

1）取得城市规划专业大专学历，并从事城市规划业务工作满6年。

2）取得城市规划专业大学本科学历，并从事城市规划业务工作满4年；或取得城市规划相近专业大学本科学历，并从事城市规划业务工作满5年。

3）取得通过评估的城市规划专业大学本科学历，并从事城市规划业务工作满3年。

4）取得上述专业硕士学位，并从事城市规划业务工作满3年。

5）取得城市规划专业硕士学位或相近专业博士学位，并从事城市规划业务满2年。

6）取得城市规划专业博士学位，并从事城市规划业务工作满1年。

7）人力资源和社会保障部、住房和城乡建设部规定的其他条件。

注册城市规划师执业资格考试合格者，由省、自治区、直辖市人力资源和社会保障部门颁发人力资源和社会保障部统一印制、人力资源和社会保障部及住房和城乡建设部用印的中华人民共和国注册城市规划师执业资格证书。

（2）注册。

住房和城乡建设部及各省、自治区、直辖市城市规划行政主管部门负责注册城市规划师的注册管理工作，各级人力资源和社会保障部门对注册城市规划师的注册情况有检查、监督的责任。

取得注册城市规划师执业资格证书申请注册的人员，须同时具备以下条件。

1）遵纪守法，恪守注册城市规划师职业道德。

2）取得注册城市规划师执业资格证书。

3）所在单位考核同意。

4）身体健康，能坚持在注册城市规划师岗位上工作。

经批准注册的申请人，由住房和城乡建设部核发《注册城市规划师注册证》。

注册城市规划师每次注册有效期为3年。有效期满前3个月，持证者应当重新办理注册登记。

注册后有下列情况之一的，应由有关部门撤销注册：

1）完全丧失民事行为能力的。

2）受到刑事处罚的。

3）脱离注册城市规划师岗位连续2年以上。

4）因在城市规划工作中失误造成损失，受到行政处罚或者撤职以上行政处分的。

被撤销注册的当事人对撤销注册有异议的，可以在接到撤销注册通知之日起15日内向住房和城乡建设部申请复议。

3. 权利和义务

（1）注册城市规划师应严格执行国家有关城市规划工作的法律、法规和技术规范，秉公办事，维护社会公众利益，保证工作成果质量。

（2）注册城市规划师对所经办的城市规划工作成果的图件、文件以及建设用地和建设工程规划许可文件有签名盖章权，并承担相应的法律和经济责任。

（3）注册城市规划师有权对违反国家有关法律、法规和技术规范的要求及决定提出劝告。

（4）注册城市规划师应保守工作中的技术和经济秘密。

（5）注册城市规划师不得同时受聘于两个或两个以上单位执行城市规划业务。不得准许他人以本人名义执行业务。

（6）注册城市规划师按规定接受专业技术人员继续教育，不断更新知识，提高工作水平。参加规定的专业培训和考核，并作为重新注册登记的必备条件之一。

第三节　城乡规划的实施

一、城乡规划实施的概念

城乡规划编制的目的是为了实施，即把预定的计划变为现实。城乡规划的实施是一个综合性的概念，它既是指政府的工作，也涉及公民、法人和社会团体的行为。

（一）政府实施城乡规划

各级人民政府依法律授权负责组织编制和实施城乡规划。所以，政府在实施城乡规划方面居主导地位，体现为依职权的主动行为和依申请的控制、引导行为。

（二）公民、法人和社会团体与城乡规划的实施

公民法人和社会团体实施城乡规划的作用体现在两个方面：

（1）公民、法人和社会团体根据城乡规划的目标，可以主动有所为，如对城乡规划中确定的公益性和公共性项目进行投资，关心并监督城乡规划的实施等。

（2）公民、法人和社会团体即使是完全出于自身利益的投资和置业等活动，只要遵守城乡规划和服从城乡规划管理，客观上即有助于城乡规划目标的实现，也就可视为是对城乡规划的实施。

二、城乡规划实施的基本原则

（一）政府实施城乡规划应遵循的原则

地方各级人民政府应当根据当地经济社会发展水平，量力而行，尊重群众意愿，有计划、分步骤地组织实施城乡规划。

（二）在城乡建设和发展中实施城乡规划应遵循的原则

城市的建设和发展，应当优先安排基础设施以及公共服务设施的建设，妥善处理新区开发与旧区改建的关系，统筹兼顾进城务工人员生活和周边农村经济社会发展、村民生产与生活的需要。

镇的建设和发展，应当结合农村经济社会发展和产业结构调整，优先安排供水、排水、供电、供气、道路、通信、广播电视等基础设施和学校、卫生院、文化站、幼儿园、福利院等公共服务设施的建设，为周边农村提供服务。

乡、村庄的建设和发展，应当因地制宜、节约用地，发挥村民自治组织的作用，引导村民合理进行建设，改善农村生产、生活条件。

（三）城市新区开发和建设中实施城乡规划应遵循的原则

城市新区的开发和建设，应当合理确定建设规模和时序，充分利用现有市政基础设施和公共服务设施，严格保护自然资源和生态环境，体现地方特色。在城市总体规划、镇总体规划确定的建设用地范围以外，不得设立各类开发区和城市新区。

（四）旧城区改建中实施城乡规划应遵循的原则

旧城区的改建，应当保护历史文化遗产和传统风貌，合理确定拆迁和建设规模，有计划地对危房集中、基础设施落后等地段进行改建，同时应当遵守有关历史文化名城、名镇、名村保护的法律、行政法规和国务院的规定。

（五）城市地下空间开发和利用时实施城乡规划应遵循的原则

城市地下空间的开发和利用，应当与经济和技术发展水平相适应，遵循统筹安排、综合开发、合理利用的原则，充分考虑防灾减灾、人民防空和通信等需要，并符合城市规划，履行规划审批手续。

三、城乡规划实施的基本制度

（一）建设项目选址意见书制度

1. 建设项目选址规划管理的概念

建设项目选址规划管理，是城乡规划行政主管部门根据城乡规划及其有关法律、法规对建设项目选址进行确认或选择，保证各项建设按照城乡规划安排，并核发建设项目选址意见书的行政管理工作，是城乡规划实施的首要环节。《中华人民共和国国家标准（GB/T 50280—1998）》把建设项目选址意见书定义为“城乡规划行政主管部门依法核发的有关建设项目的选址和布局的法律凭证”。发放目的是为了保障建设项目的选址和布局科学合理，符合城乡规划的要求，实现经济效益、社会效益、环境效益的统一。

2. 申请选址意见书的建设项目范围

根据《中华人民共和国城乡规划法》第36条的规定：“按照国家规定需要有关部门批准或者核准的建设项目，以划拨方式提供国有土地使用权的，建设单位在报送有关部门批准或者核准前，应当向城乡规划主管部门申请核发选址意见书。”

前款规定以外的建设项目不需要申请选址意见书。

3. 建设项目选址意见书的内容

根据住房和城乡建设部、国家发改委发布的《建设项目选址规划管理办法》的规定，建设项目选址意见书应当包括下列内容：

（1）建设项目的基本情况。主要是建设项目名称、性质、用地与建设规模，供水与能源需求量，采取的运输方式与运输量，以及废水、废气、废渣的排放方式和排放量等。

（2）建设项目规划选址的主要依据。包括：经批准的项目建议书；建设项目与城市规划布局的协调；建设项目与城市交通、通信、能源、市政、防灾规划的衔接与协调；建设项目配套的生活设施与城市生活居住及公共设施规划的衔接与协调；建设项目对于城市环境可能造成的污染影响，以及与城市环境保护规划和风景名胜、文物古迹保护规划的协调等。

（3）建设项目选址、用地范围和具体规划要求。

（4）建设项目地址和用地范围的附图和明确有关问题的附件。

4. 建设项目选址规划管理的程序

（1）选址申请。建设单位在编制项目设计任务书时，应向建设项目所在地县、市、直辖市人民政府城乡规划行政主管部门提出建设项目选址申请。申请选址时，建设单位应向城乡规划行政主管部门提交下列文件：一是已批准的项目建议书；二是建设单位建设项目选址意见书申请报告；三是该项目有关的基本情况和建设技术条件要求、环境影响评价报告等文件。

(2) 参加选址。城乡规划行政主管部门与计划部门、建设单位等有关部门一同进行建设项目的选址工作，包括现场踏勘、共同商讨，对不同的拟建地址进行比较分析，听取各有关部门、单位的意见。

(3) 选址审查。城乡规划行政主管部经过调查研究、条件分析和方案比较论证，根据城乡规划要求对该建设项目选址进行审查，必要时应组织专家论证会进行慎重研究决定。

(4) 核发选址意见书。城乡规划行政主管部门经过选址审查后，核发选址意见书。对于特别复杂的建设项目，可委托相关设计院编制建设项目选址意见书的报告，然后城乡规划行政主管部门根据报告核发选址意见书。

5. 建设项目选址规划的分级管理

《建设项目选址规划管理办法》规定，建设项目选址意见书，按建设项目计划审批权限实行分级管理。

(1) 县人民政府计划行政主管部门审批的建设项目，由县人民政府城乡规划行政主管部门核发选址意见书。

(2) 地级、县级市人民政府计划行政主管部门审批的建设项目，由该人民政府城乡规划行政主管部门核发选址意见书。

(3) 直辖市、计划单列市人民政府计划行政主管部门审批的建设项目，由直辖市、计划单列市人民政府城乡规划行政主管部门核发选址意见书。

(4) 省、自治区人民政府计划行政主管部门审批的建设项目，由项目所在地县、市人民政府城乡规划行政主管部门提出审查意见，报省、自治区人民政府城乡规划行政主管部门核发选址意见书。

(5) 中央各部门、公司审批的小型和限额以下的建设项目，由项目所在地县、市人民政府城乡规划行政主管部门核发选址意见书。

(6) 国家审批的大中型和限额以上的建设项目，由项目所在地县、市人民政府城乡规划行政主管部门提出审查意见，报省、自治区、直辖市、计划单列市人民政府城乡规划行政主管部门核发选址意见书，并报国务院城乡规划行政主管部门备案。

(二) 建设用地规划许可证制度

1. 建设用地规划管理的概念

建设用地规划管理就是根据城乡规划法和批准的城乡规划，对规划区内建设项目用地的选址、定点和范围的规定、总平面审查、核发建设用地许可证等各项管理工作的总称。建设用地规划许可证是经城乡规划行政主管部门依法确认其建设项目位置和用地范围的法律凭证。

2. 建设用地规划管理的程序及操作要求

(1) 划拨取得土地使用权的建设项目。

根据《城乡规划法》第 37 条的规定，在城市、镇规划区内以划拨方式提供国有土地使用权的建设项目，办理建设用地规划许可证的要求如下：

1）根据建设项目性质的不同，建设单位依法将该建设项目报经有关部门或批准或核准或备案。

2）建设单位向城市、县人民政府城乡规划行政主管部门提出建设用地规划许可申请。

3）城市、县人民政府城乡规划主管部门依据控制性详细规划核定建设用地的位置、面积、允许建设的范围，核发建设用地规划许可证。

4）建设单位在取得建设用地规划许可证后，向县级以上地方人民政府土地主管部门申请用地。

5）县级以上人民政府对建设用地情况审查批准后，由土地主管部门划拨土地。

（2）出让取得土地使用权的建设项目。

根据《城乡规划法》第38条的规定，在城市、镇规划区内以出让方式提供国有土地使用权的建设项目，办理建设用地规划许可证的要求如下。

1）首先，在国有土地使用权出让前，城市、县人民政府城乡规划主管部门应当依据控制性详细规划，提出出让地块的位置、使用性质、开发强度等规划条件，作为国有土地使用权出让合同的组成部分。未确定规划条件的地块，不得出让国有土地使用权。

2）建设单位与城市、县人民政府土地主管部门根据规划条件签订国有土地使用权出让合同。

3）签订国有土地使用权出让合同后，建设单位持建设项目的批准、核准、备案文件和国有土地使用权出让合同，向城市、县人民政府城乡规划主管部门领取建设用地规划许可证。

4）规划条件未纳入国有土地使用权出让合同的，该国有土地使用权出让合同无效；对未取得建设用地规划许可证的建设单位批准用地的，由县级以上人民政府撤销有关批准文件；占用土地的，应当及时退回；给当事人造成损失的，应当依法给予赔偿。

3. 建设用地规划批后管理

建设用地规划管理的批后监督、检查工作包括建设征用划拨土地的复核、用地情况监督检查和违章用地的检查处理等。

（1）用地复核。在征用划拨土地的过程中，如果有所变动，应经城乡规划行政主管部门对征用划拨土地进行验证。

（2）用地情况检查。建设用地单位在使用土地的过程中，城乡规划行政主管部门根据规划要求应进行监督检查工作，随时发现问题，杜绝违章占地情况。

（3）违章处理。凡是未取得建设用地许可证的建设用地、擅自变更核准的位置、扩大用地范围的建设用地、擅自转让、交换、买卖、租赁或变相非法买卖租赁的建设用地等行为，都属于违章占地。城乡规划行政主管部门发现违章占地行为，都要发出违章占地通知书，责令其停止使用土地，进行违章登记，并负责进行违章占地处理。违章占地处理，包括没收土地，拆除地上、地下设置物，罚款和行政处分等。

（三）建设工程规划许可证制度

1. 建设工程规划管理的概念

建设工程规划管理是一项工作量很大的经常性工作，建设工程类型繁多，性质各异。归纳起来可以分为建筑工程、市政管线工程和市政交通工程三大类。这三类建设工程形态不一，特点不同，城市规划管理需有的放矢，分别管理。建设工程规划管理包括建筑工程规划管理、市政管线规划管理和市政交通规划管理。

建设工程规划许可证是指在城市、镇规划区内进行建筑物、构筑物、道路、管线和其他工程建设的单位或者个人依照规定，向城市、县人民政府城乡规划主管部门或者省、自治区、直辖市人民政府确定的镇人民政府申请领取的建设工程的法律凭证。

建设单位或个人在取得建设工程规划许可证和其他有关批准文件后，方可申请办理开工手续。

2. 建设工程规划管理的程序及操作要求

(1) 认定建设工程申请。建设单位或者个人向城乡规划行政主管部门提出建设申请，城乡规划行政主管部门要严格审查建设工程有关文件，如建设用地规划许可证、土地使用证、批准投资文件以及批准的设计任务书（可行性研究报告）等，符合受理申请条件和要求，则予以受理，否则不予受理。受理后填写建设工程申请登记表。

(2) 根据需要征求有关部门意见。城乡规划行政主管部门认为必要时，需要征询有关专业管理部门的书面同意意见。比如：

1) 关于兴建高层建筑、大型公共建筑或锅炉房等易燃、易爆危险性工程的消防安全部门签署的意见。

2) 关于有污染工程的环境保护部门的意见和环境质量影响鉴定书。

3) 关于兴建配电房、变电站时经供电部门签署的意见。

4) 关于涉及文物古迹、园林绿化和河道的保护范围时，文物、园林、河道管理等部门签署的意见。

5) 关于涉及航空、高压线走廊、无线电收发、人防等航空、电力、电讯、人防等部门签署的意见。

6) 关于涉及卫生防疫时经卫生防疫部门签署的意见。

(3) 提出规划设计要求。城乡规划行政主管部门可提供地形图、该建设工程建设地段规划道路红线图，并对该建设工程提出规划设计要点，征询有关部门的意见后，综合确定规划设计要求，核发规划设计要求通知书，以便建设单位按规划设计通知书的要求委托设计部门进行方案设计工作。

(4) 审查设计方案。建设单位提供设计方案（一般报审的设计方案不应少于两个）文件、图纸（包括模型）后，城乡规划行政主管部门对多个方案进行审查比较，审查其总平面布置与交通组织情况、工程周围环境关系、个体设计体量、层次、造型、色彩、风格等，进行方案选择和技术经济指标的分析，确定设计方案和提供规划设计修改意见，核发审定设计方案通知书，以便建设单位据此委托设计部门进行施工图设计，重要的设计方案应由政府组织有关部门和专家进行审定。

(5) 审查施工图后，核发建设工程规划许可证。建设单位持注明勘察设计证号的总平面图、单体建筑设计平面图、立面图、剖面图、基础图、地下室平面图、剖面图等施工图纸，交城乡规划行政主管部门进行审查。经审查批准后，城乡规划行政主管部门核发建设工程规划许可证。建设单位获得建设工程规划许可证后方可开工。

(6) 放线验线。建设单位按照建设工程规划许可证和批准的施工图放线后，应向城乡规划行政主管部门申请验线并报告开工日期，城乡规划行政主管部门现场验线无误、做好验线记录、同意开工后，该建设工程方可破土动工。

（四）乡村建设规划许可证制度

1. 乡村建设规划许可管理的概念

乡村建设规划许可证是指在乡、村庄规划区内进行乡镇企业、乡村公共设施和公益事业建设的单位或者个人，依照法定程序向乡、镇人民政府提出申请，由乡、镇人民政府报城市、县人民政府城乡规划主管部门核发的由建设单位或者个人使用土地的法律凭证。

2. 乡村建设规划许可管理的基本要求

《城乡规划法》第41条规定：“在乡、村庄规划区内进行乡镇企业、乡村公共设施和公益事业建设的，建设单位或者个人应当向乡、镇人民政府提出申请，由乡、镇人民政府报城市、县人民政府城乡规划主管部门核发乡村建设规划许可证。

在乡、村庄规划区内使用原有宅基地进行农村村民住宅建设的规划管理办法，由省、自治区、直辖市制定。

在乡、村庄规划区内进行乡镇企业、乡村公共设施和公益事业建设以及农村村民住宅建设，不得占用农用地；确需占用农用地的，应当依照《中华人民共和国土地管理法》有关规定办理农用地转用审批手续后，由城市、县人民政府城乡规划主管部门核发乡村建设规划许可证。

建设单位或者个人在取得乡村建设规划许可证后，方可办理用地审批手续。”

3. 乡村建设规划许可管理中需注意的问题

乡村建设规划许可证既代表了规划审批，又体现了建设许可，其实质是“两证合一”。村民领到乡村建设规划许可证后，事实上已经得到了法定准建手续。因此，在乡村建设规划许可管理中要特别注意下面几个问题。

（1）人口审核。农村个人建房有严格的人口核算方法，因此乡、村建设规划许可证申请审批表应当设置家庭人口一栏，申请人应如实填写家庭组成人员、职业及户口所在地，再对照户口登记簿进行核对，核准实际建房人口。

（2）规划审查。规划是指导农村建设的依据，按照建设规划图纸要求，与村主要干部共同进行踏勘，确定建房地址、小地名、标注四至、相对地坪高度及相邻间距，确定建房基础高度，确保按规划建设。

（3）建设审批。由于不办理选址意见书，在未办理用地手续的情况下，因此必须要从严把关，要主动与国土资源部门衔接，确认审批地块是不是建设留用地，如果符合村庄规划，也符合土地利用规划的，就可以按照建设审批条件，确认建房朝向、层高、建设面积，经建房户确认后进行报批。不符合土地利用规划，但符合村庄规划的，应待用地性质变动后审批。

（4）施工安全监督检查。只要建房用地面积和地形能符合农房建设通用图集的，规划审批部门免费提供，凭农户与有证建筑工匠签订施工合同后，即发给乡村建设规划许可证。地形和面积不符合通用图集的，建房户应委托设计单位进行设计，根据设计图纸进行审批，确保按图施工，保证施工质量。

四、临时建设和临时用地管理

（一）临时建设和临时用地的概念

临时建设是指经城乡规划行政主管部门批准临时搭建、临时使用并限期拆除的建筑物、构筑物、棚厦、道路、管线或其他设施；临时用地是指由于建设工程施工、堆料或其他原因，需要临时使用并限期收回的土地。

在城市、镇规划区内进行临时建设的，应当经城市、县人民政府城乡规划主管部门批准。临时建设影响近期建设规划或者控制性详细规划的实施以及交通、市容、安全等的，不得批准。临时建设应当在批准的使用期限内自行拆除。

（二）临时建设和临时用地的具体管理

《城乡规划法》第 44 条第二款规定："临时建设和临时用地规划管理的具体办法，由省、自治区、直辖市人民政府制定。"下面以《山东省城市临时建设、临时用地规划管理办法》为例，介绍临时建设和临时用地管理的一般规定。

1. 临时建设、临时用地规划许可证

任何单位或个人在规划区内进行临时建设，必须征得有关部门同意后，向城乡规划行政主管部门提出申请，经审查批准，核发临时建设工程规划许可证，并按批准的内容进行建设。

任何单位或个人在规划区内临时使用土地，必须向城乡规划行政主管部门提出申请，经审查批准，核发临时建设用地规划许可证后，方可到有关部门办理手续。

2. 临时建设、临时用地规划保证金

经批准在规划区内进行临时建设、临时用地的单位或个人，应当向城乡规划行政主管部门缴纳临时建设、临时用地规划保证金。规划保证金在城乡规划行政主管部门核发临时建设工程规划许可证、临时建设用地规划许可证时缴纳。

领取临时建设工程规划许可证、临时建设用地规划许可证后 3 个月内，未进行建设或使用土地的，其规划许可证和用地批准文件自行失效，已缴纳的规划保证金如数退还。

3. 耕地占用税

临时用地确需占用耕地的，应按照有关规定向财政部门缴纳耕地占用税。

4. 临时建设、临时用地的使用期限

临时建设、临时用地使用期限不得超过两年。确需延期使用的，必须在使用期满 30 日前，向城乡规划行政主管部门和有关部门申请办理延期使用手续。

临时建设、临时用地使用期满后，使用单位和个人应在 30 日内自行拆除、清场，并到原批准机关办理相应手续。

5. 临时建设、临时用地的使用限制

临时建设和临时用地不得买卖、交换、出租、转让、赠与或擅自改变其使用性质；在临时用地上，不得建设永久性的建筑物、构筑物及其他设施；临时建设工程规划许可证，不得作为房屋确权的依据。

6. 临时建设、临时用地罚则

临时建设、临时用地如遇国家建设需要，使用单位和个人应及时拆除、退地。临时建设逾期不拆除的，由城乡规划行政主管部门作出拆除决定，申请人民法院强制执行，其规划保证金用于拆除临时建设等的各项费用；临时用地逾期不退出的，按城乡规划法对违法用地的有关规定处理，其规划保证金用于清场退地等的各项费用；临时建设、临时用地按期拆除、清场退地的，其规划保证金如数退还。

在规划区内，未取得临时用地规划许可证而取得临时用地批准文件、占用土地的，其批准文件无效，占用的土地由县级以上人民政府责令退回；未取得临时建设工程规划许可证或违反临时建设工程规划许可证规定进行违法建设的，由城乡规划行政主管部门按照《城乡规划法》及相关法律规定处理。

五、建设工程的规划验收

（一）建设工程规划验收的内容

建设工程的规划验收是建设工程批后管理的重要组成部分，也是防止工程项目在建设过程中出现违法行为的重要保证。

城乡规划行政主管部门参加建设工程的竣工验收，主要是监督检查该建设工程是否符合规划设计要求，根据城乡规划行政主管部门核发的建设工程规划许可证（包括规划设计条件以及经批准的建设项目相关的施工图），逐项进行验收，验收合格者发给建设项目竣工规划验收合格证，验收不合格者视情节轻重，提出处理意见。具体内容包括。

(1) 平面布局。建设工程的用地范围、位置、坐标、平面形式、建筑间距、管线走向及管位、出入口位置与周围建筑物、构筑物等的平面关系等是否符合规划设计要求。

(2) 空间布局。建设工程的地下设施与地面设施的关系、层数、建筑密度、容积率、建筑高度与周围建筑物或构筑物等的空间关系是否符合规划设计要求。

(3) 建筑造型。建筑物和构筑物的建筑造型形式、风格、色彩、体量与周围环境的协调等是否符合规划设计要求。

(4) 工程质量与标准。建筑工程有关技术经济指标、建设标准和工程质量是否符合规划设计要求。

(5) 室外设施。室外工程设施，如道路、绿化、花台、围墙、大门、停车场、雕塑、水池等是否按照规划要求施工的。检查其所有的施工用临时建筑是否按规定的期限拆除，并清理现场。

（二）建设工程竣工资料的报送

《城乡规划法》第 45 条规定："县级以上地方人民政府城乡规划主管部门按照国务院规定对建设工程是否符合规划条件予以核实。未经核实或者经核实不符合规划条件的，建设单位不得组织竣工验收。建设单位应当在竣工验收后 6 个月内向城乡规划主管部门报送有关竣工验收资料。"

第四节 城乡规划的修改

一、城乡规划修改的制度设计

城乡规划关系各行各业，影响千家万户，涉及政治、经济、文化、社会等诸多领域，关系人民群众人居环境，是直接影响构建和谐社会系统工程的大事。因此，城乡规划如果经常修改和调整，既损害城乡规划的严肃性和权威性，不利于城乡执法工作，人民群众也不满意。对此，《城乡规划法》第 7 条明确规定："经依法批准的城乡规划，是城乡建设和规划管理的依据，未经法定程序不得修改。"特别是不能因为地方领导人的变更而变更，更不能因为个别领导人的意见而擅自修改。

当然，城乡规划也不是一成不变的。在规划期间，难免会出现各种各样的情况，使得规划目标难以实现。因此，《城乡规划法》在强调必须严格执行城乡规划的同时，也强调要及时总结、分析、评价规划的实施情况，对城乡规划实施动态管理，必要时对规划进行修改。但对修改的条件、程序和权限都作了严格限制，主要体现为四个制度。

第一，先报告、后修改制度。需要修改城市总体规划、镇总体规划、控制性详细规划的，要先向原上级审批机关做专题报告，经原审批机关同意后，方可编制修改方案。

第二，先论证，后修改制度。修改控制性详细规划的，组织编制机关应当对修改的必要性进行论证，征求规划地段内利害关系人的意见后，方可编制修改方案。

第三，严格审批制度。修改后的城乡规划必须严格按照原审批程序由原上级审批机关再行审批。

第四，修改补偿制度。修改城乡规划给被许可人合法权益造成损失的，应当依法给予补偿。

二、城镇体系规划和总体规划的修改

（一）规划的评估

（1）评估主体。

《城乡规划法》第46条规定："省域城镇体系规划、城市总体规划、镇总体规划的组织编制机关，应当组织有关部门和专家定期对规划实施情况进行评估，并采取论证会、听证会或者其他方式征求公众意见。"因此，省域城镇体系规划、城市总体规划、镇总体规划的评估主体是其"组织编制机关"。具体为：

省域城镇体系规划的"组织编制机关"是省、自治区人民政府，因而其评估由省、自治区人民政府组织实施；城市总体规划的评估由城市人民政府组织实施；镇总体规划有两种情况，"县人民政府所在地镇的总体规划"的评估由县人民政府组织实施，"其他镇的总体规划"的评估由镇人民政府组织实施。

（2）评估的时间。《城乡规划法》对评估时间的界定为"定期"。因此，具体的时间可由国务院及地方人大在制定本法的配套法规时予以明确。

（3）评估的参与者。根据《城乡规划法》的规定，评估的参与者为"有关部门和专家"。这些部门和专家，应具有相当的代表性，至于具体的范围，可由国务院或授权城乡规划行政主管部门作出具体规定。

（4）评估的方式。根据本法的规定，对省域城镇体系规划、城市总体规划、镇总体规划的实施情况进行评估，必须征求公众意见。采取的方式，除"论证会"、"听证会"外，还可以采取其他方式，如在报刊、网站等媒体上开展问卷调查，委托统计部门进行抽样调查等。目的是通过这种公民的有序参与，使规划更具有民主性，可以大大地推进规划的科学性，同时可以更好地保证规划得到执行。

（5）评估报告。省域城镇体系规划、城市总体规划、镇总体规划的组织编制机关对规划实施情况进行评估以后，应当分别向本级人民代表大会常务委员会、镇人民代表大会和原审批机关提出评估报告。评估报告应当全面分析、客观评价域城镇体系规划、城市总体规划、镇总体规划的实施情况，既要总结成功的经验，也要查找存在的问题，分析问题形成的原因，还应当提出解决问题、改进工作的方案。同时，评估报告还要附具征求意见的情况。

（二）规划修改的条件

根据《城乡规划法》第47条的规定，只有出现下列情形之一的，组织编制机关方可按照规定的权限和程序修改省域城镇体系规划、城市总体规划、镇总体规划：

（1）上级人民政府制定的城乡规划发生变更，提出修改规划要求的。

（2）行政区划调整确需修改规划的。

（3）因国务院批准重大建设工程确需修改规划的。

（4）经评估确需修改规划的。

（5）城乡规划的审批机关认为应当修改规划的其他情形。

（三）规划修改的程序

（1）编制修改方案。

根据《城乡规划法》的规定，修改省域城镇体系规划、城市总体规划、镇总体规划前，组织编制机关应当对原规划的实施情况进行总结，并向原审批机关报告；修改涉及城市总体规划、镇总体规划强制性内容的，应当先向原审批机关提出专题报告，经同意后，方可编制修改方案。

（2）按照审批程序报批。

修改后的省域城镇体系规划、城市总体规划、镇总体规划应依法按下列程序报批：

省域城镇体系规划，直辖市的城市总体规划，省、自治区人民政府所在地的城市以及国务院确定的城市的总体规划，报国务院审批；其他城市的总体规划，由城市人民政府报省、自治区人民政府审批；县人民政府所在地镇及其他镇的总体规划，均报上一级人民政府审批。同时，在报上一级人民政府审批前，应当先经本级人民代表大会常务委员会审议，审议意见和根据审议意见修改规划的情况一并报送上一级人民政府。

三、控制性详细规划的修改

（一）修改方案的编制

控制性详细规划是指以经批准的城市总体规划或分区规划为依据，对建设地区的土地使用性质和使用强度、道路和工程管线控制性位置以及空间环境等控制要求而作出的规划。城市或镇的控制性详细规划一经批准，就应严格执行。

因客观情况发生变化，确需修改控制性详细规划的，组织编制机关应当对修改的必要性进行论证。在论证过程中，必须征求规划地段内利害关系人的意见。论证结束后，组织编制机关应当向原审批机关提出专题报告，经原审批机关同意后，方可编制修改方案。

（二）修改方案的审批

修改方案编制完成以后，组织编制机关应当严格按照控制性详细规划的审批程序，报请审批，具体为：

城市的控制性详细规划，经本级人民政府批准后，应报本级人民代表大会常务委员会和上一级人民政府备案；镇的控制性详细规划，报上一级人民政府审批；县人民政府所在地镇的控制性详细规划，经县人民政府批准后，报县人民代表大会常务委员会和上一级人民政府备案。

如果控制性详细规划的修改涉及城市总体规划、镇总体规划的强制性内容的，应当先修改总体规划后，再修改控制性详细规划。

四、乡村规划的修改

乡规划、村庄规划应当从实际出发，尊重村民意愿，体现地方和农村特色。乡、村庄规划的修改，要统筹考虑当地的自然条件，经济社会发展水平和文化传统，因村制宜，要本着节约原则，以改善村民基本生产生活条件为宗旨，量力而行，充分利用原有条件，防止大拆大建，防止加重农民负担；村民是村庄建设和生活的主体，在乡、村庄规划的修改过程中，要多听取农民的意见，充分论证，以便更好地满足农民生产、生活方面的需求；要坚持人与自然和谐，尽量保留村庄的历史风格，保护生态环境，突出地方特色和农村特色；要注重保护和利用好乡村资源，做到既考虑村庄特色，又实现新农村的目标；要处理好近期建设与远期发展，旧村改造与新村建设的关系，既注重解决当前村庄整治的重点问题，又充分考虑后续的乡、村庄规划与管理需要。

乡规划、村庄规划的修改应当严格按《城乡规划法》规定的的审批程序报请审批：乡、镇人民政府组织编制的乡规划、村庄规划，报上一级人民政府审批；村庄规划在报送审批前，应当经村民会议或者村民代表会议讨论同意。

五、近期建设规划的修改

近期建设规划是落实总体规划的重要步骤，是城市、县、镇近期建设项目安排的依据。近期建设规划一经批准，不得擅自修改。一旦修改近期建设规划时，城市、县、镇人民政府应当将修改后的近期建设规划报总体规划审批机关备案。修改涉及强制性内容的，必须按照下列程序进行：

近期建设规划修改完成后，由城乡规划行政主管部门负责组织专家进行论证并报城市、县、镇人民政府；人民政府批准近期建设规划前，必须征求同级人民代表大会常务委员会意见；同时，批准后的近期建设规划应当报总体规划审批机关备案，其中国务院审批总体规划的城市，报住房和城乡建设部备案。

六、城乡规划修改补偿制度

《城乡规划法》第50条规定：“在选址意见书、建设用地规划许可证、建设工程规划许可证或者乡村建设规划许可证发放后，因依法修改城乡规划给被许可人合法权益造成损失的，应当依法给予补偿。

经依法审定的修建性详细规划、建设工程设计方案的总平面图不得随意修改；确需修改的，城乡规划主管部门应当采取听证会等形式，听取利害关系人的意见；因修改给利害关系人合法权益造成损失的，应当依法给予补偿。”

第五节　历史文化名城、名镇、名村保护

一、历史文化名城、名镇、名村的概念

根据国务院2008年4月颁布的《历史文化名城名镇名村保护条例》，历史文化名城、名镇、名村是指由国务院或省、自治区、直辖市人民政府批准公布的，具备下列条件的城市、镇、村庄：

（1）保存文物特别丰富。

（2）历史建筑集中成片。

（3）保留着传统格局和历史风貌。

（4）历史上曾作为政治、经济、文化、交通中心、军事要地，或者在近代和现代发生过重要历史事件，或者传统产业、历史上建设的重大工程对地区的发展产生过重要影响，或者集中反映地区建筑文化特色、民族特色的。

其中，历史建筑是指具有一定保护价值，能够反映历史风貌和地方特色，未公布为文物保护单位，且未登记为不可移动文物的建筑物、构筑物。历史文化街区，是指经省、自治区、直辖市人民政府核定公布的保留文物古迹、历史建筑、近代和现代史迹比较集中，能够较完整、真实地体现传统格局和历史风貌，并具有一定规模的地区。

二、历史文化名城、名镇、名村的申报

申报历史文化名城、名镇、名村，应当提交下列材料：

(1) 历史沿革、地方特色和历史文化价值的说明。

(2) 传统格局和历史风貌的现状。

(3) 保护范围。

(4) 文物保护单位、历史建筑、历史文化街区的清单。

(5) 保护工作情况、保护目标和保护要求。

申报历史文化名城，由省、自治区、直辖市人民政府提出申请，经国务院建设主管部门会同国务院文物主管部门组织有关部门、专家等进行论证，提出审查意见，报国务院批准公布。

申报历史文化名镇、名村，由所在地县级人民政府提出申请，经省、自治区、直辖市人民政府确定的保护主管部门会同同级文物主管部门组织有关部门、专家等进行论证，提出审查意见，报省、自治区、直辖市人民政府批准公布。

省、自治区、直辖市人民政府应当将批准公布的历史文化名镇、名村，报国务院备案。

三、历史文化名城、名镇、名村保护规划

（一）历史文化名城保护规划

历史文化名城保护规划由当地人民政府组织编制，其内容应包括：

(1) 总体目标、保护原则和保护内容。

(2) 传统格局与历史风貌保护的要求。

(3) 历史文化街区的核心保护范围和建设控制地带。

(4) 控制人口容量、疏解交通、改善基础设施、整治环境的保护措施。

(5) 开发强度和建设控制要求。

(6) 核心保护范围内建筑物、构筑物的分类保护要求。

(7) 分期实施的具体措施。

(8) 历史建筑的保护名录和保护要求。

历史文化名城保护规划由省、自治区、直辖市人民政府审批，并报国务院建设主管部门和国务院文物主管部门备案。

（二）历史文化名镇、名村保护规划

历史文化名镇、名村保护规划由所在地县级人民政府组织编制，其内容应包括：

(1) 总体目标、保护原则和保护内容。

(2) 传统格局与历史风貌保护的要求。

(3) 核心保护范围和建设控制地带。

(4) 改善基础设施、整治环境的保护措施。

(5) 核心保护范围和建设控制地带内建筑物、构筑物的高度、体量、外观形象及色彩等控制指标。

(6) 核心保护范围内建筑物、构筑物的分类保护要求。

(7) 分期实施的具体措施。

(8) 历史建筑的保护名录和保护要求。

历史文化名镇、名村保护规划由省、自治区、直辖市人民政府审批。其中，中国历史文化名镇、名村保护规划应当报国务院建设主管部门和国务院文物主管部门备案。

历史文化名城、名镇、名村保护规划经批准后，组织编制机关应当将批准的保护规划予以公布。经依法批准的历史文化名城、名镇、名村保护规划，禁止擅自修改，确需修改的，组织编制机关应当向原审批机关提出修改报告，经同意后方可修改，并将修改后的保护规划按照原审批程序报批。

四、历史文化名城、名镇、名村的保护措施

(1) 整体保护原则。历史文化名城、名镇、名村应当坚持整体保护的原则，保持传统的街道肌理和空间尺度，不得改变与传统格局和历史风貌相互依存的自然景观和环境。

(2) 基础设施建设保护。历史文化名城、名镇、名村所在地人民政府应当根据当地经济社会发展水平，按照保护规划，改善历史文化名城、名镇、名村中的基础设施、公共服务设施和居住环境，控制人口容量，疏解交通，消除安全隐患。

(3) 建设指标控制。历史文化街区、名镇、名村建设控制地带内，应当按照保护规划确定的建设控制指标，严格控制新建建筑物、构筑物的使用性质、高度、体量、色彩等。

(4) 原有建、构筑物保护。历史文化街区、名镇、名村核心保护范围内，应当保持原有建筑物、构筑物的高度、体量、外观形象及色彩等，保持传统的街道肌理和空间尺度。同时，应当区分不同情况，采取保护、保留、整治、更新等措施，实行分类保护。

(5) 设立保护标志。市、县人民政府应当在历史文化街区、名镇、名村核心保护范围的主要出入口设立标志牌，任何单位和个人不得擅自设置、移动、涂改或者损毁标志牌。

(6) 消防保护。历史文化街区、名镇、名村的核心保护范围内应当按照有关的消防技术标准和规范设置消防设施、消防通道等，确因保护需要，无法按照标准和规范设置的，由市、县人民政府公安机关消防机构会同同级城乡规划主管部门制定相应的防火安全保障措施。

(7) 建立历史建筑档案。市、县人民政府应当对历史文化名城、名镇、名村中的建筑物、构筑物进行普查，确定公布历史建筑，设置保护标志，并建立历史建筑档案。历史建筑档案应当包括下列内容：

1) 建筑艺术特征、历史特征、年代及稀有程度。

2) 建筑的有关技术资料。

3) 建筑的使用现状和权属变化情况。

4) 修缮、装饰装修形成的文字、图纸、图片、影像等资料。

5) 测绘信息记录和相关资料。

(8) 维护修缮制度。历史建筑的所有权人应当按照保护规划的要求，负责历史建筑的维护和修缮；所有权人和使用权人另有约定的，从其约定。对历史建筑进行维护和修缮的，由市、县人民政府城乡规划主管部门会同同级文物主管部门统筹安排，从专项保护资金中给予补助。历史建筑有损毁危险，且所有权人不具备修缮能力的，当地人民政府应当采取措施进行保护。

(9) 活动限制。在历史文化名城、名镇、名村保护范围内禁止进行下列活动：

1) 开山、采石、开矿等改变地形地貌的活动。

2) 破坏保护规划确定保留的园林绿地、河湖水系、道路和古树名木等。

3) 修建生产、储存爆炸性、易燃性、放射性、毒害性、腐蚀性物品的工厂、仓库等。

五、违反历史文化名城、名镇、名村保护规定的法律责任

（一）政府主管部门的法律责任

（1）国务院建设主管部门、国务院文物主管部门和县级以上地方人民政府及其有关主管部门的工作人员，不履行监督管理职责，发现违法行为不予查处或者有其他滥用职权、玩忽职守、徇私舞弊行为，构成犯罪的，依法追究刑事责任；尚不构成犯罪的，依法给予处分。

（2）地方人民政府有下列行为之一的，由上级人民政府责令改正，对直接负责的主管人员和其他直接责任人员，依法给予处分：

1）未组织编制或者未按照法定程序编制保护规划的。

2）擅自修改保护规划的。

3）未将批准的保护规划予以公布的。

（3）省、自治区、直辖市人民政府确定的保护主管部门或者市、县人民政府城乡规划主管部门，未按照保护规划的要求或者未按照法定程序审批的，由本级人民政府或者上级人民政府有关部门责令改正，通报批评；对直接负责的主管人员和其他直接责任人员，依法给予处分。

（4）市、县人民政府因保护不力导致已公布的历史文化名城、名镇、名村被列入濒危名单或者被撤销称号的，由上级人民政府通报批评；对直接负责的主管人员和其他直接责任人员，依法给予处分。

（二）其他行为人的法律责任

（1）有下列行为之一的，由市、县人民政府城乡规划主管部门予以警告，责令停止违法行为、限期恢复原状或者采取其他补救措施，没收违法所得；逾期不恢复原状或者采取其他补救措施的，城乡规划主管部门可以指定有能力的单位代为恢复或者补救，所需费用由违法者承担；造成严重后果的，对单位并处 10 万元以上 50 万元以下的罚款，对个人并处 5 万元以上 10 万元以下的罚款；造成损失的，依法承担赔偿责任：

1）开山、采石、开矿等改变地形地貌的。

2）破坏保护规划确定保留的园林绿地、河湖水系、道路和古树名木等的。

3）修建生产、储存爆炸性、易燃性、放射性、毒害性、腐蚀性物品的工厂、仓库等的。

（2）未经城乡规划主管部门会同同级文物主管部门批准，有下列行为之一的，由市、县人民政府城乡规划主管部门予以警告，责令停止违法行为、限期恢复原状或者采取其他补救措施，没收违法所得；逾期不恢复原状或者采取其他补救措施的，城乡规划主管部门可以指定有能力的单位代为恢复或者补救，所需费用由违法者承担；造成严重后果的，对单位并处 5 万元以上 10 万元以下的罚款，对个人并处 1 万元以上 5 万元以下的罚款；造成损失的，依法承担赔偿责任：

1）改变园林绿地、河湖水系等自然状态的。

2）进行影视摄制、举办大型展览、大型演艺或者大型游乐等活动的。

3）拆除历史建筑以外的建筑物、构筑物或者其他设施的。

4）对历史建筑进行外部修缮装饰、添加设施以及改变历史建筑的结构或者使用性质的。

5）其他影响传统格局、历史风貌或者历史建筑的活动。

有关单位或者个人经批准同意进行上述活动，但是在活动过程中对传统格局、历史风貌

或者历史建筑构成破坏性影响的，依照本条第一款进行处罚。

（3）损坏或者擅自迁移、拆除历史建筑的，由市、县人民政府城乡规划主管部门予以警告，责令停止违法行为、限期恢复原状或者采取其他补救措施，没收违法所得；逾期不恢复原状或者采取其他补救措施的，城乡规划主管部门可以指定有能力的单位代为恢复或者补救，所需费用由违法者承担；造成严重后果的，对单位并处 50 万元以上 100 万元以下的罚款，对个人并处 10 万元以上 20 万元以下的罚款；造成损失的，依法承担赔偿责任。

（4）擅自设置、移动、涂改或者损毁历史文化街区、名镇、名村标志牌的，由市、县人民政府城乡规划主管部门予以警告，责令限期改正；逾期不改正的，对单位处 1 万元以上 5 万元以下的罚款，对个人处 1000 元以上 1 万元以下的罚款。

典型案例 1

承包商违法建厂房，政府依法查处案

【案情】

某承包商为了经济效益，在未领取建设工程规划许可证的情况下，擅自在×村一块原规划好用于公共设施的用地上建一幢一层高的厂房，被当地村民举报，当地人民政府责令该承包商停止建设、限期改正。

【评析】

《中华人民共和国城乡规划法》第 65 条规定："在乡、村庄规划区内未依法取得乡村建设规划许可证或者未按照乡村建设规划许可证的规定进行建设的，由乡、镇人民政府责令停止建设、限期改正；逾期不改正的，可以拆除。"

本案中，该承包商既没有依法取得乡村建设规划许可证，也没有按照乡村建设规划进行建设，属于违法建设，是应当承担法律责任的。作为承包商，在乡、村规划区内进行乡村公共设施建设，应当向乡、镇人民政府提出申请，由乡、镇人民政府报城市、县人民政府城乡规划主管部门核发乡村建设规划许可证，且只能按照核发的乡村建设规划许可证的规定进行建设，否则即属违法建筑，将由乡、镇人民政府责令停止建设、限期改正；逾期不改正的，可以拆除。

典型案例 2

违章建筑被强制拆除案

【案情】

周某和赵某系邻居，周某在两家的房屋之间建起了一堵高 3 米的围墙，用于防盗，该围墙正好建在赵某的通道之上，影响了赵某的通风和通行。后经城乡规划主管部门审查认定，该围墙属违章建筑，并下达了限期拆除通知书。在周某未自动履行拆除义务的情况下，赵某组织人手将该围墙拆除，并造成周某铺设的石板部分损坏。

【评析】

《中华人民共和国城乡规划法》第 68 条规定："城乡规划主管部门作出责令停止建设或者限期拆除的决定后，当事人不停止建设或者逾期不拆除的，建设工程所在地县级以上地方

人民政府可以责成有关部门采取查封施工现场、强制拆除等措施”。

周某所建围墙被确定为违章建筑并被通知限期拆除，但有权依法强制拆除的部门是法院、公安或政府行政执法部门而非个人，应由建设工程所在地县级以上地方人民政府责成有关部门采取查封施工现场、强制拆除等措施。赵某无权代执法部门行使职权，因此私自拆除行为要承担相应的民事赔偿责任。

第四章　建筑工程用地与房屋征收法律制度

第一节　土地管理概述

一、我国的土地制度

我国土地制度的基本模式是土地公有，即国家所有和集体所有。城市及其郊区的土地、山脉、矿藏、草原以及河流、交通要道等属于国家所有，农村耕地及宅基地基本上是农村集体所有。土地上的权利也比较单一，除了所有权及宅基地使用权外，法律上很少设定其他土地上的权利。土地的使用一般都是无偿的，或分配，或划拨，不体现商品价值规律，而且使用者在使用某块土地时，往往都没有期限的限制。这种土地制度是我国长期高度集中的计划经济体制的产物，在实践中出现了种种弊端，具体表现在：第一，土地资源大量闲置、浪费，资源的优化配置不能实现；第二，土地所有者（国家）的利益部分或全部不能实现，国家所有权呈一种虚位现象，实际上形成了单位所有或小集体所有；第三，土地隐形市场大量存在，买卖土地、非法出租等现象层出不穷，严重破坏了国家正常的经济秩序；第四，不合理占地和违章建设现象严重，不仅严重影响城市规划的实施，而且实际上侵害了国家的土地所有权。

随着改革开放的深入及社会主义市场经济体制的建立，上述土地制度已严重阻碍了社会经济的发展，出现了诸多弊端。为此，我国先后制定了一系列法律、法规对土地制度进行改革。1986 年 6 月，第六届全国人大常委会审议通过了《中华人民共和国土地管理法》，并于 1988 年 12 月、1998 年 8 月和 2004 年 8 月进行了三次全面修订；1986 年的《民法通则》也专门对土地所有关系和流转关系作了规定，使土地成为民法的调整对象；1987 年 4 月国务院颁布了《中华人民共和国耕地占用税暂行条例》；1988 年 9 月又颁布了《中华人民共和国城镇土地使用税暂行条例》和《国家土地开发建设基金管理试行办法》，同年 11 月发布了《关于国家建设用地审批工作的暂行规定》；1990 年 5 月颁布了《中华人民共和国城镇国有土地使用权出让和转让暂行条例》和《外商投资开发经营成片土地暂行管理办法》；1991 年 1 月颁布了《中华人民共和国土地管理法实施条例》；1993 年 2 月颁布了《全国土地利用总体规划纲要》，同年 12 月颁布了《中华人民共和国土地增值税暂行条例》；1994 年 8 月颁布了《基本农田保护条例》。1998 年 8 月对土地管理法的全面修订和同年 12 月国务院颁布的《中华人民共和国土地管理法实施条例》使我国新型的土地制度初步确定，即：坚持土地所有权的国家所有，坚持土地所有权与使用权、经营权相分离，使土地使用权商品化，并合理流动，运用价值规律和市场机制，通过土地市场来调节土地的供求关系，合埋配置土地资源，完善用地结构，提高土地利用效益，达到最大限度地节约用地的目的，同时增加国家及城市财政收入，创造良好的公平竞争的条件和环境，促进国民经济的发展。

二、土地管理法

（一）土地管理法的概念

土地管理法是指调整土地的开发、利用、保护、整治、土地归属的确定以及土地管理过程中所发生的各种社会关系的法律规范的总称。狭义的土地管理法是指 1986 年 6 月 25 日全国人大常委会通过，经过1988年、1998年和2004年三次修订的《中华人民共和国土地管理法》(以下简称《土地管理法》)。广义的土地管理法除《土地管理法》之外，还包括与之相配套的法规、规章等。

（二）土地管理法的主要内容

《土地管理法》共8章，86条。

第一章　总则。规定了土地管理法的立法目的和依据，基本原则和制度，我国的土地管理体制。

第二章　土地的所有权和使用权。主要规定了：各类土地所有权的归属；国有土地和农民集体所有的土地可以依法确定给他人使用的原则；依法登记的土地所有权和使用权受法律保护；土地承包经营权和经营期限，土地所有权和使用权争议的处理。

第三章　土地利用总体规划。内容包括：土地利用总体规划的编制、审批、执行以及土地利用计划的编制、审批和执行。

第四章　耕地保护。主要规定了：占用耕地补偿制度；保证耕地数量、保持耕地总量动态平衡的制度；基本农田保护制度；国家鼓励土地整理的制度；土地复垦制度；非农业建设用地的原则、土地开发的原则，以及对荒芜、闲置土地的处理和国有荒山、荒地、荒滩、复垦土地的开发利用。

第五章　建设用地。主要规定了农用地转用审批制度、土地征收制度、国有建设用地有偿使用制度等基本制度，以及国家对建设用地的具体管理措施。

第六章　监督检查。主要规定了土地行政主管部门对土地违法案件的监督检查的职责及可以采取的措施；土地违法行为的单位和个人的权利和义务。

第七章　法律责任。主要规定了买卖或者以其他形式非法转让土地、破坏土地、非法占用土地等九类违法行为和土地行政主管部门的工作人员玩忽职守、滥用职权、徇私舞弊的法律责任以及行政处罚决定的执行。

第八章　附则。规定了土地管理法适用范围的补充性规定和本法的生效期。

（三）土地管理法的立法宗旨

1. 加强对土地的管理

随着社会经济的发展和市场经济体制的建立，我国的土地管理工作出现了很多新问题。具体表现为：第一，建设用地大量增加，造成耕地面积锐减；第二，违法用地情况严重，难以有效查处；第三，原来的分级限额审批制度，难以控制建设用地总量；第四，管理措施和制约手段不够完善；第五，对国有土地管理规定不够明确，致使大量国有土地流失。要解决上述问题，必须采取措施，加强管理。

2. 维护我国土地的社会主义公有制

我国的经济制度是社会主义公有制，土地作为重要的生产资料也必然实行公有制。而实行公有制的目的，是为了让社会和广大公众占有、支配、合理利用土地，使土地的经济性达到最优化。但是，由于诸多原因，国有土地长期被部门和单位无偿、无期限地使用，不仅使土地的国家所有权在经济上无法实现，而且也不能合理利用土地。因此国家立法对土地的所有权和使用权分离，实行国有土地使用权出让转让制度，明确了土地所有者和使用者之间的租赁关系，使土地所有者的所有权在经济上的表现通过收取土地出让金、土地使用费得到实现，从而使国家对土地有了名副其实的所有权，土地的社会主义公有制得到了巩固。

3. 保护开发土地资源，合理利用土地，切实保护耕地

土地管理法中确立了土地有偿使用制度、占用耕地补偿制度、基本农田保护制度等一系列保护利用土地的制度，并采取许多措施，如通过编制土地利用总体规划控制城市建设用地规模，提高征用耕地补偿标准，鼓励综合整治土地，禁止破坏闲置和荒芜耕地等，其目的就是为了保护开发有限的土地资源，合理利用土地，并切实保护好耕地。

4. 促进社会经济的可持续发展

土地是宝贵的资源和资产，十分珍惜和合理利用每寸土地，切实保护耕地是我国的基本国策。在人均耕地数量少，总体质量水平较低，后备资源不富裕的情况下，只有严格保护耕地，不断提高耕地质量，开发耕地，才能扭转在人口不断增长，建设用地还要增加，耕地大量减少的失衡趋势。土地管理法正是通过加强对土地的宏观管理，严格建设用地审批管理，严格控制城市建设用地规模，加强农村集体土地管理，加强对国有土地资产管理，加强土地的执法监督检查，真正达到管好土地，用好土地的目的。只有这样，才能促进社会经济的可持续发展。

（四）我国的土地管理体制

国务院土地行政主管部门统一负责全国土地的管理和监督工作。县级以上人民政府土地管理部门的设置及其职责，由省、自治区、直辖市人民政府根据国务院有关规定确定。

第二节　土地所有权和使用权制度

一、土地所有权

（一）土地所有权的概念

土地所有权是指土地所有者依法占有、使用、处分土地，从土地上取得收益，并排除他人干涉的权利。土地所有权是土地所有制在法律上的体现，一定社会的所有权法律制度，是一定社会形态的所有制经济制度在法律上的反映。

我国社会主义经济制度的基础是生产资料的社会主义公有制，即全民所有制和劳动群众集体所有制。土地作为一种最重要的国民经济的生产资料，《宪法》中明文规定（第 10 条）只能属于国家和集体所有，这是我国实行土地公有制的宪法依据。据此，《土地管理法》第 2 条规定："中华人民共和国实行土地的社会主义公有制，即全民所有制和劳动群众集体所有制。"第八条规定："城市市区的土地属于国家所有。农村和城市郊区的土地，除由法律规定属于国家所有的以外，属于农民集体所有；宅基地和自留地、自留山，属于农民集体所有。"我国由此在社会主义土地公有制基础上建立了社会主义的土地所有权制度。

（二）土地所有权的法律特征

土地所有权是 种物权。所谓物权是指直接支配一定的物并享受其利益的排他性财产权。与其他物权相比，我国的土地所有权具有如下特征：

1. 土地所有权是自物权，具有自权性

物权分为自物权和他物权。前者指对自己的物所享有的权利，后者则指对他人的物所享有的权利。土地所有权作为一种自物权，使得权利人能够在合法范围内对其土地进行全面的自主的支配，按照自己的意思直接地不经任何中介地享有占有、使用、收益和处分其土地的权利。

2. 土地所有权是一种绝对权与独占权，具有绝对性和独占性

任何人均负有不得侵犯和妨碍所有人行使土地权利的义务。土地所有权遭受他人侵害时，所有人可依法请求司法机关责令侵权行为人承担停止侵害、赔偿损失等的民事法律责任。

3. 土地所有权是完全物权，具有完全性

土地所有权赋予权利人全面支配土地的一切可能性，除了法律和公序良俗，不受任何限制。

4. 土地所有权主体的特定性

根据宪法和土地管理法的规定，土地所有权属于国家和集体。这里的集体指农村劳动群众集体组织，不包括城市集体组织。国家和集体作为土地所有权的主体，并不一一亲自去经营和使用土地，一般情况下，都是交由企事业单位或集体、个人占有使用，但这并不减损国家与集体的土地所有者的地位。

（三）土地所有权的内容

土地所有权是一个概括权利，它的具体内容包括占有权、使用权、收益权和处分权四个方面，也称四项权能。土地所有权的权能可以与所有权分离，成为独立的权利，这也使得权能的划分及对各项权能内容的界定成为必要。

1. 占有权

占有权是指权利主体依法对土地进行实际控制的权利。它是行使土地所有权和使用权的基础。作为所有权的一项权能，占有权既可以由所有权人行使，也可以通过一定方式转移给非所有人行使，这样就产生了土地所有权与占有权的分离。对于土地所有人来说，占有本身并不是最终目的，将占有权分离出去，是为了发挥土地财产的经济效益，这对所有人来说，也是有利的或必要的。

2. 使用权

使用权是指按照土地的性能和用途加以利用，从而实现土地所有人权益的权利。拥有所有权的目的，在绝大多数情况下，正是为了对土地加以利用，这是土地所有人实现其对土地的利益的最主要方式。为了使用土地，首先要以占有为前提。农村劳动群众集体组织在其拥有的耕地上种植农作物，就是使用权行使的一种方式。当使用权从所有权中分离出去，即交由非所有人行使，成为非所有人的使用权时，它就成为一种相对独立的民事权利，但此时所有人并不因此而丧失对土地的所有权。

3. 收益权

收益权就是基于对土地的权利而取得经济收入或孳息的权利。收益往往是因为对财产的使用而产生，因此与使用权联系紧密，但是收益权本身又是一项独立的权能，使用权并不能包括收益权。所有人有时不行使使用权，但仍可以享有对土地的收益权。如国家将土地使用权出让而收取出让金，集体经济组织将土地使用权发包给承包者而收取承包费等。

4. 处分权

处分权是土地所有者依法对土地进行处置的权利。它是所有权的核心权能，一般情况下，只能由所有权人亲自行使，但所有权人也可以将自己的处分权部分或全部授权非所有权人行使。所有权的各项权能与所有权的分离，也是所有权人行使其处分权的一种方式。土地管理法对土地的处分权有严格的限制，如规定禁止买卖土地或以其他方式非法转

让土地。

（四）土地所有权的种类

1. 国家土地所有权

国家土地所有权是指国家对属于全民所有的土地享有占有、使用、收益和处分的权利。国有土地归国家全体人民共同所有，但这种所有只是一种名义上的所有，因为全体人民无法共同行使所有权。因此，国家土地所有权由国家的代表——政府来行使，具体地说，国家土地所有权是由全民或国家授权县级以上人民政府的土地行政主管部门作为国有土地所有人代表，代为行使所有权。

国家土地所有权的客体为国有土地，具体包括：

1）城市市区的土地。

2）农村和城市郊区中依法没收征收征购收归国有的土地（依法划定或确定为集体所有的除外）。

3）国家未确定为集体所有的林地、草地、山岭、荒地、河滩地以及其他土地。

4）国家依法确定由机关、团体、企事业单位和个人使用的土地。

5）依法规定属于国家所有的其他土地。

2. 集体土地所有权

集体土地所有权是指农村集体经济组织对属于集体所有的土地享有占有、使用、收益和处分的权利。作为集体土地所有权主体的农村集体经济组织有三个层次：乡（镇）农民集体经济组织、村农民集体经济组织和村内部分农民组成的集体经济组织，各级主体分别对其权属范围内的土地享有所有权。

集体土地所有权的客体为集体所有的土地，其范围包括：

1）农村和城市郊区的土地，除法律规定属于国家所有的之外，属于集体所有。

2）集体所有的耕地。

3）集体所有的森林、山岭、草原、荒地、滩涂等占用的土地。

4）集体所有的建筑物、水库、农田水利设施和教育、科学、文化、卫生、体育设施所占用的土地。

5）集体所有的农、林、牧、渔场以及工业企业使用的土地。

6）农民使用的宅基地和自留地、自留山。

（五）土地所有权的限制

土地所有权的范围，一般包括其地上和地下的权利。但是，这一土地权利在我国的法律规定中是不完全的，要受到一定的限制，主要表现在以下两个方面：

1. 在行使土地所有权时受到限制

如宪法第十条第四款规定："土地不得侵占、买卖和非法转让"，这是对土地所有人处分权的限制。又如土地管理法中规定，土地所有人应依法使用土地，不得擅自改变土地的用途，土地使用要符合土地规划和经济建设的要求。再如，集体所有的土地不得出让，不得用于经营性房地产开发，也不得转让、出租用于非农业建设；集体所有的荒地，不得以拍卖、租赁等方式进行非农业建设；集体所有的土地只有被国家依法征用，成为国有土地后，才能进行非农业建设。这是因为，国家在规定土地所有权的行使时，并不仅仅考虑土地所有人的利益和需要，同时也考虑社会整体利益和需要。

2. 土地所有权人享有的土地权利有一定的范围规定，超过一定的范围则受到限制

如土地权利的范围有深度和广度的限制。依照我国矿产资源法的规定，在地下可以铺设石油管道，土地所有人不得妨碍；地下的矿藏归国家所有，任何单位和个人未经国家有关部门批准，不得开采国家的矿藏，包括在矿藏上面享有土地所有权的人。再如我国水法规定，水资源属于国家所有，国家对直接从地下或江河、湖泊中取水的，实行取水许可证制度；单位或个人可以在土地所有范围内取少量的水，但是，使用大量的水，必须取得许可，并缴纳水资源费。

（六）土地所有权的保护

1. 国家土地所有权的保护

国家土地所有权因其性质特殊，属于全民所有，受到特殊保护，主要表现在以下几个方面：

1）国家所有的土地被他人非法占有，不论占有是直接占有还是间接占有，是恶意占有还是善意占有，一经发现国家均有追索的权利。

2）不受诉讼时效的限制，根据我国法律的规定，对国有土地的非法占有不管占有时间经过多久，国家的所有权不因时效的超过而消灭。

3）对土地的所有权有争议或不明确的，均可推定为国家所有。

2. 集体土地所有权的保护

集体所有的土地，由县级以上人民政府登记造册，核发证书，确认所有权后，依法受到保护，任何单位和个人不得侵犯。集体土地所有权遭到侵害时，不能受到法律的特殊保护，只能以一般诉讼主体请求法院依法保护。人民法院通过适用确认产权、排除妨碍、返还占有、恢复原状、赔偿损失等方式保护集体土地所有权。

二、土地使用权

（一）土地使用权的概念

土地使用权是指土地使用者对其所使用的土地，依法享有实际利用和取得收益的权利。土地使用权是我国土地使用制度在法律上的体现。《民法通则》第 80 条第 1 款规定："国家所有的土地可以依法由全民所有制单位使用，也可以依法由集体所有制单位使用，国家保护它的使用、收益的权利，使用单位有管理、保护、合理利用的义务。"《土地管理法》第 9 条规定："国有土地和集体所有的土地，可以依法确定给单位或者个人使用。使用土地的单位和个人，有保护、管理和合理利用土地的义务。"可见，我国法律确立了土地所有权与土地使用权相分离的土地经营制度。

土地使用权从土地所有权中分离出来成为独立物权，与作为土地所有权权能的使用权不论在内涵上还是外延上都是不同的，它是由合法的非土地所有权人即土地使用权人行使。

（二）土地使用权的法律特征

1. 土地使用权是一种他物权，具有派生性

土地使用权是从土地所有权中派生出来的一种权利，这使它的内容和行使方式必然受到土地所有权人通过合同限定，是一种限制物权。

2. 土地使用权具有独立性

土地使用权虽派生于土地所有权，但并不从属于土地所有权。使用权人对土地享有排他的支配权，除已由法律和合同的限制外，所有权人不得干预使用权人权利的行使，因而土地

使用权是一种独立的物权。

3. 土地使用权内容的完整性

土地使用权也具有占有、使用、收益和处分四项权能，但与土地所有权的四项权能不完全一样。土地使用权的占有是使用权人对土地实行控制的权利，它是产生使用权的前提和基础；使用是指使用权人对土地的利用和运用的权利，这一权利的使用必须依照法律和合同的规定进行，不得改变土地的用途，也不得危害他人的合法权益；收益是指土地使用权人基于使用土地而取得经济上的收入，使用者对土地的占有、使用的目的就是通过使用和经营土地而获取一定的利益；处分是指土地使用权人可以依照法律和合同的规定转让、出租、抵押土地的使用权，但是使用者没有对土地的最终处分权。

4. 土地使用权主体的广泛性

土地所有权的主体只限于国家和农村集体经济组织，而土地使用权的主体却广泛包括了法人、非法人组织、公民个人及外国的组织和个人。土地使用权既可以单独享有，也可以共有。

5. 土地使用权的流通性

土地所有权不得买卖和非法转让，而土地使用权则可以像其他商品一样进入流通领域，可以依法转让、出租和抵押，这样就激活了土地市场，有利于开发、经营、合理利用土地，使土地这种资源得到有效的、最优化的配置。

6. 土地使用权客体的局限性

作为客体的土地，其使用仅限于地上，而对地下的矿藏、埋藏物、地下水等，使用权人并不享有权利。

（三）土地使用权的种类

1. 国有土地使用权

国有土地使用权是指公民、法人或非法人组织依法对国有土地所享有的使用权。根据使用人的不同，国有土地使用权又可分为以下几种：

1）全民所有制单位的国有土地使用权。

2）集体所有制单位的国有土地使用权。

3）公民个人的国有土地使用权。

4）中外合资企业、中外合作企业、外商独资企业享有的国有土地使用权。

5）其他主体所享有的国有土地使用权，如有限责任公司、股份有限公司享有的国有土地使用权。

2. 集体土地使用权

目前，农村集体所有的土地主要有以下几种土地使用权形式：

1）农村宅基地使用权。

2）自留地、自留山的使用权。

3）土地承包经营权。

4）乡镇企业用地的使用权。

5）其他形式的集体土地使用权，如农村集体经济组织以其土地使用权作为出资与全民所有制单位、集体所有制单位、公民个人或者外国企业和个人等成立的企业而享有的土地使用权。

（四）土地使用权的设立

土地使用权的设立，是指依照法定条件和程序，在特定的国有土地或集体土地上，第一次设立（或取得）土地使用权的法律行为。根据我国有关法律规定，土地使用权的设立有以下几种形式：

1. 以行政划拨的方式设立

即由国家土地行政主管部门无偿将国有土地划拨给用地单位使用，用地单位取得土地使用权。这是长期以来在国有土地上设立土地使用权的主要方式。

2. 以土地使用权出让合同的方式设立

这是指国家土地行政主管部门以土地所有人的身份与土地使用人签订合同，将一定年限内的国有土地使用权让与土地使用人，而土地使用人则向国家支付一定数额的出让金。这是目前广泛采用的一种方式。

3. 经国家批准使用，再以合同方式设立

这是指土地使用人在国家主管机关批准的基础上与国家签订土地使用合同，从而取得土地使用权。这种方式主要适用于中外合资企业、中外合作企业和外商独资企业。

4. 以批准农业开发土地的方式设立

《土地管理法》第40条规定："开发未确定使用权的国有荒山、荒地、滩涂用于农、林、牧、渔业生产的，经县级以上人民政府批准，可以确定给开发单位或者个人长期使用。"这种方式主要适用于农村集体经济组织或者个人为开发国有土地而取得土地使用权。

5. 以集体土地所有人同意、政府批准的方式设立

这种设立方式适用于农村居民建住宅用地、乡（镇）村企业建设用地、回原籍乡村落户者建住宅用地等情况。首先，用地者须向乡（镇）或县级人民政府提出申请，然后根据不同情况分别由乡（镇）或县级人民政府批准后取得土地使用权。

6. 以订立承包经营合同的方式设立

即农民集体所有的土地，由村或村内集体经济组织与村民签订承包经营合同的方式承包给农民使用，农民因此取得土地使用权，这种土地使用权又叫承包经营权。

7. 以承认的方式设立

在《土地管理法》颁布实施以前，公民拥有合法产权的私房占用的土地、外国组织或个人在中国境内拥有的合法房屋占用的土地，国家承认房屋主人对其房屋基地的使用权。

（五）土地使用权的变更

土地使用权的变更，是指土地使用权设立后，由于某种法定事实的发生而使土地使用权的主体发生变更。土地使用权的变更仅指权利主体的变更，权利内容本身并不因此而变化。引起土地使用权变更的情况有以下几种：

1. 土地使用权的转让

根据法律规定，以出让方式设立的土地使用权可以依法转让，转让的方式包括出售、交换和赠与。对出让的土地进行转让，必须首先依照法律和合同约定进行一定的投资开发后，方能转让。

2. 转移地上建筑物引起土地使用权的变更

土地的使用权与地上建筑物的所有权相一致，地上建筑物的所有权发生变更，土地使用权随之发生变更。在这种情况下，变更土地使用权必须遵守土地使用权变更的有关法律法

规，并办理土地使用权变更登记手续。

3. 继承

公民依法取得的土地使用权，在该公民死亡后，一般可以由其继承人继承。但承包经营的土地需经重新签订承包经营合同，才能确定给原承包人的继承人使用。

4. 转包

农村村民通过承包方式取得的土地使用权，可以以转包的方式变更经营主体。但是，转包必须征得发包人的同意，并不得违反相关法律的规定。

（六）土地使用权的终止

土地使用权的终止，是指土地使用权人由于某种法律事实的出现而丧失土地使用权，土地使用权重新回到土地所有人手中。引起土地使用权终止的法律事实主要有：

1. 土地使用权期限届满

有期限的土地使用权，在期限届满时，回到土地所有权人手中。如出让合同期满、承包合同期满等，土地使用权人均丧失土地使用权。

2. 国家征收

国家因公共利益需要征收集体所有的土地，使原集体所有土地的使用权人因此丧失土地使用权，同时应依法给予适当的补偿。

3. 土地使用权的收回

根据《土地管理法》及相关法律规定，下列情况下，国家有权收回土地使用权：

1）用地单位已经撤销或者迁移的。

2）土地使用者未经原批准机关同意，连续两年未使用土地的。

3）土地使用者不按批准用途使用土地的。

4）公路、铁路、机场、矿场等经核准报废的。

5）划拨的土地因国家建设需要收回土地使用权的等。

4. 因土地灭失而终止土地使用权

主要指由于自然原因（如地震、洪水等）造成原土地性质的彻底改变或者原土地面貌的彻底改变，失去了原土地的使用性质与社会意义，因而国家应据此终止其土地使用权。

第三节　工程建设用地与土地用途管制

一、土地的分类

根据《土地管理法》第 4 条的规定，我国依土地的用途，将土地分为农用地、建设用地和未利用地三大类。

农用地，是指直接用于农业生产的土地（这里的农用地采用的是大农业的概念，而不是限定在种植业的小农业范围）。具体包括：耕地；林地，指森林法所说的林地；草地，指草原法所称的草地；农田水利用地，指兴建农田水利基本建设的用地；养殖水面等。

建设用地，是指建造建筑物、构筑物所用的土地。具体包括：城乡住宅和公共设施用地；工矿用地，指工厂、矿山等企业用地；交通水利设施用地，指公路、桥涵、水库、大坝、水利枢纽工程建设等用地；旅游用地，此类用地范围较宽，与前几类用地有的有交叉，如某些水库，既是旅游用地，又是水利设施用地；军事设施用地等。

未利用地，是指农用地和建设用地以外的土地。这里的未利用是相对是否已经使用而言的，包括荒山、荒坡、荒沟、荒滩四荒地，废弃的矿山用地等。

在土地统计中有时将土地划分为8类，其中包括"园地"在内，这里所讲的土地分类对此分类法并不排斥。

二、土地用途管制制度概述

土地是十分宝贵的资源和财产。我国耕地人均数量少，总体质量水平不高，后备资源十分匮乏，保护耕地就是保护我们的生命线。这就要求我国的土地管理制度必须是十分严格的，为此《土地管理法》第4条规定："国家实行土地用途管制制度"。

所谓土地用途管制制度，是指国家为保证土地资源的合理利用，经济、社会和环境的协调发展，通过编制土地利用总体规划划分土地用途分区，确定土地使用的限制条件，使土地所有者、使用者严格按照国家规定的用途利用土地。这是世界上土地管理制度比较完善的国家和地区普遍采用的制度，在合理利用土地资源和保护耕地方面很有成效。

我国的土地用途管制制度主要包括下列内容：土地按用途科学、合理地分类；土地登记明确土地使用权性质；编制土地利用总体规划划分土地利用区和确定各区内土地使用的限制条件；对土地用途的改变实行严格的审批；建立违反土地用途管制的处罚制度。

三、土地利用总体规划

（一）土地利用总体规划的概念

土地利用总体规划是在一定的行政区域内，根据国家社会经济可持续发展的要求和当地的自然、经济、社会条件，对土地的开发、利用、治理、保护在空间上、时间上所作的总体安排和布局，是国家实行土地用途管制的前提和依据。

我国的土地利用总体规划分为全国、省、地（市）、县（市）、乡（镇）五个基本层次，分别由各级人民政府组织编制，由省级以上人民政府批准后实施。

全国和省级土地利用总体规划属于宏观控制规划，主要任务是在确保耕地总量动态平衡的前提下，统筹安排各类用地，严格控制城镇建设用地规模，通过规划土地利用区和规划指标对下级土地利用总体规划进行控制。县、乡级土地利用总体规划属于实施性规划，其主要任务是根据上级规划的指标和布局要求，划分各土地利用区，明确土地用途和使用条件，为农用地转用审批、基本农田保护区划定、土地整理、开发复垦提供依据，通过规划的落实，实施土地管理。

（二）土地利用总体规划的编制

1. 编制土地利用总体规划的依据和期限

根据《土地管理法》第10条的规定，各级人民政府在编制土地利用总体规划时，首先要依据国民经济和社会发展规划，其次要根据国土整治和资源环境保护的要求，最后还应考虑土地供给能力以及各项建设对土地的需求，这样编制出来的土地利用总体规划才更具科学性和合理性。

土地利用总体规划具有长期性和可变性。首先，土地的利用是同人口的增长、技术的进步、工业化、城镇化和农业化等经济发展过程有规律地互相联系的。由于这些经济过程的变化是长期的、渐进的，依照预定的目标来调整土地利用结构和土地利用方式也不是在短期内所能实现的，因此，为了使土地利用的变化能同长期的经济发展过程相协调，减少矛盾，这就需要一个长期的规划。其次，由于影响土地利用的人口、技术进步、经济发展等因素是不断变化的，不存在一个永恒的、理想的土地利用模式，土地利用总体规划只是在一个时期内，把土地利用状态改变为更适合经济发展要求的利用状态的措施之一。同时，还由于在长期的经济发展过程中不可避免地存在某种难以预料的不确定因素，所以土地利用总体规划制定后，要定期监测规划的实施情况，并根据实际的需要局部调整，定期修订。由此可以看出，土地利用总体规划的期限是比较灵活的，国务院规定，土地利用总体规划的期限一般为15年。

2. 编制土地利用总体规划的基本原则

《土地管理法》第19条规定，编制土地利用总体规划应遵循下列原则：

1）严格控制非农业建设占用农用地。

2）提高土地利用率。

3）统筹安排各类、各区域用地。

4）保护和改善生态环境，保障土地的持续利用。

5）占用耕地和开发复垦耕地相平衡。

3. 土地利用总体规划的具体要求

根据《土地管理法》的规定，下级土地利用总体规划应当根据上一级土地利用总体规划编制；地方各级人民政府编制土地利用总体规划中的建设用地总量不得超过上一级土地利用总体规划确定的控制指标，耕地保有量不得低于上一级土地利用总体规划确定的控制指标；省、自治区、直辖市人民政府编制的土地利用总体规划，应当确保本行政区域内耕地总量不减少；县级土地利用总体规划应当划分土地利用区，明确土地用途；乡（镇）土地利用总体规划也应当划分土地利用区，并根据土地使用条件，确定每一块土地的用途，并予以公告。

（三）土地利用总体规划的审批和修改

土地利用总体规划实行分级审批制度。省、自治区、直辖市的土地利用总体规划，报国务院批准；省、自治区人民政府所在地的市、人口在100万以上的城市以及国务院指定的城市的土地利用总体规划，经省、自治区人民政府审查同意后，报国务院批准；其他的土地利用总体规划，逐级上报至省、自治区、直辖市人民政府批准；乡（镇）土地利用总体规划也可以由省级人民政府授权的设区的市、自治州人民政府批准。

土地利用总体规划的修改须十分慎重，否则会影响其严肃性和权威性。经批准的土地利用总体规划的修改，一般须经原批准机关批准；未经批准，不得改变土地利用总体规划确定的上地用途。对于经国务院批准的大型能源、交通、水利等基础设施建设用地，需要改变土地利用总体规划的，可以根据国务院的批准文件直接修改。对于经省级人民政府批准的大型能源、交通、水利等基础设施建设用地，需要改变土地利用总体规划的，属于省级人民政府批准权限的，可以根据省级人民政府的批准文件直接修改。

四、农用地转用审批制度

严格控制农用地转为建设用地，是土地用途管制的基本要求。为此，《土地管理法》设立了农用地转用审批制度，其第44条规定："建设占用土地，涉及农用地转为建设用地的，应当办理农用地转用审批手续。"设立此项制度的目的，主要是为了防止用地者随意将耕地转为建设用地，或者将耕地转为其他农用地后再转为建设用地，以有效地保护我们的生命线——耕地。

农用地转为建设用地，原则上采取国务院和省、自治区、直辖市人民政府两级审批，即国务院批准的建设项目、省级人民政府批准的道路、管线工程和大型基础设施建设项目，涉及农用地转为建设用地的，由国务院批准；其他建设项目，涉及农用地转为建设用地的，由省、自治区、直辖市人民政府批准。

但是，农用地转用审批情况非常复杂，如果将所有的农用地转为建设用地，包括农民宅基地占用少量农用地都要按项目由省级人民政府批准，不仅实践中很难执行，而且容易造成上下管理脱节，顾此失彼，审批周期长，给广大农民带来不便，增加农民负担，并容易造成违法用地现象反而增多。所以，《土地管理法》中又增加了这样的规定："在土地利用总体规划确定的城市和村庄、集镇建设用地规模范围内，为实施该规划而将农用地转为建设用地的，按土地利用年度计划分批次由原批准土地利用总体规划的机关批准。在已批准的农用地转用范围内，具体建设项目用地可以由市、县人民政府批准。"这样，某些情况下的审批权下放到了市、县人民政府，但是必须严格按照土地利用总体规划的要求审批，而且对于具体项目仍然要单独报批，只是不需要再单独报经省级以上人民政府批准。

五、土地征收制度

（一）土地征收的概念和特征

土地征收是指国家或政府为了公共利益的需要而强制地将属于集体所有的土地收归国有并给予公平补偿的行为。土地征收属于国家或政府行为，具有以下特征：

1）土地征收权由代表国家的政府享有。

2）土地征收权的行使不需要征得土地所有人的同意。

3）土地征收权只能为公共利益的需要而行使。

4）征收土地必须给予原所有人以公平补偿。

（二）土地征收的审批

根据《土地管理法》第45条的规定，国务院审批下列土地：

1）基本农田。具体包括：①经国务院有关主管部门或者县级以上地方人民政府批准确定的粮、棉、油生产基地内的耕地；②有良好的水利与水土保持设施的耕地，正在实施改造计划及可以改造的中、低产田；③蔬菜生产基地；④农业科研、教学试验田；⑤国务院规定应当划入基本农田保护区的其他耕地。

2）基本农田以外的耕地超过35公顷的。

3）其他土地超过70公顷的。

征收上述土地以外的土地，由省、自治区、直辖市人民政府批准并报国务院备案。

土地征收的审批和农用地转用审批是有交叉的。征收农用地，应当先办理农用地转用审批，否则不能征收。其中，经国务院批准农用地转用的，同时办理征地审批手续，不再另行办理征地审批；经省级人民政府在其征地批准权限内批准农用地转用的，同时办理征地审批手续，不再另行办理征地审批，超过其征地批准权限的，应报请国务院审批。

（三）土地征收的补偿及安置

1. 土地补偿费

1）征收耕地的土地补偿费为该耕地被征收前3年平均年产值的6～10倍。

2）征收其他土地的土地补偿费，由省、自治区、直辖市参照征收耕地的补偿标准规定。

3）大、中型水利、水电工程建设征收土地的补偿标准，由国务院规定。

2. 地上附着物和青苗补偿费

1）被征收土地上的附着物和青苗的补偿标准，由省、自治区、直辖市规定。

2）征收城市郊区的菜地，用地单位应当按照国家有关规定缴纳新菜地开发建设基金。

3. 安置补助费

1）征收耕地的安置补助费，按照需要安置的农业人口数计算；需要安置的农业人口数，按照被征收的耕地数量除以征地前被征收单位平均每人占有耕地的数量计算；每一个需要安置的农业人口的安置补助费标准，为该耕地被征收前3年平均年产值的4～6倍；但是，每公顷被征收耕地的安置补助费，最高不得超过该耕地被征收前3年平均年产值的15倍。

2）征收其他土地的安置补助费标准，由省、自治区、直辖市参照征收耕地的安置补助费的标准规定。

3）支付土地补偿费和安置补助费后，尚不能使需要安置的农民保持原有生活水平的，经省、自治区、直辖市人民政府批准，可以增加安置补助费，但土地补偿费和安置补助费的总和不得超过为该土地被征收前3年平均年产值的30倍。

4. 劳动力安置

1）对征收土地造成的多余劳动力，由政府组织征地、被征地和其他有关单位，通过发展农副业生产或举办乡镇企业来安置。

2）安置不完的，可以安排符合条件的人员到用地单位或其他单位就业。

3）土地被全部征收的，经省、自治区、直辖市人民政府审查批准，原有农业户口可转为非农业户口，有关征地补偿费用应用于组织生产和就业人员的生活补助，不得私分。

4）大、中型水利、水电工程建设征收土地而产生的移民的安置，由国务院另行规定。

六、工程建设用地的具体管理

（一）工程建设用地的预审

各项工程建设项目用地都必须严格按照法定权限和程序报批。在建设项目可行性研究报告评审阶段，土地行政主管部门就要对项目用地进行预审，并提出意见。预审的内容包括：项目用地是否符合土地利用总体规划和年度土地利用计划，是否符合建设用地标准，是否符合根据国家产业政策确定的鼓励性、限制性和禁止性项目的供地目录。符合条件的，土地行政主管部门应当提出同意建设项目用地的意见，建设项目方可立项。

（二）工程建设用地的审批

建设项目立项后，凡需要使用国有土地的，都必须由建设单位向有审批权的县级以上人民政府土地行政主管部门提出申请；同时，建设单位须持建设项目的批准文件，包括项目建议书、可行性研究报告、规划许可证等；最后，经土地行政主管部门审查同意后，报本级人民政府批准。

（三）工程建设用地的取得方式

工程建设用地的取得，是指取得土地的使用权，而非所有权。根据《物权法》及《土地管理法》的规定，取得工程建设用地使用权，可以采取出让或者划拨等方式。工业、商业、旅游、娱乐和商品住宅等经营性用地以及同一土地有两个以上意向用地者的，应当采取招标、拍卖等公开竞价的方式出让。严格限制以划拨方式取得工程建设用地使用权。采取划拨方式的，应当遵守法律、行政法规关于土地用途的规定。

（四）工程建设用地的用途变更

工程建设用地，必须按照批准文件的规定或出让合同约定的用途来使用，如果确需要改变该幅土地的建设用途，建设单位必须报经有关人民政府土地行政主管部门同意，并报原批准用地的人民政府批准。其中，在城乡规划区内改变土地用途的，在报批前，应当先经有关城乡规划行政主管部门同意。

（五）工程建设临时用地

所谓临时用地，是指建设项目施工和地质勘察需要使用的国有土地或者农民集体所有的土地。临时用地有这样一些特点：第一，临时用地在性质上属于建设用地，是一种特殊的建设用地；第二，临时用地只能用于建设项目施工或者地质勘察；第三，临时用地的使用期限一般不超过 2 年；第四，临时用地上不得修建永久性建筑物，如果修建了永久性建筑物，则改变了临时用地的性质，变成一般的建设用地。

临时用地也需报批，批准权在县级以上人民政府土地行政主管部门。其中，在城乡规划区内的临时用地，在报批前，应当先经有关城乡规划行政主管部门同意。

临时用地者报批后，还应当与该土地的产权代表签订临时使用土地合同或协议。如果该土地为国有土地，则临时用地者应当与有关土地行政主管部门签订临时使用土地合同；如果该土地为集体所有的土地，则临时用地者应当与经营、管理该临时用地的农村集体经济组织或村民委员会或个人签订临时使用土地合同。同时，还应当缴纳临时使用土地补偿费，至于补偿费的数量，完全由双方当事人约定，法律未作强制性规定。

第四节　土地使用权的出让与划拨

一、土地使用权的出让

（一）土地使用权出让的含义

根据《中华人民共和国城市房地产管理法》的规定，土地使用权出让是指国家将国有土地使用权在一定年限内出让给土地使用者，由土地使用者向国家支付土地使用权出让金的行为。土地使用权出让，实质上是国家作为国有土地所有权人将其所有权权能中的使用权分离出来转让给土地使用者的一种权利转移方式，是国家行使的对国有土地的处分权。通过出让方式取得的土地使用权一经设定，即成为一种物权，在土地使用权存续期间，土地使用者在设定的权利范围内，不仅享有对土地的实际占有权，而且还享有对土地的使用权、转让权、抵押权等民事权利，其他任何人不得非法干预。

（二）土地使用权出让的法律特征

（1）土地使用权出让法律关系的双方当事人法定。出让方只能是国有土地的所有者——国家；在具体行使出让权时，是各级人民政府及其所属的土地行政主管部门。受让方是境内外的公司、其他组织和个人，但成片土地出让的受让方必须是在中国注册的各类投资开发企业。

（2）土地使用权出让的标的只能是国有土地。集体所有的土地，必须先依法征收转为国有土地之后方可出让。

（3）土地使用权出让是有期限的。由于出让的是使用权，所以出让必然有期限的限制。最高出让年限由法律限定，实际出让年限由合同约定，合同约定的出让年限，不得超过法律限定的最高出让年限。根据国务院颁布实施的《中华人民共和国城镇国有土地使用权出让和转让暂行条例》规定，最高出让年限按用途确定：居住用地70年；工业用地50年；教育、科技、文化、卫生、体育用地50年；商业、旅游、娱乐用地40年；综合或其他用地50年。另外，加油站、加气站用地为20年。合同约定的土地使用年限届满，除了土地使用者申请续期并经依法批准续期使用的以外，国家要无偿收回土地使用权。如果在使用权期间届满前，因公共利益需要提前收回该土地的，应当依照《物权法》及《土地管理法》的规定对该土地上的房屋及其他不动产给予补偿，并退还相应的出让金。住宅建设用地使用权期间届满的，自动续期。

(4) 土地使用权出让是有偿的。土地使用者取得一定年限内的土地使用权须向土地所有者（国家）支付一定数量的出让金为代价。出让金的实质是土地所有者凭借其所有权取得的土地的经济利益。出让金的构成，包括一定年限内的地租加上土地出让前国家对土地的开发成本以及有关的征地拆迁补偿安置等费用。

(5) 土地使用者享有权利的效力不及于地下之物。也就是说，土地使用者对地下的资源、埋藏物和市政公共设施等，不因其享有土地的使用权而对其享有权利。

(三) 土地使用权出让的方式与程序

土地使用权出让的方式与程序是指国有土地的出让方以何种形式、经过哪些步骤将土地使用权出让给一定的使用者，它不涉及所出让土地使用权的实质内容，而只表明以什么形式取得土地使用权。出让的方式会影响出让的过程，并会影响土地使用权出让方和受让方的利益。因此，我国城市房地产管理法和相关法规规定了三种法定的出让方式，即协议、招标和拍卖。

1. 协议方式及其程序

协议出让是指由国有土地的所有者或其代表机关（出让方）根据用地性质、功能和土地开发利用的特点确定国有土地的使用者（受让方），或者由受让方直接向出让方提出有偿使用土地的意思表示，由双方进行一对一的谈判和磋商，协商出让土地使用权的有关事宜，并达成一致意见的一种土地使用权出让方式。

以协议方式出让土地使用权时，双方当事人在议定合同条款，特别是确定土地出让金方面，具有较大的灵活性。因此，《城市房地产管理法》对此作了一定的限制："商业、旅游、娱乐和豪华住宅用地，有条件的，必须采取拍卖、招标方式；没有条件的，可以采取双方协议的方式。采用双方协议方式出让土地使用权的出让金不得低于按国家规定所确定的最低价。"通常情况下，协议出让方式一般适用于市政工程、公益事业用地，需要减免地价的机关、部队用地，政府为调整经济结构、实施产业政策而需要给予优惠、扶持的项目用地等。例如，深圳市就将协议出让土地使用权的范围限定为：高科技项目用地，福利商品房用地，国家机关、部队、文化、教育、卫生、体育、科研和市政公共设施的非营业性用地，以及政府批准的其他用地。不在此范围内的其他项目用地，均采用招标、拍卖方式。

协议出让的程序一般为：

(1) 申请。即有意受让方向地方人民政府的土地管理部门提出用地申请，并提交相应的申请文件。土地管理部门若接受申请，则向申请者提供出让使用权的地块的资料。

(2) 协商。即土地管理部门与有意受让方就出让使用权的地块的用途、使用期限、地价及付款方式等事宜进行谈判、协商，直至达成一致意见。

（3）签约。将协商达成的协议，提交政府主管领导审查批准后，出让方与受让方签订土地使用权出让合同，以确定双方的权利和义务。

（4）办理土地使用权证书。受让方缴付合同约定的土地使用权出让金后，向土地管理部门办理土地使用登记，领取土地使用证。

2. 招标方式及其程序

招标出让是指出让方根据出让土地使用权地块的开发利用要求，发出招标公告，在指定的期限内，指定的地点，由他人以书面形式投标，然后根据一定的标准从投标者中择优确定土地使用权受让人的出让方式。

招标方式引入了竞争机制，体现了商品交换原则，但获得土地使用权的并不一定是出价最高者，因为对投标进行评标时，既要考虑到投标价，也要考虑投标规划设计方案和投标人的资信等各方面的情况。这种方式既有利于公平竞争，也有利于土地规划利用的优化。

根据我国《招标投标法》和《城市房地产管理法》的规定，招标方式的程序如下：

（1）招标。招标由招标方发出招标公告，由要求使用土地者提出申请，然后由招标人根据确定的投标人资格范围，对投标人进行资格审查，最后向被批准的申请人发送招标文件。招标出让可分为公开招标和邀请招标两种方式。公开招标是一种在一定范围内的无限制竞争性招标，凡够资格对出让土地有意的受让人，都可以申请投标，公开招标一般都通过大众媒介（电视台、报纸等）发出招标公告。邀请招标是一种有限竞争性招标，一般是由招标方选择符合条件的组织或个人并向其发出招标通知，邀请其参加投标。

（2）投标。有意受让人在见到或接到招标公告后，在规定的报名时间内向招标人报送申请表，索取招标文件，有意受让人的申请经招标人审查同意成为投标人。然后，投标人按照投标文件的要求编制投标文件，并在规定的期限内将投标文件送达投标地点。招标人收到投标文件后，签收保存，不得开启。投标人在规定的期限内，可以补充、修改或者撤回已提交的投标文件，并书面通知招标人，补充、修改的内容有效。

（3）开标、评标和中标。开标由招标人主持，并邀请所有投标人参加，开标的时间和地点为招标文件中预先确定的时间和地点。开标时，由投标人或其推选的代表检查投标文件的密封情况，也可以由公证机构检查并公证，经确认无误后，当众拆封，宣读投标人名称、投标价格和其他主要内容。评标由招标人依法组建的评标委员会负责，评标委员会根据招标文件确定的标准和方法，对投标文件进行评审和比较，设有标底的，参考标底；评标委员会完成评标后，向招标人提出书面评标报告，并推荐中标候选人。中标由招标人根据评标委员会的书面评标报告和中标候选人确定中标人，招标人也可以授权评标委员会直接确定中标人。在评标过程中，如果评标委员会认为所有投标都不符合要求，可以否决所有投标，然后招标人依法重新招标。

（4）签约、办理土地使用权证书。中标后，招标人和中标人自中标通知书发出之日起三十日内，按照招标文件和中标人的投标文件签订土地使用权出让合同。中标人缴付了合同规定的全部出让金后，向土地行政主管部门办理土地使用登记，领取土地使用证。

3. 拍卖方式及其程序

拍卖出让是指出让人在指定的时间和地点，组织符合条件的有意受让人到场竞相报价，按“价高者得”的原则确定土地使用权受让人的出让方式。拍卖出让方式与招标出让相比，更为充分地引进了市场竞争机制。由最高报价者取得土地使用权，排除了出让方的任何主观因素，政府也可获得最高收益。拍卖方式的采用，表明土地使用权的商品化程度已比较高，土地使用权出让已充分发展。拍卖方式使用面很广，但主要适用于竞争性强的房地产、金融、商业、旅游等用地。

拍卖出让的程序一般为：

(1) 公告。由土地使用权拍卖人发出公告，公告的内容一般应包括：拍卖地块的用地要点资料；拍卖的时间、地点；拍卖的规则、叫价起点；拍卖保证金的金额和支付方式等。

(2) 参加。有意受让人在公开拍卖开始前到拍卖人那里领取有编号的牌子，委托他人代领的，还应提交由委托人签名或盖章的授权委托书。

(3) 主持拍卖。主持人首先就拍卖土地的基本情况，如土地的位置、面积、用途和使用年限以及拍卖规则等作一简单介绍，然后要求受让人按公告规定在叫价起点以上叫价竞争。每一叫价的增长额度由主持人规定，并随拍卖过程的实际情况予以调整。在最后一个叫价叫出后，主持人重复两遍而无人继续叫价时，主持人一锤敲下，该幅土地使用权即由叫价最高者获得。

(4) 签约、办理土地使用权证书。叫价最高者即与出让方签订土地使用权出让合同，并按规定缴付履约保证金。受让方按照合同缴纳了全部出让金后，即可到土地行政主管部门办理土地使用登记，领取土地使用证。

(四) 土地使用权出让合同

1. 土地使用权出让合同的概念

土地使用权出让合同，是指国有土地所有者或其代表与土地使用权受让人之间就土地使用权出让以及如何使用等内容所达成的明确双方权利义务关系的协议。

2. 土地使用权出让合同的形式

根据城市房地产管理法的规定，土地使用权出让应当签订书面合同。合同一般采用标准样式合同，即合同的主要条款、格式均由国家制定，双方不能自行拟定合同文本。但双方可以在法律允许的范围内附加相关条款或协议。

3. 土地使用权出让合同的种类

土地使用权出让合同可分为两大类：宗地出让合同和成片开发土地出让合同。前者是指将某一宗国有土地使用权出让的合同，主要适用于具体项目用地，受让方为境内外单位或个人，合同签订后经登记生效。后者是指将成片国有土地使用权出让的合同，主要适用于综合性用地，受让方一般为外商投资开发企业和具有相应资格的国内综合性土地开发企业，合同签订后还须报有审批权的部门批准后才能生效。

4. 土地使用权出让合同的主要内容

土地使用权出让合同一般应包括下列内容：①合同当事人；②合同标的，即土地的位置、面积、范围等；③出让金的数额、支付方式和支付期限；④出让期限，注明出让期限的起止日期；⑤土地使用条件，即对土地在类别、用途、覆盖率、地上物高度、配套设施等方面的具体要求；⑥定金。依据法律规定，签订合同时必须由受让方向出让方缴纳相当于出让金总额5%～20%的定金；⑦违约责任；⑧土地使用权转让、出租、抵押的条件；⑨合同争议的解决；⑩合同有效文本、签约时间和地点、合同术语解释、合同附件等。

二、土地使用权的划拨

(一) 土地使用权划拨的含义

土地使用权划拨，是指县级以上人民政府依法批准，在土地使用者缴纳补偿、安置等费用后将该幅土地交付其使用，或者将土地使用权无偿交付给土地使用者使用的行为。划拨有两种形式：有偿划拨和无偿划拨。前者适用于下面两种情形：第一，县级以上人民政府批准征收集体所有的土地，在土地使用者缴纳土地补偿、安置补助费用后，国家将其征收的土地划拨给土地使用者使用；第二，县级以上人民政府对国家建设使用其他单位使用的国有土地，在土地使用者缴纳土地补偿、安置补助费用后，划拨给土地使用者使用。后者适用的情形是：县级以上人民政府对国家建设使用国有荒山、荒地等时，无偿划拨给土地使用者使用。

土地使用权划拨不同于土地征收。土地征收是指国家为了社会公共利益的需要，依法将集体所有的土地征收为国家所有，即征收导致土地所有权的转移。而划拨是国有土地使用权的转移方式，土地所有权并不发生转移。

（二）土地使用权划拨的特征

（1）土地使用权划拨的标的只能是国有土地。集体所有的土地，只能在被依法征收为国有土地后才能划拨。

（2）土地使用权划拨采用的是行政划拨手段。这是供给制和产品经济形式下常采用的一种财产流转关系，是非民事的行政经济关系方式。

（3）土地使用权划拨是土地所有权与使用权分离的一种方式。使用者取得国有土地使用权，所有权仍属于国家。与土地使用权出让相比，其两权分离的程度较小，使用者仅取得使用权，而无处分权，如转让、抵押等。

（4）经划拨取得的土地使用权无使用期限的限制。

（5）经划拨取得土地使用权只需缴纳较小费用或无偿取得。有偿划拨时，也仅是缴纳土地补偿费和安置补助费，这只是土地使用权出让时缴纳费用的一小部分。

（6）土地使用权划拨具有社会公益性。划拨土地使用权的使用者通常是机关、军队、人民团体以及由政府财政拨款的事业单位等，使用的目的是为了实现社会公益事业的需要。因此，上述单位的用地不仅通过划拨取得，有时还免征城镇土地使用税、耕地占用税等。

（三）土地使用权划拨的适用范围

根据《城市房地产管理法》的规定，下列用地的土地使用权，确属必需的，可以采取划拨方式提供土地使用权：

（1）国家机关用地。行使国家职能的各级国家权力机关、行政机关、审判机关、检察机关和国家军事机关用地的总称。

（2）军事用地。军事设施用地的总称。根据我国《军事设施保护法》的规定，包括下列建筑、场地和设备用地：①指挥机关、地面和地下的指挥工程作战工程；②军用机场、港口、码头；③营区、训练场、试验场；④军用洞库、仓库；⑤军用通信、侦察、导航、观测台和测量、导航、助航标志；⑥军用公路、铁路专用线、通信、输电线路、输油和输水管道；⑦国务院和中央军委规定的其他军事设施。

（3）城市基础设施用地。指城市供水、排水、污水处理、供电、通信、燃气、热力、道路、桥梁、市内公共交通、园林绿化、环境卫生、消防及路灯、路标等管线和设施用地。

（4）城市公益事业用地。指城市内的各种学校、医院、体育场馆、图书馆、文化馆、少年宫、幼儿园、保育院、敬老院、防疫站、影剧院等文化、卫生、体育、教育、福利事业用地。

（5）国家重点扶持的能源、交通、水利等项目用地。指国家采取各种优惠政策重点扶持的煤炭、石油、天然气、电力等能源项目用地；铁路、公路、港口、码头、机场、交通枢纽等交通项目用地；水库、水坝、农田灌溉工程、水利发电工程、江河治理工程、防洪工程等水利项目用地。

（6）法律、法规规定的其他用地。

上述各项用地的土地使用权，并非任何情况下均采取划拨方式提供，只有在“确属必需”时，才能划拨。所谓“确属必需”，一般指确属国家投资或者其他投资者投资，用于非经营或者非营利性目的。而对于那种不属于国家投资又用于经营或者营利性目的的，则应采取出让方式提供土地使用权。

（四）土地使用权划拨的程序

（1）申请。由建设用地单位持经批准的设计任务书或初步设计、年度基本建设计划等有关文件向拟划拨土地所在的县级以上人民政府土地行政主管部门提出建设用地申请。

（2）审核。由县级以上人民政府土地行政主管部门对建设用地申请进行审核，划定用地范围，组织商定用地补偿、安置或者拆迁安置方案，报县级以上人民政府批准。

（3）批准。由县级以上人民政府根据土地管理法及其实施条例规定的批准权限批准，批准后由土地所在地的县级以上人民政府发给建设用地批准书。

（4）划拨。由土地所在地的县级以上人民政府土地行政主管部门根据批准用地文件所确定的用地面积和范围，到实地划拨建设用地。

（5）登记。建设项目竣工后，由县级以上人民政府土地行政主管部门核查实际用地，经认可后，办理土地登记手续，核发国有土地使用权证书。至此，土地使用者取得划拨土地使用权。

第五节 土地使用权的转让、出租与抵押

一、土地使用权的转让

（一）土地使用权转让的含义

土地使用权转让，是指土地使用权通过买卖、交换、赠与、继承或其他合法方式依法将土地使用权转移给他人的行为。原土地使用权人，即通过出让或划拨取得土地使用权的人，称为转让人，新的土地使用权人则称为受让人。

相对于土地使用权的出让和划拨形成的土地一级市场，土地使用权的转让以及后面要叙述的出租和抵押所形成的市场，则是土地的二级市场。它是将土地使用权真正作为商品进入流通领域，从而建立起适应我国社会主义市场经济要求的土地市场的关键环节。

（二）土地使用权转让的基本原则

土地使用权转让是在平等主体之间进行的财产权利转移行为，是一种民事法律行为。在这种法律行为所形成的法律关系中，当事人的权利义务除了受有关土地使用权转让的专门法律调整外，还受民法及相关法律的调整。由于土地使用权这一转让客体的特殊性，土地使用权转让除应遵循平等、自愿、等价有偿、诚实信用等民法的基本原则外，还应遵循以下原则：

1. 出让方地位不变原则

土地使用权出让后，使用权可以多次转让，但不论使用权转让到何人之手，国家仍然是

土地的所有权人，它作为出让方的地位并不因此而受影响，始终是土地使用权出让合同的一方当事人，另一方为最后拥有土地使用权的人，直至土地使用权终止。

2. 权利、义务一体转移原则

该原则即“认地不认人”原则。法律规定，土地使用权转让时，土地使用权出让合同和登记文件中所载明的权利义务关系随之转移。出让合同中的受让人（即转让合同中的转让人）作为使用权人的主体资格即告丧失，新的受让人取得使用权人的主体资格，成为土地使用权出让合同和登记文件中全部权利的享有者和承担者。

3. 土地使用权与地上建筑物所有权主体同一性原则

这个原则包含两层意思：第一，土地使用权转让时，地上建筑物、其他附着物的所有权随之转让；第二，地上建筑物、其他附着物的所有权转让时，其使用范围内的土地使用权也随之转让。但是，当地上建筑物、其他附着物作为动产转让，即可以与土地分离，土地使用权并不随之转让。

4. 保护财产的价值和经济效益的原则

在土地使用权转让过程中，往往会出现土地的分割，这将损害土地的整体利用效益。因此，法律对土地使用权分割转让作了一定的限制，即必须经县级以上人民政府土地行政主管部门审查批准，并按照规定办理过户登记手续。

（三）土地使用权转让的条件

1. 禁止转让的土地使用权

1）以出让方式取得土地使用权，不符合转让的法定条件的。

2）司法机关和行政机关依法裁定、决定查封或者以其他形式限制土地权利的。

3）依法收回土地使用权的。

4）共有土地使用权，未经其他共有人书面同意的。

5）权属存在争议的。

6）未经依法登记，领取权属证书的。

7）法律、行政法规规定禁止转让的其他情形。

2. 出让土地使用权转让的条件

1）按照出让合同约定已经支付全部土地使用权出让金，并取得土地使用权证书；

2）按照出让合同约定进行投资开发，属于房屋建设工程的，完成投资开发总额的25％以上；属于成片开发土地的，依照规划对土地进行开发建设，完成供排水、供电、供热、道路交通、通信等市政基础设施、公用设施的建设，达到场地平整，形成工业用地或者其他建设用地条件。

3. 划拨土地使用权转让的条件

1）报有批准权的人民政府审批；

2）办理土地使用权出让手续，并缴纳土地使用权出让金；或者不办理土地使用权出让手续，但须将转让所获收益上缴国家或者作其他处理。

（四）土地使用权转让的程序

土地使用权的转让除必须符合法定的条件外，还需要经过一定的程序。由于转让是平等主体之间的民事行为，故法律对转让程序没有作统一的规定，但由于土地使用权本身的特殊性，其转让程序与一般商品的转让有所不同。办理土地使用权转让一般按下列程序进行：

1. 洽谈、签约

土地使用权人与有意受让人直接或经由经纪人居间，对转让的有关事宜进行协商、谈判，并签订土地使用权转让合同。这是转让的最常见方式。转让人也可以通过招标、拍卖的方式寻找最佳的受让人，并签订土地使用权转让合同。

2. 审查

合同签订后，不论该项土地使用权转让是否须经申请与批准的程序，土地行政主管部门均有权审查转让合同是否符合出让合同及法律规定，如不符合，可进行干预。有些地方还规定土地使用权转让合同必须经公证机关公证才能生效。

3. 缴纳税费

土地使用权转让人须依法缴纳土地增值税、营业税等，受让人应支付土地使用权转让费。

4. 过户登记

土地使用权受让人向土地行政主管部门办理过户登记手续，同时还应对该土地上的建筑物和附着物向房产管理部门办理过户登记。只有办理完过户登记后，转让行为才生效。

二、土地使用权的出租

（一）土地使用权出租的含义

土地使用权出租是指土地使用者作为出租人将土地使用权随同地上建筑物和其他附着物租赁给承租人使用，由承租人向出租人支付租金的行为。

在主体上，土地使用权出租关系中的出租方不是土地所有人——国家，而是土地的使用权人，既包括从所有人处通过订立出让合同取得土地使用权的受让人，也包括通过转让合同从他人手中获得土地使用权的受让人，只要是现实的土地使用权人均可作为出租人。在客体上，土地使用权出租的客体是土地上的权利即土地使用权而非土地本身，体现使用权的标的物是土地及地上的建筑物和其他附着物。

在内容上，土地使用权的出租仅仅在使用权人与第三人（承租人）之间确定权利义务关系，出租人作为土地使用权人的地位并不发生改变，他在保持自己享有土地使用权的前提下，把自己所有的土地使用权租赁给他人，并收取租金。相对于土地所有者而言，出租人仍是土地使用权出让合同的一方当事人，出租使用权是出租人作为使用权人独立的地产经营行为；土地使用权出租后，出租人作为使用权人必须继续履行土地使用权出让或转让合同，而承租人只与出租人发生权利义务关系，与土地所有权人并无直接的民事权利义务关系。

（二）土地使用权出租的条件

土地使用权的出租作为土地二级市场中土地使用权流通的重要内容，与一般的财产租赁相比有诸多的不同。为实现土地所有人出让土地使用权的目的，保障土地经营和土地市场的健康发展，法律要求土地使用权出租须具备一定的条件。

我国《城市房地产管理法》中规定："未按土地使用权出让合同规定的期限和条件投资开发利用土地的，土地使用权不得出租。"这一规定与土地使用权转让的条件是完全一致的。因此，不论是出租还是转让，土地使用权人都应先按出让合同的要求去进行投资开发，至于在具备了出让合同所规定的投资开发条件之后，是转让还是出租，则由土地使用权人自行确定。

（三）土地使用权出租的程序

土地使用权的出租是出租人独立进行地产经营的行为，不发生出让合同当事人的变更，出租人向所有人承担的义务和享受的权利不受影响，因此出租的程序较土地使用权的出让和转让均为简单，只要具备上述条件后，双方当事人达成协议，签订书面的土地使用权租赁合同，并到土地行政主管部门进行登记，租赁关系即告成立。

三、土地使用权的抵押

（一）抵押概述

抵押是债权担保的一种方式，它是指债务人或第三人不转移对财产的占有，将该财产作为债权的担保，当债务人不履行债务时，债权人有权以抵押物折价或者以拍卖抵押物的价款受偿，提供财产的债务人或第三人为抵押人，抵押人所提供的财产是抵押物。在抵押设定后，债务人不履行债务时，债权人按照法律规定以抵押物折价或者以变卖抵押物的价款优先受偿的权利，就是抵押权。

抵押权作为一种担保物权，具有如下特征：

(1) 抵押权具有从属性。抵押权是为担保债权实现而成立的一种权利，是从权利，它的作用在于保证债权顺利受偿，减少主债权不能受清偿之危险性。抵押权与被担保的债权同时存在，随主债权的消灭而消灭。

(2) 抵押权的标的物主要是不动产。虽然法律规定动产及其他财产也可作抵押物，但由于不动产的特点，决定了不动产是最常见也最可靠的抵押物。

(3) 抵押权不转移标的物的占有。抵押权设立的目的在于担保债的履行，而不在于对物的使用和收益，因此，抵押权的成立不以对标的物的占有为要件。抵押人不必将抵押物的占有权转移给债权人，而由自己继续对抵押物进行使用、收益、处分，发挥物的效用。

(4) 抵押权具有优先受偿性。抵押权人在债务人不履行债务时，有权依法律以抵押物折价或从抵押物的变卖价金中优先得到清偿，即抵押权人得排除无抵押权的债权人就抵押物优先受偿，同时次序在先的抵押权人比次序在后的抵押权人优先受偿。

（二）土地使用权抵押的含义

土地使用权抵押是指土地使用权人以土地使用权作为履行债务的担保，当使用权人到期不履行债务或者宣告破产时，抵押权人有从处分抵押的财产（包括土地使用权、地上建筑物及其他附着物的所有权等）中优先受偿的权利。土地使用权不是一种有形的物体，它是由土地所有权派生出来的一种土地上的权利，所以土地使用权抵押是一种特殊的权利抵押。

土地使用权抵押不同于土地抵押。土地使用权的抵押是使用人将自己享有的某块土地使用权作为债的担保物，当使用权人不能按期履行债务时，就丧失了土地使用权，而由抵押权人享有该块土地的使用权或处分该块土地的使用权以获得价款，但不论土地使用权如何处分，发生的仅仅是他物权人的变更，不涉及土地所有权本身，国家对土地的所有权不受影响。简言之，土地使用权的抵押不发生土地所有权的转移，抵押权实现后，无论谁最终获得使用权，都要受土地所有权的限制，这些限制主要体现为出让合同规定的期限和条件。而土地的抵押则是土地所有人将自己所有的某块土地作为履行债的担保，当抵押人不能按期偿还债务时，就丧失了土地所有权，而将该块土地折价归抵押权人所有或由抵押权人变卖该块土地并从价款中优先受偿，此时土地的所有权发生了转移。由于我国实行的是土地公有制，土地归国家所有，故不存在土地的抵押，只有土地使用权的抵押。

（三）土地使用权抵押的条件

（1）可作为抵押财产的原则。

1）必须是可以进入市场交易的财产。法律禁止流通的财产不得作为抵押物，如毒品、枪支武器、淫秽物品、土地所有权、耕地使用权等。

2）必须是权属明晰的财产，也就是说抵押人必须对该财产有处分权。

3）必须符合社会公共利益。

（2）可抵押的土地使用权。

1）抵押人依法有权处分的土地使用权。它包括两种情形：第一，因依法出让和转让而获得的土地使用权，在按照出让合同的约定投资开发后，可以抵押；第二，依法以划拨方式取得的土地使用权，经报有批准权的人民政府审批，准予转让的，才可以抵押。

2）抵押人依法承包并经发包方同意抵押的荒山、荒沟、荒滩等荒地的土地使用权。

3）乡（镇）、村企业的土地使用权可以连同地上的厂房等建筑物一同抵押。

（3）禁止抵押的土地使用权。

1）除前述荒地和乡（镇）、村企业的土地使用权可以抵押外，耕地、宅基地、自留地、自留山等集体所有的土地使用权均不得抵押。

2）权属有争议的土地使用权。

3）未经其他共有人同意的土地使用权。

4）被依法查封或以其他形式限制房地产权利的。

（四）土地使用权抵押合同

1. 土地使用权抵押合同的概念和特征

土地使用权抵押合同是抵押合同的一种，是抵押人与抵押权人为保证债务的清偿、债权的履行而签订的协议，它作为以土地使用权为抵押标的的特殊抵押，具有以下特征：

1）土地使用权抵押合同是一种不能独立存在的从合同，它是依据担保主合同而设立的从合同，它的存在与撤销以主合同的存在与撤销为转移。

2）土地使用权抵押合同的目的，是以土地使用权来担保债务履行，而不是以取得土地使用权为目的，只有在债务人不能履行债务时，债权人才有权以土地使用权的变价来优先受偿。

3）土地使用权抵押合同的主体具有特殊性。作为抵押人必须享有合法的土地使用权，而抵押权人可以是直接的债权人，也可以是第三人。

4）土地使用权抵押合同是要式合同。法律规定，土地使用权抵押合同必须采取书面形式，同时还要到政府有关部门登记，合同自登记之日起才生效。

2. 土地使用权抵押合同的内容

个有效的土地使用权抵押合同一般应有以下内容：

1）合同当事人即抵押人和抵押权人的姓名、名称等。

2）抵押物的名称、范围、数量、状况、所在地、使用权权属等。

3）土地使用权占有的归属，一般情况下，在抵押期间仍归抵押人占有和使用。

4）所担保的主债权种类、数额和抵押担保的范围。这是抵押合同的核心内容，抵押担保的范围一般包括主债权及利息、违约金、赔偿金和实现抵押权的费用。

5）抵押的期限。土地使用权抵押的有效期不得超过土地使用年限的终止日，即原出让合同确定的使用年限。

6）当事人认为需要约定的其他事项。

3. 土地使用权抵押合同的实现

土地使用权抵押合同的实现有两种情况：一种是合同到期时，债务人如期履行了债务，债权人的债权便消灭，抵押权随着主债权的消灭而消灭，土地使用权抵押过程完成；另一种情况是债务人不能按期履行债务，债权人要依合同行使其债权，实现其抵押权，这样抵押权的实现要分两步走，第一步是处分土地使用权，第二步是就变卖所得价款清偿债务。由于土地使用权抵押是以一定范围内的土地使用权作为抵押担保的，在抵押权的实现时应注意下面两点：①依法以承包的荒地的土地使用权抵押的，或者以乡（镇）、村企业的厂房等建筑物占用范围内的土地使用权抵押的，在实现抵押权后，未经法定程序不得改变土地的集体所有权和土地用途；②以划拨的国有土地使用权抵押的，在实现抵押权时，必须先缴纳相当于土地使用权出让金的价款后，才能用于清偿债务，抵押权人的优先受偿权只是相对于其他债权人优先受偿。

4. 土地使用权抵押的登记手续

土地使用权抵押的登记包括两个环节：

1）土地使用权抵押设立时的登记。在设立土地使用权抵押时，抵押人应持合法的土地使用权证书，同时提交主合同和抵押合同。当以地上无定着物的土地使用权抵押时，登记部门为核发该土地使用权证书的土地行政管理部门；当以城市房地产或乡（镇）、村企业的厂房等建筑物抵押的，登记部门为法律规定的其他部门。

2）抵押权实现后的登记。抵押权实现后，应首先依法办理注销登记，因处分土地使用权而取得土地使用权和地上建筑物、其他附着物所有权的，再到相关部门办理过户登记。

第六节 房屋征收与补偿

一、房屋征收与房屋拆迁

2011年1月21日，国务院公布施行了《国有土地上房屋征收与补偿条例》（以下简称《征收条例》），原《城市房屋拆迁管理条例》（以下简称《拆迁条例》）同时废止。

《征收条例》统筹兼顾工业化、城镇化建设与土地房屋被征收群众的利益，努力把公共利益同被征收个人利益统一起来，通过明确补偿标准、补助和奖励措施，保护被征收群众的利益，使房屋被征收群众的居住条件有改善，原有的生活水平不降低，同时通过完善征收程序，扩大公众参与，禁止建设单位参与搬迁，取消行政机关自行强制拆迁的规定，加强和改进群众工作，把强制减到最少。

《征收条例》在很大程度上弥补了原《拆迁条例》的不足，其主要特点有：

一是明确了征收的程序。即为了公共利益的需要，确需征收房屋的各项建设活动应当符合国民经济和社会发展规划、土地利用总体规划、城乡规划和专项规划。因旧城区改建需要征收房屋的，多数被征收者认为征收方案未符合本条例规定的，还要组织听证会并修改方案，政府作出房屋征收决定前，应当进行社会稳定风险评估。同时规定了对被征收人的具体补偿范围即被征收房屋价值的补偿、搬迁与临时安置补偿、停产停业损失补偿和补助、奖励。该条例明确规定对被征收房屋价值的补偿不得低于类似房地产的市场价格。对符合住房保障条件的被征收人除给予补偿外，政府还要优先给予住房保障。

二是明确了房屋征收的主体为政府。明确禁止建设单位参与搬迁，并规定承担房屋征收与补偿具体工作的单位不得以营利为目的。

三是取消了行政强制拆迁，改行政拆迁为司法拆迁。在房屋拆迁的过程中，地方政府通过出让土地的使用权而换取数额巨大的土地出让金，这给地方政府的经济带来较好的发展，税收带来极大的收益，而且给当地执政官员带来良好的政绩，故一般政府都会较为主动的介入、干预拆迁活动，倾向拆迁人，使被拆迁人的合法利益难以得到保护，这就有必要让行政权力退出强制拆迁的舞台。被征收人超过规定期限不搬迁的，政府必须依法申请人民法院强制执行，这一制度改革得到了民众的赞同，从制度上、程序上切实保护了被拆迁当事人的合法利益。

二、房屋征收的基本程序

1. 用地单位提出用地申请，政府负责征收

首先，征收房屋必须是为了保障国家安全、促进国民经济和社会发展等公共利益的需要，即有下列情形之一方可。

（1）国防和外交的需要；

（2）由政府组织实施的能源、交通、水利等基础设施建设的需要；

（3）由政府组织实施的科技、教育、文化、卫生、体育、环境和资源保护、防灾减灾、文物保护、社会福利、市政公用等公共事业的需要；

（4）由政府组织实施的保障性安居工程建设的需要；

（5）由政府依照城乡规划法有关规定组织实施的对危房集中、基础设施落后等地段进行旧城区改建的需要；

（6）法律、行政法规规定的其他公共利益的需要。

同时，征收房屋的各项建设活动，应当符合国民经济和社会发展规划、土地利用总体规划、城乡规划和专项规划。保障性安居工程建设、旧城区改建，应当纳入市、县级国民经济和社会发展年度计划。

2. 房屋征收部门拟订征收补偿方案，报市、县级人民政府

房屋征收部门也可以委托房屋征收实施单位，承担房屋征收与补偿的具体工作。房屋征收实施单位不得以营利为目的。房屋征收部门对房屋征收实施单位在委托范围内实施的房屋征收与补偿行为负责监督，并对其行为后果承担法律责任。

3. 政府公布并逐一征求意见

市、县级人民政府应当组织有关部门对征收补偿方案进行论证并予以公布，征求公众意见，征求意见期限不得少于30日。同时，应当书面通知被征收人及相关当事人。

4. 政府公布征求意见情况及根据公众意见修改情况

5. 组织听证会

因旧城区改建需要征收房屋，多数被征收人认为征收补偿方案不符合条例规定的，市、县级人民政府应当组织由被征收人和公众代表参加的听证会，并根据听证会情况修改方案。听证会应按照下列程序进行：

（1）应于举行听证的七日前将举行听证的时间、地点通知申请人、利害关系人，必要时予以公告；

（2）听证应当公开举行；

（3）应当指定审查该行政许可申请的工作人员以外的人员为听证主持人，申请人、利害关系人认为主持人与该行政许可事项有直接利害关系的，有权申请回避；

（4）举行听证时，应当提供审查意见的证据、理由，申请人、利害关系人可以提出证据，并进行申辩和质证；

（5）听证应当制作笔录，听证笔录应当交听证参加人确认无误后签字或者盖章；

（6）根据听证会情况修改方案。

6. 进行社会稳定风险评估

市、县级人民政府作出房屋征收决定前，应当按照有关规定进行社会稳定风险评估；房屋征收决定涉及被征收人数量较多的，应当经政府常务会议讨论决定。

社会稳定风险评估报告应当从项目概况、项目合法性、合理性、风险性、安全性、可行性等六个方面对征收过程中可能诱发的诸多社会风险作出评估，并提出相应的解决措施，为即将开始的征收工作做好充分的准备。

7. 征收补偿费用应当足额到位、专户存储、专款专用

8. 市、县级人民政府作出房屋征收决定

市、县级人民政府作出房屋征收决定后应当及时公告。公告应当载明征收补偿方案和行政复议、行政诉讼权利等事项。被征收人对市、县级人民政府作出的房屋征收决定不服的，可以依法申请行政复议，也可以依法提起行政诉讼。

被征收人在法定期限内不申请行政复议或者不提起行政诉讼，在补偿决定规定的期限内又不搬迁的，由作出房屋征收决定的市、县级人民政府依法申请人民法院强制执行。

9. 房屋征收部门组织调查登记

房屋征收部门应当对房屋征收范围内房屋的权属、区位、用途、建筑面积等情况组织调查登记，被征收人应当予以配合。调查结果应当在房屋征收范围内向被征收人公布。

10. 房屋征收部门向有关部门出具暂停办理相关手续的书面通知

房屋征收部门应当将前款所列事项（不得在房屋征收范围内实施新建、扩建、改建房屋，改变房屋用途，房产分户，户籍入户，办理工商营业执照等不当增加补偿费用的行为）书面通知有关部门暂停办理相关手续。暂停办理相关手续的书面通知应当载明暂停期限，暂停期限一般最长不得超过1年。

三、房屋征收补偿

（一）补偿的范围

《征收条例》第17条规定，作出房屋征收决定的市、县级人民政府对被征收人给予的补偿包括：

（1）被征收房屋价值的补偿；

（2）因征收房屋造成的搬迁、临时安置的补偿；

（3）因征收房屋造成的停产停业损失的补偿。

市、县级人民政府作出房屋征收决定前，应当组织有关部门依法对征收范围内未经登记的建筑进行调查、认定和处理。对认定为合法建筑和未超过批准期限的临时建筑的，应当给予补偿；对认定为违法建筑和超过批准期限的临时建筑的，不予补偿。

（二）补偿的形式

被征收人可以选择货币补偿，也可以选择房屋产权调换。

被征收人选择房屋产权调换的，市、县级人民政府应当提供用于产权调换的房屋，并与被征收人计算、结清被征收房屋价值与用于产权调换房屋价值的差价。产权调换房屋交付前，房屋征收部门应当向被征收人支付临时安置费或者提供周转用房。

因旧城区改建征收个人住宅，被征收人选择在改建地段进行房屋产权调换的，作出房屋征收决定的市、县级人民政府应当提供改建地段或者就近地段的房屋。

征收个人住宅，被征收人符合住房保障条件的，作出房屋征收决定的市、县级人民政府应当优先给予住房保障。

（三）补偿价格的确定

《征收条例》第 19 条规定：对被征收房屋价值的补偿，不得低于房屋征收决定公告之日被征收房屋类似房地产的市场价格。

被征收房屋的价值，由具有相应资质的房地产价格评估机构按照房屋征收评估办法评估确定。对评估确定的被征收房屋价值有异议的，可以向房地产价格评估机构申请复核评估。对复核结果有异议的，可以向房地产价格评估专家委员会申请鉴定。

房地产价格评估机构由被征收人协商选定；协商不成的，通过多数决定、随机选定等方式确定，具体办法由省、自治区、直辖市制定。房地产价格评估机构应当独立、客观、公正地开展房屋征收评估工作，任何单位和个人不得干预。

房屋征收评估办法由国务院住房城乡建设主管部门制定，制定过程中，应当向社会公开征求意见。

（四）房屋征收补偿协议

《征收条例》第 25 条规定：房屋征收部门与被征收人依照本条例的规定，就补偿方式、补偿金额和支付期限、用于产权调换房屋的地点和面积、搬迁费、临时安置费或者周转用房、停产停业损失、搬迁期限、过渡方式和过渡期限等事项，订立补偿协议。

补偿协议订立后，一方当事人不履行补偿协议约定的义务的，另一方当事人可以依法提起诉讼。

房屋征收部门与被征收人在征收补偿方案确定的签约期限内达不成补偿协议，或者被征收房屋所有权人不明确的，由房屋征收部门报请作出房屋征收决定的市、县级人民政府依照本条例的规定，按照征收补偿方案作出补偿决定，并在房屋征收范围内予以公告。

被征收人对补偿决定不服的，可以依法申请行政复议，也可以依法提起行政诉讼。

（五）房屋征收补偿档案

房屋征收部门应当依法建立房屋征收补偿档案，并将分户补偿情况在房屋征收范围内向被征收人公布。

审计机关应当加强对征收补偿费用管理和使用情况的监督，并公布审计结果。

四、搬迁

《征收条例》第 27 条规定：实施房屋征收应当先补偿、后搬迁。

作出房屋征收决定的市、县级人民政府对被征收人给予补偿后，被征收人应当在补偿协议约定或者补偿决定确定的搬迁期限内完成搬迁。

任何单位和个人不得采取暴力、威胁或者违反规定中断供水、供热、供气、供电和道路通行等非法方式迫使被征收人搬迁。禁止建设单位参与搬迁活动。

被征收人在法定期限内不申请行政复议或者不提起行政诉讼，在补偿决定规定的期限内又不搬迁的，由作出房屋征收决定的市、县级人民政府依法申请人民法院强制执行。强制执行申请书应当附具补偿金额和专户存储账号、产权调换房屋和周转用房的地点和面积等材料。

五、违反房屋征收与补偿管理的法律责任

（一）征收人的法律责任

市、县级人民政府及房屋征收部门的工作人员在房屋征收与补偿工作中不履行本条例规定的职责，或者滥用职权、玩忽职守、徇私舞弊的，由上级人民政府或者本级人民政府责令改正，通报批评；造成损失的，依法承担赔偿责任；对直接负责的主管人员和其他直接责任人员，依法给予处分；构成犯罪的，依法追究刑事责任。

采取暴力、威胁或者违反规定中断供水、供热、供气、供电和道路通行等非法方式迫使被征收人搬迁，造成损失的，依法承担赔偿责任；对直接负责的主管人员和其他直接责任人员，构成犯罪的，依法追究刑事责任；尚不构成犯罪的，依法给予处分；构成违反治安管理行为的，依法给予治安管理处罚。

贪污、挪用、私分、截留、拖欠征收补偿费用的，责令改正，追回有关款项，限期退还违法所得，对有关责任单位通报批评、给予警告；造成损失的，依法承担赔偿责任；对直接负责的主管人员和其他直接责任人员，构成犯罪的，依法追究刑事责任；尚不构成犯罪的，依法给予处分。

（二）被征收人的法律责任

被征收人采取暴力、威胁等方法阻碍依法进行的房屋征收与补偿工作，构成犯罪的，依法追究刑事责任；构成违反治安管理行为的，依法给予治安管理处罚。

（三）房地产价格评估机构的法律责任

房地产价格评估机构或者房地产估价师出具虚假或者有重大差错的评估报告的，由发证机关责令限期改正，给予警告，对房地产价格评估机构并处 5 万元以上 20 万元以下罚款，对房地产估价师并处 1 万元以上 3 万元以下罚款，并记入信用档案；情节严重的，吊销资质证书、注册证书；造成损失的，依法承担赔偿责任；构成犯罪的，依法追究刑事责任。

典 型 案 例

自行转让国有土地，合同被依法撤销案

【案情】

原告：某县国防厂、造纸厂

被告：某县土地管理局

1988 年 12 月，某县国防厂因迁厂留有闲置房 251 间，某县造纸厂了解情况后，经其业务上级主管部门同意，双方达成《有偿转让房地产合同书》，1989 年 1 月经该县公证处公证生效。合同商定：某县国防厂将其闲置的 251 间房地产转让给造纸厂，房地产四至明确，并附有房地产平面图，造纸厂付给国防厂房地产价款人民币 18 万元。

合同生效后，造纸厂于 1989 年 6 月底付清了全部价款，并在 1989 年 7 月 10 日起对该房

地产行使了管理。1990年1月，该县土地管理局以丰土发（90）84号文件对上述双方转让房地产的行为作出行政处理决定：

1）宣布合同无效。

2）没收国防厂转让所得全部价款。

3）收回合同中四至之内的土地使用权。

4）251间房屋的所有权收归该县人民政府。

国防厂和造纸厂不服决定，向该县人民法院起诉，因案情重大，政策性强，县人民法院报请地区中级人民法院审理。

【审判】

地区中级人民法院审理认为，企业有权在法律授权的范围内处分其闲置多余的固定资产，遂作出判决：撤销该县土地管理局（90）84号处理决定，案件受理费980元由土地管理局承担。该县土地管理局不服判决，以程序违法、事实不清和运用法律不当为由向省高级人民法院提起上诉，请求撤销原判决。

省高级人民法院依法组成合议庭进行了审理，作出终审判决如下：

1）撤销中级人民法院原判决。

2）国防厂与造纸厂的转让土地合同无效，国防厂收取造纸厂的房地产转让款18万元应予退回。

3）合同中的国有土地交由该县人民政府土地行政管理部门统一管理，县人民政府土地行政管理部门负责由新的用地单位给予国防厂在该土地上的房屋以合理的补偿。

4）分别对国防厂和造纸厂罚款人民币3500元，诉讼费亦由他们各分担一半。

【评析】

省高级人民法院的二审判决是正确的。因为，买卖土地是严重的违法行为。《中华人民共和国宪法》第10条第4款规定："任何组织或者个人不得侵占、买卖或者以其他形式非法转让土地。"《中华人民共和国土地管理法》第2条第3款也作了类似的规定，第73条还规定："买卖或者以其他形式非法转让土地的，由县级以上人民政府土地行政管理部门没收非法所得……可以并处罚款；对直接负责的主管人员和其他直接责任人员，依法给予行政处分；构成犯罪的，依法追究刑事责任。"这是执法机关在处理这类案件时的法律依据。

本案中国防厂转让的土地，所有权属于国家，国防厂只有使用权，无权转让。造纸厂需要使用国有土地，应当依照法定程序申请取得。国防厂与造纸厂自行转让国有土地使用权的行为，违反了《土地管理法》和《城市房地产管理法》的有关规定。对于这种违法行为，该县人民政府土地行政管理部门依法进行管理和处罚是正确的，法院应当予以支持。而一审人民法院认定地产属于企业固定资产，可以自行转让，缺乏依据，应当予以撤销。同时，对违法双方给予必要的处罚，承担一定的法律责任，也是正确的。

第五章　建筑工程勘察设计法律制度

第一节　工程勘察设计法概述

一、工程的勘察设计

（一）工程勘察设计的概念

工程勘察，是指根据工程建设的要求，查明、分析、评价工程场地的地质地理环境特征和岩土工程条件，编制工程勘察文件的活动。

工程设计，是指根据工程建设的要求，对工程所需的技术、经济、资源、环境等条件进行综合分析、论证，编制工程设计文件的活动。

在工程建设过程中，勘察设计是工程建设前期的关键环节，而勘察又是设计的基础和依据。

（二）工程勘察设计的基本原则

1）工程勘察设计应当与社会、经济发展水平相适应，做到经济效益、社会效益和环境效益相统一。

2）从事工程勘察设计活动，应当坚持先勘察、后设计、再施工的原则。

3）工程勘察设计单位应依法进行勘察设计，严格执行工程建设强制性标准，并对勘察设计质量负责的原则。

二、工程勘察设计法

（一）工程勘察设计法的概念

工程勘察设计法是指调整工程勘察设计活动中所产生的各种社会关系的法律规范的总称。

工程勘察设计法涉及范围广、内容多，既包括了工程勘察设计的专门法如《建设工程勘察设计管理条例》、《建设工程勘察设计合同条例》等，又包括了其他如《建筑法》、《城市规划法》等法律法规中有关工程勘察设计方面的法律规定。

（二）工程勘察设计法的调整对象

1）勘察设计行政主管部门对从事勘察设计活动的单位和个人实施许可制度而发生的行政管理关系。

2）勘察设计行政主管部门与建设单位和勘察设计单位之间，因编制、审批、执行勘察设计文件、资料等而发生的审批关系。

3）因工程建设的实施，发生于建设单位与勘察设计单位之间的合同关系。

4）因各种技术规定、制度和操作规程，发生于勘察设计单位内部的计划管理、技术管理、质量管理以及各种形式的经济责任制等内部管理关系。

（三）工程勘察设计立法概况

我国的工程勘察设计立法同其他领域的立法一样，都经历了一个曲折发展的历程。新中国成立后到 1957 年"一五"计划结束，是工程勘察设计立法的初步发展时期，此间，国务院和建设行政主管部门先后颁布了《基本建设工作程序暂行办法》、《关于加强设计工作的决定》等一系列指导勘察设计工作的规定。从 1958 年到 1978 年，由于政治生活的极不稳定，工程勘察设计立法陷于停滞，已有的法律规定也遭到破坏，甚至采取“边设计、边施工”的所谓“文革”模式，使工程的勘察设计质量受到严重影响。改革开放以来，特别是中央提出建立社会主义市场经济体制以后，工程勘察设计立法工作得到恢复并快速发展，1991 年 7 月，原建设部颁布了《工程勘察和工程设计单位资格管理办法》，1995 年 5 月，颁布了《私营设计事务所试点办法》，2002 年 12 月颁布了《建设工程勘察质量管理办法》；1995 年 10 月国务院颁布了《中华人民共和国注册建筑师条例》，1996 年 7 月颁布了《建设工程勘察设计合同管理办法》，1999 年 1 月颁布了《建设工程勘察设计市场管理规定》，2000 年 9 月颁布了《建设工程勘察设计管理条例》，2001 年 7 月颁布了《建设工程勘察设计企业资质管理规定》等，这些规章、法规对规范勘察设计活动，加强勘察设计单位管理起了重要作用，也使勘察设计立法初步完善。

第二节　工程勘察设计资质资格管理

一、工程勘察设计单位资质管理

（一）勘察设计单位资质等级和标准

从事建设工程勘察、工程设计活动的企业，应当按照其拥有的注册资本、专业技术人员、技术装备和勘察设计业绩等条件申请资质，经审查合格并取得建设工程勘察、工程设计资质证书后，方可在资质许可的范围内从事建设工程勘察、工程设计活动。取得工程勘察、工程设计资质证书的企业，可以从事资质证书许可范围内相应的建设工程总承包业务，可以从事工程项目管理和相关的技术与管理服务。

根据 2007 年 6 月住房和城乡建设部颁布的《建设工程勘察设计资质管理规定》，建设工程勘察设计资质又细分为工程勘察资质、工程设计资质。

1. 工程勘察资质

工程勘察资质分为工程勘察综合资质、工程勘察专业资质、工程勘察劳务资质。工程勘察综合资质只设甲级；工程勘察专业资质分别设甲级、乙级，根据工程性质和技术特点，部分专业可以设丙级；工程勘察劳务资质不分等级。

取得工程勘察综合资质的企业，可以承接各专业（海洋工程勘察除外）、各等级工程勘察业务；取得工程勘察专业资质的企业，可以承接相应等级相应专业的工程勘察业务；取得工程勘察劳务资质的企业，可以承接岩土工程治理、工程钻探、凿井等工程勘察劳务业务。

2. 工程设计资质

工程设计资质分为工程设计综合资质、工程设计行业资质、工程设计专业资质和工程设计专项资质。工程设计综合资质只设甲级；工程设计行业资质、工程设计专业资质、工程设计专项资质分别设甲级、乙级。根据工程性质和技术特点，个别行业、专业、专项资质可以设丙级，建筑工程专业资质可以设丁级。

取得工程设计综合资质的企业，可以承接各行业、各等级的建设工程设计业务；取得工程设计行业资质的企业，可以承接相应行业相应等级的工程设计业务及本行业范围内同级别的相应专业、专项（设计施工一体化资质除外）工程设计业务；取得工程设计专业资质的企业，可以承接本专业相应等级的专业工程设计业务及同级别的相应专项工程设计业务（设计施工一体化资质除外）；取得工程设计专项资质的企业，可以承接本专项相应等级的专项工程设计业务。

（二）勘察设计资质的申请和审批

1. 申请、审批的机构及权限

建设工程勘察、设计资质的申请由建设行政主管部门定期受理。

申请工程勘察甲级资质、工程设计甲级资质，以及涉及铁路、交通、水利、信息产业、民航等方面的工程设计乙级资质的企业，应当向企业工商注册所在地的省、自治区、直辖市人民政府建设主管部门提出申请。其中，国务院国资委管理的企业应当向国务院建设主管部门提出申请；国务院国资委管理的企业下属一层级的企业申请资质，应当由国务院国资委管理的企业向国务院建设主管部门提出申请。

工程勘察乙级及以下资质、劳务资质、工程设计乙级（涉及铁路、交通、水利、信息产业、民航等方面的工程设计乙级资质除外）及以下资质许可由省、自治区、直辖市人民政府建设主管部门实施。具体实施程序由省、自治区、直辖市人民政府建设主管部门依法确定。

新设立的建设工程勘察、设计企业，应首先到工商行政管理部门登记注册后，方可向建设行政主管部门提出资质申请。

2. 资质申请应提供的材料

（1）企业首次申请工程勘察、工程设计资质，应当向建设行政主管部门提供以下材料：

1）工程勘察、工程设计资质申请表。

2）企业法人、合伙企业营业执照副本复印件。

3）企业章程或合伙人协议。

4）企业法定代表人、合伙人的身份证明。

5）企业负责人、技术负责人的身份证明、任职文件、毕业证书、职称证书及相关资质标准要求提供的材料。

6）工程勘察、工程设计资质申请表中所列注册执业人员的身份证明、注册执业证书。

7）工程勘察、工程设计资质标准要求的非注册专业技术人员的职称证书、毕业证书、身份证明及个人业绩材料。

8）工程勘察、工程设计资质标准要求的注册执业人员、其他专业技术人员与原聘用单位解除聘用劳动合同的证明及新单位的聘用劳动合同。

9）资质标准要求的其他有关材料。

（2）企业申请资质升级应当提交以下材料：

1）前述第1）、2）、5）、6）、7）、9）项所列资料。

2）工程勘察、工程设计资质标准要求的非注册专业技术人员与本单位签订的劳动合同及社保证明。

3）原工程勘察、工程设计资质证书副本复印件。

4）满足资质标准要求的企业工程业绩和个人工程业绩。

（3）企业增项申请工程勘察、工程设计资质，应当提交下列材料：

1）前述第1）、2）、5）、6）、7）、9）项所列资料。

2）工程勘察、工程设计资质标准要求的非注册专业技术人员与本单位签订的劳动合同及社保证明。

3）原资质证书正、副本复印件。

4）满足相应资质标准要求的个人工程业绩证明。

3. 资质审批的程序

工程勘察甲级、工程设计甲级以及涉及铁路、交通、水利、信息产业、民航等方面的工程设计乙级资质由国务院建设行政主管部门审批。

审批前，应先经省、自治区、直辖市人民政府建设行政主管部门初审。初审部门应当对建设工程勘察、设计企业的资质条件和企业申请资质所提供的资料进行核实。省、自治区、直辖市人民政府建设主管部门应当自受理申请之日起 20 日内初审完毕，并将初审意见和申请材料报国务院建设主管部门。国务院建设主管部门应当自省、自治区、直辖市人民政府建设主管部门受理申请材料之日起 60 日内完成审查，公示审查意见，公示时间为 10 日。其中，涉及铁路、交通、水利、信息产业、民航等方面的工程设计资质，由国务院建设主管部门送国务院有关部门审核，国务院有关部门在 20 日内审核完毕，并将审核意见送国务院建设主管部门。

工程勘察乙级及以下资质、劳务资质、工程设计乙级（涉及铁路、交通、水利、信息产业、民航等方面的工程设计乙级资质除外）及以下资质，由企业工商注册所在地的省、自治区、直辖市人民政府建设行政主管部门审批。具体审批程序由省、自治区、直辖市人民政府建设行政主管部门规定。

省、自治区、直辖市人民政府建设主管部门应当自作出决定之日起 30 日内，将准予资质许可的决定报国务院建设主管部门备案。

4. 资质定级和升级的条件

企业首次申请、增项申请工程勘察、工程设计资质，其申请资质等级最高不超过乙级，且不考核企业工程勘察、工程设计业绩。已具备施工资质的企业首次申请同类别或相近类别的工程勘察、工程设计资质的，可以将相应规模的工程总承包业绩作为工程业绩予以申报。其申请资质等级最高不超过其现有施工资质等级。

企业合并，合并后存续或者新设立的企业可以承继合并前各方中较高的资质等级，但应当符合相应的资质标准条件。企业分立的，分立后企业的资质按照资质标准及本规定的审批程序核定。企业改制的，改制后不再符合资质标准的，应按其实际达到的资质标准及本规定重新核定；资质条件不发生变化的，按本规定办理。

从事建设工程勘察、设计活动的企业，申请资质升级、资质增项，在申请之日起前一年内有下列情形之一的，资质许可机关不予批准企业的资质升级申请和增项申请：

1）企业相互串通投标或者与招标人串通投标承揽工程勘察、工程设计业务的。

2）将承揽的工程勘察、工程设计业务转包或违法分包的。

3）注册执业人员未按照规定在勘察设计文件上签字的。

4）违反国家工程建设强制性标准的。

5）因勘察设计原因造成过重大生产安全事故的。

6）设计单位未根据勘察成果文件进行工程设计的。

7）设计单位违反规定指定建筑材料、建筑构配件的生产厂、供应商的。

8）无工程勘察、工程设计资质或者超越资质等级范围承揽工程勘察、工程设计业务的。

9）涂改、倒卖、出租、出借或者以其他形式非法转让资质证书的。

10）允许其他单位、个人以本单位名义承揽建设工程勘察、设计业务的。

11）其他违反法律、法规行为的。

（三）勘察设计资质的监督与管理

1. 监督管理的机构和权限

国务院建设主管部门对全国的建设工程勘察、设计资质实施统一的监督管理。国务院铁路、交通、水利、信息产业、民航等有关部门配合国务院建设主管部门对相应的行业资质进行监督管理。

县级以上地方人民政府建设主管部门负责对本行政区域内的建设工程勘察、设计资质实施监督管理。县级以上人民政府交通、水利、信息产业等有关部门配合同级建设主管部门对相应的行业资质进行监督管理。

上级建设主管部门应当加强对下级建设主管部门资质管理工作的监督检查，及时纠正资质管理中的违法行为。

2. 资质的监督检查措施

建设主管部门、有关部门履行监督检查职责时，有权采取下列措施：

（1）要求被检查单位提供工程勘察、设计资质证书、注册执业人员的注册执业证书，有关工程勘察、设计业务的文档，有关质量管理、安全生产管理、档案管理、财务管理等企业内部管理制度的文件。

（2）进入被检查单位进行检查，并查阅相关资料。

（3）纠正违反有关法律、法规及有关规范和标准的行为。

建设主管部门、有关部门依法对企业监督检查时，应当将监督检查情况和处理结果予以记录，由监督检查人员签字后归档；在实施监督检查时，应当有两名以上监督检查人员参加，并出示执法证件，不得妨碍企业正常的生产经营活动，不得索取或者收受企业的财物，不得谋取其他利益；有关单位和个人对依法进行的监督检查应当协助与配合，不得拒绝或者阻挠；监督检查机关应当将监督检查的处理结果向社会公布。

3. 资质的撤回、撤销和注销

（1）企业取得工程勘察、设计资质后，不再符合相应资质条件的，建设主管部门、有关部门根据利害关系人的请求或者依据职权，可以责令其限期改正；逾期不改的，资质许可机关可以撤回其资质。

（2）以欺骗、贿赂等不正当手段取得工程勘察、工程设计资质证书的，应当予以撤销。有下列情形之一的，资质许可机关或者其上级机关，根据利害关系人的请求或者依据职权，可以撤销工程勘察、工程设计资质。

1）资质许可机关工作人员滥用职权、玩忽职守作出准予工程勘察、工程设计资质许可的。

2）超越法定职权作出准予工程勘察、工程设计资质许可的。

3）违反资质审批程序作出准予工程勘察、工程设计资质许可的。

4）对不符合许可条件的申请人作出工程勘察、工程设计资质许可的。

5）依法可以撤销资质证书的其他情形。

（3）有下列情形之一的，企业应当及时向资质许可机关提出注销资质的申请，交回资质证书，资质许可机关应当办理注销手续，公告其资质证书作废：

1）资质证书有效期届满未依法申请延续的。

2）企业依法终止的。

3）资质证书依法被撤销、撤回或者吊销的。

4）法律、法规规定的应当注销资质的其他情形。

4．企业的信用档案检查

企业应当按照有关规定，向资质许可机关提供真实、准确、完整的企业信用档案信息。企业的信用档案应当包括企业基本情况、业绩、工程质量和安全、合同违约等情况。被投诉举报和处理、行政处罚等情况应当作为不良行为记入其信用档案。企业的信用档案信息按照有关规定向社会公示。

（四）违反勘察设计资质管理规定的法律责任

（1）企业隐瞒有关情况或者提供虚假材料申请资质的，资质许可机关不予受理或者不予行政许可，并给予警告，该企业在1年内不得再次申请该资质。

（2）企业以欺骗、贿赂等不正当手段取得资质证书的，由县级以上地方人民政府建设主管部门或者有关部门给予警告，并依法处以罚款；该企业在3年内不得再次申请该资质。

（3）企业不及时办理资质证书变更手续的，由资质许可机关责令限期办理；逾期不办理的，可处以1000元以上1万元以下的罚款。

（4）企业未按照规定提供信用档案信息的，由县级以上地方人民政府建设主管部门给予警告，责令限期改正；逾期未改正的，可处以1000元以上1万元以下的罚款。

（5）涂改、倒卖、出租、出借或者以其他形式非法转让资质证书的，由县级以上地方人民政府建设主管部门或者有关部门给予警告，责令改正，并处以1万元以上3万元以下的罚款；造成损失的，依法承担赔偿责任；构成犯罪的，依法追究刑事责任。

（6）县级以上地方人民政府建设主管部门依法给予工程勘察、设计企业行政处罚的，应当将行政处罚决定以及给予行政处罚的事实、理由和依据，报国务院建设主管部门备案。

（7）建设主管部门及其工作人员，违反本规定，有下列情形之一的，由其上级行政机关或者监察机关责令改正；情节严重的，对直接负责的主管人员和其他直接责任人员，依法给予行政处分：

1）对不符合条件的申请人准予工程勘察、设计资质许可的。

2）对符合条件的申请人不予工程勘察、设计资质许可或者未在法定期限内作出许可决定的。

3）对符合条件的申请不予受理或者未在法定期限内初审完毕的。

4）利用职务上的便利，收受他人财物或者其他好处的。

5）不依法履行监督职责或者监督不力，造成严重后果的。

二、工程勘察设计人员资格管理

（一）勘察设计人员管理制度

国家对从事勘察设计活动的专业技术人员实行执业资格注册管理制度。住房和城乡建设部与人力资源和社会保障部于1995年建立了注册建筑师制度，1997年建立了注册结构工程师制度，2002年启动了注册土木工程师（岩土）执业资格制度，2003年启动了注册化工工程师、注册电气工程师、注册公用设备工程师、注册土木工程师（港口与航道工程）执业资格制度，今后几年将陆续启动冶金、环保、机械、核工业等十七个专业工程师执业资格制度，计划到2010年全面实行勘察设计注册工程师执业注册制度。

结合我国国情并参照国外注册执业制度的通行做法，我国勘察设计行业执业注册资格分为三大类，即：注册工程师、注册建筑师、注册景观设计师。

注册工程师的专业划分总体框架如下：

<table>
<tr><th colspan="2">专用分类</th><th>执业范围</th><th>涵盖工程内容</th></tr>
<tr><td rowspan="6">1</td><td rowspan="6">土木</td><td>岩土工程</td><td>各类建设工程的岩土工程</td></tr>
<tr><td>水利工程</td><td>水坝、灌渠、河道整治等</td></tr>
<tr><td>港口与航道工程</td><td>码头、航道、防波堤、船闸等</td></tr>
<tr><td>公路工程</td><td>公路、城市道路、隧道等</td></tr>
<tr><td>铁路工程</td><td>铁路、轻轨工程、隧道等</td></tr>
<tr><td>民航工程</td><td>机场跑道、滑行道、停机坪等</td></tr>
<tr><td rowspan="3">2</td><td rowspan="3">结构</td><td>房屋结构工程</td><td>工业与民用建筑</td></tr>
<tr><td>塔架工程</td><td>各类塔架及构筑物</td></tr>
<tr><td>桥梁工程</td><td>各类桥梁</td></tr>
<tr><td rowspan="3">3</td><td rowspan="3">公用设备</td><td>暖通及空调工程</td><td>采暖、通风、空调等</td></tr>
<tr><td>动力工程</td><td>供热、制冷、供气、燃气等</td></tr>
<tr><td>给排水工程</td><td>城市给排水及工业与民用建筑给排水工程</td></tr>
<tr><td rowspan="2">4</td><td rowspan="2">电气</td><td>发电、传输工程</td><td>发电、输变电、供配电、自控</td></tr>
<tr><td>供配电工程</td><td>照明、防雷接地等</td></tr>
<tr><td>5</td><td>机械</td><td>机构制造工程</td><td>制造工艺、设备及生产线等</td></tr>
<tr><td>6</td><td>化工</td><td>化工工程</td><td>化工、石化、化纤、医药、轻化</td></tr>
<tr><td rowspan="2">7</td><td rowspan="2">电子工程</td><td>电子信息工程</td><td rowspan="12">（待研究确定）</td></tr>
<tr><td>广播电影电视工程</td></tr>
<tr><td>8</td><td>航天航空</td><td>航天航空工程</td></tr>
<tr><td>9</td><td>农业</td><td>农业工程</td></tr>
<tr><td>10</td><td>冶金</td><td>冶金工程</td></tr>
<tr><td>11</td><td>矿业/矿物</td><td>矿业/矿物工程</td></tr>
<tr><td>12</td><td>核工业</td><td>核工业工程</td></tr>
<tr><td>13</td><td>石油/天然气</td><td>石油/天然气工程</td></tr>
<tr><td>14</td><td>造船</td><td>造船工程</td></tr>
<tr><td>15</td><td>军工</td><td>军工工程</td></tr>
<tr><td>16</td><td>海洋</td><td>海洋工程</td></tr>
<tr><td>17</td><td>环保</td><td>环保工程</td></tr>
</table>

注册建筑师制度按照《中华人民共和国注册建筑师条例》已于1995年在全国推行，第一批注册建筑师于1997年开始执业。根据专业发展，拟在注册建筑师中增设注册室内（装饰）设计师，其可行性由人力资源和社会保障部、住房和城乡建设部会同有关部门另行论证。

注册景观设计师主要从事风景园林设计、城市及小区景观设计和广场设计。注册景观设计师执业制度目前尚处于论证阶段，待条件成熟时，参照注册建筑师的模式和管理办法成立全国注册景观设计师管理委员会，指导开展执业注册工作。

本书主要以注册建筑师和注册结构工程师为例介绍我国的勘察设计人员管理制度。

（二）注册建筑师

1. 注册建筑师和注册建筑师制度

注册建筑师，是指经考试、特许、考核认定取得中华人民共和国注册建筑师执业资格证书，或者经资格互认方式取得建筑师互认资格证书，并经注册，取得中华人民共和国注册建筑师注册证书和中华人民共和国注册建筑师执业印章，从事建筑设计及相关业务活动的专业技术人员。注册建筑师制度是指具备一定专业学历的设计人员，通过考试与注册确定其职业的技术资格，从而获得建筑设计签字权的一种制度。

在我国，注册建筑师分为一级注册建筑师和二级注册建筑师。一级注册建筑师的条件严格执行国际标准，二级注册建筑师考虑到我国实际情况，条件适当放宽，既与国际接轨，又符合我国国情。

国务院建设行政主管部门、人事行政主管部门和各省、自治区、直辖市政府建设行政主管部门、人事行政主管部门依照《中华人民共和国注册建筑师条例》和《中华人民共和国注册建筑师条例实施细则》的规定，对注册建筑师的考试、注册和执业实施指导和监督。全国注册建筑师管理委员会和省、自治区、直辖市注册建筑师管理委员会负责注册建筑师的考试与注册工作。

2. 注册建筑师的考试与注册

国家实行注册建筑师统一考试制度，分为一级注册建筑师考试和二级注册建筑师考试，原则上每年考试一次。

凡参加注册建筑师考试者，由本人提出申请，经所在建筑设计单位审查同意后，统一向省、自治区、直辖市注册建筑师管理委员会报名，经审查符合《注册建筑师条例》规定的一级注册建筑师条件或二级注册建筑师条件的，方可参加相应的注册建筑师考试。

注册建筑师考试合格，取得相应的注册建筑师资格的，可以申请注册。一级注册建筑师的注册，由全国注册建筑师管理委员会负责；二级注册建筑师的注册，由省、自治区、直辖市注册建筑师管理委员会负责。

对不符合《注册建筑师条例》规定条件的，不予注册。对决定不予注册的，自决定之日起 15 日内书面通知申请人；申请人有异议的，可以自收到通知之日起 15 日内向国务院建设行政主管部门或者省、自治区、直辖市政府建设行政主管部门申请复议。

准予注册的申请人，分别由全国注册建筑师管理委员会和省、自治区、直辖市注册建筑师管理委员会核发中华人民共和国一级注册建筑师证书和中华人民共和国二级注册建筑师证书。

注册建筑师注册的有效期为两年，有效期届满需要继续注册的，应当在期满前 30 日内办理注册手续。

3. 注册建筑师的执业

注册建筑师的执业范围包括：

（1）建筑设计。

（2）建筑设计技术咨询。

（3）建筑物调查与鉴定。

（4）对本人主持设计的项目进行施工指导与监督。

（5）国务院建设行政主管部门规定的其他业务。

一级注册建筑师的建筑设计范围不受建筑规模和工程复杂程度的限制。二级注册建筑师的建筑设计范围只限于国家规定的民用建筑等级分级标准三级及以下项目。

注册建筑师执行业务，应当加入建筑设计单位。注册建筑师的执业范围不得超越其所在建筑设计单位资质等级许可的范围。注册建筑师的执业范围与其所在建筑设计单位的业务范围不符时，个人执业范围服从单位的业务范围。

4. 注册建筑师的权利和义务

注册建筑师的主要权利有：

（1）注册建筑师有在其负责的设计图纸上签字的签字权。民用建筑特级、一级项目及国家重点工程项目实行一级注册建筑师签字制度。国家规定的一定跨度、跨径和高度的房屋建筑，应当由注册建筑师进行设计。

（2）注册建筑师按照国家规定执行注册建筑师业务，受国家法律保护，任何单位或个人不得无理阻挠其依法执行注册建筑师业务。

注册建筑师的主要义务有：

（1）遵守法律、法规和职业道德，维护社会公共利益。

（2）保证建筑设计质量，并在其负责的设计图纸上签字。

（3）保守在执业中知悉的单位和个人秘密。

（4）不得受聘于两个以上建筑设计单位执行业务。

（5）不得允许他人以本人名义执行业务。

（三）注册结构工程师

1. 注册结构工程师的概念

注册结构工程师是指依法取得中华人民共和国注册结构工程师执业资格证书和注册证书，从事房屋结构、桥梁结构及塔架结构等工程设计及相关业务的专业技术人员。

注册结构工程师分为一级注册结构工程师和二级注册结构工程师。

2. 注册结构工程师的注册

根据 1997 年 9 月 1 日住房和城乡建设部、人力资源和社会保障部联合发布的《注册结构工程师执业资格制度暂行规定》，有下列情形之一的，不予注册：

（1）不具备完全民事行为能力的。

（2）因受刑事处罚，自处罚完毕之日起至申请注册之日止不满 5 年的。

（3）因在结构工程设计或相关业务中犯有错误受到行政处罚或者撤职以上行政处分，自处罚、处分决定之日起至申请注册之日止不满 2 年的。

（4）受吊销注册结构工程师注册证书处罚，自处罚决定之日起至申请注册之日止不满 5 年的。

（5）住房和城乡建设部与国务院有关部门规定不予注册的其他情形。

对准予注册的申请人，分别由全国注册结构工程师管理委员和省、自治区、直辖市注册结构工程师管理委员核发中华人民共和国一级注册结构工程师证书和中华人民共和国二级注册结构工程师证书。

注册结构工程师注册有效期为 2 年，有效期届满需要继续注册的，应当在期满前 30 日内办理注册手续。

3. 注册结构工程师的执业

注册结构工程师的执业范围包括：结构工程设计；结构工程设计技术咨询；建筑物、构筑物、工程设施等的调查和鉴定；对本人主持设计的项目进行施工指导和监督；住房和城乡建设部与国务院有关部门规定的其他业务。

一级注册结构工程师的执业范围不受工程规模和工程复杂程度的限制，二级注册结构工程师的执业范围另行规定。

注册结构工程师执行业务，应当加入一个勘察设计单位，由勘察设计单位统一接受业务并统一收费。

因结构设计质量造成的经济损失，由勘察设计单位承担赔偿责任；勘察设计单位有权向签字的注册结构工程师追偿。

4. 注册结构工程师的权利和义务

注册结构工程师的主要权利有：

(1) 名称专有权。注册结构工程师有权以注册结构工程师的名义执行注册结构工程师业务，非注册结构工程师不得以注册结构工程师的名义执行注册结构工程师业务。

(2) 结构工程设计主持权。国家规定的一定跨度、高度等以上的结构工程设计，应当由注册结构工程师主持设计。

(3) 独立设计权。任何单位或个人修改注册结构工程师的设计图纸，应当征得该注册结构工程师同意，但是因特殊情况不能征得该注册结构工程师同意的除外。

注册结构工程师的主要义务有：

(1) 遵守法律、法规和职业道德，维护社会公共利益。

(2) 保证工程设计质量，并在其负责的设计图纸上签字盖章。

(3) 保守在执业中知悉的单位和个人秘密。

(4) 不得同时受聘于两个以上勘察设计单位执行业务。

(5) 不得允许他人以本人名义执行业务。

(6) 按规定接受必要的继续教育，定期进行业务和法律培训。

三、外商投资建设工程设计企业的管理

(一) 概述

外商投资建设工程设计企业，是指根据中国法律、法规的规定，在中国境内投资设立的外资建设工程设计企业、中外合资经营建设工程设计企业以及中外合作经营建设工程设计企业。他们要在中国境内从事建设工程设计活动，应当依法取得对外贸易经济行政主管部门颁发的外商投资企业批准证书和建设行政主管部门颁发的建设工程设计企业资质证书。

外商投资建设工程设计企业设立与资质的申请和审批，实行分级、分类管理。申请设立建筑工程设计甲级资质及其他建设工程设计甲、乙级资质的，其设立由对外贸易经济合作部审批，其资质由住房和城乡建设部审批；申请设立建筑工程设计乙级资质、其他建设工程设计丙级及以下等级资质的，其设立由省、自治区、直辖市人民政府对外贸易经济行政主管部门审批，其资质由省、自治区、直辖市人民政府建设行政主管部门审批。

(二) 企业设立与资质申请的程序

根据2002年9月住房和城乡建设部和对外贸易经济合作部联合颁布的《外商投资建设工程设计企业管理规定》，设立外商投资建设工程设计企业、申请建筑工程设计甲级资质及

其他建设工程设计甲、乙级资质应遵循下列程序：

(1) 申请者向拟设立企业所在地的省、自治区、直辖市人民政府对外贸易经济行政主管部门提出设立申请。

(2) 省、自治区、直辖市人民政府对外贸易经济行政主管部门在受理申请之日起 30 日内完成初审；初审同意后，报对外贸易经济合作部。

(3) 对外贸易经济合作部在收到初审材料之日起 10 日内将申请材料送住房和城乡建设部征求意见。住房和城乡建设部在收到征求意见函之日起 30 日内提出意见。对外贸易经济合作部在收到住房和城乡建设部的书面意见之日起 30 日内作出批准或者不批准的书面决定。予以批准的，发给外商投资企业批准证书；不予批准的，书面说明理由。

(4) 取得外商投资企业批准证书的，应当在 30 日内到登记主管机关办理企业登记注册。

(5) 取得企业法人营业执照后，申请建设工程设计企业资质的，按照建设工程设计企业资质管理规定办理。

申请建筑工程乙级资质和其他建设工程设计丙级及以下等级资质的程序，由各省、自治区、直辖市人民政府建设行政主管部门和对外贸易经济行政主管部门，结合本地区实际情况，参照相关规定执行。

(三) 企业设立与资质申请的条件

(1) 申请设立外商投资建设工程设计企业应当向对外贸易经济行政主管部门提交下列资料：

1) 投资方法定代表人签署的外商投资建设工程设计企业设立申请书。

2) 投资方编制或者认可的可行性研究报告。

3) 投资方法定代表人签署的外商投资建设工程设计企业合同和章程（其中，设立外资建设工程设计企业只需提供章程）。

4) 企业名称预先核准通知书。

5) 投资方所在国家或地区从事建设工程设计的企业注册登记证明、银行资信证明。

6) 投资方拟派出的董事长、董事会成员、经理、工程技术负责人等任职文件及证明文件。

7) 经注册会计师或者会计师事务所审计的投资方最近三年的资产负债表和损益表。

(2) 申请设计资质时应当向建设行政主管部门提交下列资料：

1) 外商投资建设工程设计企业资质申报表。

2) 外商投资企业批准证书。

3) 企业法人营业执照。

4) 外方投资者所在国或者地区从事建设工程设计的企业注册登记证明、银行资信证明。

5) 外国服务提供者所在国或者地区的个人执业资格证明以及由所在国或者地区政府主管部门或者行业学会、协会、公证机构出具的个人、企业建设工程设计业绩、信誉证明。

6) 建设工程设计企业资质管理规定要求提供的其他资料。

其中，外方投资者及外国服务提供者是指在其本国从事建设工程设计的企业或者注册建筑师、注册工程师。

另外，申请设计资质时，其取得中国注册建筑师、注册工程师资格的外国服务提供者人数应当各不少于资质分级标准规定的注册执业人员总数的 1/8（外商独资企业为 1/4）；具有相关专业设计经历的外国服务提供者人数应当不少于资质分级标准规定的技术骨干总人数的1/8（外商独资企业为1/4）。

第三节　工程勘察设计发承包管理

一、工程勘察设计发承包概述

（一）发包方式

根据《中华人民共和国招标投标法》及《建设工程勘察设计管理条例》的规定，建设工程勘察、设计发包依法实行招标发包或者直接发包方式。一般工程的勘察、设计应当按照《招标投标法》的规定，实行招标发包，下列工程经有关主管部门批准后，方可直接发包：

(1) 采用特定的专利或者专有技术的。

(2) 建筑艺术造型有特殊要求的。

(3) 国务院规定的其他建设工程的勘察、设计。

（二）发承包的其他规定

(1) 发包方不得将建设工程勘察、设计业务发包给不具有相应勘察、设计资质等级的建设工程勘察、设计单位。

(2) 发包方可以将整个建设工程的勘察、设计发包给一个勘察、设计单位；也可以将建设工程的勘察、设计分别发包给几个勘察、设计单位。

(3) 除建设工程主体部分的勘察、设计外，经发包方书面同意，承包方可以将建设工程其他部分的勘察、设计再分包给其他具有相应资质等级的建设工程勘察、设计单位。

(4) 建设工程勘察、设计单位不得将所承揽的建设工程勘察、设计转包。

(5) 承包方必须在建设工程勘察、设计资质证书规定的资质等级和业务范围内承揽建设工程的勘察、设计业务。

(6) 建设工程勘察、设计的发包方与承包方，应当执行国家规定的建设工程勘察、设计程序，执行国家有关建设工程勘察费、设计费的管理规定。

二、建筑工程设计招标投标管理

（一）建筑工程设计招标

1. 招标方式

建筑工程设计招标依法可以公开招标或者邀请招标。

招标人具备下列条件的，可以自行组织招标。

(1) 有与招标项目工程规模及复杂程度相适应的工程技术、工程造价、财务和工程管理人员，具备组织编写招标文件的能力。

(2) 有组织评标的能力。

招标人不具备上述条件的，应当委托具有相应资格的招标代理机构进行招标。

2. 招标备案

依法必须招标的建筑工程项目，招标人自行组织招标的，应当在发布招标公告或者发出招标邀请书15日前，持有关材料到县级以上地方人民政府建设行政主管部门备案；招标人委托招标代理机构进行招标的，招标人应当在委托合同签订后15日内，持有关材料到县级以上地方人民政府建设行政主管部门备案。

备案机关应当在接受备案之日起 5 日内进行审核，发现招标人不具备自行招标条件、代理机构无相应资格、招标前期条件不具备、招标公告或者招标邀请书有重大瑕疵的，可以责令招标人暂时停止招标活动。备案机关逾期未提出异议的，招标人可以实施招标活动。

3. 招标公告或者招标邀请书

公开招标的，招标人应当发布招标公告。邀请招标的，招标人应当向三个以上设计单位发出招标邀请书。招标公告或者招标邀请书应当载明招标人名称和地址、招标项目的基本要求、投标人的资质要求以及获取招标文件的办法等事项。

4. 招标文件

建筑工程设计的招标文件一般应当包括以下内容：

（1）工程名称、地址、占地面积、建筑面积等。

（2）已批准的项目建议书或者可行性研究报告。

（3）工程经济技术要求。

（4）城乡规划管理部门确定的规划控制条件和用地红线图。

（5）可供参考的工程地质、水文地质、工程测量等建设场地勘察成果报告。

（6）供水、供电、供气、供热、环保、市政道路等方面的基础资料。

（7）招标文件答疑、踏勘现场的时间和地点。

（8）投标文件编制要求及评标原则。

（9）投标文件送达的截止时间。

（10）拟签订合同的主要条款。

（11）未中标方案的补偿办法。

招标文件一经发出，招标人不得随意变更，确需进行必要的澄清或者修改，应当在提交投标文件截止日期 15 日前，书面通知所有招标文件收受人。招标人要求投标人提交投标文件的时限为：特级和一级建筑工程不少于 45 日；二级以下建筑工程不少于 30 日；进行概念设计招标的，不少于 20 日。

（二）建筑工程设计投标

投标人应当具有与招标项目相适应的工程设计资质。境外设计单位参加国内建筑工程设计投标的，应当经省、自治区、直辖市人民政府建设行政主管部门批准。

投标人应当按照招标文件、建筑方案设计文件编制深度规定的要求编制投标文件；进行概念设计招标的，应当按照招标文件要求编制投标文件。投标文件应当由具有相应资格的注册建筑师签章，加盖单位公章。

（三）建筑工程设计评标

评标由依法组成的评标委员会负责。评标委员会由招标人代表和有关专家组成，评标委员会人数一般为五人以上单数，其中技术方面的专家不得少于成员总数的三分之二。投标人或者与投标人有利害关系的人员不得参加评标委员会。

有下列情形之一的，投标文件作废：①投标文件未经密封的；②无相应资格的注册建筑师签字的；③无投标人公章的；④注册建筑师受聘单位与投标人不符的。

评标委员会应当在符合城乡规划、消防、节能、环保的前提下，按照招标文件的要求，对投标设计方案的经济、技术、功能和造型等进行比选、评价，确定符合招标文件要求的最优设计方案。

评标委员会应当在评标完成后，向招标人提出书面评标报告。采用公开招标方式的，评标委员会应当向招标人推荐2～3个中标候选方案；采用邀请招标方式的，推荐1～2个中标候选方案。

招标人根据评标委员会的书面评标报告和推荐的中标候选方案，结合投标人的技术力量和业绩确定中标方案，也可以委托评标委员会直接确定中标方案。招标人认为评标委员会推荐的所有候选方案均不能最大限度满足招标文件规定要求的，应当依法重新招标。

（四）建筑工程设计中标

招标人应当在中标方案确定之日起7日内，向中标人发出中标通知，并将中标结果通知所有未中标人。对于依法必须进行招标的项目，招标人还应当在中标方案确定之日起15日内，向县级以上地方人民政府建设行政主管部门提交招标投标情况的书面报告。

对达到招标文件规定要求的未中标方案，公开招标的，招标人应当在招标公告中明确是否给予未中标单位经济补偿及补偿金额；邀请招标的，应当给予未中标单位经济补偿，补偿金额应当在招标邀请书中明确。

招标人应当在中标通知书发出之日起30日内与中标人签订工程设计合同。确需另择设计单位承担施工图设计的，应当在招标公告或招标邀请书中明确。

三、工程勘察设计合同管理

（一）工程勘察设计合同的概念

工程勘察设计合同是委托方与承包方为完成一定的勘察设计任务，明确双方权利义务关系的协议。

合同的委托方一般是项目业主（建设单位）或工程承包单位，承包方是指有国家认可的勘察设计证书的勘察设计单位。合同的委托方、承包方必须是具有民事权利能力和民事行为能力的特定的法人组织。以承包方为例，它的民事权利能力是指具有国家批准的勘察设计许可证；它的民事行为能力是指它具有经有关部门核准的资质等级，某一资质等级的勘察设计单位只能接受相应等级或限额的项目勘察设计任务，不能越级承包，否则该勘察设计合同是无效合同。不仅如此，法律还要求勘察设计合同的签订必须符合国家规定的基本建设管理程序，并以国家批准的设计任务书或其他有关文件为基础。

（二）工程勘察设计合同的主要条款

根据住房和城乡建设部与国家工商总局联合颁布的勘察设计合同示范文本，一般工程的勘察设计合同应包括下列主要条款。

(1) 工程概况。包括工程的名称、建设地点、规模、特征、承接方式、投资额、预计的勘察设计工作量等。

(2) 双方的权利与义务。在勘察设计合同中，委托方的义务即是承包方的权利，承包方的义务即是委托方的权利。如委托方有提供相应的资料、做好前期准备工作和相应服务项目等方面的义务；承包方有严格依照现行标准规范、规程进行勘察设计工作，按合同规定的进度、质量提交勘察设计文件等的义务。

(3) 勘察设计工作的收费标准及付费方式。如在勘察合同中，委托方应于合同生效后3日内，向勘察人支付预算勘察费的20%作为定金；勘察人提交勘察成果资料后10日内，委托方应一次付清全部工程费用等。

(4) 违约责任。如在合同签订后，委托方不履行合同时，无权要求返还定金；承包方不履行合同时，应双倍返还定金等。

（5）争议解决方法。当合同在履行过程中发生争议时，双方当事人或协商或仲裁或诉讼来解决，若选择仲裁，则应订立仲裁条款或事后达成仲裁协议。

（6）其他违约事项。双方当事人可以在不违反现行法律、法规规定的前提下，可自由约定其他事项。

（三）工程勘察设计合同的管理

1. 主管机关对合同的管理和监督

建设行政主管部门和工商行政管理部门是对合同的签订、履行实施管理和监督的法定机关，其主要职能是：第一，贯彻国家和地方有关法律、法规和规章；第二，制定和推荐使用工程勘察设计合同文本；第三，审查和鉴证工程勘察设计合同，监督合同履行，调解合同争议，依法查处违法行为；第四，指导勘察设计单位的合同管理工作，培训勘察设计单位的合同管理人员，总结交流经验，表彰先进的合同管理单位。

2. 委托方对勘察设计合同的管理

委托方为了保证勘察设计工作的顺利进行，可以委托具有相应资质等级的建设监理公司、项目管理公司、工程咨询公司等，聘请相关技术人员，对勘察设计合同进行管理。合同管理人员的主要任务一般为：

（1）根据设计任务书等有关批文和资料编制“设计要求文件”或“方案竞赛文件”或“招标文件”。

（2）组织设计方案竞赛、招投标，并参与评选设计方案或评标。

（3）协助选择勘察设计单位或提出评标意见及中标单位候选名单。

（4）起草或协助起草勘察设计合同条款及协议书。

（5）监督勘察设计合同的履行情况。

（6）审查勘察设计阶段的方案和设计成果。

（7）向建设单位提出支付合同价款的意见。

（8）审查项目概预算。

3. 承包方（勘察设计单位）对合同的管理

承包方对勘察设计合同的管理更应充分重视，应从以下三个方面加强对合同的管理，以保障自己的合法权益。

（1）建立专门的合同管理机构。一般设计单位均十分重视工程技术（设计）部门的设置与管理，而忽视合同管理部门及人员。但事实却证明，好的合同管理所获得的效益要远比仅靠先进的技术方法或技术设备所获收益要高得多。因此，设计单位应专门设立经营及合同管理部门，专门负责设计任务的投标、标价策略确定、起草并签署合同以及对合同的实施控制等工作。

（2）研究合同条款。勘察设计合同是勘察设计工作的法律依据，勘察设计的广度、深度和质量要求、付款条件以及违约责任都构成了勘察设计合同中至关重要的问题，任何一项条款的执行失误或不执行，都将严重影响合同双方的经济利益，也可能给国家造成不可挽回的损失，因此注重合同条款和合同文件的研究，对于勘察设计单位履行合同以及实现经济效益都是很有帮助的。

（3）合同履行的控制。是指在合同规定的条件下，控制设计进度在合同工期内，保证设计人员按照合同要求进行合乎规范的设计，将设计所需的费用控制在合同价款内等内容。

第四节　工程勘察设计质量管理

一、工程勘察设计文件的编制

（一）编制的依据

工程勘察设计文件的编制，应当以下列规定为依据：

1）项目批准文件。

2）城乡规划。

3）工程建设强制性标准。

4）国家规定的建设工程勘察设计深度要求。

铁路、交通、水利等专业建设工程，还应当以专业规划的要求为依据。

（二）工程勘察文件的基本内容和要求

工程勘察的主要内容是工程测量、水文地质勘察和工程地质勘察，其任务在于查明工程项目建设地点的地形地貌、地层土壤岩性、地质构造、水文条件等自然地质条件资料，作出鉴定和综合评价，为工程项目的选址、设计和施工提供科学、可靠的依据。

工程勘察设计文件主要包括勘察报告和各种图表。勘察报告的内容一般包括：任务要求和勘察工作概况，场地的地理位置，地形地貌，地质构造，不良地质现象，地层生长条件，岩石和土的物理力学性质，场地的稳定性和适宜性，岩石和土的均匀性及允许承载力，地下水的影响，土的最大冻结深度，地震基本烈度，以及由工程建设可能引起的工程地质问题，供水水源地的水质水量评价，水源的污染及发展趋势，不良地质现象和特殊地质现象的处理和防治等方面的结论意见、建议和措施等。

工程勘察应由专门具有相应资质的勘察单位承担，编制的工程勘察文件，应当真实、准确，满足工程规划、选址、设计、岩土治理和施工的需要。

（三）工程设计文件的内容和要求

设计是工程建设的重要环节，设计文件则是安排建设计划和组织施工的主要依据。按我国现行规定，一般建设项目按初步设计和施工图设计两个阶段进行设计。对于技术复杂而又缺乏经验的项目，经主管部门指定，需增加技术设计阶段，对一些大型联合企业、矿区和水利枢纽，为解决总体部署和开发问题，还需要进行总体规划设计或总体设计。此外，市镇的新建、扩建和改建规划以及住宅区或商业区的规划，就其性质而言，也属于设计范围。

1. 总体规划设计

总体规划设计须能满足初步设计的开展、主要大型设备和材料的预先安排以及土地征用准备工作的要求。其内容包括下列文字说明和必要的图纸。

1）建设规模。

2）产品方案。

3）原料来源。

4）工艺流程等概况。

5）主要设备配置。

6）主要建筑物和构筑图。

7）公用及辅助工程。

8）“三废”治理和环境保护方案。

9）占地面积估计。

10）总图布置及运输方案。

11）生产组织概况和劳动定员估计。

12）生活区规划设想。

13）施工基地的部署和材料的来源。

14）建设总进度和进度配合要求。

15）投资估算等。

2. 初步设计

初步设计的内容，一般包括以下文字说明和必要的图纸。

1）建设规模。

2）设计依据。

3）设计指导思想。

4）产品方案、原料、燃料、动力的用量和来源。

5）工艺流程。

6）主要设备选型及配置。

7）总图运输。

8）主要建筑物、构筑物。

9）公用、辅助设施。

10）新技术采用情况。

11）主要材料用量。

12）外部协作条件。

13）占地面积及土地利用情况。

14）综合利用和“三废”治理方案措施。

15）生活区建设。

16）抗震和人防措施。

17）生产组织和劳动定员。

18）各项技术经济指标。

19）建设顺序和期限。

20）总概算等。

编制初步设计文件，应满足以下要求。

1）施工招标文件或设计方案的评选和确定。

2）主要设备材料订货。

3）土地征用。

4）基建投资的控制。

5）施工图设计的编制。

6）施工组织的编制。

7）施工准备和生产准备等。

3. 技术设计

技术设计的内容，有关部门可根据工程的特点和需要，自行制定。它是为了解决某些重大或特殊项目在初步设计阶段无法解决的某些技术问题而进行的。主要包括：

1）特殊工艺流程方面的试验、研究和确定。

2）新型设备的试验、试制及确定。

3）大型建筑物和构筑物的某些关键部位的试验研究和确定。

4）某些技术复杂需慎重对待的问题的研究和方案的确定等。

编制技术设计文件应满足确定设计方案中重大技术问题和有关试验、设备制造等方面的要求。

4. 施工图设计

施工图设计的内容，主要是根据批准的初步设计和技术设计，绘制出正确、完整和尽可能详尽的建筑安装图纸。编制施工图设计文件，应当满足设备材料采购、非标准设备制作和实际施工的需要，并注明工程合理使用年限。

二、施工图审查制度

国务院《建设工程质量管理条例》第 11 条规定：建设单位应当将施工图设计文件报县级以上人民政府建设行政主管部门或者其他有关部门审查。住房和城乡建设部 2013 年 8 月 1 日起施行的《房屋建筑和市政基础设施工程施工图设计文件审查管理办法》第 3 条也规定：国家实施施工图设计文件（含勘察文件，以下简称施工图）审查制度。

1. 施工图审查的基本要求

施工图审查，是指施工图审查机构（以下简称审查机构）按照有关法律、法规，对施工图涉及公共利益、公众安全和工程建设强制性标准的内容进行的审查。

施工图审查应当坚持先勘察、后设计的原则。施工图未经审查合格的，不得使用。

从事房屋建筑工程、市政基础设施工程施工、监理等活动，以及实施对房屋建筑和市政基础设施工程质量安全监督管理，应当以审查合格的施工图为依据。

按规定应当进行审查的施工图，未经审查合格的，住房城乡建设主管部门不得颁发施工许可证。

2. 施工图审查机构

施工图审查机构是专门从事施工图审查业务，不以营利为目的的独立法人。审查机构按承接业务范围分两类，一类机构承接房屋建筑、市政基础设施工程施工图审查业务范围不受限制；二类机构可以承接中型及以下房屋建筑、市政基础设施工程的施工图审查。

一类审查机构应当具备下列条件：

(1) 有健全的技术管理和质量保证体系。

(2) 审查人员应当有良好的职业道德；有 15 年以上所需专业勘察、设计工作经历；主持过不少于 5 项大型房屋建筑工程、市政基础设施工程相应专业的设计或者甲级工程勘察项目相应专业的勘察；已实行执业注册制度的专业，审查人员应当具有一级注册建筑师、一级注册结构工程师或者勘察设计注册工程师资格，并在本审查机构注册；未实行执业注册制度的专业，审查人员应当具有高级工程师职称；近 5 年内未因违反工程建设法律法规和强制性标准受到行政处罚。

（3）在本审查机构专职工作的审查人员数量：从事房屋建筑工程施工图审查的，结构专业审查人员不少于7人，建筑专业不少于3人，电气、暖通、给排水、勘察等专业审查人员各不少于2人；从事市政基础设施工程施工图审查的，所需专业的审查人员不少于7人，其他必须配套的专业审查人员各不少于2人；专门从事勘察文件审查的，勘察专业审查人员不少于7人。

承担超限高层建筑工程施工图审查的，还应当具有主持过超限高层建筑工程或者100米以上建筑工程结构专业设计的审查人员不少于3人。

（4）60岁以上审查人员不超过该专业审查人员规定数的1/2。

（5）注册资金不少于300万元。

二类审查机构应当具备下列条件：

（1）有健全的技术管理和质量保证体系。

（2）审查人员应当有良好的职业道德；有10年以上所需专业勘察、设计工作经历；主持过不少于5项中型以上房屋建筑工程、市政基础设施工程相应专业的设计或者乙级以上工程勘察项目相应专业的勘察；已实行执业注册制度的专业，审查人员应当具有一级注册建筑师、一级注册结构工程师或者勘察设计注册工程师资格，并在本审查机构注册；未实行执业注册制度的专业，审查人员应当具有高级工程师职称；近5年内未因违反工程建设法律法规和强制性标准受到行政处罚。

（3）在本审查机构专职工作的审查人员数量：从事房屋建筑工程施工图审查的，结构专业审查人员不少于3人，建筑、电气、暖通、给排水、勘察等专业审查人员各不少于2人；从事市政基础设施工程施工图审查的，所需专业的审查人员不少于4人，其他必须配套的专业审查人员各不少于2人；专门从事勘察文件审查的，勘察专业审查人员不少于4人。

（4）60岁以上审查人员不超过该专业审查人员规定数的1/2。

（5）注册资金不少于100万元。

审查机构对施工图审查工作负责，承担审查责任。施工图经审查合格后，仍有违反法律、法规和工程建设强制性标准的问题，给建设单位造成损失的，审查机构依法承担相应的赔偿责任。

审查机构应当建立、健全内部管理制度。施工图审查应当有经各专业审查人员签字的审查记录。审查记录、审查合格书、审查意见告知书等有关资料应当归档保存。

已实行执业注册制度的专业，审查人员应当按规定参加执业注册继续教育。未实行执业注册制度的专业，审查人员应当参加省、自治区、直辖市人民政府住房城乡建设主管部门组织的有关法律、法规和技术标准的培训，每年培训时间不少于40学时。

3. 施工图审查要点

审查机构应当对施工图审查下列内容：

（1）是否符合工程建设强制性标准；

（2）地基基础和主体结构的安全性；

（3）是否符合民用建筑节能强制性标准，对执行绿色建筑标准的项目，还应当审查是否符合绿色建筑标准；

（4）勘察设计企业和注册执业人员以及相关人员是否按规定在施工图上加盖相应的图章

和签字；

(5) 法律、法规、规章规定必须审查的其他内容。

审查机构对施工图进行审查后，应当根据下列情况分别作出处理：

(1) 审查合格的，审查机构应当向建设单位出具审查合格书，并在全套施工图上加盖审查专用章。审查合格书应当有各专业的审查人员签字，经法定代表人签发，并加盖审查机构公章。审查机构应当在出具审查合格书后5个工作日内，将审查情况报工程所在地县级以上地方人民政府住房城乡建设主管部门备案。

(2) 审查不合格的，审查机构应当将施工图退建设单位并出具审查意见告知书，说明不合格原因。同时，应当将审查意见告知书及审查中发现的建设单位、勘察设计企业和注册执业人员违反法律、法规和工程建设强制性标准的问题，报工程所在地县级以上地方人民政府住房城乡建设主管部门。

施工图退建设单位后，建设单位应当要求原勘察设计企业进行修改，并将修改后的施工图送原审查机构复审。

三、工程勘察设计的质量管理与责任

勘察设计工作是建设程序的先行环节，其质量的优劣直接关系到建设项目的经济效益和社会效益。勘察设计单位必须对勘察设计质量负责，通过建立、健全质量管理制度，推行全面质量管理，不断提高勘察设计质量。

(一) 勘察工作质量管理

勘察单位要切实抓好勘察纲要的编制、原始资料的取得和成果资料的整理的质量管理。勘察工作的每一环节都应做到事前有布置、中间有检查、成果有校审、质量有评定。勘察工作应做到体现规划、设计意图，如实反映现场的地形和地质概况，符合规范、规程的规定，及时编录、核对、整理，不得遗失或任意涂改；成果资料必须做到数据准确，论证有据，结论明确，建议具体。勘察单位必须建立健全原始资料的检查验收制度和成果资料的审核制度，对各项原始资料必须坚持自检和互检相结合。对大型或地质条件复杂的勘察纲要和成果资料应组织会审。各级主管部门在审批大型或地质条件复杂工程的设计文件时，应审查勘察成果资料。

(二) 设计工作质量管理

设计工作的编制要认真抓好事前指导、中间检查、成果校审、质量评定等环节，做到设计基础资料齐全准确，遵守设计工作原则，各专业采用的技术条件一致，采用的新技术行之有效，选用的设备性能优良，计算依据齐全可靠，计算结果准确，正确的执行现行的标准规范，各个阶段设计文件的内容、深度符合国家规定，设计合理，综合经济效益好。设计单位必须及时收集施工中和投产后对设计质量的意见，进行分析研究，不断改进设计工作，提高设计质量；必须建立、健全各级各类人员岗位责任制，严格执行，加强管理，做到工作有秩序，进度有控制，质量有保证。各级主管部门必须依据国家规定的审批办法，对设计文件进行严格的审批，不得随意下放审批权限。

另外，针对具体的建筑设计文件的编制要求和质量评定办法，住房和城乡建设部颁发了《建筑工程设计文件编制的规定》和《民用建筑工程设计质量评定标准》并作出明确规定，提出建筑设计质量的基本标准是“合格品”要求。要求建筑设计的基本质量标准为：①贯彻国家建设方针、政策以及有关技术标准，符合批准的初步设计文件；②设计方案合理，满足功能要求，运行安全可靠，技术经济指标适度；③计算完整、准确，设计标准恰当，构造措施合理，便于施工、维修和管理；④符合设计深度，正确表达设计意图，设计文件完整，图面质量好。

（三）质量责任

勘察设计单位应对其勘察、设计的质量负责。注册建筑师、注册结构工程师等注册执业人员应当在设计文件上签字，对设计文件负责。

勘察设计单位有下列行为之一的，责令改正，并处10万元以上30万元以下的罚款：

1）勘察单位未按照工程建设强制性标准进行勘查的。

2）设计单位未根据勘察成果文件进行工程设计的。

3）设计单位指定建筑材料、建筑构配件的生产厂、供应商的。

4）设计单位未按照工程建设强制性标准进行设计的。

有前述所列行为，造成工程质量事故的，责令停业整顿，降低资质等级；情节严重的，吊销资质证书；造成损失的，依法承担赔偿责任。

勘察设计单位违反国家规定，降低工程质量标准，造成重大安全事故的，对直接责任人员处5年以下有期徒刑，并处罚金。

注册建筑师、注册结构工程师等注册执业人员因过错造成质量事故的，责令停止执业1年；造成重大质量事故的，吊销执业资格证书，5年以内不予注册；情节特别恶劣的，终身不予注册。

典型案例

无证设计导致行政处罚案

【案情】

原告：宋某（以下称第一原告）

上海市某房地产开发公司（以下称第二原告）

被告：上海市某建筑行政主管部门

1999年3月15日，被告上海市某建筑行政主管部门收到一建筑公司举报，称其正在进行施工的建筑施工图纸存在严重质量问题，希望被告对该图纸的设计单位进行查处。被告经调查后发现，该项目施工图纸是由第一原告宋某组织无证设计人员，私自安排刻制并使用应当是由市建委统一管理发放的施工图出图专用章，且以蚌埠某建筑设计院上海分院的名义设计。据此，被告于1999年11月17日对第一原告作出了“责令停止建筑活动，并处5万元罚款”的行政处罚。同时，上述项目的开发单位——第二原告在未验明设计单位的资质的情况下，将工程设计发包给事实上是个人的第一原告，并将无证人员设计的施工图纸交给施工单位使用，被告因此对第二原告也作出了“责令改正，并处3万元罚款”等行政处罚。处罚决定书下达后，两原告均不服上述行政处罚，遂于2000年1月6日向上海市徐汇区人民法院提起行政诉讼，要求撤销被告的上述行政处罚。

【审判】

2000年4月13日上海市徐汇区人民法院受理了此案，经过审理，依法维持了被告的具体行政行为。两原告不服一审判决，于2000年4月20日向上海市第一中级人民法院提起上诉。经开庭审理，二审法院于 2000 年 11 月 17 日作出二审判决如下：

1）第一原告在进行工程项目设计时，组织没有建筑设计从业资格的设计人员进行设计，并在设计图纸上加盖了自行刻制的施工图出图章和施工图发图负责人章，其主观上的故意违法十分明显。被告认定其无证从事建筑设计活动的事实清楚、证据充分。

2）第二原告在将设计这一工程的重要环节发包给设计单位时，理应验明设计单位的资质证书及其他相关证书。以第二原告的行为能力，应当能够验明第一原告提供的注册税务登记证、企业法人代码证书、企业法人营业执照、进沪许可证等已全部无效。因此，第二原告也应负一定的法律责任。

3）第一原告和第二原告于 1998 年 4 月 18 日签订设计合同，委托设计行为自此开始，并一直持续到 1999 年 9 月 1 日第二原告将工程重新委托给其他设计单位设计时止。期间，双方并未发生终止、解除合同的情形。故对违法行为的追究，应当从行为终了之日起计算。因此，被告适用法律正确。

4）驳回上诉，维持原判。

【评析】

本案的案情并不复杂，事实也很清楚。《建筑法》、《勘察设计质量管理条例》以及其他相关法规、规章等都对无证设计、“挂靠”、违法发包等行为作了明确的规定并有相应的处罚措施。

本案的焦点在于法律的适用问题。因为《建筑法》、《勘察设计质量管理条例》以及本案中援引的《上海市建筑市场管理条例》均是 1997 年以后颁布实施的，而本案中的工程设计发包行为发生在 1996 年，因此原告对被告适用上述法律对其进行行政处罚提起诉讼。我们认为，虽然法律不具有溯及力，即新颁布的法律对在其实施前发生的行为不具有法律约束力；但是，本案的法律适用有其特殊性，被处罚主体的违法行为处于一种持续状态，其虽始于法律颁布之前，但终止于法律颁布之后，因此，在行为持续期间颁布实施的法律对违法行为具有法律约束力，依此作出行政处罚在法律适用上是完全正确的。

第六章　建筑许可的法律制度

第一节　建筑许可制度概述

一、建筑许可的含义

许可，也称行政许可，是指行政机关根据公民、法人或非法人组织的申请通过颁发许可证、资格证、执照等形式，依法赋予其从事某种活动的法律资格或实施某种行为的法律权利的行政行为。

建筑许可是行政许可的一种，是指建设行政主管部门或其他有关行政主管部门依法准许、变更和终止公民、法人或非法人组织从事建筑活动的具体行政行为。建筑许可主要表现为从业许可和建筑工程施工许可。

从业许可包括两个方面：一是对从事建筑活动的勘察单位、设计单位、施工单位和工程监理单位的业务能力、人员素质、管理水平、资金数量等进行审查，以确定其承担任务的范围，并颁发相应资质证书的行为；二是从事建筑活动的专业技术人员依法进行考试和注册，并颁发执业资格证书的行为。

建筑工程施工许可，是指建设行政主管部门或其他有关行政主管部门根据建设单位的申请，对建筑工程是否具备施工条件进行审查，符合条件者，准许建筑工程开始施工并颁发施工许可证或批准开工报告的行为。

二、建筑许可的特征

建筑许可具有以下特征：

1）建筑许可行为的主体是建设行政主管部门，不是其他行政机关，也不是其他的公民、法人或非法人组织。

2）建筑许可是为了对建筑工程的开工和从事建筑活动的单位和个人资质资格实施行政管理，其最终目的是为了保障建筑工程的质量。

3）建筑许可是一种依申请而作出的行政行为。没有申请，建设行政主管部门不能主动予以许可。当然，作为建筑许可相对方的个人、组织，必须具备相应法律、法规、规章规定的条件，才能提出许可申请。

4）建筑许可是一种要式行政行为。所谓要式，是指建筑许可行为必须有特定的形式要件，既便于建设行政主管部门和社会对获得许可的个人、组织与未获得许可的加以区别，也便于建设行政主管部门对其进行监督检查。这种特定的形式要件主要是许可证、资格证、资质证书等。

5）建筑许可的事项与条件必须是法定和公开的。

三、我国实行建筑许可制度的意义

建筑许可制度是建筑法规定的对建筑工程施工许可制度和从事建筑活动的单位和个人从业资格制度的规定。建筑法对建筑许可制度的确立，体现了国家对建筑活动作为一种特殊的经济活动，进行从严和事前控制的管理，对规范建筑市场，保证建筑工程质量和建筑安全生产，维护社会经济秩序，提高投资效益，保障公民生命财产和国家财产安全，具有非常重要的意义。

实行建筑工程施工许可制度，既可以监督建设单位尽快建成拟建项目，防止土地闲置，又能保证建设项目开工后能够顺利进行，避免由于不具备条件而盲目上马，给参与建设的各方造成不必要的损失，同时也有助于建设行政主管部门对在建项目实施有效的监督管理。

实行从事建筑活动的单位资质制度和个人资格制度，有利于确保从事建筑活动的单位和个人的素质，提高建筑工程质量和投资效益。

第二节　建筑工程从业单位的资质管理

一、从业单位应具备的基本条件

根据《建筑法》第12条的规定，从事建筑活动的建筑施工企业、勘察单位、设计单位和工程监理单位，应当具备下列条件。

（一）有符合国家规定的注册资本

从事建筑活动的单位在进行建筑活动过程中必须拥有足够的资金，这是其进行正常业务活动所需要的物质保证。一定数量的资金也是建立建筑施工企业、勘察单位、设计单位和工程监理单位的前提。关于最低注册资本，在《建筑企业资质等级标准》、《工程勘察资格分级标准》、《工程建设监理单位资质管理办法》及《公司法》中均有详细规定。

（二）有与其从事的建筑活动相适应的具有法定执业资格的专业技术人员

建筑活动是一种专业性、技术性很强的活动。因此，从事建筑活动的建筑施工企业、勘察单位、设计单位和工程监理单位必须有足够的专业技术人员，同时要有经济、会计、统计等经营管理人员。这些专业技术人员同时必须具有法定的执业资格，即经过国家统一考试合格并被依法注册。

（三）有从事相关建筑活动所应有的技术装备

具有与其建筑活动相关的装备是建筑施工企业、勘察单位、设计单位和工程监理单位进行正常的施工、勘察、设计和监理工作的重要的物质保障。

（四）法律、行政法规规定的其他条件

建筑施工企业、勘察单位、设计单位和工程监理单位除了应当具备的以上三项条件外，还应当具备法律、行政法规规定的其他条件。这里所说的“其他条件”仅指法律、行政法规规定的条件，不包括部门规章、地方性法规和规章及其他规范性文件的规定，因为涉及市场准入规则的问题，应当由法律、行政法规作出统一的规定。

二、建筑业企业的资质管理

建筑业企业是指从事土木工程、建筑工程、线路管道设备安装工程、装修工程的新建、扩建、改建活动的企业，即习惯上所称的“建筑施工企业”。

（一）建筑业企业的资质等级与资质标准

根据2007年6月26日住房和城乡建设部颁布的《建筑业企业资质管理规定》，建筑业企业资质分为施工总承包、专业承包和劳务分包三个序列。施工总承包企业按工程性质不同分为房屋建筑工程、市政公用工程、机电安装工程等共12类，其资质等级一般分为特级、一级、二级、三级；专业承包企业按专业不同分为地基与基础工程、土石方工程、建筑装修装饰工程等共60类，其资质等级一般分为一级、二级、三级；劳务分包企业按劳务性质不同分为木工、砌筑、抹灰等共13类，其资质等级一般分为一级、二级。下面以房屋建筑工程施工总承包企业为例，对其资质等级与资质标准分述如下：

1. 特级企业

（1）企业注册资本金3亿元以上。

（2）企业净资产3.6亿元以上。

（3）企业近3年年平均工程结算收入15亿元以上。

（4）企业其他条件均达到一级资质标准。

特级企业可承担各类房屋建筑工程的施工。

2. 一级企业

（1）企业近5年承担过下列6项中的4项以上工程的施工总承包或主体工程承包，工程质量合格。

1）25层以上的房屋建筑工程。

2）高度100米以上的构筑物或建筑物。

3）单体建筑面积3万平方米以上的房屋建筑工程。

4）单跨跨度30米以上的房屋建筑工程。

5）建筑面积10万平方米以上的住宅小区或建筑群体。

6）单项建安合同额1亿元以上的房屋建筑工程。

（2）企业经理具有10年以上从事工程管理工作经历或具有高级职称；总工程师具有10年以上从事建筑施工技术管理工作经历并具有本专业高级职称；总会计师具有高级会计职称；总经济师具有高级职称。

企业有职称的工程技术和经济管理人员不少于300人，其中工程技术人员不少于200人；工程技术人员中，具有高级职称的人员不少于10人，具有中级职称的人员不少于60人。

企业具有的一级注册建造师不少于12人。

（3）企业注册资本金5000万元以上，企业净资产6000万元以上。

（4）企业近3年最高年工程结算收入2亿元以上。

（5）企业具有与承包工程范围相适应的施工机械和质量检测设备。

一级企业可承担单项建安合同额不超过企业注册资本金5倍的下列房屋建筑工程的施工：①40层及以下、各类跨度的房屋建筑工程；②高度240米及以下的构筑物；③建筑面积20万平方米及以下的住宅小区或建筑群体。

3. 二级企业

（1）企业近5年承担过下列6项中的4项以上工程的施工总承包或主体工程承包，工程质量合格。

1）12层以上的房屋建筑工程。

2）高度50米以上的构筑物或建筑物。

3）单体建筑面积1万平方米以上的房屋建筑工程。

4）单跨跨度21米以上的房屋建筑工程。

5）建筑面积5万平方米以上的住宅小区或建筑群体。

6）单项建安合同额3000万元以上的房屋建筑工程。

（2）企业经理具有8年以上从事工程管理工作经历或具有中级以上职称；技术负责人具有8年以上从事建筑施工技术管理工作经历并具有本专业高级职称；财务负责人具有中级以上会计职称。

企业有职称的工程技术和经济管理人员不少于150人，其中工程技术人员不少于100人；工程技术人员中，具有高级职称的人员不少于2人，具有中级职称的人员不少于20人。

企业具有的二级以上注册建造师不少于12人。

（3）企业注册资本金2000万元以上，企业净资产2500万元以上。

（4）企业近3年最高年工程结算收入8000万元以上。

（5）企业具有与承包工程范围相适应的施工机械和质量检测设备。

二级企业可承担单项建安合同额不超过企业注册资本金5倍的下列房屋建筑工程的施工：①28层及以下、单跨跨度36米及以下的房屋建筑工程；②高度120米及以下的构筑物；③建筑面积12万平方米及以下的住宅小区或建筑群体。

4. 三级企业

（1）企业近5年承担过下列5项中的3项以上工程的施工总承包或主体工程承包，工程质量合格。

1）6层以上的房屋建筑工程。

2）高度25米以上的构筑物或建筑物。

3）单体建筑面积5000平方米以上的房屋建筑工程。

4）单跨跨度15米以上的房屋建筑工程。

5）单项建安合同额500万元以上的房屋建筑工程。

（2）企业经理具有5年以上从事工程管理工作经历；技术负责人具有5年以上从事建筑施工技术管理工作经历并具有本专业中级以上职称；财务负责人具有初级以上会计职称。

企业有职称的工程技术和经济管理人员不少于50人，其中工程技术人员不少于30人；工程技术人员中，具有中级以上职称的人员不少于10人。

企业具有的二级以上注册建造师不少于10人。

（3）企业注册资本金600万元以上，企业净资产700万元以上。

（4）企业近3年最高年工程结算收入2400万元以上。

（5）企业具有与承包工程范围相适应的施工机械和质量检测设备。

三级企业可承担单项建安合同额不超过企业注册资本金5倍的卜列房屋建筑工程的施工：①14层及以下、单跨跨度24米及以下的房屋建筑工程；②高度70米及以下的构筑物；③建筑面积6万平方米及以下的住宅小区或建筑群体。

（二）建筑业企业的资质许可

1. 资质许可的权限及程序

（1）国务院建设主管部门许可的资质。包括：施工总承包序列特级资质、一级资质；国务院国有资产管理部门直接监管的企业及其下属一层级的企业的施工总承包二级资质、三级资质；水利、交通、信息产业方面的专业承包序列一级资质；铁路、民航方面的专业承包序列一级、二级资质；公路交通工程专业承包不分等级资质、城市轨道交通专业承包不分等级资质。

申请上述资质的，应当向企业工商注册所在地省、自治区、直辖市人民政府建设主管部门提出申请。其中，国务院国有资产管理部门直接监管的企业及其下属一层级的企业，应当由国务院国有资产管理部门直接监管的企业向国务院建设主管部门提出申请。

省、自治区、直辖市人民政府建设主管部门应当自受理申请之日起20日内初审完毕并将初审意见和申请材料报国务院建设主管部门。

国务院建设主管部门应当自省、自治区、直辖市人民政府建设主管部门受理申请材料之日起60日内完成审查，公示审查意见，公示时间为10日。其中，涉及铁路、交通、水利、信息产业、民航等方面的建筑业企业资质，由国务院建设主管部门送国务院有关部门审核，国务院有关部门在20日内审核完毕，并将审核意见送国务院建设主管部门。

(2) 省、自治区、直辖市人民政府建设主管部门许可的资质。包括：施工总承包序列二级资质（不含国务院国有资产管理部门直接监管的企业及其下属一层级的企业的施工总承包序列二级资质）；专业承包序列一级资质（不含铁路、交通、水利、信息产业、民航方面的专业承包序列一级资质）；专业承包序列二级资质（不含民航、铁路方面的专业承包序列二级资质）；专业承包序列不分等级资质（不含公路交通工程专业承包序列和城市轨道交通专业承包序列的不分等级资质）。

具体的许可实施程序由各省、自治区、直辖市人民政府建设主管部门依法确定。省、自治区、直辖市人民政府建设主管部门应当自作出决定之日起30日内，将准予资质许可的决定报国务院建设主管部门备案。

(3) 设区的市人民政府建设主管部门许可的资质。包括：施工总承包序列三级资质（不含国务院国有资产管理部门直接监管的企业及其下属一层级的企业的施工总承包三级资质）；专业承包序列三级资质；劳务分包序列资质；燃气燃烧器具安装、维修企业资质。

上述资质许可的实施程序由省、自治区、直辖市人民政府建设主管部门依法确定。企业工商注册所在地设区的市人民政府建设主管部门应当自作出决定之日起30日内，将准予资质许可的决定通过省、自治区、直辖市人民政府建设主管部门报国务院建设主管部门备案。

2. 资质申请所需资料

(1) 首次申请或者增项申请建筑业企业资质，应当提交以下材料：

1) 建筑业企业资质申请表及相应的电子文档。

2) 企业法人营业执照副本。

3) 企业章程。

4) 企业负责人和技术、财务负责人的身份证明、职称证书、任职文件及相关资质标准要求提供的材料。

5) 建筑业企业资质申请表中所列注册执业人员的身份证明、注册执业证书。

6) 建筑业企业资质标准要求的非注册的专业技术人员的职称证书、身份证明及养老保险凭证。

7) 部分资质标准要求企业必须具备的特殊专业技术人员的职称证书、身份证明及养老保险凭证。

8) 建筑业企业资质标准要求的企业设备、厂房的相应证明。

9) 建筑业企业安全生产条件有关材料。

10）资质标准要求的其他有关材料。

（2）建筑业企业申请资质升级的，应当提交以下材料：

1）前述第1）、2）、4）、5）、6）、8）、10）项所列资料。

2）企业原资质证书副本复印件。

3）企业年度财务、统计报表。

4）企业安全生产许可证副本。

5）满足资质标准要求的企业工程业绩的相关证明材料。

（3）申请资质证书变更，应当提交以下材料：

1）资质证书变更申请。

2）企业法人营业执照复印件。

3）建筑业企业资质证书正、副本原件。

4）与资质变更事项有关的证明材料。

企业改制的，除提供前述规定资料外，还应当提供改制重组方案、上级资产管理部门或者股东大会的批准决定、企业职工代表大会同意改制重组的决议。

3. 资质定级

企业首次申请、增项申请建筑业企业资质，不考核企业工程业绩，其资质等级按照最低资质等级核定；已取得工程设计资质的企业首次申请同类别或相近类别的建筑业企业资质的，可以将相应规模的工程总承包业绩作为工程业绩予以申报，但申请资质等级最高不超过其现有工程设计资质等级。

企业合并的，合并后存续或者新设立的建筑业企业可以承继合并前各方中较高的资质等级，但应当符合相应的资质等级条件；企业分立的，分立后企业的资质等级，根据实际达到的资质条件，按照相应的审批程序核定；企业改制的，改制后不再符合资质标准的，应按其实际达到的资质标准申请重新核定，资质条件不发生变化的，按相应规定办理。

取得建筑业企业资质的企业，申请资质升级、资质增项，在申请之日起前一年内有下列情形之一的，资质许可机关不予批准企业的资质升级申请和增项申请。

1）超越本企业资质等级或以其他企业的名义承揽工程，或允许其他企业或个人以本企业的名义承揽工程的。

2）与建设单位或企业之间相互串通投标，或以行贿等不正当手段谋取中标的。

3）未取得施工许可证擅自施工的。

4）将承包的工程转包或违法分包的。

5）违反国家工程建设强制性标准的。

6）发生过较大生产安全事故或者发生过两起以上一般生产安全事故的。

7）恶意拖欠分包企业工程款或者农民工工资的。

8）隐瞒或谎报、拖延报告工程质量安全事故或破坏事故现场、阻碍对事故调查的。

9）按照国家法律、法规和标准规定需要持证上岗的技术工种的作业人员未取得证书上岗，情节严重的。

10）未依法履行工程质量保修义务或拖延履行保修义务，造成严重后果的。

11）涂改、倒卖、出租、出借或者以其他形式非法转让建筑业企业资质证书。

12）其他违反法律、法规的行为。

（三）建筑业企业资质的监督管理

1. 资质的监督检查

县级以上人民政府建设主管部门和其他有关部门应当依照有关法律、法规的规定，加强对建筑业企业资质的监督管理。上级建设主管部门应当加强对下级建设主管部门资质管理工作的监督检查，及时纠正资质管理中的违法行为。

建设主管部门、其他有关部门履行监督检查职责时，有权采取下列措施：

1）要求被检查单位提供建筑业企业资质证书、注册执业人员的注册执业证书，有关施工业务的文档，有关质量管理、安全生产管理、档案管理、财务管理等企业内部管理制度的文件。

2）进入被检查单位进行检查，查阅相关资料。

3）纠正违反有关法律、法规和本规定及有关规范和标准的行为。

建设主管部门、其他有关部门依法对企业从事行政许可事项的活动进行监督检查时，应当将监督检查情况和处理结果予以记录，由监督检查人员签字后归档。监督检查时，应有两名以上监督检查人员参加，并出示执法证件，不得妨碍企业正常的生产经营活动，不得索取或者收受企业的财物，不得谋取其他利益。有关单位和个人对依法进行的监督检查应当协助与配合，不得拒绝或者阻挠。

监督检查机关应当将监督检查的处理结果向社会公布。

2. 资质的撤回

企业取得建筑业企业资质后不再符合相应资质条件的，建设主管部门、其他有关部门根据利害关系人的请求或者依据职权，可以责令其限期改正；逾期不改的，资质许可机关可以撤回其资质。被撤回建筑业企业资质的企业，可以申请资质许可机关按照其实际达到的资质标准，重新核定资质。

3. 资质的撤销

有下列情形之一的，资质许可机关或者其上级机关，根据利害关系人的请求或者依据职权，可以撤销建筑业企业资质：

1）资质许可机关工作人员滥用职权、玩忽职守作出准予建筑业企业资质许可的。

2）超越法定职权作出准予建筑业企业资质许可的。

3）违反法定程序作出准予建筑业企业资质许可的。

4）对不符合许可条件的申请人作出准予建筑业企业资质许可的。

5）依法可以撤销资质证书的其他情形。

4. 资质的注销

有下列情形之一的，资质许可机关应当依法注销建筑业企业资质，并公告其资质证书作废，建筑业企业应当及时将资质证书交回资质许可机关：

1）资质证书有效期届满，未依法申请延续的。

2）建筑业企业依法终止的。

3）建筑业企业资质依法被撤销、撤回或吊销的。

4）法律、法规规定的应当注销资质的其他情形。

5. 企业的信用档案检查

企业应当按照有关规定，向资质许可机关提供真实、准确、完整的企业信用档案信息。

企业的信用档案应当包括企业基本情况、业绩、工程质量和安全、合同履约等情况。被投诉举报和处理、行政处罚等情况的应当作为不良行为记入其信用档案。企业的信用档案信息按照有关规定向社会公示。

（四）违反资质管理的法律责任

（1）申请人隐瞒有关情况或者提供虚假材料申请建筑业企业资质的，不予受理或者不予行政许可，并给予警告，申请人在1年内不得再次申请建筑业企业资质。

（2）以欺骗、贿赂等不正当手段取得建筑业企业资质证书的，由县级以上地方人民政府建设主管部门或者有关部门给予警告，并依法处以罚款，申请人3年内不得再次申请建筑业企业资质。

（3）建筑业企业在申请资质升级、资质增项时违反法律规定的，由县级以上地方人民政府建设主管部门或者其他有关部门给予警告，责令改正，并处以1万元以上3万元以下的罚款。其他有关法律、法规对处罚机关和处罚方式有规定的，依照法律、法规的规定执行。

（4）建筑业企业未按规定及时办理资质证书变更手续的，由县级以上地方人民政府建设主管部门责令限期办理；逾期不办理的，可处以1000元以上1万元以下的罚款。

（5）建筑业企业未按规定要求提供建筑业企业信用档案信息的，由县级以上地方人民政府建设主管部门或者其他有关部门给予警告，责令限期改正；逾期未改正的，可处以1000元以上1万元以下的罚款。

（6）建设主管部门及其工作人员，违反规定，有下列情形之一的，由其上级行政机关或者监察机关责令改正；情节严重的，对直接负责的主管人员和其他直接责任人员，依法给予行政处分。

1）对不符合条件的申请人准予建筑业企业资质许可的。

2）对符合条件的申请人不予建筑业企业资质许可或者不在法定期限内作出准予许可决定的。

3）对符合条件的申请不予受理或者未在法定期限内初审完毕的。

4）利用职务上的便利，收受他人财物或者其他好处的。

5）不依法履行监督管理职责或者监督不力，造成严重后果的。

三、外商投资建筑业企业的资质管理

外商投资建筑业企业，是指根据中国法律、法规的规定，在中华人民共和国境内投资设立的外资建筑业企业、中外合资经营建筑业企业以及中外合作经营建筑业企业。

（一）资质的申请与审批

外商投资建筑业企业，应首先依法取得对外贸易经济行政主管部门颁发的外商投资企业批准证书，并在国家工商行政管理总局或者其授权的地方工商行政管理局注册登记后，方可到建设行政主管部门申请建筑业企业资质证书。

申请施工总承包序列特级和一级、专业承包序列一级资质的，以及中外合资经营建筑业企业、中外合作经营建筑业企业的中方投资者为中央管理企业的，由住房和城乡建设部审批；申请施工总承包序列和专业承包序列二级及二级以下、劳务分包序列资质的，由省、自治区、直辖市人民政府建设行政主管部门审批。

申请外商投资建筑业企业资质时，应当向建设行政主管部门提交下列资料：

1）外商投资建筑业企业资质申请表。

2）外商投资企业批准证书。

3）企业法人营业执照。

4）投资方的银行资信证明。

5）投资方拟派出的董事长、董事会成员、企业财务负责人、经营负责人、工程技术负责人等任职文件及证明文件。

6）经注册会计师或者会计师事务所审计的投资方最近三年的资产负债表和损益表。

7）建筑业企业资质管理规定要求提交的资料。

申请者提交的资料应当使用中文，证明文件原件是外文的，应当提供中文译本。

（二）工程承包范围

根据住房和城乡建设部与对外贸易经济合作部 2002 年 9 月 27 日联合颁布的《外商投资建筑业企业管理规定》，外资建筑业企业只允许在其资质等级许可的范围内承包下列工程：

1）全部由外国投资、外国赠款、外国投资及赠款建设的工程。

2）由国际金融机构资助并通过根据贷款条款进行的国际招标授予的建设项目。

3）外资等于或者超过 50%的中外联合建设项目以及外资少于 50%，但因技术困难而不能由中国建筑企业独立实施，经省、自治区、直辖市人民政府建设行政主管部门批准的中外联合建设项目。

4）由中国投资，但因技术困难而不能由中国建筑企业独立实施的建设项目，经省、自治区、直辖市人民政府建设行政主管部门批准，可以由中外建筑企业联合承揽。

中外合资经营建筑业企业、中外合作经营建筑业企业应当在其资质等级许可的范围内承包工程。

承揽施工总承包工程的外商投资建筑业企业，建筑工程主体结构的施工必须由其自行完成；与其他建筑业企业联合承包时，应当按照资质等级低的企业的业务许可范围承包工程。

关于勘察设计单位的资质管理、工程监理单位的资质管理可参见本书第五章和第九章。

第三节　建筑工程从业人员的资格管理

一、我国的执业资格制度概况

执业资格制度是指具备一定专业学历、资历的从事建筑活动的专业技术人员，通过考试和注册确定其执业的技术资格，获得相应建筑工程文件签字权的一种制度。实行专业技术人员执业资格制度有利于提高专业技术人员业务水平和队伍素质，有利于保证建筑工程由具有相应资格的专业技术人员主持完成设计、施工、监理任务，从而保证建筑工程的质量和安全，促进建筑业的健康发展。实行执业资格制度有利于建筑业与国际接轨，有利于改革开放的深入和发展，因为世界上绝大多数发达国家均实行严格的执业资格制度。我国的执业资格制度启动于 1995 年，同年 9 月国务院颁布了《中华人民共和国注册建筑师条例》，1996 年 6 月，住房和城乡建设部发布了《监理工程师资格考试和注册试行办法》，1997 年 9 月住房和城乡建设部与人力资源和社会保障部联合发布了《注册结构工程师执业资格制度暂行规定》，2006 年 12 月住房和城乡建设部颁布了《造价工程师注册管理办法》，对注册建筑师、注册结构工程师、注册监理工程师及注册造价工程师均做了明确、详细的规定，使我国的执业资格制度基本完善。

本节主要介绍注册造价工程师、注册建造师及项目经理制度。注册建筑师和注册结构工程师部分参见本书第五章《建筑工程勘察设计法律制度》，注册监理工程师部分参见第九章《建筑工程监理法律制度》。

二、注册造价工程师

（一）造价工程师的概念

造价工程师，是指经全国统一考试合格，取得造价工程师执业资格证书，并经注册从事建设工程造价业务活动的专业技术人员。

凡从事工程建设活动的建设、设计、施工、工程造价咨询、工程造价管理等单位和部门，必须在计价、评估、审查（核）、控制及管理等岗位配备有造价工程师执业资格的专业技术人员。

（二）造价工程师的考试

造价工程师执业资格考试实行全国统一大纲、统一命题、统一组织的办法。原则上每年举行一次。

凡中华人民共和国公民，遵纪守法并具备以下条件之一者，均可申请参加造价工程师执业资格考试。

1）工程造价专业大专毕业后，从事工程造价业务工作满5年；工程或工程经济类大专毕业后，从事工程造价业务工作满6年。

2）工程造价专业本科毕业后，从事工程造价业务工作满4年；工程或工程经济类本科毕业后，从事工程造价业务工作满5年。

3）获上述专业第二学士学位或研究生毕业和硕士学位后，从事工程造价业务工作满3年。

4）获上述专业博士学位后，从事工程造价业务工作满2年。

1996年8月以前已从事工程造价管理工作并具有高级专业技术职务的人员，经考核合格，可通过认定办法取得造价工程师资格。《造价工程师执业资格认定办法》由人力资源和社会保障部、住房和城乡建设部另行制定。

（三）造价工程师的注册

1. 注册管理机构

住房和城乡建设部对全国注册造价工程师的注册、执业活动实施统一监督管理；国务院铁路、交通、水利、信息产业等有关部门按照国务院规定的职责分工，对有关专业注册造价工程师的注册、执业活动实施监督管理；省、自治区、直辖市人民政府建设主管部门，对本行政区域内注册造价工程师的注册、执业活动实施监督管理。

2. 注册的条件

申请注册的人员必须同时具备下列条件。

（1）取得执业资格。

（2）受聘于一个工程造价咨询企业或者工程建设领域的建设、勘察设计、施工、招标代理、工程监理、工程造价管理等单位。

（3）无下列不予注册的情形：

1）不具有完全民事行为能力的。

2）申请在两个或者两个以上单位注册的。

3）未达到造价工程师继续教育合格标准的。

4）前一个注册期内工作业绩达不到规定标准或未办理暂停执业手续而脱离工程造价业务岗位的。

5）受刑事处罚，刑事处罚尚未执行完毕的。

6）因工程造价业务活动受刑事处罚，自刑事处罚执行完毕之日起至申请注册之日止不满5年的。

7）因前项规定以外原因受刑事处罚，自处罚决定之日起至申请注册之日止不满3年的。

8）被吊销注册证书，自被处罚决定之日起至申请注册之日止不满3年的。

9）以欺骗、贿赂等不正当手段获准注册被撤销，自被撤销注册之日起至申请注册之日止不满3年的。

10）法律、法规规定不予注册的其他情形。

3. 注册的程序

取得执业资格的人员申请注册的，应当向聘用单位工商注册所在地的省级建设主管部门（以下简称省级注册初审机关）或者国务院有关部门（以下简称部门注册初审机关）提出注册申请。

对申请初始注册的，注册初审机关应当自受理申请之日起20日内审查完毕，并将申请材料和初审意见报住房和城乡建设部。住房和城乡建设部应当自受理之日起20日内作出决定。

对申请变更注册、延续注册的，注册初审机关应当自受理申请之日起5日内审查完毕，并将申请材料和初审意见报住房和城乡建设部。住房和城乡建设部应当自受理之日起10日内作出决定。

准予注册的，由住房和城乡建设部核发注册证书和执业印章。注册证书和执业印章是注册造价工程师的执业凭证，应当由注册造价工程师本人保管、使用。造价工程师注册证书由住房和城乡建设部统一印制。注册造价工程师遗失注册证书、执业印章，应当在公众媒体上声明作废后，按照规定的程序申请补发。

4. 注册的期限

经考试取得资格证书的人员，可自资格证书签发之日起1年内申请初始注册。逾期未申请者，须符合继续教育的要求后方可申请初始注册。初始注册的有效期为4年。

注册有效期满需继续执业的，须在期满30日前，按规定的程序申请延续注册。延续注册的有效期为4年。

在注册有效期内变更执业单位的，应当与原聘用单位解除劳动合同，并按规定程序办理变更注册手续。变更注册后延续原注册有效期。

（四）造价工程师的执业

1. 注册造价工程师的执业范围

（1）建设项目建议书、可行性研究投资估算的编制和审核，项目经济评价，工程概、预、结算、竣工结（决）算的编制和审核。

（2）工程量清单、标底（或者控制价）、投标报价的编制和审核，工程合同价款的签订及变更、调整、工程款支付与工程索赔费用的计算。

（3）建设项目管理过程中设计方案的优化、限额设计等工程造价分析与控制，工程保险理赔的核查。

(4) 工程经济纠纷的鉴定。

2. 注册造价工程师执业中的禁止行为

(1) 不履行注册造价工程师义务。

(2) 在执业过程中，索贿、受贿或者谋取合同约定费用外的其他利益。

(3) 在执业过程中实施商业贿赂。

(4) 签署有虚假记载、误导性陈述的工程造价成果文件。

(5) 以个人名义承接工程造价业务。

(6) 允许他人以自己名义从事工程造价业务。

(7) 同时在两个或者两个以上单位执业。

(8) 涂改、倒卖、出租、出借或者以其他形式非法转让注册证书或者执业印章。

(9) 法律、法规、规章禁止的其他行为。

3. 注册造价工程师执业的其他要求

在注册有效期内，注册造价工程师因特殊原因需要暂停执业的，应当到注册初审机关办理暂停执业手续，并交回注册证书和执业印章。

注册造价工程师在每一注册期内应当达到注册机关规定的继续教育要求。

(五) 注册造价工程师的权利和义务

1. 注册造价工程师的主要权利

(1) 使用注册造价工程师名称。

(2) 依法独立执行工程造价业务。

(3) 在本人执业活动中形成的工程造价成果文件上签字并加盖执业印章。

(4) 发起设立工程造价咨询企业。

(5) 保管和使用本人的注册证书和执业印章。

(6) 参加继续教育。

2. 造价工程师的主要义务

(1) 遵守法律、法规、有关管理规定，恪守职业道德。

(2) 保证执业活动成果的质量。

(3) 接受继续教育，提高执业水平。

(4) 执行工程造价计价标准和计价方法。

(5) 与当事人有利害关系的，应当主动回避。

(6) 保守在执业中知悉的国家秘密和他人的商业、技术秘密。

三、注册建造师

(一) 注册建造师与项目经理的关系

注册建造师与项目经理定位不同，但所从事的都是建设工程的管理。建造师执业的覆盖面较大，可涉及工程建设项目管理的许多方面，担任项目经理只是建造师执业中的一项；项目经理则限于企业内某一特定工程的项目管理。建造师选择工作的权力相对自主，可在社会市场上有序流动，有较大的活动空间；项目经理岗位则是企业设定的，是企业法人代表授权或聘用的、一次性的工程项目施工管理者。

注册建造师执业资格制度建立以后，承担建设工程项目施工的项目经理仍是施工企业所承包某一具体工程的主要负责人，他的职责是根据企业法定代表人的授权，对工程项目实施全面的组织管理。而大中型工程项目的项目经理必须由取得建造师执业资格的建造师担任，即建造师在所承担的具体工程项目中行使项目经理职权。建造师需经统一考试和注册后才能从事担任项目经理等相关活动，这是国家的强制性要求，而项目经理的聘任则是企业行为。

建造师分为一级建造师和二级建造师。

（二）建造师的考试

1. 一级建造师

一级建造师执业资格实行统一大纲、统一命题、统一组织的考试制度，由人力资源和社会保障部、住房和城乡建设部共同组织实施，原则上每年举行一次考试。

住房和城乡建设部负责编制一级建造师执业资格考试大纲和组织命题工作，统一规划建造师执业资格的培训等有关工作。人力资源和社会保障部负责审定一级建造师执业资格考试科目、考试大纲和考试试题，组织实施考务工作；并会同住房和城乡建设部对考试考务工作进行检查、监督、指导和确定合格标准。

一级建造师执业资格考试，分综合知识与能力和专业知识与能力两个部分。其中，专业知识与能力部分的考试，按照建设工程的专业要求进行，具体专业划分由住房和城乡建设部另行规定。

凡遵守国家法律、法规，具备下列条件之一者，可以申请参加一级建造师执业资格考试：

1）取得工程类或工程经济类大学专科学历，工作满 6 年，其中从事建设工程项目施工管理工作满 4 年。

2）取得工程类或工程经济类大学本科学历，工作满 4 年，其中从事建设工程项目施工管理工作满 3 年。

3）取得工程类或工程经济类双学士学位或研究生班毕业，工作满 3 年，其中从事建设工程项目施工管理工作满 2 年。

4）取得工程类或工程经济类硕士学位，工作满 2 年，其中从事建设工程项目施工管理工作满 1 年。

5）取得工程类或工程经济类博士学位，从事建设工程项目施工管理工作满 1 年。

参加一级建造师执业资格考试合格，由各省、自治区、直辖市人力资源和社会保障部门颁发人力资源和社会保障部统一印制，人力资源和社会保障部、住房和城乡建设部用印的《中华人民共和国一级建造师执业资格证书》。该证书在全国范围内有效。

2. 二级建造师

二级建造师执业资格实行全国统一大纲，各省、自治区、直辖市命题并组织考试的制度。住房和城乡建设部负责拟定二级建造师执业资格考试大纲，人力资源和社会保障部负责审定考试大纲。各省、自治区、直辖市人事厅（局），建设厅（委）按照国家确定的考试大纲和有关规定，在本地区组织实施二级建造师执业资格考试。

凡遵纪守法并具备工程类或工程经济类中等专科以上学历并从事建设工程项目施工管理工作满 2 年，可报名参加二级建造师执业资格考试。

二级建造师执业资格考试合格者，由省、自治区、直辖市人力资源和社会保障部门颁发由人力资源和社会保障部、住房和城乡建设部统一格式的《中华人民共和国二级建造师执业资格证书》。该证书在所在行政区域内有效。

（三）建造师的注册

取得建造师执业资格证书的人员，必须经过注册登记，方可以建造师名义执业。住房和城乡建设部或其授权的机构为一级建造师执业资格的注册管理机构。省、自治区、直辖市建设行政主管部门或其授权的机构为二级建造师执业资格的注册管理机构。

申请注册的人员必须同时具备以下条件：

1）取得建造师执业资格证书。

2）无犯罪记录。

3）身体健康，能坚持在建造师岗位上工作。

4）经所在单位考核合格。

一级建造师执业资格注册，由本人提出申请，由各省、自治区、直辖市建设行政主管部门或其授权的机构初审合格后，报住房和城乡建设部或其授权的机构注册。准予注册的申请人，由住房和城乡建设部或其授权的注册管理机构发放由住房和城乡建设部统一印制的《中华人民共和国一级建造师注册证》。

二级建造师执业资格的注册办法，由省、自治区、直辖市建设行政主管部门制定，颁发辖区内有效的《中华人民共和国二级建造师注册证》，并报住房和城乡建设部或其授权的注册管理机构备案。

建造师执业资格注册有效期一般为3年，有效期满前3个月，持证者应到原注册管理机构办理再次注册手续。在注册有效期内，变更执业单位者，应当及时办理变更手续。再次注册者，除应符合前述规定外，还须提供接受继续教育的证明。

（四）建造师的职责

建造师经注册后，有权以建造师名义担任建设工程项目施工的项目经理及从事其他施工活动的管理。

建造师在工作中，必须严格遵守法律、法规和行业管理的各项规定，恪守职业道德。

（五）建造师的执业范围

1）担任建设工程项目施工的项目经理。

2）从事其他施工活动的管理工作。

3）法律、行政法规或国务院建设行政主管部门规定的其他业务。

（六）建造师执业技术能力

1. 一级建造师

1）具有一定的工程技术、工程管理理论和相关经济理论水平，并具有丰富的施工管理专业知识。

2）能够熟练掌握和运用与施工管理业务相关的法律、法规、工程建设强制性标准和行业管理的各项规定。

3）具有丰富的施工管理实践经验和资历，有较强的施工组织能力，能保证工程质量和安全生产。

4）有一定的外语水平。

2. 二级建造师

1）了解工程建设的法律、法规、工程建设强制性标准及有关行业管理的规定。

2）具有一定的施工管理专业知识。

3）具有一定的施工管理实践经验和资历，有一定的施工组织能力，能保证工程质量和安全生产。

第四节 建筑工程施工许可

一、建筑工程施工许可证制度

（一）建筑工程施工许可证的申请时间和申请范围

《建筑法》第7条规定："建筑工程开工前，建设单位应当按照国家有关规定向工程所在地县级以上人民政府建设行政主管部门申请领取许可证；但是，国务院建设行政主管部门确定的限额以下的小型工程除外。"这一规定包括以下内容：

（1）建筑施工许可证必须在开工日期之前领取。根据国家计划主管部门的有关规定，开工日期是指建设项目或单位工程设计文件中规定的永久性工程计划开始施工的时间，以永久性工程正式破土开槽开始施工的时间为准，在此以前的准备工作，如地质勘探、平整场地、拆除旧有建筑物、临时建筑、施工用临时道路、水、电等工程都不算正式开工。建设单位未依法在开工前申请领取施工许可证便开工建设的，属于违法行为，应当依照《建筑法》第64条的规定追究其行政法律责任。

（2）建筑施工许可证是由建设单位申请领取的。所谓建设单位，是指投资进行该项目工程建设的任何单位或者个人，即该项建筑工程的"业主"。

（3）县级以上人民政府的建设行政主管部门是施工许可证的审查和发放机关。建设行政主管部门应当依法履行该项职责，对经审查符合法定条件的建筑工程颁发施工许可证，对不符合条件的不得发给施工许可证。

（4）并不是所有的建筑工程在开工前都要申请领取施工许可证。对于国务院建设行政主管部门确定的限额以下的小型工程（投资额在30万元以下或建筑面积在$300m^2$以下）则不需要领取施工许可证。由于小型建筑工程具有投资少、建设规模小、施工相对较简单等特点，没有必要都向建设行政主管部门申请领取施工许可证。

（二）建筑工程施工许可证的申请条件

建设行政主管部门颁发施工许可证，是应建设单位的请求，作出准许申请人从事工程开工活动的书面处理决定的具体行政行为。施工许可证是建设单位能够从事建筑工程开工活动的法律凭证，取得了许可证，也就享有了建筑工程开工的权利。申请领取施工许可证条件的确定，是为了保证建筑工程开工后组织施工能够顺利进行。根据《建筑法》和《建筑工程施工许可管理办法》的规定，申请领取施工许可证，应当具备下列条件，并提交相应的证明文件。

1. 已经办理有关建设用地批准手续

任何一项工程建设，都牵涉到建设用地问题。我国的建设用地实行许可证制度。《城乡规划法》第31条规定："在城市规划区内进行建设需要申请用地的，必须持国家批准建设项目的有关文件，向城市规划行政主管部门申请定点，由城市规划行政主管部门核定其用地位置和界限，提供规划设计条件，核发建设用地规划许可证。建设单位或个人在取得建设用地规划许可证后，方可向县级以上地方人民政府土地管理部门申请用地，经县级以上人民政府审查批准后，由土地管理部门划拨土地。”但是，未在城市规划区的建设工程则不必申请建设用地规划许可证即可直接向土地管理部门申请用地。

2. 在城市规划区的建筑工程，已经取得建筑工程规划许可证

建筑工程规划许可证，是指由城市规划行政主管部门核发的，用于确认建筑工程是否符合城市规划要求的法律文件。《城乡规划法》第 32 条规定：“在城市规划区内新建、扩建和改建建筑物、构筑物、道路、管线和其他工程设施，必须持有关批准文件向城市规划行政主管部门提出申请，由城市规划行政主管部门根据城市规划提出的规划设计要求，核发建筑工程规划许可证。建筑单位或个人在取得建筑工程规划许可证和其他有关批准文件后，方可申请办理开工手续。”

3. 施工场地已经基本具备施工条件，需要拆迁的，其拆迁进度符合施工要求

拆迁一般是指房屋拆迁，即根据城市规划和国家专项工程的迁建计划，以及其他用地文件，拆除和迁移建设用地范围内的房屋及其附属物，并由拆迁人对原房屋及附属物的所有人或使用人进行补偿和安置的行为。对在城市旧区进行建筑工程的新建、改建、扩建，拆迁是施工准备的一项重要任务。对成片进行综合开发的，应根据建筑工程建设计划，在满足施工要求的前提下，分期分批进行拆迁。拆迁必须按计划和施工进度要求进行，否则，都会影响建筑工程的顺利开工。

4. 已经确定建筑施工企业

建筑施工企业是具体负责实施建筑施工作业的单位，其人员素质、管理水平、资金数量、技术装备和施工业绩等都直接影响到其施工的进度、质量和安全。在工程开工前，建设单位必须已经依法通过招标发包或直接发包的方式确定具备同该工程建设规模和技术要等相适应的资质条件的建筑施工企业。按照规定应该招标的工程没有招标，应该公开招标的工程没有公开招标，或者肢解发包工程，以及将工程发包给不具备相应资质条件的，所确定的施工企业无效。否则，开工便无从谈起。

5. 有满足施工需要的施工图纸和技术资料

施工图纸是根据建筑技术设计文件而绘制的供施工使用的图纸。按照基本建设程序，施工图纸包括土建和设备安装两部分。技术资料包括工程说明书、结构计算书和施工图预算等。施工图纸和技术资料是进行工程施工作业的技术依据，是在施工过程中保证建筑质量的重要因素。因此，为了保证工程质量，在开工前必须有满足施工需要的施工图纸和技术资料。

6. 有保证工程质量和安全的具体措施

保证工程质量和安全的具体措施是施工组织设计的一项重要内容。施工组织设计的编制是施工准备工作的中心环节，其编制得好坏直接影响建筑工程质量和建筑安全生产，影响组织施工能否顺利进行。因此施工组织设计必须在建筑工程开工前编制完毕。施工组织的主要内容包括：工程任务情况；施工总方案、主要施工方法、工程施工进度计划、主要单位工程综合进度计划和施工力量、机械及部署；施工组织技术措施，包括工程质量、安全防护以及环境污染防护等各种措施；施工总平面布置图；总包和分包的分工范围及交叉施工部署等。

7. 按照规定应该委托监理的工程已委托监理

根据 2001 年 1 月 17 日住房和城乡建设部颁布的《建设工程监理范围和规模标准规定》，下列建设工程必须实行监理：①国家重点建设工程；②大中型公用事业工程；③成片开发建

设的住宅小区工程；④利用外国政府或者国际组织贷款、援助资金的工程；⑤国家规定必须实行监理的其他工程。上述建设项目已委托监理后，建设单位才能申请施工许可证。

8. 建设资金已经落实

由于建筑活动需要较多的资金投入，占用资金时间也比较长，因此，在建筑工程施工过程中必须拥有足够的建设资金，这是保证施工顺利进行的重要的物质保障。同时，可以避免在工程开工后因缺乏资金而使施工活动无法进行，还可以防止某些建设单位要求施工企业垫资或带资承包现象发生。因此，住房和城乡建设部《建筑工程施工许可管理办法》中规定："建设工期不足一年的，到位资金，原则上不得少于工程合同价的50%，建设工程工期超过1年的，到位资金原则上不得少于工程合同价的30%。建设单位应当提供银行出具的到位资金证明，有条件的可以实行银行付款保证或者其他第三方担保。"对建设资金来源不落实，资金到位无保障的建设项目，建设行政主管部门不能颁发施工许可证。

9. 法律、行政法规规定的其他条件

由于建筑工程的施工活动本身复杂，各类建筑工程的施工方法、技术要求等的不同，申请领取施工许可证的条件也有其复杂性和诸多不同的特点，很难用列举的方式把这些条件都包容进去。而且，随着对建筑活动管理的加强和完善，施工许可证的申请条件也会发生变化。但是，为了保证施工许可证申领的统一性和权威性，只有全国人大及其常委会制定的"法律"和国务院制定的"行政法规"，才可以增加申领施工许可证的其他条件，地方性法规、部门规章地方性规章和其他规范性文件不得规定增加施工许可证的申领条件。

（三）建筑工程施工许可证的申请程序

根据住房和城乡建设部1999年10月15日颁布（2001年7月4日修订）的《建筑工程施工许可管理办法》，建设单位在申请办理施工许可证时，应当按照下列程序进行。

（1）建设单位向发证机关领取《建筑工程施工许可证申请表》。

（2）建设单位持加盖单位及法定代表人印鉴的《建筑工程施工许可证申请表》，并附前述第（二）项"建筑工程施工许可证的申请条件"中的证明文件，向发证相关提出申请。

（3）发证相关在收到建设单位报送的《建筑工程施工许可证申请表》和所附证明文件后，对于符合条件的，应当自收到申请之日起15日内颁发施工许可证；对于证明文件不齐全或者失效的，应当限期要求建设单位补正，审批时间可以自证明文件补证齐全后作相应顺延；对于不符合条件，应当自收到申请之日15日内书面通知建设单位，并说明理由。

建筑工程在施工过程中，建设单位或施工单位发生变更的，应当重新申请领取施工许可证。

（四）建筑工程施工许可证的时效

《建筑法》第9条规定："建设单位应当自领取施工许可证之日起3个月内开工。因故不能按期开工的，应当向发证机关申请延期；延期以两次为限，每次不超过3个月。既不开工又不申请延期或已超过延期时限的，施工许可证自行废止。"本条即是对施工许可证时效的规定，包括以下三项内容。

（1）施工许可证的有效期限是3个月。即建设单位自领取施工许可证之日起3个月内必须开工，这是一项义务性规定，目的是保证施工许可的有效性，有利于发证机关的监督。

（2）施工许可证可以申请延期。但延期以两次为限，每次不超过3个月，即开工期限最长时间为9个月。而且申请延期是有条件的，不能无故延期。对于申请延期的条件，法律中未做明确规定，只笼统规定为“因故”，实践中由发证机关掌握。一般指：“四通一平”未完成，材料、设备等未按计划进场，自然原因（如地震、台风等不可抗力）等。建设单位可以申请延期，但延期的申请是否能够获得批准，则由建设行政主管部门审查认定后，根据情况作出决定，建设行政主管部门认为合理、合法、就可以批准延期；认为不合理、不合法，就不批准延期。

(3) 施工许可证的废止。建设单位的施工许可证因以下两种情形自行废止：一是在施工许可证的有效期内没有开工，建设单位又没有向原发证机关申请延期；二是建设单位在申请了两次延期后，仍没有开工。施工许可证废止后，建设单位按规定重新领取施工许可证，方可开工。

规定施工许可证的时效，可以督促建设单位及时开工，保证组织施工的顺利进行，有利于加强对建筑活动的监督管理，保护参与施工活动各方的合法权益，提高投资效益，维护施工许可证的严肃性和权威性。

二、建筑工程中止施工和恢复施工的报告制度

（一）中止施工的报告制度

中止施工是指建筑工程开工后，在施工过程中，因特殊情况的发生而中途停止的一种行为。中止施工后，建设单位应做好以下工作。

1）自中止施工之日起一个月内，由建设单位向原发证机关报告中止施工的基本情况，如中止原因，工程现状等。

2）建设单位在报告的同时，还应当按照规定做好建筑工程的维护管理工作，防止工程中止施工期间遭受损失，保证该工程恢复施工时可以顺利进行。建设单位应当派专人负责，定期检查中止施工工程的质量状况，发现问题及时解决，以保证已完成施工部分的工程质量。同时，建设单位应与施工单位共同做好中止施工工程的现场安全、防火、防盗等工作，并保管好工程技术档案资料。

（二）恢复施工的报告制度

恢复施工是指建筑工程中止施工后，造成中断施工的情况消除，继续进行施工的一种行为。恢复施工时，中止施工不满一年的，建设单位应当向原发证机关报告恢复施工的有关情况；中止施工满一年的，建设单位应当向原发证机关申请核验施工许可证，经核验合格，可以继续施工，核验不合格的施工许可证收回，待具备条件后，重新申领施工许可证。

三、建筑工程开工报告

开工报告是建设单位依照国家有关规定向计划行政主管部门申请准予开工的文件。开工报告的效力与施工许可证相同，对实行开工报告审批制度的建筑工程，不再领取施工许可证。

建设单位申请开工报告时，也要具备一定的条件，如项目法人已经确定，项日初步设计及总概算已经审查核定和批复，项目资金和其他资金已经落实，项目总体网络计划已经编制完成，项目主体工程的施工单位已经通过招标选定，项目法人与项目设计单位签订供图协议，项目征地、拆迁和施工场地“四通一平”工作已经完成，项目建设所需大型、专用设备或材料已经作出计划安排等，这些同申请领取施工许可证的条件基本一致。

开工报告的有效期为 6 个月，不能按期开工或中止施工超过 6 个月的应当重新办理开工报告的批准手续。不足 6 个月的，建设单位也应当及时向原批准机关报告不能按期开工或中

止施工的基本情况。

典型案例 1

超越资质等级承包工程，导致合同无效案

【案情】

原告：某市帆布厂

被告：某市区修建工程队

1993 年 10 月 5 日，某市帆布厂（以下简称甲方）与某市区修建工程队（以下简称乙方）订立了建筑工程承包工程合同。合同规定：乙方为甲方建一框架式厂房，跨度 12m，总造价为 98.9 万元；承包方式为包工包料；开、竣工日期为 1993 年 11 月 2 日至 1995 年 3 月 10 日。

自工程开工至 1995 年底，甲方付给乙方工程款、材料垫付款等共计 101.6 万元。但乙方到合同规定的竣工期限未能完工，而且已完工程质量部分不合格。为此，双方发生纠纷，并诉至法院。

【审理】

法院在审理过程中查明：乙方在工商行政管理机关登记的经营范围为维修和承建小型非生产性建筑工程，且无相应的资质证书，无资格承包此项工程。经有关部门鉴定：该项工程总造价应为 98.9 万元，未完工程折价为 11.7 万元，已完工程的厂房屋面质量不合格，返工费为 5.6 万元。

受诉法院审理认为：工商企业法人应在工商行政管理机关核准的经营范围内进行经营活动，建筑企业应在其资质许可的范围从事建筑活动。本案被告乙方承包建筑厂房，超越了自己的经营范围，且无资质证书。根据《经济合同法》（现为《合同法》）第 7 条第 1 款第 1 项、第 16 条第 1 款及《建设工程施工合同管理办法》（现为《建筑法》）第 4 条之规定，判决如下：

1）原、被告所订立的建筑工程承包合同无效；

2）被告返还原告多付的工程款 14.4 万元；

3）被告偿付因工程质量不合格所需的返工费 5.6 万元。

判决后双方均未上诉。

【评析】

建筑企业在进行承建活动时，必须严格遵守核准登记的建筑工程资质等级范围，禁止超越资质等级承建工程。本案被告的经营范围仅能承建小型非生产性建筑工程和维修项目，不能承建与原告所订合同规定的生产性厂房。因此被告对合同无效及工程质量问题应负全部责任，承担工程质量的返工费，并偿还给原告多收的工程款。

典型案例 2

未办理施工许可证，被行政处罚案

【案情】

2000 年 7 月 5 日，南昌市第二民用建筑公司承建的“江西省金麟房地产开发公司后墙路商住楼 11～13 层加层工程”正式开工。该工程建筑面积 2700m²，工程造价 135 万元，建

设单位为江西省金麟房地产开发公司。后在南昌市建设行政主管部门组织的执法检查中发现，该工程未办理施工许可证，遂对之进行了处罚。

【处理】

南昌市建设行政主管部门对江西省金麟房地产开发公司未办理施工许可证违法兴建后墙路商住楼 11～13 层加层工程，根据《中华人民共和国建筑法》第 64 条的规定，责令建设单位停止违法施工，并按工程造价的 1%进行罚款，计罚金 13500 元。对南昌市第二民用建筑公司无施工许可证违法施工，依据住房和城乡建设部第 71 号令第 10 条责令其停止施工，并按工程造价的 1%进行罚款，罚金为 13500 元。

目前，江西省金麟房地产开发公司已交罚金 1000 元，剩余罚款承诺补办好有关手续后，在工程开工前补交。南昌市第二民用建筑公司，由于企业目前经济困难，承诺在工程复工前补交罚款。该工程自 2000 年 9 月 21 日下发责令停止违法（章）行为通知书以来一直停工，建设单位与施工单位都已承诺在未办理好有关建设手续之前，工程绝不开工，施工单位已将施工队伍撤离现场。

【评析】

本案主要涉及的是无建设工程施工许可证的违法施工应当受到处罚的问题。

《中华人民共和国建筑法》第 84 条规定："未取得施工许可证或者开工报告未经批准擅自施工的，责令改正。对不符合开工条件的责令停止施工可以处以罚款。"《建设工程质量管理条例》第 57 条规定："违反本条例规定，建设单位未取得施工许可证或者开上报告未经批准，擅自施工的，责令停止施工，限期改正，处工程合同价款 1%以上 2%以下的罚款。"本案对建设单位和施工单位的罚款处罚就是按照上述规定进行办理的。

第七章　建筑工程的发承包与招投标

第一节　建筑工程的发包与承包

一、发包与承包的概念

建筑工程的发包，是指建筑工程的建设单位（或总承包单位）将建筑工程任务（勘察、设计、施工等）的全部或一部分通过招标或其他方式，交付给具有从事建筑活动的法定从业资格的单位完成，并按约定支付报酬的行为。建筑工程的发包单位，通常为建筑工程的建设单位，即投资建设该建筑工程的单位（即"业主"）。对于国有单位投资的经营性基本建设大中型建设项目，在建设阶段必须依法组建项目法人，由项目法人作为建筑单位，负责建筑工程的发包；项目法人可按《公司法》的规定设立有限责任公司（包括国有独资公司）和股份有限公司，由项目法人对项目的策划、资金筹措、建设实施、生产经营、债务偿还和资产保值增值等，实行全过程负责。对于国有单位投资的非经营性的房屋建筑工程，应由建设单位作为发包方负责工程的发包。另外，建筑工程实行总承包，总承包单位经建设单位同意，在法律规定的范围内对部分工程项目进行分包的，工程的总承包单位即成为分包工程的发包单位。

建筑工程的承包，即建筑工程发包的对称，是指具有从事建筑活动的法定从业资格的单位通过投标或其他方式，承揽建筑工程任务，并按约定取得报酬的行为。建筑工程的承包单位，即承揽建筑工程的勘察、设计、施工等业务的单位，包括对建筑工程实行总承包的单位和承包分包工程的单位。

二、发包与承包活动的基本规则

（一）发包与承包双方应当依法订立合同

这是通行的规则，所采用的应是书面形式，使之明白地确定双方的权利和义务，表示经济利益关系。订立合同时要符合有关法律规定，体现公平、自愿、平等、互利的原则。

（二）发包和承包双方应全面履行合同

即双方应当按照合同约定的有关工程的质量、数量、工期、造价及结算办法等要求，全部履行各自的义务，任何一方都不得擅自变更或解除合同。否则，违约方则承担相应的违约责任。

（三）发包与承包的招标投标活动，应遵循公开、公正、平等竞争的原则

招标投标是市场经济条件下进行大宗货物买卖或建筑工程发包与承包时通常采用的竞争交易方式。建筑工程的招标投标活动，应严格按照《建筑法》和《招标投标法》规定的强制招标投标的范围、法定的程序、基本的原则等依法进行，择优选择承包单位。否则，应负相应的法律责任。

（四）发包与承包活动中，禁止采用不正当手段

建筑工程的发承包活动属于市场交易行为，应当按照法定的市场交易规则进行。在发承包活动中，发包方收受贿赂、回扣或索取其他好处及承包方采用行贿、提供回扣或给予其他好处等不正当手段承揽工程的行为，都是严重违反市场交易规则、破坏正常的市场经济秩序

的行为，必须坚决予以禁止。

（五）建筑工程造价依法约定

在社会主义市场经济体制下，商品和劳务的价格，包括建筑工程的造价，应当以市场调节价为主，即由市场交易活动的主体，根据商品和劳务的成本及市场供求状况等因素，自主确定价格，让市场竞争规则和价值规律充分发挥作用，建立和逐步完善在国家宏观经济调控下主要由市场形成价格的机制。因此，建筑工程造价应由作为建筑市场交易活动主体的发承包双方在合同中自主约定，任何地方均不得干预。当然，双方约定造价的行为应遵守一定的规范，即“依法”约定。所谓依法，既包括价格法的有关规定，也包括国务院及国务院有关主管部门关于建筑工程造价方面的规定。

三、建筑工程的发包

（一）建筑工程的发包方式

根据《建筑法》第19条：“建筑工程依法实行招标发包，对不适于招标发包的可以直接发包。”建筑工程的发包方式有招标发包和直接发包两种。

招标发包是业主对自愿参加某一特定工程项目的承包单位进行审查、评比和选定的过程。根据《招标投标法》的规定，下列工程项目的发包必须进行招标：①大型基础设施、公用事业等关系社会公共利益、公众安全的项目；②全部或部分使用国有资金投资或者国家融资的项目；③使用国际组织或者外国政府贷款、援助资金的项目。

直接发包，是指由发包方直接选定特定的承包商，与其进行一对一的协商谈判，就双方的权利义务达成协议后，与其签订建筑工程承包合同的发包方式。一般包括三种情况：①工程项目本身的性质不适宜进行招标发包，如某些保密或有特殊专业要求的房屋建筑工程等；②私人资本投资建设的工程，投资人可以自行选择发包方式，可以招标发包，也可以直接发包；③其他不适于招标发包的建筑工程。

（二）建筑工程的发包形式

发包形式也就是承包形式，或者说是承发包之间经济关系所采取的形式，对此，《建筑法》作了如下规定。

1. 提倡对建筑工程实行总承包

总承包是指一个建筑工程由一个承包单位负责组织实施，由其统一指挥协调，并向发包单位承担统一的经济法律责任的承包形式。工程总承包是建筑活动中经常使用的一种形式，它有利于充分发挥那些在建设工程方面具有较强的技术力量、丰富的经验和组织管理能力的大承包商的专业优势，综合协调工程建设中的各种关系，强化工程建设的统一指挥和组织管理，保证工程质量，提高投资效益和效率。

2. 在总承包中可以是统包也可以分项总承包

建筑工程的发包单位可以将建筑工程勘察、设计、施工、设备采购一并发包给一个工程总承包单位，也可以将勘察、设计、施工、设备采购的一项或者多项发包给一个工程总承包单位。

3. 禁止肢解发包

所谓肢解发包，是指将应当由一个承包单位完成的建筑工程，肢解成若干部分发包给几个承包单位。例如：对一幢房屋的土建工程，建设单位就不能将其分成若干部分发包给几个承包单位，而只能由一个承包单位承包。肢解发包极易造成相互扯皮、费用升高、效率降低、管理混乱等现象，工程质量难以保证，因此必须严格禁止。

（三）对发包行为的限定

1）发包单位及其工作人员在建筑工程发包中不得收受贿赂、回扣或者索取其他好处。

2）建筑工程实行招标发包的，发包单位应当将建筑工程发包给依法中标的单位；建筑工程实行直接发包的，发包单位应当将建筑工程发包给具有相应资质条件的承包单位。

3）政府及其所属部门不得滥用行政权力，限定发包单位将招标发包的建筑工程发包给指定的承包单位。

4）按照合同约定，建筑材料、建筑构配件和设备由工程承包单位采购的，发包单位不得指定承包单位购入用于工程的建筑材料、建筑构配件和设备，或者指定生产厂、供应商。

四、建筑工程的承包

（一）承包单位的资质要求

《建筑法》第26条规定："承包建筑工程的单位应当持有依法取得的资质证书，并在其资质等级许可的范围内承揽工程。禁止施工企业超越本企业资质等级许可的业务范围或者允许其他单位或者个人使用本企业的资质证书、营业执照，以本企业的名义承揽工程。"

（二）联合共同承包

联合共同承包是指由两个以上的单位共同组成非法人的联合体，以该联合体的名义承包某项建筑工程的承包形式。在联合承包的形式中，由参加联合的各承包单位共同组成的联合体作为一个单一的承包主体，与发包方签订承包合同，承担履行合同义务的全部责任。在联合体内部，则由参加联合体的各方以协议约定各自在联合承包中的权利、义务，包括联合体的管理方式及共同管理机构的产生办法，各方负责承担的工程任务的范围、利益分享与风险分担的办法等。

联合共同承包形式，一般适用于大中型建筑工程和结构复杂的建筑工程。大中型和结构复杂的建筑工程任务量大，技术要求复杂，建设周期较长，需要承包方有较强的经济、技术实力和抗风险的能力。由多家单位组成联合体共同承包，可以集中各方的经济、技术力量，发挥各自的优势，大大增强投标竞争的实力，对发包方来说，也有利于提高投资效益，保证工程建设质量。

在联合共同承包中，参加联合承包的各方应就承包合同的履行向发包方承担连带责任。所谓连带责任，是指在同一债权关系的两个以上的债务人中，任何一个债务人都负有向债权人履行全部债务的义务；债权人可以向其中任何一个或者多个债务人请求履行债务，可以请求部分履行，也可以请求全部履行；负有连带责任的债务人不得以债务人之间对债务分担比例有约定而拒绝履行部分或全部债务；连带债务人中一人或多人履行全部债务后，有权要求其他连带债务人偿还他们各自应当承担的份额。所以，发包方有权要求联合承包的任何一方履行承包合同的全部义务，联合承包的各方不得拒绝。这对于维护发包方的正当权益，避免联合承包各方相互推诿责任，加强各方的配合协作，是十分必要的。

最后，当参加联合承包的各方资质等级不同时，为防止出现越级承包，联合体只能按资质等级较低的单位的许可业务范围承揽工程。

（三）建筑工程的分包

建筑工程的分包，是指对建筑工程实行总承包的单位，将其总承包的工程项目的某一部分或某几部分再发包给其他的承包单位，与其签订总承包合同项下的分包合同。此时，总承包合同承包人即成为分包合同的发包人。

在一些大中型建筑工程和结构复杂的建筑工程中，实行总承包与分包相结合的方式，允许承包方将自己总承包工程项目的部分劳务工程或者自己不擅长的专业工程项目分包给其他承包商，以扬长避短，发挥各自的优势，这对提高工作效益、降低工程造价、保证工程质量及缩短工期，都是有好处的。但是，分包行为也有以下很多限制条件：

1）总承包单位只能将部分工程分包给具有相应资质条件的单位。

2）分包的工程必须是总承包合同中约定可以分包的工程，合同中没有约定的，须经建设单位认可。

3）工程的主体结构必须由总承包单位自行完成，不得分包。

4）分包量不得超过总承包合同量的30％。

5）分包单位不得将其承包的工程再分包。

6）分包单位和总承包单位就分包工程对建设单位承担连带责任。

（四）建筑工程的转包

转包是指建筑工程的承包方将其承包的建筑工程倒手转让给他人，使他人实际上成为该建筑工程新的承包方的行为。转包一般表现为两种形式：一种是承包单位将其承包的工程全部转让给他人；另一种是承包单位将其承包的全部工程肢解以后以分包的名义分别转让给他人。

转包行为在表面上与分包有很多相似之处，但实质是它们之间有根本的区别：在转包行为中，原承包方将其承包的工程全部倒手转让给他人，自己并不实际履行合同约定的义务；而在分包行为中，总承包人只是将其承包工程的某一部分或几部分再分包给其他承包单位，总承包人仍然要就总承包合同约定的全部义务包括分包工程部分的履行，向发包单位负责。

转包行为在实践中是非常有害的，如一些单位将其承包的工程压价倒手，转包给他人，从中牟取不正当利益，形成“层层转包，层层扒皮”现象，最后实际用于工程建设的费用大为减少，导致严重偷工减料，一些建筑工程转包后落入不具备相应资质条件的包工队中，留下严重的工程质量隐患，甚至造成重大质量事故。所以，转包行为在法律上是被严格禁止的。

第二节　招投标立法概述

一、招投标的概念和特征

招标投标，是指在市场经济条件下买卖大宗货物，发承包工程建设项目，集中采购与提供服务项目时所采用的一种交易方式。

招标，是指招标者（通常为采购方，即项目主办人或代理招标活动的中介机构）为购买商品或者让他人完成一定的工作，通过发布招标广告或者投标邀请书等方式，公布特定的标准和条件，公开或者书面邀请投标者参加投标，招标者按照规定的程序从参加投标的人中确定交易对象即中标人的行为。

投标，是指投标者（供应商或承包商）按照招标人的要求和条件，提出自己的报价及相应条件，对招标方提出的招标要求和条件进行响应的行为。

招标活动具有以下基本特征：

(1) 交易过程的公开性。这是指招标投标的整个过程均在公开的状态下进行，具有较高的透明度。如招标活动的信息公开、开标的程序公开、评标的标准和程序公开、中标的结果公开等。

(2) 交易活动的竞争性。这是指招标人通过公开进行要约邀请的形式，最大限度地吸引潜在投标人投标，通过“货比三家”的方式，选择到价格最低，质量最好，效益最高的工程、货物或服务，从而使自己的投资发挥最大的经济效益。

(3) 交易的公平性。这是指参加投标的各投标人之间法律地位平等，都具有在同一评标标准下接受考评的权利，不允许招标人与个别投标人一对一的谈判。投标人与招标人的法律地位也是平等的，任何一方不得向另一方提出不合理的要求，不得以任何借口或形式将自己的意志强加于对方。

二、招投标立法概况

狭义的招标投标法是指1999年8月30日由全国人大常委会颁布，于2000年1月1日起施行的《中华人民共和国招标投标法》（以下简称《招标投标法》）。广义的招标投标法还包括一些调整招标投标活动的其他法律、法规和规章，如1992年10月司法部门颁布的《招标投标公证程序细则》，2000年6月住房和城乡建设部发布的《工程建设项目招标代理机构资格认定办法》，2000年10月发布的《建筑工程设计招标投标管理办法》，2001年6月发布的《房屋建筑和市政基础设施工程施工招标投标管理办法》，2001年7月国家计委、建设部等七部委联合发布的《评标委员会及评标方法暂行规定》，2003年3月住房和城乡建设部颁布的《工程建设项目施工招标投标办法》，2011年11月国务院颁布的《中华人民共和国招标投标法实施条例》等，以及《建筑法》、《政府采购法》、《合同法》、《反不正当竞争法》等中有关招标投标的法律规范。

三、《招标投标法》的主要内容

（一）《招标投标法》的总体框架

《投标投标法》是调整招标投标活动的基本法律，共6章，86条。

第一章——总则。主要规定了招标投标法的立法宗旨、适用范围，招标投标活动应当遵循的原则，以及对招标投标活动实施监督、反对地方保护主义和部门保护主义的规定。

第二章——招标。主要内容包括：对招标人的要求，招标项目必须具备的条件，招标的方式，招标代理机构性质和应具备的条件，招标的程序，招标文件的内容和要求等。

第三章——投标。主要内容有：对投标人的要求，投标文件应具备的内容，投标文件的提交时限、签收保存、修改、补充和撤回，中标项目（如果中标的话）的分包和联合体投标，对投标行为的禁止性规定等。

第四章——开标、评标和中标。主要规定了开标的时间、地点和程序，评标的人员、标准及如何评标和确定中标，中标后对招标人和中标人的具体规定等。

第五章——法律责任。主要对招标投标过程中，哪些行为属违反《招标投标法》的行为，应负何种法律责任，怎样进行处罚等做了详尽的规定。

第六章——附则。包括：对招标投标活动提出异议或投诉的规定，关于法定项目可以不进行招标的项目规定，利用外资项目可适用资金提供方对招标投标的特殊规定的规定以及本法的生效日期。

（二）招标投标的范围

根据《招标投标法》第 3 条的规定，在中华人民共和国境内进行下列工程项目包括项目的勘察、设计、施工、监理以及与工程建设有关的重要设备、材料的采购，必须进行招标：

1）大型基础设施、公用事业等关系社会公共利益、公共安全的项目。

2）全部或者部分使用国有资金投资或者国家融资的项目。

3）使用国际组织或者外国政府贷款、援助资金的项目。

需要审批的工程建设项目，有下列情形之一的，由相应的审批部门批准，可以不进行施工招标：

1）涉及国家安全、国家秘密或者抢险救灾而不适宜招标的。

2）属于利用扶贫资金实行以工代赈需要使用农民工的。

3）施工主要技术采用特定的专利或者专有技术的。

4）施工企业自建自用的工程，且该施工企业资质等级符合工程要求的。

5）在建工程追加的附属小型工程或者主体加层工程，原中标人仍具备承包能力的。

6）法律、行政法规规定的其他情形。

不需要审批但依法必须招标的工程建设项目，有前述规定情形之一的也可以不进行施工招标。

（三）招标投标活动的基本原则

招标投标其行为属于民事法律行为，应当遵循公开、公正、公平和诚实信用的原则。

公开，是指招标活动要公开，要在媒体上登出招标广告或公告，公开招标文件，使合格的投标人能够知道招标活动，有机会参加投标。

公正，是指在公开的基础上，对合格的投标人一视同仁，不得以地区、行业、系统等借口来限制符合条件的法人或其他组织参加投标。

公平，是指招标方与投标方的权利义务关系是平等的。双方是平等的民事法律关系主体，要承担相应的义务，享受应有的权利。

诚实信用是民事活动的基本准则，无论是投标方还是招标方都必须遵循诚实信用的原则，特别是投标方，必须具有相应的资质、业绩等，有符合招标文件要求的能力，不得以欺骗或虚假手段投标。

第三节　建筑工程招标

一、招标人和招标代理机构

招标人是指依照招标投标法的规定提出招标项目、进行招标的法人或其他组织。建筑工程招标发包的招标人，通常为该项建筑工程的投资人即业主；对于国家投资的经营性基本建设项目，由依法设立的项目法人作为招标人，非经营性基本建设项目，则由项目的建设单位作为招标人。

招标人可以自行办理招标事宜，也可以选择招标代理机构委托其办理招标事宜。招标代理机构是依法设立，对工程的勘察、设计、施工、监理以及与工程建设有关的重要设备（进口机电设备除外）、材料采购的招标进行代理并提供相关服务的社会中介组织，其设立须具备下列条件：

1）是依法设立的中介组织，具有独立法人资格。

2）与行政机关和其他国家机关没有行政隶属关系或者其他利益关系。

3）有固定的营业场所和开展工程招标代理业务所需设施及办公条件。

4）有健全的组织机构和内部管理的规章制度。

5）具备编制招标文件和组织评标的相应专业力量。

6）具有可以作为评标委员会成员人选的技术、经济等方面的专家库。

7）法律、行政法规规定的其他条件。

工程招标代理机构资格分为甲级、乙级和暂定级。甲级工程招标代理机构资格按行政区划，由省级建设行政主管部门初审，报住房和城乡建设部认定；乙级、暂定级工程招标代理机构资格由工商注册所在地的省级建设主管部门认定，报住房和城乡建设部备案。

甲级工程招标代理机构可以承担各类工程的招标代理业务；乙级只能承担工程总投资 1 亿元人民币以下的工程招标代理业务；暂定级只能承担工程总投资 6000 万元人民币以下的工程招标代理业务。工程招标代理机构均可跨省承担工程招标代理业务，任何单位和个人不得限制或者排斥工程招标代理机构依法开展工程招标代理业务。

工程招标代理机构应当与招标人签订书面合同，在合同约定的范围内实施代理，并按国家计委 2002 年 10 月 15 日颁发的《招标代理服务收费管理暂行办法》收取代理费。超出合同约定实施代理的，依法承担民事责任。

工程招标代理机构在工程招标代理活动中不得有下列行为：

1）与所代理招标工程的招投标人有隶属关系、合作经营关系以及其他利益关系。

2）从事同一工程的招标代理和投标咨询活动。

3）超越资格许可范围承担工程招标代理业务。

4）明知委托事项违法而进行代理。

5）采取行贿、提供回扣或者给予其他不正当利益等手段承接工程招标代理业务。

6）未经招标人书面同意，转让工程招标代理业务。

7）泄露应当保密的与招标投标活动有关的情况和资料。

8）与招标人或者投标人串通，损害国家利益、社会公共利益和他人合法权益。

9）对有关行政监督部门依法责令改正的决定拒不执行或者以弄虚作假方式隐瞒真相。

10）擅自修改经招标人同意并加盖了招标人公章的工程招标代理成果文件。

11）涂改、倒卖、出租、出借或者以其他形式非法转让工程招标代理资格证书。

12）法律、法规和规章禁止的其他行为。

二、招标的条件

根据《招标投标法》、《建筑法》、《房屋建筑和市政基础设施工程施工招标投标管理办法》和《工程建设项目施工招标投标办法》的规定，工程施工招标应当具备下列条件：

1）招标人已经依法成立。

2）初步设计及概算应当履行审批手续的，已经批准。

3）招标范围、招标方式和招标组织形式等应当履行核准手续的，已经核准。

4）有相应资金或资金来源已经落实。

5）有招标所需的设计图纸及技术资料。

6）法律、法规规定的其他条件。

三、招标的方式

根据《招标投标法》第 10 条的规定，招标的方式有公开招标和邀请招标两种。

公开招标，也称无限竞争性招标，是指招标人以招标公告的方式邀请不特定的法人或者其他组织投标。这种方式要求招标方要按照法定程序，以招标公告的形式，通过一定的传播媒介，在尽可能大的范围里，让尽可能多的符合条件的承包商知晓招标事宜，吸引他们平等的参加投标竞争，使招标方可以在众多的投标者中择优选定中标者，达到资金利用的最佳效益。由于公开招标具有因公开、公平、竞争充分从而提高资金使用效益的特点，因而，这种方式成为招标的主要方式。

邀请招标，也称有限竞争性招标，是指招标人以投标邀请书的方式邀请特定的法人或者其他组织投标。招标人采用邀请招标方式的，应当向三个以上具备承担招标项目的能力、资信良好的特定的法人或者其他组织发出投标邀请书。这种方式的特点是招标对象有限，可以大大节约招标费用和招标时间，但它限制了充分的竞争，也给在招标中作弊制造了较多的机会。因而，《招标投标法》第 11 条规定："国务院发展计划部门确定的国家重点项目和省、自治区、直辖市人民政府确定的地方重点项目，不适宜公开招标的，经国务院发展计划部门或者省、自治区、直辖市人民政府批准，可以进行邀请招标。"邀请招标的具体范围如下：

1）项目技术复杂或有特殊要求，只有少量几家潜在投标人可供选择的。

2）受自然地域环境限制的。

3）涉及国家安全、国家秘密或者抢险救灾，适宜招标但不宜公开招标的。

4）拟公开招标的费用与项目的价值相比，不值得的。

5）法律、法规规定不宜公开招标的。

四、招标公告（或投标邀请书）和招标文件

（一）招标公告（或投标邀请书）

根据《招标投标法》的规定，公开招标的项目应当发布招标公告，并通过国家指定的报刊、信息网络平台或者其他媒介发布；对于邀请招标的项目，应向投票人发出投标邀请书。招标公告和投标邀请书，一般应至少包括下列内容：

1）招标人的名称、地址；委托代理机构进行招标的，还应注明该机构的名称和地址。

2）招标项目的内容、规模、资金来源。

3）招标项目的实施地点和工期。

4）获取招标文件或者资格预审文件的地点和时间。

5）对招标文件或者资格预审文件收取的费用。

6）其他事项，如对投标人的合法的资格要求等。

（二）招标文件

招标文件是招标人发出的签订合同的要约邀请，因此招标文件的内容应全面细致，并体现招标项目的特点和需要。招标文件一般包括如下内容：

1）招标须知，主要介绍招标的宗旨、目的和意义，招标的形式，招标人拟提供的资料，投标条件，投标方法、投标函件，投送要求等。

2）工程综合说明书，包括工程概况，工程内容和发包范围，可供使用的场地、水、电、道路等。

3）施工图纸、设计资料和设计说明书等。

4）采用工程量清单招标的，应当提供工程量清单。

5）工程项目的技术要求，如质量、性能、安全要求、验收标准等。

6）拟签订合同的主要条款，包括合同的文件和图纸，双方的权利义务，双方的责任，争议的解决等。

7）评标标准和方法。

8）投标的其他辅助材料。

对于一些大型、特大型或复杂的建筑工程，需要划分标段、确定工期的，招标人应当合理划分标段、确定日期，并在招标文件中载明。招标文件不得要求或者标明特定的生产供应者以及含有倾向或排斥潜在投标人的其他内容。

当招标文件需进行澄清和修改时，招标人应在招标文件要求提交投标文件截止时间至少15日前，以书面形式通知所有招标文件收受人。该澄清或者修改的内容视为招标文件的组成部分。

五、对潜在投标人或者投标人的资格审查

招标人可以根据招标项目本身的特点和需要，要求潜在投标人或者投标人提供满足其资格要求的文件，对潜在投标人或者投标人进行资格审查。资格审查分为资格预审和资格后审。

资格预审，是指在投标前对潜在投标人进行的资格审查。采取资格预审的，招标人可以发布资格预审公告，并应在资格预审文件中载明资格预审的条件、标准和方法。经资格预审后，招标人应当向资格预审合格的潜在投标人发出资格预审合格通知书，告知获取招标文件的时间、地点和方法，并同时向资格预审不合格的潜在投标人告知资格预审结果。资格预审不合格的潜在投标人不得参加投标。

资格后审，是指在开标后对投标人进行的资格审查。进行资格预审的，一般不再进行资格后审，但招标文件另有规定的除外。采取资格后审的，招标人应当在招标文件中载明对投标人资格要求的条件、标准和方法等。资格后审不合格的投标人的投标应作废标处理。

资格审查主要审查潜在投标人或者投标人是否符合下列条件：

1）具有独立订立合同的权利。

2）具有履行合同的能力，包括专业、技术资格和能力，资金、设备和其他物质设施状况，管理能力，经验、信誉和相应的从业人员。

3）没有处于被责令停业，投标资格被取消，财产被接管、冻结，破产状态。

4）在最近3年内没有骗取中标和严重违约及重大工程质量问题。

5）法律、行政法规规定的其他资格条件。

资格审查时，招标人不得以不合理的条件限制、排斥潜在投标人或者投标人，不得对潜在投标人或者投标人实行歧视待遇。任何单位和个人不得以行政手段或者其他不合理方式限制投标人的数量。

六、标底及其编制

建筑工程的标底，一般是依据全国统一的工程量计算规则、预算定额和计价办法计算出来的工程造价，是投资者对工程预算的期望值，也是评标的参考基准价。标底还需要经过招标主管部门的审查，以保证其准确性和权威性。因此，标底的编制应符合实际，力求准确、客观，同时要求保密。

编制标底时，应遵循下列原则。

1）根据设计图纸及有关资料、招标文件，参照国家规定的技术、经济标准定额及规范，确定工程量和编制标底。

2）标底价格应由成本、利润、税金组成，一般控制在批准的总概算（或修正概算）及投资包干的限额内。

3）标底价格作为招标人的期望计划价，应力求与市场的实际变化吻合，既要有利于竞争，又能确保工程质量。

4）标底价格应考虑人工、材料、机械台班等价格变动因素，还应包括施工不可预见费、包干费和措施费等，工程要求优良的，还应增加相应的费用。

5）一个工程只能编制一个标底。

一个完整的标底文件，应包括以下内容：

1）标底报审表。它是招标文件和工程标底主要内容的综合概要，主要供招标管理部门审核标底用。

2）工程标底。其内容包括：标底编制单位名称、主要编制人及专业证书号，标底编制说明，标底汇总表，各单位工程概（预）算表，“暂估价”清单等。

任何单位和个人不得强制招标人编制或报审标底，或干预其确定标底。招标项目也可以不设标底，进行无标底招标。

第四节　建筑工程投标

一、投标与投标人

（一）投标与投标人的概念

投标又称报价，是指作为承包方的投标人根据招标人的招标文件，向招标人提交其依照招标文件的要求所编制的投标文件，即提出报价，以期承包到该招标项目的行为。

投标人是响应招标，参加投标竞争的法人或者其他组织。

（二）投标人的资格要求

招标人必须具备承担招标项目的能力，包括要有与履行项目合同相适应的人员、专业技术能力、财务能力和管理能力，有完成合同所需的设备、设施等的物质条件，同时还要有完成过类似项目合同的经验和良好的信誉等，才能参加投标竞争。另外，如果国家对投标人资格条件或者招标文件对投标人资格条件有规定，则投标人还应具备规定的资格条件。例如，在建筑工程施工项目投标中，投标人必须符合《建筑法》有关建筑施工企业资质条件的规定，在其资质等级许可的范围内，投标承揽工程施工任务。

招标人负责对投标人的资格进行审查（参见本章第三节），审查合格后，方能参加投标。招标人在审查时，不得以不合理的条件限制或者排斥潜在投标人，不得对潜在投标人实行歧视待遇。

（三）投标联合体

大型建设工程项目，往往不是一个投标人所能完成的。所以，法律允许几个投标人组成一个联合体，共同参与投标，并对联合体投标的相关问题作出了明确规定。

1. 联合体的法律地位

联合体是由多个法人或经济组织组成，但它在投标时是作为一个独立的投标人出现的，具有独立的民事权利能力和民事行为能力。

2. 联合体的资格

《招标投标法》规定，组成联合体各方均应具备相应的投标资格；由同一专业的单位组成的联合体，按照资质等级较低的单位确定资质等级。这是为了促使资质优秀的投标人组成联合体，防止以高等级资质获取招标项目，而由资质等级低的投标人来完成的行为。

3. 联合体各方的责任

联合体各方应签订共同投标协议，明确约定各方在拟承包的工程中所承担的义务和责任。

4. 投标人的意志自主

投标时，投标人是否与他人组成联合体，与谁组成联合体，都由投标人自行决定，任何人都不得干涉。《招标投标法》规定，招标人不得强制投标人组成联合体共同投标，不得限制投标人之间的竞争。

（四）投标人的权利和义务

无论是公开招标还是邀请招标，符合招标文件条件的投标人确定参加投标竞争后，即享有和承担投标人的权利和义务。

1. 投标人享有的权利通常包括

1）与其他投标竞争者平等地获得有关该招标项目信息权。

2）要求招标人就其在招标文件阐述不清或存在矛盾的问题予以说明的权利。

3）投标人根据自己的经营状况和掌握的市场信息，有自己确定投标报价的权利。

4）投标人根据自己的经营状况有权参与投标竞争或拒绝参与投标竞争的权利。

5）投标人有权对要求优良的工程实行优质优价。

6）依法检举、控告招标过程中出现的违法行为的权利。

2. 投标人在享有投标权利的同时，还应当承担下列义务

1）保证向招标人提交的投标文件的真实性。

2）对招标人或招标代理机构就投标文件提出的问题予以说明。

3）在法律法规规定或招标人要求的情况下提供投标保证金或其他形式的担保。

4）中标后与投标人签订并履行合同，非经招标人同意不得转包或分包。

二、投标的程序

（一）申请投标

参加投标的企业，应按照招标公告（或投标邀请书）中规定的时间、地点报送申请书，供招标人进行资格审查。申请书的内容一般应包括：

1）企业名称、地址、法定代表人姓名及开户银行和账号。

2）企业的营业执照和资质等级证书。

3）企业简况。

4）招标公告要求的其他内容。

（二）领取招标文件并缴纳投标保证金

招标人可以在招标文件中要求投标人提交投标保证金。投标保证金除现金外，可以是银

行出具的银行保函、保兑支票、银行汇票或现金支票；投标保证金一般不得超过投标总价的2%，但最高不得超过80万元人民币；投标保证金有效期应当超出投标有效期30天。

投标人应当按照招标文件要求的方式和金额，将投标保证金随投标文件提交给招标人。若不按招标文件要求提交投标保证金，则该投标文件将被拒绝，作废标处理。

（三）研究招标文件，调查工程环境，确定投标策略

（四）编制投标文件

投标人应根据招标文件的内容和要求编制投标文件，即标书。编制标书时，除满足招标文件的基本要求外，还应包括下列内容：

1）拟派出的项目负责人和主要技术人员的简历。

2）近年来完成工程项目的业绩。

3）拟用于完成招标项目的机械设备。

4）保证工程质量、安全、进度的主要技术组织措施。

5）拟在中标后分包的说明。

6）其他，如工程进度，拟开工、竣工的日期等。

（五）将投标文件盖章、密封后，于指定时间送交至指定地点

招标人收到投标文件后，应当向投标人出具标明签收人和签收时间的凭证，在开标前任何单位和个人不得开启投标文件。在指定时间后送达的投标文件，为无效的投标文件，招标人应当拒收。

另外，投标人在招标文件要求提交投标文件的截止时间前，可以补充、修改、替代或者撤回已提交的投标文件，并书面通知招标人；补充、修改的内容为投标文件的组成部分。在截止时间后补充、修改、替代投标文件的，招标人不予接受；投标人撤回投标文件的，其投标保证金将被没收。

三、对投标行为的要求

（一）保密要求

由于投标是一次性的竞争行为，为保证其公正性，就必须对当事人各方提出严格的保密要求。投标文件及其修改、补充的内容都必须以密封的形式送达，招标人签收后必须原样保存，不得开启；对于标底和潜在投标人的名称、数量以及可能影响公平竞争的其他有关招投标的情况，招标人都必须保密，不得向他人透露。

（二）报价要求

《招标投标法》规定："投标人不得以低于成本的价格报价、竞标"。投标人以低于成本的价格报价，是一种不正当的竞争行为，他一旦中标，必然会采取偷工减料、以次充好等非法手段来避免亏损，以求得生存。这将严重破坏社会主义市场经济秩序，给社会带来隐患，必须予以禁止。但投标人从长远利益出发，放弃近期利益，不要利润，仅以成本价投标，这是合法的竞争手段，法律是予以保护的。这里所说的成本，是以社会平均成本和企业个别成本来计算的，并要综合考虑各种价格差别因素。

（三）禁止串通投标

串通投标有两种情况：投标人之间串通投标、招标人与投标人串通投标。

1．投标人之间串通投标的情形

（1）投标人之间协商投标报价等投标文件的实质性内容；

(2) 投标人之间约定中标人；

(3) 投标人之间约定部分投标人放弃投标或者中标；

(4) 属于同一集团、协会、商会等组织成员的投标人按照该组织要求协同投标；

(5) 投标人之间为谋取中标或者排斥特定投标人而采取的其他联合行动。

有下列情形之一的，视为投标人相互串通投标：

(1) 不同投标人的投标文件由同一单位或者个人编制；

(2) 不同投标人委托同一单位或者个人办理投标事宜；

(3) 不同投标人的投标文件载明的项目管理成员为同一人；

(4) 不同投标人的投标文件异常一致或者投标报价呈规律性差异；

(5) 不同投标人的投标文件相互混装；

(6) 不同投标人的投标保证金从同一单位或者个人的账户转出。

2. 招标人与投标人串通投标的情形

(1) 招标人在开标前开启投标文件并将有关信息泄露给其他投标人；

(2) 招标人直接或者间接向投标人泄露标底、评标委员会成员等信息；

(3) 招标人明示或者暗示投标人压低或者抬高投标报价；

(4) 招标人授意投标人撤换、修改投标文件；

(5) 招标人明示或者暗示投标人为特定投标人中标提供方便；

(6) 招标人与投标人为谋求特定投标人中标而采取的其他串通行为。

对串通投标行为，法律明令禁止，并予以严厉处罚。

《招标投标法》第53条规定："投标人相互串通投标或者与招标人串通投标的，投标人以向招标人或者评标委员会成员行贿的手段谋取中标的，中标无效，处中标项目金额5‰以上10‰以下的罚款，对单位直接负责的主管人员和其他直接责任人员处单位罚款数额5%以上10%以下的罚款；有违法所得的，并处没收违法所得；情节严重的，取消其一年至两年内参加依法必须进行招标的项目的投标资格并予以公告，直至由工商行政管理机关吊销营业执照；构成犯罪的，依法追究刑事责任。给他人造成损失的，依法承担赔偿责任。"

(四) 对联合体投标的要求

联合体各方签订共同投标协议后，不得再以自己名义单独投标，也不得组成新的联合体或参加其他联合体在同一项目中投标。

联合体参加资格预审并获通过的，其组成的任何变化都必须在提交投标文件截止之日前征得招标人的同意。如果变化后的联合体削弱了竞争，含有事先未经过资格预审或者资格预审不合格的法人或者其他组织，或者使联合体的资质降到资格预审文件中规定的最低标准以下，招标人有权拒绝。

联合体各方必须指定牵头人，授权其代表所有联合体成员负责投标和合同实施阶段的主办、协调工作，并应当向招标人提交由所有联合体成员法定代表人签署的授权书。

联合体投标的，应当以联合体各方或者联合体中牵头人的名义提交投标保证金。以联合体中牵头人名义提交的投标保证金，对联合体各成员具有约束力。

招投标法对投标行为还有其他限制性要求，如对投标行为的其他限制性要求，包括不得向招标人或评标委员会成员行贿以谋取中标；不得以他人名义投标或以其他方式弄虚作假、骗取中标等。

第五节　建筑工程的开标、评标和中标

一、开标

开标，是指依法将所有投标文件开启揭晓的行为。开标的时间为招标文件中确定的提交投标文件截止时间的同一时间，开标的地点为招标文件中预选确定的地点。投标人少于 3 个的，不得开标；招标人应当重新招标。

开标由招标人或其委托的招标代理机构主持，并邀请所有投标人参加。对依法必须进行招标的项目，有关行政机关可以派人参加。但是，行政机关不得代替招标人主持开标。

开标应按下列法定程序进行。

1）由投标人或者其推选的代表检查投标文件的密封情况，也可以由招标人委托的公证机构检查并公证。

2）由工作人员当众拆封并宣读投标文件中所载明的投标人名称、投标价格和投标文件的其他主要内容。

3）由工作人员将开标的全部过程，包括开标的时间、地点、参加人、检查投标文件密封的情况、拆封和宣读的情况等，作出书面记录，并存档备查。

4）投标人对开标有异议的，应当在开标现场提出，招标人应当当场作出答复，并制作记录。

二、评标

评标是指对投标文件，按照规定的标准和方法，进行评审和比较，从而找出符合法定条件的最佳投标的过程。评标是招标投标活动中非常重要的环节，评标的公平、公正与否，决定着整个招标投标活动是否公平、公正，关系到招标人能否获得最佳的投标。因此，《招标投标法》对评标做了如下详细的规定。

1. 评标人及评标委员会的组成

评标必须由招标人依法组建的评标委员会负责，其他任何人都不得负责评标。

评标委员会并非是一个国家的常设机构，它是根据每一个具体招标项目的不同而设立的临时性机构。对于依法必须招标的项目，其评标委员会由招标人的代表和有关技术、经济等方面的专家组成，成员人数为五人以上单数，其中技术、经济等方面的专家不得少于成员总数的三分之二。

前述专家应当从事相关领域工作满 8 年并且有高级职称或者具有同等专业水平，由招标人从国务院有关部门或者省、自治区、直辖市人民政府有关部门提供的专家名册或者招标代理机构的专家库内的相关专业的专家名单中确定；一般投标项目可以采取随机抽取方式，特殊招标项目可以由招标人直接确定。

与投标人有利害关系的人不得进入相关项目的评标委员会，已经进入的应当更换。评标委员会成员的名单在中标结果确定前应当保密。

2. 评标委员会成员的行为规则

1）评标委员会成员应当客观、公正地履行职务，遵守职业道德，对所提出的评审意见承担个人责任。

2）评标委员会成员不得私下接触投标人，不得收受投标人的财物或者其他好处。

3）评标委员会成员和参与评标的有关工作人员不得透露对投标文件的评审和比较、中标候选人的推荐情况以及有关的其他情况。

3. 评标的标准和评审要求

评标的标准有二：第一，是否能够最大限度地满足招标文件规定的各项综合评价标准；第二，是否能够满足招标文件的实质性要求，且投标价格最低，但是投标价格低于成本的除外。投标人满足上述标准之一，才可能成为中标人；有下列情形之一的，则按废标处理：

1）无单位盖章且无法定代表人或法定代表人授权的代理人签字或盖章的。

2）未按规定的格式填写，内容不全或关键字迹模糊、无法辨认的。

3）投标人递交两份或多份内容不同的投标文件，或在一份投标文件中对同一招标项目报有两个或多个报价，且未声明哪一个有效的，按招标文件规定提交备选投标方案的除外。

4）投标人名称或组织结构与资格预审时不一致的。

5）未按招标文件要求提交投标保证金的。

6）联合体投标未附联合体各方共同投标协议的。

评审中，评标委员会可以书面方式要求投标人对投标文件中含义不明确、对同类问题表述不一致或者有明显文字和计算错误的内容作必要的澄清、说明或补正。评标委员会不得向投标人提出带有暗示性或诱导性的问题，或向其明确投标文件中的遗漏和错误。

投标文件不响应招标文件的实质性要求和条件的，招标人应当拒绝，并不允许投标人通过修正或撤销其不符合要求的差异或保留，使之成为具有响应性的投标；评标委员会在对实质上响应招标文件要求的投标进行报价评估时，除招标文件另有约定外，应按下述原则进行修正：①用数字表示的数额与用文字表示的数额不一致时，以文字数额为准；②单价与工程量的乘积与总价之间不一致时，以单价为准。若单价有明显的小数点错位，应以总价为准，并修改单价。

评标委员会完成评标后，应当向招标人提出书面评标报告（评标报告必须由评标委员会全体成员签字），并推荐合格的中标候选人；中标候选人应当限定在一至三人，并标明排列顺序。然后，由招标人在中标候选人中确定中标人，或授权评标委员会直接确定中标人。

评标委员会经评审，认为所有投标都不符合招标文件要求的，可以否决所有投标。对于依法必须进行招标的项目的所有投标都被否决的，招标人应当依法重新招标。

三、中标

中标是指对各项条件的对比、分析、平衡，优选确定最佳中标人的过程。

中标人确定后，招标人应当向中标人发出中标通知书，并同时将中标结果通知所有未中标的投标人。同时，招标人应当自确定中标人之日起 15 日内，向有关行政监督部门提交招标投标情况的书面报告。中标通知发出后，招标人改变中标结果的，或者中标人放弃中标项目的，应当依法承担法律责任。

招标人和中标人应当自中标通知书发出之日起 30 日内，按照招标文件和中标的投标文件订立书面合同。招标人和中标人不得再行订立背离合同实质内容的其他协议。

招标文件要求中标人提交履约保证金的，中标人应当提交。履约保证金不得超过中标合同金额的 10%。

中标人应当按照合同约定履行义务，完成中标项目。中标人不得将中标项目转包，也不得肢解后以分包的名义转让。中标人可以按照合同约定或者经招标人同意，将中标项目的部分非主体、非关键性工作分包；接受分包的人应具备相应的资格条件，并不得再次分包；中标人应当就分包项目与分包人向招标人负连带责任。

典型案例 1

承包方雇用农民建筑队致使工程误期案

【案情】

原告：某市供销社（发包方，简称供销社）

被告：某市第二建筑公司（承包方，简称二建）

1995 年 5 月 30 日，供销社与二建签订了一份建筑一栋六层办公、营业两用楼的工程承包合同。合同规定：建筑面积 2600m^2；工程造价，550 元/m^2；总计工程款为 140 万元；承包方式为包工、包料；开工时间为 1995 年 6 月 10 日，竣工时间为 1995 年 12 月 20 日；经双方和质量监督部门验收合格后交付使用。因建筑工程未能按期竣工而发生纠纷，发包方遂于 1996 年 2 月 25 日向某市中级人民法院提起诉讼。

【审判】

在诉讼中，发包方称：承包方在施工中没有使用自己的施工队伍，多次转包，影响工程进度，延误竣工交付的时间，给我方造成直接经济损失达 21 万元，承包方应承担违约责任。承包方则答辩称：由于发包方未能按照合同约定的时间提供图纸，延误了开工时间；在施工中，我方使用农民建筑队属于雇用劳务，不是转包，发包方未按约定支付工程款，影响了施工进度；延长竣工时间，多支出的费用，发包方应当负责。

法院经审理查明：发包方提供施工图纸，有的提前，有的拖后，未按合同约定时间提供。但是经某设计院鉴定，提供图纸的时间，不会影响开工时间和施工进度。发包方支付工程款是采取双方协商零星拨款的方式，承包方购买建筑材料时随买随拿支票，由发包方签字；经核算，发包方支付的工程款比合同规定多支付 10 万元。承包方所提影响施工进度的理由不能成立。承包方因自己的施工力量没有安排开，在施工期间先后四次雇用农民建筑队进行施工，加之管理不善，影响了施工进度，到合同期满时仅完成主体工程三层。

1996 年 8 月 30 日，法院依法作出判决如下：

1）承包方由于自己施工力量不足，四次雇用农民建筑队施工，属雇用劳务性质，不属转包，但由于组织不严、管理不善，影响了施工进度，未按期竣工，应负违约责任。应按合同约定赔偿违约金 21 万元，从拨付的工程款中扣除。

2）承包方应继续履行合同，按原合同设计标准积极组织施工，保证工程质量，并于 1996 年 10 月 31 日竣工交付使用。

3）案件受理费 1300 元由承包方负担。

【评析】

承包方承包了工程，应当以自己的施工力量、施工设备和施工技术进行施工。如果自己力量不足，可以将承包的工程部分分包给其他分包单位，签订分包合同。法律规定：承包单位只能将部分工程分包给具有相应资质条件的单位，而且分包的工程必须是承包合同中约定可以分包的工程，合同中没有约定的，须经建设单位认可；分包单位应和承包单位就分包工程对建设单位承担连带责任；禁止将承包的工程倒手转让给他人或者将承包的工程肢解以后以分包的名义分别转让给他人。如果雇用农民建筑队，他们只能做辅助工或者做辅助工程，并应严格监督管理；否则，可能成为违法分包或转包。

本案中承包方雇用农民建筑队的行为，虽然不属于违法分包和转包，但由于施工组织、管理不善，导致延误工期，对此承包方应负全部责任。另外，在施工过程中，建设单位也不能把工程包出去就算完事，发包方应当派驻工地代表或者依法委托监理单位，对工程进度、质量等进行监督，解决应由发包方解决的问题以及其他事宜。本案中承包方没有按照合同规定的时间竣工交付使用，与发包方的监督不力也不是没有关系的，发包方应当接受教训。

典型案例 2

某建筑工程中标纠纷案

【案情】

原告：广东省汕头市某建筑安装工程公司

被告：上海市某房地产开发公司

1993 年 11 月 22 日，被告上海市某房地产开发公司经批准进行招标，原告及另外三家公司参加了投标。经评标，原告中标，该中标结果由上海市建设工程招投标管理办公室见证，由被告于 1993 年 12 月 14 日向原告发出中标通知书，并要求原告于 12 月 25 日签订工程承包合同，12 月 28 日开工。中标通知书中载明中标合同造价为人民币 8000 万元。发出中标通知书后，被告指令原告先作开工准备，再签工程合同。原告按被告要求平整了施工场地，进了打桩架等开工设备，并如期于 28 日打了两根桩，完成了开工仪式。工程开工后，被告借故迟迟不同意签订工程承包合同，至 1994 年 3 月 1 日，被告书面函告原告“将另行落实施工队伍”。双方经多次协商未果，原告遂于 1994 年 6 月 17 日向上海市中级人民法院提起诉讼。

【审判】

在审理中，原告诉称：根据住房和城乡建设部颁布的《工程建设施工招投标管理办法》的有关规定，原告认为被告既已发出中标通知书，就表明招投标过程中的要约已经承诺，按招投标文件和《施工合同示范文本》的有关规定，签订工程承包合同是被告的法定义务。被告则辩称：虽然已发出了中标通知书，但中标通知书并无合同效力，且双方的合同尚未签订，双方还不存在合同上的权利义务关系，被告有权另行确定合同相对人。

法院对当时的这起新类型案件十分重视。通过庭审查明，原告起诉所依据的事实属实，确认发出中标通知书即表明被告实施了具有约束力的民事法律行为，据此签订承发包合同即成为被告的义务。最后，经过法院调解，双方同意和解，由被告赔偿原告的各项损失共计 196 万元人民币，诉讼费由被告承担，原告遂撤诉。

【评析】

本案发生之时，我国尚未颁布《招标投标法》，只有住房和城乡建设部等部委的一些规章和各地方政府的有关规定对此作出了规范。住房和城乡建设部的《工程建设施工招投标管理办法》（已修改）第 37 条规定：“中标通知书发出 30 日内，中标单位应与建设单位依据招标文件、投标书等签订工程承发包合同”。根据招标投标的法理，招标是要约邀请，投标是要约，招标人发出中标通知书，即意味着对投标人的承诺，签订合同即成为双方的法定义务。任何一方不签订合同，对中标结果反悔，都应当承担相应的法律责任，故原告的主张是有法律依据的。

2000年1月1日正式实施的《中华人民共和国招标投标法》对上述内容进行了确认，并将其效力等级提高到法律的高度。其第45条规定："中标通知书对招标人和中标人具有法律效力。招标人发出中标通知书后，招标人改变中标结果的，或者中标人放弃中标项目的，应当依法承担法律责任。"第46条规定："招标人和中标人应当自中标通知书发出之日起30日内，按照招标文件和中标人的投标文件订立书面合同。招标人和中标人不得再行订立违背合同实质内容的其他协议。"所以，本案中被告发出中标通知书后不签订合同，应当承担法律责任，是没有什么可争议的，法院的处理也是完全正确的。

第八章 建筑工程合同

第一节 建筑工程合同概述

一、合同法原理

（一）合同的概念和特征

合同，又称契约，是指平等主体的自然人、法人或其他组织之间设立、变更、终止民事权利义务关系的协议。合同具有如下法律特征：

(1) 合同是一种民事法律行为。作为民事法律行为的合同，其当事人的目的是为了设立、变更或终止一定的民事关系，合同的这一特征，使其区别于一般社交中的约定行为。

(2) 合同是双方或多方当事人之间的民事法律行为。民事法律行为有单方或双方、多方关系。合同是双方或多方当事人之间的民事法律行为。经由双方或多方当事人意思表示一致，才能形成合同关系，一个主体不可能形成合同关系。

(3) 合同是当事人在平等互利基础上的法律行为。所谓平等，是指合同当事人法律地位平等，不存在谁领导谁的问题，不允许任何一方将自己的意志强加给对方。所谓互利是指除少数合同外，当事人取得一定的经济利益，就要付出对等代价。

（二）合同法的基本原则

1. 平等原则

合同法上的平等原则是民法原则的体现和贯彻。它集中体现了合同的本质。所谓平等，其含义为：

(1) 合同是平等主体之间设立、变更、终止民事权利义务关系的协议。非平等主体之间的合同关系不属于合同法上的关系。

(2) 合同当事人法律地位平等。不论是公民之间订立的合同，还是法人之间订立的合同或其他组织之间订立的合同以及相互订立的合同，不能将自己的意志强加给另一方，合同是双方合意的结果，应体现双方的真实意思，这种真实意思只有在平等的前提下才能形成。

2. 自愿原则

当事人有订立或不订立合同的自由，有决定合同另一方的自由，有决定合同内容的自由，有决定合同形式的自由。

3. 诚信原则

合同关系从本质上讲是一种信用关系。诚实信用是关系得以维持和发展的基本要求。合同权利人应正当地行使权利，合同义务人应积极地履行义务。合同当事人之间禁止欺诈、胁迫、乘人之危，否则将导致合同无效。

（三）合同的订立

合同订立的程序，从法律上可分为要约和承诺两个阶段。

1. 要约

要约是一方当事人向他人作出的以一定条件订立合同的意思表示。前者称为要约人，后者称为受要约人。一个有效的要约应具有下列条件：

1）要约必须是特定人的意思表示。

2）要约必须是向特定人发出的意思表示。

3）要约必须是能够反映所要订立合同主要内容的意思表示。其内容包括合同的标的、质量、数量、价款或酬金、履行期限、履行地点等。

2. 承诺

承诺是指受要约人同意要约内容缔结合同的意思表示。承诺须具备下列要件：

1）承诺必须由受要约人作出，受要约人以外的任何第三人即便知道要约的内容并对此作出同意的意思表示，也不能认为是承诺。

2）承诺必须在有效期内作出。

3）承诺必须与要约的内容一致。

4）承诺需向要约人作出。

（四）合同的内容

合同的内容为当事人约定，根据我国《合同法》，一般包括以下条款：当事人的名称或姓名和住所；标的；数量；质量；价款或酬金；履行期限、地点和方式；违约责任；双方当事人约定的其他条款。

（五）合同效力

1. 合同效力的概念

合同效力又称合同的法律效力，是指法律赋予依法成立的合同具有约束当事人各方乃至第三人的强制力。

合同对当事人各方的约束力包括：

1）当事人负有适当履行合同的义务。

2）违约方依法承担违约责任。

3）当事人不得擅自变更、解除合同，不得擅自转让合同权利和义务。

4）当事人享有请求给付的权利、自行实现债权的权利、处分债权的权利。

合同对第三人的效力，一般情况下表现为任何第三人不得侵害合同债权，在合同债权人行使撤销权或代位权时涉及第三人，在涉他合同中可有向第三人履行或由第三人履行的效力。

2. 合同生效

合同成立与合同生效是两个不同的概念。合同成立是指当事人达成协议建立的合同关系。合同生效是指合同具有法定要件后，能产生法律效力。在多数情况下，合同成立时具备了生效要件，因而其成立和生效时间是一致的。但是，合同成立并不等于合同生效。

合同的生效要件：

1）当事人在订立合同时必须具有相应的民事行为能力。

2）合同当事人意思表示真实。

3）合同内容不违反法律或者社会公共利益。

4）合同标需确定和可能。

3. 无效合同

无效合同是指严重欠缺合同的生效要件，不发生合同当事人追求的法律后果，不受国家法律保护的合同。

无效合同的种类有：

1）因胁迫而订立的且损害国家利益的合同。

2）恶意串通，损害国家、集体或第三人利益的合同。

3）因欺诈而订立的且损害国家利益的合同。

4）违反社会公共利益的合同。

5）以合法形式掩盖非法目的的合同。

6）违反法律、行政法规、强制性规定的合同。

无效合同由人民法院或仲裁机构确认。无效合同从订立时起就没有法律约束力，当事人双方确立的权利义务关系随之无效。合同尚未履行的，不得履行；正在履行的，应当立即终止履行。无效合同所涉及的财产依下列规则处理：

1）返还财产。合同被确认无效后，当事人依据合同取得的财产，应当返还给对方。如果标的物已经不存在或者已被第三人善意取得不能返还时，可用赔偿损失的方法抵偿。

2）赔偿损失。合同被确认无效后，有过错的一方应赔偿对方因此受到的损失。如果双方都有过错，各自承担相应的责任。

3）收归国库或者返还集体或第三人。因当事人故意损害国家利益或社会公共利益而导致无效合同，其当事人已经取得或约定取得的财产均应收归国库或返还集体或第三人。

4. 可撤销合同

可撤销合同是指欠缺合同的有效要件，存在可撤销原因的合同。

可撤销合同的种类有：

1）对合同内容存在重大误解的合同。所谓重大误解，是指误解人作出意思表示时，对涉及法律效果的重大事项存在着认识上的显著缺陷。其后果是使误解人受到较大损失，以至于根本达不到缔约的目的。重大误解包括对合同性质、对方当事人、标的物品种、质量、规格、数量、包装以及合同的履行方式、履行地点、履行期限等内容的误解。

2）显失公平的合同。显失公平，是指合同双方当事人的权利义务明显不对等，对一方过分有利，而对另一方过分不利。这种不对等超出了法律允许的限度，严重违反了公平原则。

3）一方以欺诈、胁迫手段或乘人之危订立的合同。一方以欺诈胁迫手段或乘人之危订立的合同，只要未损害国家利益，也为可撤销合同。

（六）合同的履行

1. 合同履行的概念

合同履行是指债务人全面地、适当地完成约定的义务，以使债权人的债权得到完全实现。在不同类型的合同中，履行义务的表现形式是不同的。在买卖合同中，出卖人的义务是按照约定交付标的物；买受人的义务是按照约定支付价款。在货物运输合同中，承运人的义务是按照约定将货物运至约定地点。托运人的义务是按约定支付酬金。

2. 合同履行中当事人的附随义务

附随义务是指其法定义务。主要有：

1）及时通知的义务。

2）协作的义务。

3）防止损失扩大的义务。

4）保密的义务。

3．合同内容没有约定或约定不明时的履行规则

合同生效后，当事人就质量、价款或报酬、履行地点等内容没有约定或约定不明的，可以协议补充，不能达成补充协议的，按合同有关条款或者交易习惯确定；按照有关条款或习惯仍不能确定的，按下列规则履行：

1）质量不明确的，按国家标准、行业标准履行；没有国家标准、行业标准的，按照通常标准或者符合合同目的的特定标准履行。

2）价款或者报酬不明确的，按照订立合同时履行地的市场价格履行。

3）履行地点不明确的，给付货币的，在接受货币一方所在地履行；交付不动产的，在不动产所在地履行；其他标的，在履行义务一方所在地履行。

4．提前履行和部分履行

提前履行，是指债务人在履行期限之前提前向债权人履行债务。提前履行，债权人有权拒绝。但提前履行不损害债权人利益的，债权人应予受领。例如，工程提前竣工，债权人应予受领。提前履行债权受领，但因此增加债权人费用的债务人应予负担。

部分履行，是指债务人在履行期内只向债权人履行部分债务。部分履行，债权人有权拒绝。但债务人部分履行不损害债权人利益的，债权人应予受领。例如，偿还部分借款，债权人应予受领。债权人受领部分履行而增加的费用，债务人应予承担。债务人未履行的部分应承担违约责任。

5．中止履行

合同的中止履行是指在合同中负有先履行义务的一方，在合同尚未履行或没有完全履行时，因法定事由暂时停止履行自己承担的合同义务。负有先履行合同义务的当事人中止履行的权利，在合同法理论上称为不安抗辩权。

中止履行适用的条件：

1）双方当事人的合同是双务合同。

2）后给付义务人的履行能力明显降低，有不能履行合同义务的现实危险。

3）后给付义务人未提供适当担保。

中止履行的后果：只要具备中止履行的条件，负先履行义务一方在后给付义务人未提供担保前，有权拒绝自己的给付；后给付义务人恢复了能力或者提供了担保时，先履行义务一方应当履行合同；后给付义务人在约定或合理期限内未恢复能力或者提供担保的，负先履行义务的一方有权解除合同。

（七）违约责任

违约责任是指当事人不履行合同义务或者履行合同义务不符合约定所应承担的民事责任。

1．违约责任的承担条件

（1）违约行为。又称不履行合同债务。这里的合同债务，既包括当事人在合同中约定的义务，又包括法律直接规定的义务，还包括根据法律原则和精神的要求，当事人所必须遵守的义务。

（2）损害事实。损害事实既包括直接损失，也包括间接损失。

(3) 违约行为与损害事实之间存在因果关系。

2. 违约责任承担的方式

(1) 支付违约金。违约金是指由当事人在合同中约定的，当一方违约时，应向对方支付一定数额的货币。违约金是我国合同违约责任中最常见的一种责任方式。违约金具有补偿性，约定的违约金视为损害赔偿，赔偿额应相当于违约造成的损失。

(2) 支付赔偿金。赔偿金是指合同当事人因违约行为给对方造成损失，而合同中又未约定违约金时，应支付给对方的款项。违约方支付的赔偿金应相当于违约造成的损失，包括合同履行后可以获得的利益，但不得超过合同一方订立合同时应当预见到的因违反合同可能造成的损失。

(3) 强制履行。强制履行是指经一方当事人请求由法院作出实际履行判决或下达特别履行命令，强迫违约方在指定期限内履行合同义务。违约方强制履行后还有其他损失的，对方可以请求赔偿损失。

(4) 支付价金及逾期利息。在金钱债务中，当事人一方未支付价款或报酬的，对方可以请求其支付价款或报酬。当事人迟延支付价款或报酬的应当支付价款或报酬的逾期利息。

(5) 修理、更换、重作、减价或者退货。当事人一方提供的标的物的质量不符合约定，受害方可根据标的物的性质及损失大小合理选择请求修理、更换、重作、减价或者退货。有其他损失的，受害方还可请求赔偿损失。

3. 违约责任与侵权责任的竞合

当某一违约行为侵害对方人身、财产权益的，该行为既是违约行为，又是侵权行为。例如，交付的啤酒因爆炸而致买受人受伤；出售有毒饲料添加剂造成耕牛中毒死亡等。对于这些违约行为，受害人在要求损害赔偿时，还可以选择一种对其有利的请求权，受害人既可要求对方承担违约责任，也可要求对方承担侵权责任，但二者只能选择其一。

二、建筑工程合同的概念和特征

建筑工程合同是指建设单位（业主、项目法人）与勘察、设计、施工、监理以及建筑物资采购等单位依法签订的，以完成某项建筑工程或者是该工程的一部分或某个方面为内容，明确双方权利与义务的书面协议。在合同中，前者一般称为发包方或委托方，后者一般称为承包方或受托方。

建筑工程合同是合同的一种类型，它除了具备合同的一般特征外，还具有自身的一些特点，主要表现如下：

1. 合同主体的特定性

合同的主体即发包方和承包方，双方都应具备法人资格；同时，作为承包方的勘察、设计、施工、监理等单位，还须依法取得资质，并在其资质等级许可的范围内从事建筑活动。除此之外，还应到工商行政管理部门依法登记注册，在取得营业执照后，才具备权利能力和行为能力，才有签订建筑工程合同的资格。

2. 合同客体的特殊性

建筑工程合同的客体是各类建筑产品及其相关的服务，属于或涉及不动产。其中，施工合同直接为了建造建筑产品，勘察、设计、监理合同提供的是智力劳务，其最终目的也是为了建造建筑产品。建筑产品一般为不动产，具有规模大、投资多、建设周期长、质量要求特定等特点，与一般的产品有很大的差别。

3. 合同的行政干预性

合同一般是双方当事人在平等、自愿、公平、诚信的基础上签订的设立、变更、终止其权利义务关系的协议，合同表达的是双方的自由意志，一般不受其他组织、个人的干预。但由于建筑工程自身的特殊性，建筑工程合同总会直接或间接地受到国家基本建设政策、宏观调控计划等的影响和制约，受建设行政主管部门的监督和管理，受某些特殊条件的限制等。即建筑工程合同具有一定的行政干预性。

4. 合同条款的复杂性

由于建筑工程的特殊性和复杂性，决定了建筑工程合同除须具备《合同法》规定的一般条款外，还应具备《建筑法》、《建设工程勘察、设计合同管理条例》、《建筑、安装工程承包合同条例》等法律法规规定的相关条款。因此建设工程合同的条款必然数量多，内容繁杂。

5. 合同的格式性

格式合同，是指由一方当事人或特定的管理机关预先制定的，普遍适用的，具有完整性和定型化的合同条款。格式合同的特点在于合同的主要条款和框架预先制定，无需双方当事人再逐项逐条地协商，这样既能保证合同条款的完整和全面，避免遗漏，又能提高效率，节省人力物力。

由于建筑工程合同内容多，履行复杂，建设周期长，变更因素多，双方当事人在订立合同时容易发生合同不规范、条款不完备、表达不清楚等问题，给合同的履行带来隐患，导致合同争议屡屡发生。因此，对于建筑工程合同我国推行合同示范文本制度，即建筑工程合同采用格式合同。建筑工程合同示范文本是由住房和城乡建设部和国家工商行政管理局联合定期发布的，如1999年12月印发了《建设工程施工合同（示范文本)》，2000年2月印发了《建设工程委托监理合同（示范文本)》，2013年4月修订了《建设工程施工合同（示范文本)》(GF-2013-0201）等。这些格式合同文本对建筑工程中勘察、设计、施工、监理等行为起到了一定的规范和约束作用，是订立和管理建筑工程合同的依据之一。

三、建筑工程合同的类型

（一）根据建筑活动的不同阶段，建筑工程合同可以分为

1. 建筑工程勘察设计合同

勘察设计合同是委托方与承包方为完成一定的勘察设计任务，明确双方权利与义务的协议。委托方一般是建设单位（业主、项目法人）或工程承包单位，承包方一般为具备国家认可的相应资质的勘察设计单位。

2. 建筑工程施工合同

施工合同是建设单位（业主、项目法人）与施工单位为完成商定的土木工程、设备安装、管道线路敷设、房屋修缮等工程项目，明确双方权利和义务的协议。建筑工程施工合同一般分为建筑施工合同和安装工程施工合同两类。

3. 工程建设监理合同

它也称为工程建设委托监理合同，简称监理合同。是指建设单位委托监理单位，为完成某一项建设工程的监理任务而依法签订的明确双方权利义务的协议。

4. 建筑工程涉及的其他合同

如建筑材料采购合同、物资供应合同、设备租赁合同等。

（二）根据工程承包的范围和数量不同，可分为

1. 工程总承包合同

当发包方将工程的勘察、设计、施工、设备采购等一并发包给一个总承包单位时，双方签订的合同为工程总承包合同。

2. 工程分项总承包合同

当发包方将工程的勘察、设计、施工、设备采购等的一项或多项发包给一个工程总承包单位时，双方签订的合同为分项总承包合同。

3. 分包合同

工程总承包单位经发包方同意或者在合同中事先约定，可以将承包工程中的部分工程发包给分包单位，此时总承包单位与分包单位签订的合同称为分包合同。

关于建筑工程勘察设计合同的详细内容参见第五章《建筑工程勘察设计法律制度》。

第二节 建筑工程施工合同

一、建筑工程施工合同的订立

（一）订立施工合同应具备的条件

根据《合同法》、《建筑法》及《建设工程施工合同管理办法》的规定，订立施工合同应具备下列条件：

（1）初步设计和总概算已经批准。

（2）工程项目已列入国家和地方的项目建设计划。

（3）有满足施工需要的设计文件和技术资料。

（4）建设资金已经落实。

（5）材料和设备的供应能保证工程连续施工。

（6）实行招投标的工程，中标通知书已经送达。

（7）双方当事人应当具有法人资格。

（8）双方当事人依法具有订立和履行合同的行为能力。

（二）施工合同订立的程序

施工合同的订立要经过要约与承诺两大阶段。对于实行招投标的工程，建设单位发出招标公告或投标邀请书及招标文件的过程在法律上被称为要约邀请，此阶段的行为不具有法律约束力；当施工单位根据招标公告和招标文件的要求，提出施工方案、工期、质量、报价等，并编制成标书进行投标的过程为要约阶段；经过开标、评标后，确定中标单位并发出中标通知书的过程为承诺阶段。

一旦确定中标单位并发出中标通知书，即构成承诺，即受法律的约束，此时中标单位与建设单位应及时签订合同。根据《招标投标法》和《工程建设施工招投标管理办法》的规定，自中标通知书发出之日起30日内，双方应按照招标文件和中标人的投标文件订立书面合同，签订合同的必须是中标人。双方不得再行订立背离合同实质性内容的其他协议。如果中标人拒绝与招标人签订合同，或者招标人与非中标人签订合同，都是违法的，都应负相应的法律责任。

（三）施工合同的形式

根据《合同法》第270条的规定，建设工程施工合同必须采用书面形式，并应办理合同的鉴证，得到建设行政主管部门的批准和备案。国家重大建设工程合同，还应按照国家规定的程序和国家批准的投资计划、可行性研究报告等条件订立。

二、建筑工程施工合同的主要内容

根据《合同法》第275条的规定，建筑工程施工合同的内容应包括工程范围、建设工期、中间交工工程的开工和竣工时间、工程质量、工程造价、技术资料交付时间、材料和设备供应责任、拨款和结算、质量保修和质量保证期、双方协作等基本条款。根据2013版《建设工程施工合同（示范文本）》（GF－2013－0201）（以下简称《示范文本》）的规定，一个具体的施工合同，通常由合同协议书、通用合同条款和专用合同条款三部分及附件组成。

（一）合同协议书

《示范文本》合同协议书共计13条，包括：

（1）工程概况。包括：工程名称、工程地点、工程立项批准文号、资金来源、工程内容、工程承包范围。

（2）合同工期。包括计划开工日期、竣工日期及工期总日历天数。

（3）质量标准。

（4）签约合同价和合同价格形式。

（5）承包人项目经理。

（6）合同文件构成。本协议书与以下文件一起构成合同文件：①中标通知书（如果有）；②投标函及其附录（如果有）；③专用合同条款及其附件；④通用合同条款；⑤技术标准和要求；⑥图纸；⑦已标价工程量清单或预算书；⑧其他合同文件。

在合同订立及履行过程中形成的与合同有关的文件均构成合同文件组成部分。上述各项合同文件包括合同当事人就该项合同文件所作出的补充和修改，属于同一类内容的文件，应以最新签署的为准。专用合同条款及其附件须经合同当事人签字或盖章。

（7）发包人和承包人承诺。包括：

1）发包人承诺按照法律规定履行项目审批手续、筹集工程建设资金并按照合同约定的期限和方式支付合同价款。

2）承包人承诺按照法律规定及合同约定组织完成工程施工，确保工程质量和安全，不进行转包及违法分包，并在缺陷责任期及保修期内承担相应的工程维修责任。

3）发包人和承包人通过招投标形式签订合同的，双方理解并承诺不再就同一工程另行签订与合同实质性内容相背离的协议。

（8）词语含义。

（9）签订时间。

（10）签订地点。

（11）补充协议。合同未尽事宜，合同当事人另行签订补充协议，补充协议是合同的组成部分。

（12）合同生效条件。

（13）合同份数。

（二）通用合同条款

通用合同条款是合同当事人根据《中华人民共和国建筑法》、《中华人民共和国合同法》等法律法规的规定，就工程建设的实施及相关事项，对合同当事人的权利义务作出的原则性约定。通用合同条款共计20条，具体条款分别为：

（1）一般约定。包括：

1）合同中的词语定义与解释。如：合同当事人及其他相关方、工程和设备、日期和期限、合同价格和费用、质量保证金等。

2）合同约定的语言文字。

3）合同适用的法律法规及标准规范。

4）组成合同文件的优先顺序。

5）图纸和承包人文件。

6）工程量清单错误的修正。

7）联络、严禁贿赂、化石文物、交通运输、知识产权、保密等规定。

（2）发包人。包括：发包人代表及相关人员、施工现场、施工条件和基础资料的提供、资金来源证明及支付担保、如何支付合同价款、如何组织竣工验收、现场统一管理协议等。

（3）承包人。包括：承包人的一般义务、项目经理及相关人员、承包人如何现场查勘、分包的相关约定（如果有）、工程照管与成品半成品保护、履约担保及联合体（如果有）等。

（4）监理人。包括：监理人的一般规定、监理人员、监理人的指示、商定或确定规则等。

（5）工程质量。包括：工程质量要求、质量保证措施、隐蔽工程检查、不合格工程的处理、质量争议检测等。

（6）安全文明施工与环境保护。包括：安全生产要求、安全生产保证措施、特别安全生产事项、治安保卫、文明施工、紧急情况处理、事故处理、安全生产责任、劳动保护、生活条件及环境保护措施等。

（7）工期和进度。包括：施工组织设计、施工进度计划、开工准备与开工通知、测量放线、工期延误处理、不利物质条件、异常恶劣的气候条件、暂停施工、提前竣工等。

（8）材料与设备。包括：发包人供应材料与工程设备、承包人采购材料与工程设备、材料与工程设备的接收与拒收、材料与工程设备的保管与使用、禁止使用不合格的材料和工程设备、样品、材料与工程设备的替代、施工设备和临时设施、材料与设备专用要求等。

（9）试验与检验。包括：试验设备与试验人员、取样、材料、工程设备和工程的试验和检验、现场工艺试验等。

（10）变更。包括：变更的范围、变更权、变更程序、变更估价、承包人的合理化建议、变更引起的工期调整、暂估价、暂列金额、计日工等。

（11）价格调整。包括：市场价格波动引起的调整、法律变化引起的调整等。

（12）合同价格、计量与支付。包括：合同价格形式、预付款、工程量计量、工程进度款支付及支付账户等。

（13）验收和工程试车。包括：分部分项工程验收、竣工验收、工程试车、提前交付单位工程的验收、施工期运行、竣工退场等。

(14) 竣工结算。包括：竣工结算申请、竣工结算审核、甩项竣工协议、最终结清等。

(15) 缺陷责任与保修。包括：工程保修的原则、缺陷责任期、质量保证金、保修的实施等。

(16) 违约。包括：发包人违约、承包人违约、第三人造成的违约等。

(17) 不可抗力。包括：不可抗力的确认、不可抗力的通知、不可抗力后果的承担、因不可抗力解除合同等。

(18) 保险。包括：工程保险、工伤保险、其他保险、持续保险、保险凭证、未按约定投保的补救、通知义务等。

(19) 索赔。包括：承包人的索赔、对承包人索赔的处理、发包人的索赔、对发包人索赔的处理、提出索赔的期限要求等。

(20) 争议解决。包括：和解、调解、争议评审、仲裁或诉讼、争议解决条款效力等。

(三) 专用合同条款

专用合同条款是对通用合同条款原则性约定的细化、完善、补充、修改或另行约定的条款。合同当事人可以根据不同建设工程的特点及具体情况，通过双方的谈判、协商对相应的专用合同条款进行修改补充。在使用专用合同条款时，应注意以下事项：

(1) 专用合同条款的编号应与相应的通用合同条款的编号一致；

(2) 合同当事人可以通过对专用合同条款的修改，满足具体建设工程的特殊要求，避免直接修改通用合同条款；

(3) 在专用合同条款中有横道线的地方，合同当事人可针对相应的通用合同条款进行细化、完善、补充、修改或另行约定；如无细化、完善、补充、修改或另行约定，则填写“无”或画“/”。

(四) 合同附件

合同附件包括：承包人承揽工程项目一览表、发包人供应材料设备一览表、工程质量保修书、主要建设工程文件目录、承包人用于本工程施工的机械设备表、承包人主要施工管理人员表、分包人主要施工管理人员表、履约担保格式、预付款担保格式、支付担保格式、暂估价一览表11个附件。

三、建筑工程施工合同的履行

(一) 施工合同履行中双方的一般义务

1. 发包人的义务

1) 办理土地征用、青苗树木赔偿、房屋拆迁、清除地上和地下的各种障碍物等工作，使施工现场具备施工条件，并在开工后继续负责解决以上事项的遗留问题。

2) 将施工所需水、电等线路从施工场地外部接至合同约定地点，并保证施工期间的需要。

3) 开通施工场地与公共道路的通道，以及合同约定的施工场地内的主要交通干道，保证其畅通，满足施工运输的需要。

4) 向承包人提供施工场地的工程地质和地下管线资料，并保证数据真实准确。

5) 办理施工所需各种证件、批件和临时用地、占道及铁路专用线的申报批准手续。

6) 将水准点与坐标控制点以书面形式交给承包人，并进行现场交验。

7) 组织承包人和设计单位进行图纸会审，向承包人进行设计交底。

8）协调处理对施工场地周围地下管线和邻近建筑物、构筑物的保护，并承担有关费用。

2. 承包人的义务

1）按发包人的要求完成施工组织设计以及与工程配套的其他设计，经发包人批准后使用。

2）向发包人提供年、季、月工程进度计划及相应的进度统计报表和工程事故报告。

3）按工程需要提供和维修非夜间施工使用的照明、看护、围栏和警卫等。

4）按合同约定的数量和要求向发包人提供在施工场地办公及生活用房和设施，发生的费用由发包人承担。

5）遵守有关法律法规对施工场地交通、卫生、环保等方面的规定。

6）按合同要求做好施工现场地下管线和邻近建筑物、构筑物的保护工作。

7）由合同依法约定的其他方面的义务。

（二）工程的转包和分包

详细内容见第七章《建筑工程的发承包与招投标》部分。

四、建筑工程施工合同的违约责任

（一）发包人的违约责任

（1）工程中途停建、缓建或由于设计变更以及设计错误造成的返工，应采取措施弥补或减少损失，同时赔偿对方由此而造成的停工、窝工、返工、倒运、人员和机械设备调迁、材料和构件积压等的实际损失。

（2）工程未经验收，发包人提前使用或者擅自使用，由此而发生的质量或其他问题由发包人承担责任。

（3）超过合同约定日期验收，按合同违约责任条款的规定偿付逾期违约金。

（4）不按合同规定拨付工程款，按合同约定及相关法律规定承担相应的责任。

（二）承包人的违约责任

（1）工程质量不符合合同规定或相关标准的，应负责无偿修理或返工，并承担相应的法律责任。

（2）工程交付时间不符合合同规定的，应按合同的相应条款偿付逾期违约金。

（3）由于承包人的原因，造成发包人提供的材料、设备等丢失或损坏的，应承担赔偿责任。

有关建筑工程监理合同的详细内容参见第九章《建筑工程监理法律制度》。

第三节　建筑工程涉及的其他合同

一、建设物资采购供应合同

（一）建设物资采购供应合同的概念和特征

建设物资采购供应合同是指具有平等地位民事主体的自然人、法人、其他组织之间，为实现建设物资买卖，明确相互权利义务关系的协议。依照协议，卖方将建设物资交付给买方，买方接受该项建设物资并支付价款。建设物资包括建筑材料、构配件和机电成套设备等，所以建设物资采购供应合同又可分为建材采购合同、构配件采购合同、机电设备采购供应合同、成套设备供货合同等。

建设物资采购供应合同属于买卖合同，具有买卖合同的一般特点，又具有独立的特征：

1）建设物资采购供应合同应根据建设工程合同订立，建设工程合同是订立建设物资采购供应合同的前提。

2）合同的标的品种繁杂，供货条件复杂。

3）合同应实际履行，一般不允许卖方以支付违约金和赔偿金的方式代替合同的履行，除非合同的延迟履行对买方成为不必要。

4）合同一般采用书面形式。

（二）建设物资采购供应合同的基本条款

1）标的物条款。包括建设物资的名称、品种、型号、规格、等级等。

2）商品质量条款。是指商品的质量和外观形态的综合，表示建设物资质量的方法主要有以下几种：①凭样品买卖；②凭规格、等级或标准买卖；③凭牌号或商标买卖；④凭说明书买卖。

3）商品的数量及计量单位。

4）商品的包装要求。

5）价格条款。包括单价、总价及与价格有关的运费、保险费、手续费等内容以及价格的计价货币、计量单位等。

6）运输条款。包括运输的方式、装运时间、装运通知、装运单据等内容。

7）保险条款。

8）支付与结算条款。包括支付与结算的工具、方式、时间、货币单位以及开户银行、账户名称、账号、结算单位等。

9）商检条款。包括检验权、检验机构、检验时间、地点及检验证明，有的商检条款还包括检验标准和方法。

10）不可抗力条款。

11）双方的违约责任及解决合同纠纷的方式。

12）当事人约定的其他条款。

二、劳务合同

（一）劳务合同的概念

劳务合同即雇佣合同。它是雇佣方（业主、承包商或分包商）与劳务提供方之间为建设工程项目，就雇佣劳动者参与施工活动所签订的协议。

（二）劳务合同的主要条款

1）工程概况主要包括工程名称、结构形式、具体承建工程的任务。

2）计划用劳务人数，提供劳务人数，劳务工人进入施工现场、退出施工现场的时间。

3）雇佣方（项目经理部）的义务。

4）劳务提供方（劳务承包队）的义务。

5）劳务费计取和结算方式。

6）奖励与罚款。

7）合同未尽事宜。

8）合同纠纷的解决方式等。

三、承揽合同

（一）承揽合同的概念

承揽合同是指承揽人按照定作人的要求完成一定的工作，定作人接受承揽人完成的工作成果，并给予约定报酬的协议。承揽包括加工、定作、修理、复制、测试、检验等工作。承揽合同是社会经济往来中运用的比较广泛的一种合同，其种类繁多、涉及面广泛，常见的承揽合同有加工合同、定做合同、修缮合同、修理合同、印刷合同、广告合同、测绘合同等。

（二）承揽合同应具备的主要条款

1）承揽的品名或项目。

2）数量、质量、包装、加工方法。

3）原材料的提供及规格、数量、质量。

4）价款或酬金。

5）履行期限、地点和方式。

6）验收标准和方法。

7）结算方法、开户银行和账号。

8）违约责任。

9）解决合同纠纷的方式。

10）双方约定的其他事项。

四、运输合同

（一）运输合同的概念

运输合同是指托运人和承运人之间，为完成一定的货物（或人员）运输任务，明确相互权利义务关系的协议。托运人是指请求运送货物（或人员）的人，承运人是指运送货物（或人员）的人。运输合同分为客运合同、货运合同和多式联运合同三大类。其中货运合同又可分为铁路、公路、水路、航空和联合运输合同五种。

（二）运输合同应具备的主要条款（以铁路货运合同为例）

1）托运人和收货人的名称。

2）发站和到站站名。

3）货物名称、包装及标志。

4）货物的重量、数量。

5）车种和车数。

6）承运的期限。

7）运输的费用。

8）违约责任。

9）双方约定的其他事项。

五、仓储合同

（一）仓储合同的概念

仓储合同是指保管人储存存货人交付的仓储物，存货人支付仓储费并明确双方相互权利义务关系的协议。

（二）仓储合同应具备的主要条款

1）存货人的名称或者姓名和住所。

2）仓储物的品种、数量、质量、包装、件数和标记。

3）仓储物的损耗标准。

4）储存场所。

5）储存期间。

6）仓储费。

7）仓储物已经办理保险的，其保险金额、期间以及保险人的名称。

8）填发人、填发地和填发日期。

9）双方约定的其他事项。

六、租赁合同与融资租赁合同

（一）概念和特征

租赁合同是出租人将租赁物交付承租人使用、收益，承租人支付租金，并明确相互权利义务关系的协议。租赁合同对期限有特别的规定，《合同法》中规定："租赁期限不得超过20年。超过20年的，超过部分无效。租赁期间届满，当事人可以续订租赁合同，但约定的租赁期限自续订之日起不得超过20年。租赁期限6个月以上的，应当采用书面形式。当事人未采用书面形式的，视为不定期租赁。"另外，对租赁物的归属，《合同法》中规定："租赁期间届满，承租人应当返还租赁物。返还的租赁物应当符合按照约定或者租赁物的性质使用后的状态。"

融资租赁合同是出租人根据承租人对出卖人、租赁物的选择，向出卖人购买租赁物，提供给承租人使用，承租人支付租金并明确相互权利义务关系的协议。融资租赁合同与租赁合同不同，它没有期限的限制，特别是对有关租赁物的规定差别很大，《合同法》中是这样规定的："出租人根据承租人对出卖人、租赁物的选择订立的买卖合同，出卖人应当按照约定向承租人交付标的物，承租人享有与受领标的物有关的买受人的权利；出租人享有租赁物的所有权，承租人破产的，租赁物不属于破产财产；出租人和承租人可以约定租赁期间届满租赁物的归属。"

（二）合同的主要内容

租赁合同的内容一般包括租赁物的名称、数量、用途、租赁期限、租金及其支付期限和方式、租赁物维修等条款。

融资租赁合同的内容一般包括租赁物名称、数量、规格、技术性能、检验方法、租赁期限、租金构成及其支付期限和方式、币种、租赁期间届满租赁物的归属等条款。

七、劳动合同

（一）我国的劳动合同制度

我国于20世纪80年代中期开始进行劳动合同制度改革试点，1995年1月1日施行的《中华人民共和国劳动法》正式确立了劳动合同制度。《劳动法》实施以来，适应社会主义市场经济体制要求的、用人单位与劳动者双向选择的新型用人机制基本形成，劳动力这一最重要的生产要素按市场规律得以合理配置，为社会经济的平稳快速发展作出了重要贡献。

2007年6月29日，《中华人民共和国劳动合同法》由十届全国人大常委会第二十八次会议审议通过，并由中华人民共和国国家主席颁布，自2008年1月1日起施行。这是自

《劳动法》颁布实施以来，我国劳动和社会保障法制建设中的又一个里程碑。《劳动合同法》的颁布实施，对于更好地保护劳动者合法权益，构建和发展和谐稳定的劳动关系，促进社会主义和谐社会建设，具有十分重要的意义。

（二）劳动合同的概念和特征

劳动合同是劳动者与用人单位确立劳动关系、明确双方权利和义务的协议。劳动合同是一种特殊的合同，与一般的合同有很多不同，具体如下：

（1）劳动合同的主体由特定的用人单位和劳动者双方构成。劳动合同当事人的一方必须是国家机关、企业事业单位、社会团体和私人雇主等；另一方是劳动者本人。

（2）劳动合同的标的是劳动者的劳动行为。以劳动行为作为劳动合同标的，要求劳动者按照用人单位的指示提供劳动，劳动者提供劳动本身便是劳动合同的目的。

（3）劳动合同一般有试用期限的规定。我国《劳动法》第 21 条和《劳动合同法》第 17 条、第 19 条的规定，劳动合同可以约定试用期，但试用期最长不得超过 6 个月。

（4）劳动合同的内容涉及劳动者完成再生产的过程。劳动力有自然老化的过程，劳动力还有本身再生产的特征，劳动者自身老化的需求和劳动力再生产的需求都需要以劳动者的劳动来满足，因而成为劳动合同不可缺少的内容。

（5）劳动合同的目的在于劳动过程的实现，而不是劳动成果的给付。劳动合同的目的在于确立劳动关系，使劳动过程得以实现。

（6）劳动合同履行中的从属性和非强制性。劳动者实施劳动行为时，必须服从用人单位的时间安排，必须按照用人单位的要求完成其劳动过程，必须接受用人单位的指示；但是，劳动者的人身不能强制。

（7）劳动合同权利义务的延续性。劳动合同权利义务的延续性渊源于劳动者劳动力再生产的自然属性，这种延续性表现在两个方面：①在劳动合同的有效期内，劳动者即使未向用人单位提供劳动，在一定条件下对用人单位仍有劳动报酬的请求权，用人单位仍有支付劳动报酬的义务；②在劳动合同终止或解除后，用人单位仍对劳动者负有相应的责任。

（8）劳动合同内容的法定性。合同的基本要义在于当事人双方的合意，这在劳动合同中也是一样的，有所不同的是，劳动合同的内容具有更多的法定性。

（三）劳动合同的订立

1. 劳动关系的建立

用人单位自用工之日起即与劳动者建立劳动关系。建立劳动关系，应当订立书面劳动合同。已建立劳动关系，未同时订立书面劳动合同的，应当自用工之日起一个月内订立书面劳动合同；用人单位与劳动者在用工前订立劳动合同的，劳动关系自用工之日起建立。

2. 劳动合同的主要条款

劳动合同由用人单位与劳动者协商一致，并经用人单位与劳动者在劳动合同文本上签字或者盖章生效。劳动合同应当具备以下条款。

（1）用人单位的名称、住所和法定代表人或者主要负责人。

（2）劳动者的姓名、住址和居民身份证或者其他有效身份证件号码。

（3）劳动合同期限。

（4）工作内容和工作地点。

（5）工作时间和休息休假。

(6) 劳动报酬。

(7) 社会保险。

(8) 劳动保护、劳动条件和职业危害防护。

(9) 法律、法规规定应当纳入劳动合同的其他事项。

劳动合同除前款规定的必备条款外，用人单位与劳动者可以约定试用期、培训、保守秘密、补充保险和福利待遇等其他事项。

3. 劳动合同中试用期的规定

劳动合同期限3个月以上不满一年的，试用期不得超过一个月；劳动合同期限一年以上不满3年的，试用期不得超过2个月；3年以上固定期限和无固定期限的劳动合同，试用期不得超过6个月。

同一用人单位与同一劳动者只能约定一次试用期；以完成一定工作任务为期限的劳动合同或者劳动合同期限不满3个月的，不得约定试用期；试用期包含在劳动合同期限内，劳动合同仅约定试用期的，试用期不成立，该期限为劳动合同期限。

劳动者在试用期的工资不得低于本单位相同岗位最低档工资或者劳动合同约定工资的80%，并不得低于用人单位所在地的最低工资标准。

在试用期内，除法律规定的法定情形外，用人单位不得随意解除劳动合同；用人单位在试用期解除劳动合同的，应当向劳动者说明理由。

（四）劳动合同的解除

1. 协商解除

用人单位与劳动者协商一致，可以解除劳动合同。

2. 劳动者单方解除

(1) 劳动者提前30日以书面形式通知用人单位，可以解除劳动合同。

(2) 劳动者在试用期内提前3日通知用人单位，可以解除劳动合同。

(3) 用人单位有下列情形之一的，劳动者可以解除劳动合同：

1) 未按照劳动合同约定提供劳动保护或者劳动条件的。

2) 未及时足额支付劳动报酬的。

3) 未依法为劳动者缴纳社会保险费的。

4) 规章制度违反法律、法规的规定，损害劳动者权益的。

5) 出现法定情形致使劳动合同无效的。

6) 法律、行政法规规定劳动者可以解除劳动合同的其他情形。

(4) 用人单位以暴力、威胁或者非法限制人身自由的手段强迫劳动者劳动的，或者用人单位违章指挥、强令冒险作业危及劳动者人身安全的，劳动者可以立即解除劳动合同，不需事先告知用人单位。

3. 用人单位解除

劳动者有下列情形之一的，用人单位可以解除劳动合同：

(1) 在试用期间被证明不符合录用条件的。

(2) 严重违反用人单位的规章制度的。

(3) 严重失职，营私舞弊，给用人单位造成重大损害的。

(4) 同时与其他用人单位建立劳动关系，对完成本单位的工作任务造成严重影响，或者经用人单位提出，拒不改正的。

(5) 出现法定情形致使劳动合同无效的。

(6) 被依法追究刑事责任的。

有下列情形之一的，用人单位提前30日以书面形式通知劳动者本人或者额外支付劳动者一个月工资后，可以解除劳动合同。

(1) 劳动者患病或者非因工负伤，在规定的医疗期满后不能从事原工作，也不能从事由用人单位另行安排的工作的。

(2) 劳动者不能胜任工作，经过培训或者调整工作岗位，仍不能胜任工作的。

(3) 劳动合同订立时所依据的客观情况发生重大变化，致使劳动合同无法履行，经用人单位与劳动者协商，未能就变更劳动合同内容达成协议的。

有下列情形之一，需要裁减人员20人以上或者裁减不足20人但占企业职工总数80%以上的，用人单位提前30日向工会或者全体职工说明情况，听取工会或者职工的意见后，裁减人员方案经向劳动行政部门报告，可以裁减人员。

(1) 依照企业破产法规定进行重整的。

(2) 生产经营发生严重困难的。

(3) 企业转产、重大技术革新或者经营方式调整，经变更劳动合同后，仍需裁减人员的。

(4) 其他因劳动合同订立时所依据的客观经济情况发生重大变化，致使劳动合同无法履行的。

4. 不得解除劳动合同的情形

劳动者有下列情形之一的，用人单位不得解除劳动合同。

(1) 从事接触职业病危害作业的劳动者未进行离岗前职业健康检查，或者疑似职业病病人在诊断或者医学观察期间的。

(2) 在本单位患职业病或者因工负伤并被确认丧失或者部分丧失劳动能力的。

(3) 患病或者非因工负伤，在规定的医疗期内的。

(4) 女职工在孕期、产期、哺乳期的。

(5) 在本单位连续工作满15年，且距法定退休年龄不足五年的。

(6) 法律、行政法规规定的其他情形。

5. 解除劳动合同的经济补偿

经济补偿按劳动者在本单位工作的年限，每满一年支付一个月工资的标准向劳动者支付。6个月以上不满一年的，按一年计算；不满6个月的，向劳动者支付半个月工资的经济补偿。

劳动者月工资高于用人单位所在直辖市、设区的市级人民政府公布的本地区上年度职工月平均工资三倍的，向其支付经济补偿的标准按职工月平均工资三倍的数额支付，向其支付经济补偿的年限最高不超过12年。

(五) 违反《劳动合同法》的主要法律责任

(1) 用人单位直接涉及劳动者切身利益的规章制度违反法律、法规规定的，由劳动行政部门责令改正，给予警告；给劳动者造成损害的，应当承担赔偿责任。

(2) 用人单位提供的劳动合同文本未载明《劳动合同法》规定的劳动合同必备条款或者

用人单位未将劳动合同文本交付劳动者的，由劳动行政部门责令改正；给劳动者造成损害的，应当承担赔偿责任。

(3) 用人单位自用工之日起超过一个月不满一年未与劳动者订立书面劳动合同的，应当向劳动者每月支付两倍的工资；用人单位违反《劳动合同法》规定不与劳动者订立无固定期限劳动合同的，自应当订立无固定期限劳动合同之日起向劳动者每月支付二倍的工资。

(4) 用人单位违反《劳动合同法》规定与劳动者约定试用期的，由劳动行政部门责令改正；违法约定的试用期已经履行的，由用人单位以劳动者试用期满月工资为标准，按已经履行的超过法定试用期的期间向劳动者支付赔偿金。

(5) 用人单位违法扣押劳动者居民身份证等证件的，由劳动行政部门责令限期退还劳动者本人，并依照有关法律规定给予处罚；用人单位以担保或者其他名义向劳动者收取财物的，以及劳动者依法解除或者终止劳动合同，用人单位扣押劳动者档案或者其他物品的，由劳动行政部门责令限期退还劳动者本人，并以每人500元以上2000元以下的标准处以罚款；给劳动者造成损害的，应当承担赔偿责任。

(6) 用人单位有下列情形之一的，由劳动行政部门责令限期支付劳动报酬、加班费或者经济补偿；劳动报酬低于当地最低工资标准的，应当支付其差额部分；逾期不支付的，责令用人单位按应付金额50%以上100%以下的标准向劳动者加付赔偿金。

1) 未按照劳动合同的约定或者国家规定及时足额支付劳动者劳动报酬的。

2) 低于当地最低工资标准支付劳动者工资的。

3) 安排加班不支付加班费的。

4) 解除或者终止劳动合同，未依法向劳动者支付经济补偿的。

(7) 用人单位有下列情形之一的，依法给予行政处罚；构成犯罪的，依法追究刑事责任；给劳动者造成损害的，应当承担赔偿责任。

1) 以暴力、威胁或者非法限制人身自由的手段强迫劳动的。

2) 违章指挥或者强令冒险作业危及劳动者人身安全的。

3) 侮辱、体罚、殴打、非法搜查或者拘禁劳动者的。

4) 劳动条件恶劣、环境污染严重，给劳动者身心健康造成严重损害的。

(8) 劳动行政部门和其他有关主管部门及其工作人员玩忽职守、不履行法定职责，或者违法行使职权，给劳动者或者用人单位造成损害的，应当承担赔偿责任；对直接负责的主管人员和其他直接责任人员，依法给予行政处分；构成犯罪的，依法追究刑事责任。

第四节 FIDIC 合同条件

一、FIDIC 方法

(一) FIDIC 简介

FIDIC 是国际咨询工程师联合会（Fédération International Des Ingénieurs Conseils）法文名称的缩写，中文一般译作“菲迪克”。该联合会是被世界银行认可的工程咨询服务机构，总部设在瑞士的洛桑。该组织每个国家或地区只吸收一个独立的咨询工程师协会作为团体会员，至今已有80多个国家和地区加入了FIDIC，它是国际上最有权威性的咨询工程师组织。

FIDIC 的宗旨是致力于解决工程咨询业面临的各种问题，它主要是通过制定和发行各种合同范本，供业主、承包商、金融机构等选用，以达到其咨询、服务的目的。目前，FIDIC制定的合同范本主要有七种：

1)《土木工程施工合同条件》(红皮书)。

2)《电气与机械工程合同条件》(黄皮书)。

3)《设计、建造和交钥匙工程合同条件》(橙皮书)。

4)《业主/咨询工程师标准服务协议》(白皮书)。

5)《土木工程施工分包合同条件》。

6)《咨询公司合资协议》。

7)《分包协议》。

其中《土木工程施工合同条件》，即红皮书是工程建设领域应用最广，也最常用的一种合同文本，本节主要对此进行阐述。

（二）FIDIC 方法的特点

FIDIC 方法的主要特点如下：

1）根据公开招标规则的国际惯例选择承包商。

2）采用 FIDIC 标准合同条件。

3）由业主委托监理工程师根据合同条件进行项目的质量控制、投资控制和进度控制。

FIDIC 方法主要适用于招标和施工阶段的项目管理。它涉及三方——业主、承包商和监理工程师，以两项合同为基础——业主与承包商之间签订的工程承包合同及业主与监理单位签订的委托监理合同。其中监理工程师是受业主委托负责监督承包商施工的公司或机构派出的人员，他（她）独立地、公正地从事合同管理和目标控制，在 FIDIC 方法中居于核心的地位。

（三）FIDIC 方法的基本程序

1）选择监理工程师，签订授权委托书。

2）通过招标，确定承包商和施工合同条件。

3）承包商办理履约担保、预付款保函、保险等事项，并得到业主的批准。

4）业主支付动员预付款。

5）承包商提供监理工程师所需的施工组织设计、施工技术方案、施工进度计划和现金流量估算。

6）由业主召集由各方参加的第一次工作会议。

7）监理工程师发布开工通知，业主移交现场。

8）承包商根据合同要求进行施工或设计，监理工程师进行日常管理工作。

9）竣工验收。

10）承包商申请移交工程。

11）监理工程师签发移交证书，业主归还部分保留金。

12）承包商提交竣工报表，监理工程师签发付款证书。

13）缺陷责任期，承包商完成剩余工作并修补缺陷。

14）监理工程师签发缺陷责任期证书，业主归还履约保证金及剩余保留金。

15）承包商提出最终报表。

16）监理工程师签发最终支付证书，业主与承包商结清余款。

二、FIDIC《土木工程施工合同条件》（红皮书）简介

红皮书是进行建筑类工程项目建设，由业主通过公开招标选择承包商承包，并委托监理工程师执行监督管理的标准化合同文件范本。该范本主要包括以下几个文件的标准格式和内容。

（一）通用条件

“土木工程施工合同条件”适用于工业与民用建筑、水电工程、公路、铁路交通等各土木工程行业，共72条，194款。内容包括：定义和解释；工程师及工程师代表；转让与分包；合同文件；一般义务；劳务；材料、工程设备和工艺；暂时停工；开工和误期；缺陷责任；变更、增添和省略；索赔程序；承包商的设备、材料和临时工程；计量；暂定余额；指定的分包商；证书与支付；补救措施；特殊风险；解除履约合同；争端的解决；通知；业主的违约；费用和法规的变更；货币及汇率25个小节。

（二）专用条件

FIDIC在文件中规定，第一部分的通用条件和第二部分的专用条件一起构成了决定合同各方权利和义务的条件。编制专用条件的原则是，根据具体工程的特点，针对通用条件中的不同条款进行选择、补充或修正，使这两部分相同序号组成的条款内容更加完备。专用条件主要包括以下三方面的内容：

1）疏浚与填筑工程的有关条款。

2）对通用条件中条款的修正、补充或者代替条款。

3）作为合同文件组成一部分的某些文件的标准格式。

（三）投标书及其附件

FIDIC编制了标准的投标书及其附件格式。投标书中的空格只需投标人填写具体内容，就可与其他材料一起构成投标书。投标书附件是针对通用条件中某些具体条款需要作出具体规定的明确条件，这些内容的详细数字都要在投标书发出之前由投标人填写好。

（四）协议书

协议书是业主和中标的承包商签订施工合同的标准文件，只要双方在空格内填入相应的内容，并签字或盖章后即可生效。

三、FIDIC《土木工程施工合同条件》中的权义性条款

权义性条款是指有关业主、承包商及监理工程师的权利、义务方面规定的条款，具体规定如下：

（一）业主方的权利和义务

1. 业主的权利

1）业主有权批准或否决承包商将合同转让给他人，施工合同签订意味着业主对承包商的准任，承包商无权将工程擅自转让或分包给他人。

2）业主有权将工程的部分项目或工作内容的实施发包给指定分包商，所谓分包商是由业主或监理工程师指定完成某一具体工作内容的施工或标准设备的供应工作的承包商。

3）承包商违约时业主有采取相应补救措施的权利。

4）承包商严重违约时业主有权中止合同。

2. 业主的一般义务

1）业主应承担的风险。FIDIC规定业主应承担的主要风险有：①战争、敌对行为、入

侵、外敌行为；②叛乱、革命、暴动或军事政变、内战；③核爆炸、核废物、有毒气体的污染等；④超音速或亚音速飞行物产生的压力波；⑤暴乱、骚乱或混乱，但不包括承包商及分包商的雇员因执行合同而引起的行为；⑥因业主在合同规定之外使用或占有永久工程而引起的损失或损坏；⑦业主提供的设计不当造成的损失；⑧一个有经验的承包商通常无法预测和防范的任何自然力的作用；⑨其他不能合理预见的可能风险，如物价的变化、汇率的变动等。

2）按时提供符合合同要求的场地。

3）按合同约定的时间提供施工图纸。

4）按时支付工程款。

5）配合承包商做好外部的协调工作。

（二）承包商的权利与义务

1. 承包商的权利

1）有得到工程各项付款的权利。

2）有提出施工索赔的权利。

3）有拒绝接受指定分包商的权利。

4）当业主违约时，终止受雇或暂停施工工作的权利。

2. 承包商的一般义务

1）遵守工程所在地的一切法律法规。

2）承认合同的完备性和准确性。

3）不得将本工程的图纸、技术规范和其他文件擅自用于其他工程或传播给第三方。

4）对工程的质量负责。

5）执行监理工程师发布的各种指令。

6）按期完成施工任务。

7）对施工现场的安全和照管负责。

8）为其他配合工程的承包商提供方便。

9）为工程、施工设备、材料等对第三方人员投保。

（三）监理工程师的权力与职责

1. 监理工程师的权力

1）质量管理方面的权力。主要包括对现场材料设备的检查控制权、对工程质量的确认与拒收权、对工程质量采取紧急补救措施权等。

2）进度管理方面的权力。主要有批准施工进度计划及发布开工令、停工令、复工令、赶工令等权力。

3）费用管理方面的权力。主要有确定合同变更价格、使用暂定金额和计日工、签付各种预付签证等。

4）合同管理方面的权力。主要包括批准工程的延期、发布工程变更指令、颁布工程移交证书和解除缺陷责任证书、解释合同文件以及对各方争端作出决定等。

2. 监理工程师的职责

1）在合同实施过程中向承包商发布信息和指示。

2）评价承包商对工作进行的建议。

3）保证材料和工艺符合规定。

4）批准已完成工作的测量值及校核并向业主送交中期付款证书和最终付款证书。

5）解释文件中含糊、歧义的内容或文字。

6）公正地处理业主与承包商在合同实施过程中出现的争议或纠纷。

7）不得与施工、设备制造和材料供应单位有合伙经营关系或经营性隶属关系，不得承包施工或材料销售业务，不得接受承包商贿赂或任何好处，不受任何行政命令的干扰等。

四、FIDIC《土木工程施工合同条件》中的技术性条款

（一）有关施工进度控制的条款

1）承包商与业主签订合同协议后，应在专用条件中规定的时间内，按照监理工程师要求的格式和详细程度，提交一份工程施工进度计划并请监理工程师批准。该计划应说明为完成工程任务而打算采用的施工方法、施工组织、进度安排，以及按季度列出根据合同应支付给承包商费用的现金流通估算表。

2）承包商须按要求在规定的时间间隔内提交定期报告，说明在该阶段投入到施工中的人员、工人的技术等级和数量以及施工机具设备等。如果监理工程师发现实际进度与计划进度不符时，有权要求承包商修改计划。

3）监理工程师有权下达赶工指示，承包商应立即采取措施加快施工进度，以便与规定工期相符合。承包商认为有必要在夜间或当地休息日工作时，有权请求监理工程师同意。

4）承包商有要求延长工期的权利，但前提是造成工期必须延长的原因主要是因业主或监理工程师的责任引起的。当监理工程师批准给予承包商一定的延展工期时，应明确规定新的竣工日期。

5）标书工程量表中所列的数量是对工程的估算值，不能作为承包商为完成合同中规定职责进行施工的实际准确工程量，应通过实际测量来核实完成的工程量。对于工程量表中的包干项目，承包商应及时提交一份每一包干项目的分项表，并经监理工程师批准，以便在合同执行中按照表中的内容核实。

（二）有关质量控制和管理的条款

1）承包商应根据监理工程师的书面指示和工程图纸严格准确地放线，绝对保证工程所有部分的位置、标高、尺寸和轴线的正确。

2）施工工作要按合同进行，还要严格遵守与执行监理工程师对有关工程的或涉及工程的任何指示。

3）工程施工期间，监理工程师为了探查不明的地基或覆盖层，有权指示承包商钻探或挖深坑，若工程量表内无此项工作，则可按“变更”指令对待。

4）承包商应接受监理工程师的质量检验，在施工中所使用的材料、设备和施工工艺必须符合合同规定，并且与监理工程师的指示相符。

5）监理工程师可以在所有合理的时间内进入现场或材料及设备的制造、加工场所对操作过程进行检查。若发现材料或设备有缺陷，与合同要求不符时，可通知承包商拒收；承包商则应立即消除这些缺陷或采取其他措施，直到合格为止。

6）在基本竣工颁发接受证书时，监理工程师须开列需要承包商在缺陷责任期内完成包括修补工程缺陷在内的清单。但是，在缺陷责任期满之前进行检查后，监理工程师仍可指示承包商修补、重建和补救缺陷，收缩或其他毛病，以便在缺陷责任期满时，按合同要求的条

件最终移交工程。

五、FIDIC《土木工程施工合同条件》中的经济性条款

（一）有关保险的条款

1. 工程和有关设备的保险

通用条件中规定，承包商必须以业主与承包商的名义投保工程的一切险种。保险范围包括：全部工程或分期交付的单项工程、临建设施、现场的施工机械及设备材料和试验设备等。保险期限从现场开始工作起到工程竣工移交为止。在缺陷责任期内，如果发生的是缺陷责任期开始前造成的损害，以及缺陷责任期内属于承包商完成未尽事宜的风险损害，则仅由承包商以单方名义保险。对承包商运到现场的施工设备和材料保险，则仅限于重置费用金额。保险方法可采用全值保险，即按合同总价投保；也可以采用月报形式保险，即每月申报一次保险值，以后随工程进展逐月递增。

2. 第三方保险

第三方保险是由于施工引起的，对第三方的人身伤亡和除工程本体以外的财产损失或损坏的保险。通用条件中也规定，可由承包商以双方的名义向保险公司投保。保险的金额为投标书附件中规定的数额。

3. 人身保险

合同条件中要求承包商对自己的雇员进行人身保险。分包商对自己雇员的人身保险由自己办理，但应将保单的复印件报送业主和监理工程师。

（二）工程款的支付与结算

1. 工程进度款的支付

（1）工程预付款。合同条件中规定，业主支付给承包商的预付款有动员预付款和材料预付款两类。动员预付款，是业主为解决承包商开展施工前期准备工作时资金短缺而预先支付的一笔款项，一般为合同报价的10％～15％；动员预付款自承包商所获得工程进度款累计总额达到合同总价20％的那个月开始起扣除，到规定竣工日期前3个月扣清。材料预付款，是为了帮助承包商解决定购大宗主要材料和设备的资金周转而按合同约定的百分比预付的款项，当这些材料和设备一旦用于工程时，则从工程进度款内扣回。

（2）保留金。保留金是按照合同的约定，从承包商每月应获得的工程进度款中扣减的一笔款项。作为约束承包商必须履行合同的保证措施之一，当承包商违约而使业主受到损害时，即可从保留金内获得赔偿。保留金的扣除从首次支付工程进度款开始，直至扣除到合同规定的限额为止（一般为合同总价的5％）。颁发工程移交证书后，退回一半保留金；颁发解除缺陷责任证书后，再退回另一半。

（3）计日工费。是指承包商在工程量表的附件中，按工种或设备填报单价的日工劳务费和机械台班费，一般用于工程量表中没有规定的零星附加工作，计日工费由监理工程师根据现场实际情况使用与支付。

（4）物价浮动调价款。长期合同中订有调价合同条款时，每个月均应计算价格的调整费用，计算方法按合同的约定方式进行。

（5）工程量的计量。在合同中，工程量表中所列的工程量是估算值，不能作为承包商完成合同规定的准确工程量。在每个月业主支付工程进度款前，均需通过测量来核实实际完成的工程量并以此作为支付的依据。工程量计量时，应通知承包商参加。

(6) 支付工程进度款。每个月的月末，承包商应按监理工程师规定的格式提交一式六份支付报表。监理工程师接到报表后，要审查款项内容的合理性和计算的准确性，在核实承包商本月应得款项的基础上，扣除保留金、动员预付款、材料预付款以及所有因承包商责任而应扣减的部分外，即为本月应支付的工程进度款，并据此签发中间付款的临时支付证书。业主在收到临时支付证书后28天内支付工程进度款。

2. 竣工结算

颁发工程移交证书后的84天之内，承包商应按监理工程师规定的格式报送竣工报表。监理工程师接到报表后，应对照竣工图进行工程量详细核算，对其他支付的要求进行审查，然后再依据检查结果签发竣工估算的支付证书。进行竣工结算时，实际合同价款超过或低于有效合同价15%以上，均要对承包商竣工结算的总额进行调整。若增加的工程款超过有效合同价15%以上，工程结算额应减少；反之，则应增加。

3. 最终结算

颁发解除缺陷责任证书后的56天内，承包商应向监理工程师提交一份最终报表的草案以及要求提交的其他资料。监理工程师审核后，承包商应根据监理工程师的合理要求进行补充或修改，编制正式最终报表。承包商还需向业主提交一份结算单，进一步证实最终报表中的支付总额，作为同意与业主终止合同关系的书面文件。结算单生效后，承包商根据合同进行索赔的权利终止，但只有业主已按最终支付证书规定支付工程款，并退还履约保函后才能生效。

(三) 合同被迫终止时的结算

1) 因承包商违约而终止合同时的结算。监理工程师应尽快向业主出具证明，业主仅支付承包商合格完成工程部分原应支付给他的款项。

2) 因特殊风险而终止合同时的结算。业主除去应以合同规定的单价和价格向承包商支付在合同终止前尚未支付的已完工程量的费用外，还应支付因特殊风险给承包商带来的相关费用。

3) 因业主违约而终止合同时的结算。此时，业主除应向承包商支付在合同终止前尚未支付的已完工程量的费用外，还应支付由于终止合同给承包商带来的损失赔偿费，包括利润损失和其他合理费用。

(四) 其他方面的经济条款

主要包括额外试验或检查费用、承包商应付的拖延损失赔偿、货币和价格的调整、国家政策及法律法令的变更引起的费用等。

六、FIDIC《土木工程施工合同条件》中的施工索赔条款

施工索赔是国际上通行的惯例，对此FIDIC《土木工程施工合同条件》也作出了详细的规定，其程序如下：

(1) 索赔通知。如果承包商根据合同有关规定对某一事件进行索赔，他必须在引起索赔事件第一次发生后的28天内，将索赔的意向书面通知监理工程师。

(2) 保持同期记录。监理工程师在收到上述索赔通知后，应及时检查有关同期记录，并确定是否支付索赔。

(3) 索赔报告。在承包商向监理工程师发出要求索赔通知的28天内或监理工程师同意的时间内，向监理工程师递交一份详细报告，说明索赔的根据与数额。

（4）索赔的支付。在监理工程师核实了承包商提供的报告与资料后，若情况属实，索赔应予以支付；如果索赔的数额只有部分成立，则这一部分在月工程结算中被支付。

七、FIDIC合同条件的应用

FIDIC土木工程施工合同条件自1957年制定（第一版）以来，至今已经过四次修改。从理论上讲，这个文本是根据跨国承发包工程的实践不断完善的，是有利于明确承发包双方的权利义务和责任的最具使用价值的建设工程施工的合同文本。但是，由于我国的特殊国情，FIDIC合同条件在我国应用时还应注意下列问题：

（1）应使FIDIC合同条件符合中国的法律规定。FIDIC合同条件中，有些规定与我国的现行法律规定不完全一致，如监理工程师批准设计（我国是设计院设计，政府有关部门的批准）；合同未规定质量等级，只需获得监理工程师的满意即可（我国规定工程在交付前必须评定等级）；工程质量核验权属于监理工程师（我国则规定工程由业主验收，报政府工程质量管理部门备案）等。另外，在FIDIC合同条件中有些术语也有歧义，如“州法令”一词在我国则无从解释（意指工程所在地的法律、法规、规定等）。因此，我们在适用FIDIC合同条件时，应作一些必要的说明、解释和修改。具体方法可采用在专用条件中加以说明或以备忘录的形式附后。

（2）承发包双方和监理单位均应有足够的专业人员，避免因不熟悉FIDIC合同条件而造成不必要的损失。当然，各方还应加强依法履行合同及合同管理的意识，否则，再好的合同文本也会成为一纸空文。

（3）在适用FIDIC合同条件时，应重视专业律师的法律咨询意见或将文件交由律师制作。因为FIDIC合同条件是一个完备的法律文件，而且内容多而复杂，所以不论是在制作招标文件、签订合同还是在处理各方的纠纷或争议时，均应多咨询专业律师的意见，然后实施，以避免FIDIC合同条件与我国法律、法规的冲突以及在适用FIDIC合同条件时的偏差。

典 型 案 例 1

合同双方各自违约，均应负违约责任案

【案情】

原告：甲村委会

被告：乙建筑公司

甲村委会与乙建筑公司于1997年6月签订了一份建设工程合同，合同规定由乙建筑公司为甲村委会承建村民文化活动中心大楼，工程总造价为200万元，竣工日期为1998年3月。合同订立后，乙建筑公司无视合同中不得转包的有关规定，擅自将工程任务转包给外地某施工队，由该施工队具体施工。甲村委会先后三次共拨给乙建筑公司工程款100万元，乙建筑公司将其中的80万元拨给了某施工队。因甲村委会提供的设计图纸存在问题，加之工程造价低、乙建筑公司拨款不足等原因，该施工队于1997年11月停工，后乙建筑公司进入工地继续施工。后因图纸设计存在问题，乙建筑公司与甲村委会在工程款项和工期等问题上产生矛盾，双方协商无效，乙建筑公司便于1998年1月停工。

【审判】

甲村委会向法院起诉，要求判令乙建筑公司承担违约责任。乙建筑公司则辩称：甲村委

会提供的设计图纸存在多处错误，导致工程不得不停工，本方不应承担法律责任。

受理法院经审理查明：承担该村民文化活动中心大楼设计任务的是一未经有关部门批准且不具备设计资质和设计能力的单位，其设计中存在多处错误。法院认为：因甲村委会交给乙建筑公司的图纸存在设计上的问题，致使工程难以进行，对造成此纠纷甲村委会应负主要责任；乙建筑公司擅自将工程任务转包给某施工队，对造成工期的延误及产生纠纷也应负有一定的责任。因此，判决如下：①合同终止履行；②乙建筑公司只退还甲村委会 30 万元，其他损失由甲村委会自负；③本案诉讼费 4500 元，双方各负担一半。后双方均未上诉，判决生效。

【评析】

甲村委会与乙建筑公司签订的建设工程合同是合法有效的，问题主要出现在合同履行中的有关违法行为。

根据《合同法》及《建筑法》的规定，发包人未按约定的时间和要求提供原材料、设备、资金、技术资料的，承包人可以顺延工期，并有权要求赔偿停工损失。另外，因发包人的原因致使工程中途停建、缓建的，发包人应当采取措施弥补或者减少损失，赔偿承包人因此造成的停工、窝工、倒运、机械设备调迁、材料和构件积压等损失和实际费用。本案中甲村委会提供的设计图纸存在错误，承包人通知了发包人，并要求其修改、补充，但发包人甲村委会并没有及时组织有关单位对图纸进行审查修改。可见，由此造成的一切损失应由发包人承担，承包人对停工不承担违约责任。但是，承包人乙建筑公司在合同生效后擅自将工程任务转包给某施工队，显然违约，对此承包人应承担违约责任。

综上所述，双方当事人均有过错。因发包人提供的设计图纸有错误是导致合同不能履行的主要原因，故发包人应承担主要责任。因此，法院判令承包人只退还发包人 30 万元，其他损失由发包人自负并终止合同履行是完全正确的。

典型案例 2

照搬 FIDIC 合同条件导致纠纷案

【案情】

原告：某建筑公司

被告：某中外合资企业

某中外合资企业在苏州新区新建 1.3 万 m^2 的工业厂房，原告某建筑公司投标报价为 1385227 元，工期 182 天，工程质量等级优良。中标后双方签订了《工程施工合同协议》，双方采用的合同文本是《FIDIC 土木工程施工合同条件（1987 年版）》。1997 年 3 月 20 日工程竣工后，质量监督站核定该工程为优良等级。截至 1997 年 1 月 28 日，被告方根据工程师签发的工程进度款证书，共计支付 13109411 元。但是在办理工程结算过程中，被告对原告提出的劳保统筹基金调增、屋面变更而增加费用、类别调增（即由四类改为二类）和包干费、工程优良奖（根据有关文件规定要求增列）等费用的请求不予同意。1998 年 6 月 29 日，原告向苏州市中级人民法院提起诉讼，要求支付因屋面设计变更而增加的工程造价及因工程类别调整所增加的费用、行业劳保统筹基金调增的费用、包干费、工程优良奖等合计 2889056 元；要求支付代垫备料款及被告未按实际完成的工程量支付工程款等利息损失

1993793元。被告则以原告延误工期为由提出反诉，要求原告赔偿70万元。

【审理】

法院经审理查明：①由于在工程施工中确实存在屋面设计变更问题，导致变更后屋面造价增加了258382元，该笔款项应予支持。②对于工程类别的调整，双方约定“本工程取费仍按照四类工程，最终可根据有关主管部门的批示调整。”虽然工程造价处核定争议工程项目土建及安装均为二类。但由于其非建设工程行政主管部门，其对工程类别的核定不能对双方调价产生约束力。故对原告要求按二类工程标准取费的诉讼请求不予支持。③基于合同价是包死价，原告主张行业劳保统筹基金、包干费、工程优良奖等不予支持。④根据合同协议附件第五条约定，被告向原告支付工程预付款80万元，之后，被告按工程进度付工程预付款。原告主张1993793.5元利息，无充分证据证实，且其利息计算不正确。该项主张予以部分支持。⑤原告没有严格按照合同和补充文件的精神完成施工任务，超工期30天，按照合同约定每日万分之四的罚款计算，共计180481.39元。

根据上述认定的事实，法院作出一审判决：①被告给付原告变更屋面设计导致造价款增加的258382元及利息；②判决原告给付被告违约金180481.39元。一审判决后，原被告均提出了上诉。二审法院经审理后，基本维持了一审判决。

【评析】

本案是由于合同双方照搬FIDIC合同条件，未对某些条款进行更改，以及对某些条款认识上的偏差而引起的纠纷。

FIDIC合同条件是目前世界上条款最完善、最具使用价值的建设工程合同文本。但是，由于我国的特殊国情，以及长期的计划经济体制的影响，照搬是不可取的，也是不适合的。如果采用FIDIC合同条件进行签署合同文件，必须对整个合同文件给予准确地把握，并作必要的修改。目前，我国已根据FIDIC条件颁布了新的《建设工程施工合同示范文本》，供各方选用。

第九章　建筑工程监理法律制度

第一节　工程建设监理概述

一、工程建设监理的概念和特征

（一）工程建设监理的概念

监理是指有关执行者根据一定的行为准则，对某些行为进行监督管理，使这些行为符合准则要求并协助行为主体实现其行为目的。

工程建设监理是指针对工程项目建设，社会化、专业化的工程建设监理单位，接受业主（建设单位、项目法人）的委托和授权，根据国家批准的工程项目建设文件、有关工程建设的法律法规和工程建设监理合同以及其他工程建设合同，所进行的旨在实现项目投资目的的微观监督管理活动。这个定义有下面几层含义：

1）工程建设监理是针对工程项目建设所实施的监督管理活动。

2）工程建设监理行为的主体是社会化、专业化的监理单位。

3）工程建设监理的实施需要业主的委托和授权。

4）工程建设监理是有明确依据的工程建设活动。监理必须依据国家批准的工程项目建设文件、有关工程建设的法律、法规和规章，以及监理合同和其他工程建设合同来进行。其中，监理合同和其他工程建设合同是监理的最直接的依据。

5）工程建设监理是微观性质的监督管理活动。所谓微观性质，是指监理活动是针对一个具体的工程项目展开的，是围绕工程项目建设的各项具体的投资活动和生产活动所进行的监督管理。

（二）工程建设监理的特征

工程建设监理是一种特殊的工程建设活动，它的特征如下：

1. 服务性

工程建设监理既不同于承包商的直接生产活动，也不同于业主的直接投资活动，它是在工程建设过程中，利用自己的工程建设方面的知识、技能和经验为客户（业主）提供符合要求的监督管理服务并获取报酬。它的本质是接受客户的委托，为客户提供服务。

2. 独立性和公正性

独立性和公正性是工程建设监理活动的基本要求。监理单位在工程监理中必须具备组织各方协作配合以及调解各方利益的能力，因此必须要求监理单位坚持公正。而公正性又须以独立性为前提，监理单位只有保持独立，与工程建设各方均无利益关系，既不依附于行政机关，也不是业主的"代表"，而是独立的、社会化的中介服务机构，才能保证监理活动的公正性。

3. 科学性

监理单位必须具有能发现和解决工程建设中所存在的技术和管理方面的问题的能力，能够提供高水平的专业服务，所以必须具有科学性。这是监理单位区别于其他一般服务性组织的重要特征，也是其赖以生存的重要条件。

（三）工程建设监理与工程质量监督

工程建设监理与工程质量监督都属于工程建设领域的监督管理活动，二者有很多相似之处，但又有明显的区别，具体表现在以下几方面：

1. 行为的性质不同

工程建设监理是发生在项目组织系统范围内的平等主体之间的横向监督管理，是一种委托性的服务活动；工程质量监督则是项目组织系统外的监督管理主体（政府）对系统内的建设行为主体进行的一种纵向的监督管理，是一种强制性的政府监督行为。

2. 行为主体及其地位不同

前者的实施者是社会化、专业化的监理单位，监理单位与业主、工程承包单位之间是平等的民事主体之间的关系；后者的执行者是政府授权的工程质量监督机构，它与业主、工程承包单位之间属于行政管理与被管理的关系。

3. 行为的内容不同

前者一般是全过程、全方位的监理，包括整个建设项目的目标规划、动态控制、组织协调、合同管理、信息管理等一系列活动；而后者主要限于在施工阶段的工程质量监督，且工作范围较小，相对稳定。

4. 工作的依据不同

工程质量监督以国家、地方颁布的有关法律、法规等为基本依据，维护法的权威性；而工程建设监理不仅以法律、法规为依据，还以工程建设合同为依据，不仅维护法的权威性还要维护合同的严肃性。

5. 工作的方法和手段不同

工程建设监理主要采用组织管理的方法，从多方面采取措施进行项目的监督管理；工程质量监督主要侧重于行政管理的方法和手段。

二、工程建设监理的任务和方法

（一）工程建设监理的任务

工程建设监理的任务是监理工程师利用业主授予的权利，从组织、技术、合同和经济的角度采取措施，对施工质量、进度、费用实施全面监理，并严格地进行合同管理，高效有序地进行信息管理，以使工程建设的三大目标（质量、进度、投资）得到最合理的实现。其核心任务是三大目标的控制。

（二）工程建设监理的基本方法

要实现监理的任务，必须采用科学的、严谨的方法。具体方法如下：

1. 目标规划

目标规划是以实现目标控制为目的的规划和计划，它是围绕工程项目投资、进度和质量目标进行研究确定、分解综合、安排计划、风险管理、制定措施等项工作的集合。目标的规划是目标控制的基础和前提，只有做好目标规划的各项工作才能有效实施目标控制。

目标规划工作包括正确地确定投资、进度、质量目标或对已经初步确定的目标进行论证；按照目标控制的需要将各项目标进行分解，把工程项目实施的过程、目标和活动编制成计划；对计划目标的实现进行风险分析和管理；制定各项目标的综合控制措施等。

2. 动态控制

动态控制就是在完成工程项目的过程中，通过对过程、目标和活动的跟踪，全面、及时、准确地掌握工程建设信息，将实际目标值和工程建设状况与计划目标和状况进行对比，如果偏离了计划和标准的要求，就采取措施加以纠正，以便达到计划总目标的实现。这是一个不断循环的过程，贯穿于工程项目的整个监理过程中。

3. 组织协调

在实现工程项目目标的过程中，组织协调是不可缺少的方法和手段。组织协调既包括监理工程师与设计单位、施工单位、业主之间的协调，也有监理组织内部人与人、机构与机构之间的协调。组织协调的最终目的是为了实现项目目标。

4. 信息管理

信息管理是指监理工程师对有关工程建设的信息进行收集、整理、处理、存储、传递、应用等的一系列活动。信息管理对工程建设监理是十分必要的，也是实现项目目标的基本方法之一。

5. 合同管理

合同管理是指监理单位根据监理合同的要求，对工程承包合同的签订、履行、变更和解除进行监督、检查，对合同双方的争议进行调解和处理，以保证合同依法签订和全面履行。

合同管理对于监理单位完成监理任务是十分重要的。监理工程师应依照合同的约定，对工程的质量和费用实施管理并及时按工作程序处理各种问题，其主要的工作内容包括：对合同条款的研究和分析，建立合同目录、编码和档案，监督、检查合同的履行情况，处理索赔问题，等等。

三、推行工程建设监理制度的必要性

《中华人民共和国建筑法》第30条第1款规定："国家推行建设工程监理制度"。建设工程监理制度是市场经济的产物，是我国工程建设管理体制的一项重要改革。在我国推行工程监理制度，目的在于确保工程建设质量，提高工程建设水平，充分发挥投资效益，它是我国工程建设领域继投资、设计、施工等方面改革后进行的又一次重大变革，必将对我国工程建设事业的健康发展产生深远的影响。

（一）推行工程建设监理制度是适应我国建设领域由计划经济向市场经济转变的需要

伴随着我国经济体制改革向纵深发展，我国经济体制开始由计划经济体制向社会主义市场经济体制转变，建设工程领域亦毫不例外要适应这种转变。市场经济的特点就是开放性和竞争性，要求用法律的手段、合同的手段、经济的手段、市场的手段，打破行政命令下的封闭和垄断的局面。但是长期以来，我国工程建设领域是由建设单位或其上级主管机关自筹资金、自行建设、自我监督与管理的体制，从而导致了政企不分、监督管理乏力的封闭式的管理模式，造成了脱离实际、盲目蛮干、多投入少产出等严重后果，给国家和人民的财富造成巨大的浪费，这与我国当前加强社会主义市场经济体系的建立和社会化扩大再生产的需要是极不相称的。因此，在工程建设领域引入竞争机制，推行工程建设监理制度已成为当务之急。

（二）推行工程建设监理制度是适应我国工程建设体制改革的需要

实行改革开放以来，我国工程建设的投资主体已由国家为主向多元化、经营化为主转换，工程任务的分配已由政府主管部门为主向以市场为主的转换，工程项目的承建主体正由

分散的、多层次的设计、施工单位为主向智力型密集型的总承包单位为主转换。在进行社会主义市场经济建设过程中，现代企业制度也正在逐步建立和完善，在工程建设领域已经开始普遍推行项目法人责任制、招标投标制、合同管理制。在这种新形势下，迫切需要加强与之相适应的监督管理和横向制衡，以保证建设工程的质量和建设工期，确保投资效益的充分发挥。工程建设监理制度正是适应这种需要而产生的。

（三）推行工程建设监理制度是适应我国工程建设领域对外开放与国际惯例接轨的需要

我国要扩大对外开放，参与国际竞争和国际合作，吸引外资或向国际金融组织申请贷款，那么工程建设领域的诸多制度就必须与国际接轨和向国际靠拢，而工程建设监理制度正是世界许多发达国家和国际金融组织普遍采用和推行的制度，因此推行工程建设监理制度势在必行。

（四）推行工程建设监理制度是对工程项目进行科学管理的需要

推行工程建设监理制度，由具有专业知识和丰富管理经验的监理工程师对工程建设项目进行全过程的监督管理，在业主和承包商之间引入第三者进行制约和监督，对工程项目进行管理，可以从根本上防止诸如工程质量失控、工期拖延、工程款久拖不决等长期存在而又棘手的一些问题，促进建设事业的健康发展。

四、我国的工程建设监理制度概况

长期以来，我国的工程建设活动基本上是按国家下达的计划，由建设单位自行组织设计、施工，申请材料、设备，还直接承担工程建设的监督和管理职能，对于工程建设监理制度是十分陌生的，法律、法规中亦无相应的规定。

1983年利用世界银行贷款的鲁布革水电站引水工程首先采用工程监理制度，之后，西安——三源一级公路及京津塘高速公路也先后引进了工程监理制度，为我国的工程建设监理制度拉开了序幕。1988年5月，国务院批准了住房和城乡建设部的“三定”方案，并确立了住房和城乡建设部归口管理工程建设的施工监理工作，制定了相应的法规和管理办法。同年7月，住房和城乡建设部颁布了《有关开展建设监理工作的通知》，同年12月又印发了《关于开展建设监理试点工作的若干意见》，并确定了北京、上海、天津、南京、宁波、沈阳、哈尔滨、深圳8城市和能源、交通两部的水电和公路系统作为开展建设监理工作的试点单位。从此，我国工程建设领域的改革进入了一个新的阶段，即参照国际惯例，结合中国国情，建立具有中国特色的建设监理制度。

经过8年的监理制度的试点，建设监理已为广大工程建设者认识和接受，并积累了丰富的经验。1995年12月住房和城乡建设部召开了第六次全国建设监理工作会议，并决定在全国范围内推行建设监理制。自1996年起，建设监理开始进入全面推行阶段，各部门、各地方的监理法规、规章进一步健全、完善，监理工作逐步达到规范化，监理队伍蓬勃发展，而且还形成了具有一定规模的产业化队伍。1997年11月《建筑法》的颁布，特别是《建筑法》第30条规定：“国家推行建筑工程监理制度”，使建设监理制度的发展又迈上一个新台阶。相信在不久的将来，随着法律、法规的逐步健全和与国际惯例的日益接轨，我国的工程建设监理制度会愈加完善。

目前，规范工程建设监理活动的法律、规范主要有：1992年6月住房和城乡建设部颁布的《工程建设监理规定》，1996年8月住房和城乡建设部、人力资源和社会保障部印发的《关于全国监理工程师执业资格考试工作的通知》，1997年11月全国人大颁布的《建筑法》，

2001年1月住房和城乡建设部颁布的《建设工程监理范围和规模标准规定》，2006年1月颁布的《注册监理工程师管理规定》，2007年6月颁布的《工程监理企业资质管理规定》以及其他有关工程建设监理的法律规定等。

第二节　工程建设监理资质资格管理

一、工程建设监理单位资质管理

（一）工程建设监理单位的概念和分类

监理单位是指具有法人资格，取得监理单位资质证书，主要从事工程建设监理工作的监理公司、监理事务所等，也包括具有法人资格的单位下设的专门从事工程建设监理的二级机构，即企业法人中专门从事监理工作的内设机构，如设计单位中的“监理部”等。

监理单位是建筑市场的四大主体（业主、设计单位、施工单位、监理单位）之一。它的责任主要是向工程业主提供高智能的技术服务，对工程项目建设的投资、建设工期和质量进行监督管理。它在建筑市场中起着举足轻重的纽带作用，对于业主他们是委托与被委托、授权与被授权的关系，更是相互依存、相互促进、共兴共荣的紧密关系；对于设计、施工单位（或称承包商），他们之间虽无合同的约束，但也有紧密的关系，是监理与被监理的关系，而不是领导与被领导的关系。

监理单位的分类，按照经济性质可分为全民所有制企业、集体所有制企业和私有企业；按照组建方式分为股份公司、合资企业、合作企业和合伙企业；按照经济责任分为有限责任公司和无限责任公司；按照从事的主要业务范围不同，还可分为不同专业类别的监理单位。

（二）工程建设监理单位的资质条件和业务范围

监理单位的资质是指从事监理业务的单位应具备的人员素质、专业配套能力、技术装备、资金数量、监理经历和监理水平等要素。

根据上述要素的状况，2007年6月26日住房和城乡建设部颁布的《工程监理企业资质管理规定》将监理单位的资质分为综合资质、专业资质和事务所资质。其中，专业资质按照工程性质和技术特点划分为若干工程类别。综合资质、事务所资质不分级别。专业资质分为甲级、乙级；其中，房屋建筑、水利水电、公路和市政公用专业资质可设立丙级。具体的资质等级标准如下：

1. 综合资质标准

（1）具有独立法人资格且注册资本不少于600万元。

（2）企业技术负责人应为注册监理工程师，并具有15年以上从事工程建设工作的经历或者具有工程类高级职称。

（3）具有5个以上工程类别的专业甲级工程监理资质。

（4）注册监理工程师不少于60人，注册造价工程师不少于5人，一级注册建造师、一级注册建筑师、一级注册结构工程师或者其他勘察设计注册工程师合计不少于15人。

（5）企业具有完善的组织结构和质量管理体系，有健全的技术、档案等管理制度。

（6）企业具有必要的工程试验检测设备。

（7）申请工程监理资质之日前一年内没有《工程监理企业资质管理规定》第16条禁止的行为。

(8) 申请工程监理资质之日前一年内没有因本企业监理责任造成重大质量事故。

(9) 申请工程监理资质之日前一年内没有因本企业监理责任发生三级以上工程建设重大安全事故或者发生两起以上四级工程建设安全事故。

综合资质可以承担所有专业工程类别建设工程项目的工程监理业务。

2. 专业资质标准

甲级

(1) 具有独立法人资格且注册资本不少于300万元。

(2) 企业技术负责人应为注册监理工程师，并具有15年以上从事工程建设工作的经历或者具有工程类高级职称。

(3) 注册监理工程师、注册造价工程师、一级注册建造师、一级注册建筑师、一级注册结构工程师或者其他勘察设计注册工程师合计不少于25人；其中，相应专业注册监理工程师不少于《专业资质注册监理工程师人数配备表》中要求配备的人数，注册造价工程师不少于2人。

(4) 企业近2年内独立监理过3个以上相应专业的二级工程项目，但是，具有甲级设计资质或一级及以上施工总承包资质的企业申请本专业工程类别甲级资质的除外。

(5) 企业具有完善的组织结构和质量管理体系，有健全的技术、档案等管理制度。

(6) 企业具有必要的工程试验检测设备。

(7) 申请工程监理资质之日前一年内没有《工程监理企业资质管理规定》第十六条禁止的行为。

(8) 申请工程监理资质之日前一年内没有因本企业监理责任造成重大质量事故。

(9) 申请工程监理资质之日前一年内没有因本企业监理责任发生三级以上工程建设重大安全事故或者发生两起以上四级工程建设安全事故。

专业甲级资质可承担相应专业工程类别所有建设工程项目的工程监理业务。

乙级

(1) 具有独立法人资格且注册资本不少于100万元。

(2) 企业技术负责人应为注册监理工程师，并具有10年以上从事工程建设工作的经历。

(3) 注册监理工程师、注册造价工程师、一级注册建造师、一级注册建筑师、一级注册结构工程师或者其他勘察设计注册工程师合计不少于15人。其中，相应专业注册监理工程师不少于《专业资质注册监理工程师人数配备表》中要求配备的人数，注册造价工程师不少于1人。

(4) 有较完善的组织结构和质量管理体系，有技术、档案等管理制度。

(5) 有必要的工程试验检测设备。

(6) 申请工程监理资质之日前一年内没有《工程监理企业资质管理规定》第16条禁止的行为。

(7) 申请工程监理资质之日前一年内没有因本企业监理责任造成重大质量事故。

(8) 申请工程监理资质之日前一年内没有因本企业监理责任发生三级以上工程建设重大安全事故或者发生两起以上四级工程建设安全事故。

专业乙级资质可承担相应专业工程类别二级以下（含二级）建设工程项目的工程监理业务。

丙级

(1) 具有独立法人资格且注册资本不少于50万元。

（2）企业技术负责人应为注册监理工程师，并具有8年以上从事工程建设工作的经历。

（3）相应专业的注册监理工程师不少于《专业资质注册监理工程师人数配备表》中要求配备的人数。

（4）有必要的质量管理体系和规章制度。

（5）有必要的工程试验检测设备。

专业丙级资质可承担相应专业工程类别三级建设工程项目的工程监理业务。

3. 事务所资质标准

（1）取得合伙企业营业执照，具有书面合作协议书。

（2）合伙人中有3名以上注册监理工程师，合伙人均有5年以上从事建设工程监理的工作经历。

（3）有固定的工作场所。

（4）有必要的质量管理体系和规章制度。

（5）有必要的工程试验检测设备。

事务所资质可承担三级建设工程项目的工程监理业务，但是，国家规定必须实行强制监理的工程除外。

（三）监理资质的申请与审批

1. 申请审批的权限及程序

申请综合资质、专业甲级资质的，应当向企业工商注册所在地的省、自治区、直辖市人民政府建设主管部门提出申请。省、自治区、直辖市人民政府建设主管部门应当自受理申请之日起20日内初审完毕，并将初审意见和申请材料报国务院建设主管部门。国务院建设主管部门应当自省、自治区、直辖市人民政府建设主管部门受理申请材料之日起60日内完成审查，公示审查意见，公示时间为10日。其中，涉及铁路、交通、水利、通信、民航等专业工程监理资质的，由国务院建设主管部门送国务院有关部门审核。国务院有关部门应当在20日内审核完毕，并将审核意见报国务院建设主管部门。国务院建设主管部门根据初审意见审批。

专业乙级、丙级资质和事务所资质由企业所在地省、自治区、直辖市人民政府建设主管部门审批。专业乙级、丙级资质和事务所资质许可、延续的实施程序由省、自治区、直辖市人民政府建设主管部门依法确定。省、自治区、直辖市人民政府建设主管部门应当自作出决定之日起10日内，将准予资质许可的决定报国务院建设主管部门备案。

2. 资质申请应提交的材料

（1）工程监理企业资质申请表（一式三份）及相应电子文档。

（2）企业法人、合伙企业营业执照。

（3）企业章程或合伙人协议。

（4）企业法定代表人、企业负责人和技术负责人的身份证明、工作简历及任命（聘用）文件。

（5）工程监理企业资质申请表中所列注册监理工程师及其他注册执业人员的注册执业证书。

（6）有关企业质量管理体系、技术和档案等管理制度的证明材料。

（7）有关工程试验检测设备的证明材料。

取得专业资质的企业申请晋升专业资质等级或者取得专业甲级资质的企业申请综合资质

的，除前款规定的材料外，还应当提交企业原工程监理企业资质证书正、副本复印件，企业《监理业务手册》及近两年已完成代表工程的监理合同、监理规划、工程竣工验收报告及监理工作总结。

3. 资质的延续

资质有效期届满，工程监理企业需要继续从事工程监理活动的，应当在资质证书有效期届满60日前，向原资质许可机关申请办理延续手续。对在资质有效期内遵守有关法律、法规、规章、技术标准，信用档案中无不良记录，且专业技术人员满足资质标准要求的企业，经资质许可机关同意，有效期延续5年。

4. 资质的变更

工程监理企业在资质证书有效期内名称、地址、注册资本、法定代表人等发生变更的，应当在工商行政管理部门办理变更手续后30日内办理资质证书变更手续。

涉及综合资质、专业甲级资质证书中企业名称变更的，由国务院建设主管部门负责办理，并自受理申请之日起3日内办理变更手续。其他等级的资质证书变更手续，由省、自治区、直辖市人民政府建设主管部门负责办理。省、自治区、直辖市人民政府建设主管部门应当自受理申请之日起3日内办理变更手续，并在办理资质证书变更手续后15日内将变更结果报国务院建设主管部门备案。

申请资质证书变更，应当提交以下材料：

(1) 资质证书变更的申请报告。

(2) 企业法人营业执照副本原件。

(3) 工程监理企业资质证书正、副本原件。

工程监理企业改制的，还应当提交企业职工代表大会或股东大会关于企业改制或股权变更的决议、企业上级主管部门关于企业申请改制的批复文件。

(四) 资质的监督管理

1. 资质的监督检查

县级以上人民政府建设主管部门和其他有关部门依法对工程监理企业资质实施监督管理。建设主管部门履行监督检查职责时，有权采取下列措施：

(1) 要求被检查单位提供工程监理企业资质证书、注册监理工程师注册执业证书，有关工程监理业务的文档，有关质量管理、安全生产管理、档案管理等企业内部管理制度的文件。

(2) 进入被检查单位进行检查，查阅相关资料。

(3) 纠正违反有关法律、法规和本规定及有关规范和标准的行为。

建设主管部门进行监督检查时，应当有两名以上监督检查人员参加，并出示执法证件，不得妨碍被检查单位的正常经营活动，不得索取或者收受财物、谋取其他利益。有关单位和个人对依法进行的监督检查应当协助与配合，不得拒绝或者阻挠。监督检查机关应当将监督检查的处理结果向社会公布。

2. 资质的撤回、撤销及注销

(1) 资质的撤回。

工程监理企业取得资质后不再符合相应资质条件的，资质许可机关根据利害关系人的请求或者依据职权，可以责令其限期改正；逾期不改的，可以撤回其资质。

(2) 资质的撤销。

有下列情形之一的，资质许可机关或者其上级机关，根据利害关系人的请求或者依据职权，可以撤销工程监理企业资质：

1) 资质许可机关工作人员滥用职权、玩忽职守作出准予工程监理企业资质许可的。

2) 超越法定职权作出准予工程监理企业资质许可的。

3) 违反资质审批程序作出准予工程监理企业资质许可的。

4) 对不符合许可条件的申请人作出准予工程监理企业资质许可的。

5) 依法可以撤销资质证书的其他情形。

(3) 资质的注销。

有下列情形之一的，工程监理企业应当及时向资质许可机关提出注销资质的申请，交回资质证书，国务院建设主管部门应当办理注销手续，公告其资质证书作废：

1) 资质证书有效期届满，未依法申请延续的。

2) 工程监理企业依法终止的。

3) 工程监理企业资质依法被撤销、撤回或吊销的。

4) 法律、法规规定的应当注销资质的其他情形。

3. 企业的信用档案检查

工程监理企业应当按照有关规定，向资质许可机关提供真实、准确、完整的工程监理企业的信用档案信息。其内容应当包括企业基本情况、业绩、工程质量和安全、合同违约等情况。被投诉举报和处理、行政处罚等情况应当作为不良行为记入其信用档案。

工程监理企业的信用档案信息按照有关规定向社会公示，公众有权查阅。

(五) 违反资质管理的法律责任

(1) 申请人隐瞒有关情况或者提供虚假材料申请工程监理企业资质的，资质许可机关不予受理或者不予行政许可，并给予警告，申请人在1年内不得再次申请工程监理企业资质。

(2) 以欺骗、贿赂等不正当手段取得工程监理企业资质证书的，由县级以上地方人民政府建设主管部门或者有关部门给予警告，并处1万元以上2万元以下的罚款，申请人3年内不得再次申请工程监理企业资质。

(3) 工程监理企业在监理过程中实施商业贿赂或者涂改、伪造、出借、转让工程监理企业资质证书的，由县级以上地方人民政府建设主管部门或者有关部门予以警告，责令其改正，并处1万元以上3万元以下的罚款；造成损失的，依法承担赔偿责任；构成犯罪的，依法追究刑事责任。

(4) 工程监理企业不及时办理资质证书变更手续的，由资质许可机关责令限期办理；逾期不办理的，可处以1000元以上1万元以下的罚款。

(5) 工程监理企业未按规定要求提供工程监理企业信用档案信息的，由县级以上地方人民政府建设主管部门予以警告，责令限期改正；逾期未改正的，可处以1000元以上1万元以下的罚款。

(6) 县级以上人民政府建设主管部门及有关部门有下列情形之一的，由其上级行政主管部门或者监察机关责令改正，对直接负责的主管人员和其他直接责任人员依法给予处分；构成犯罪的，依法追究刑事责任。

1) 对不符合规定条件的申请人准予工程监理企业资质许可的。

2）对符合规定条件的申请人不予工程监理企业资质许可或者不在法定期限内作出准予许可决定的。

3）对符合法定条件的申请不予受理或者未在法定期限内初审完毕的。

4）利用职务上的便利，收受他人财物或者其他好处的。

5）不依法履行监督管理职责或者监督不力，造成严重后果的。

二、监理工程师资格管理

（一）监理工程师的概念

监理工程师是指在工程建设监理工作岗位上工作，经全国统一考试合格，并经政府注册的监理人员。它包含三层含义：第一，他（她）是从事工程建设监理工作的人员；第二，已取得国家确认的《监理工程师资格证书》；第三，经省、自治区、直辖市建委（建设厅）或由国务院工业、交通等部门的建设主管单位核准、注册，取得《监理工程师注册执业证书》。

监理工程师是一种岗位职务。从事监理工作，但尚未取得《监理工程师注册执业证书》的人员统称为监理员。监理工程师具有相应岗位责任的签字权，而监理员则一般没有。

总监理工程师（承包总监）或主任监理工程师是指的聘任的工程建设项目上的岗位职务，没有被聘用，则只有监理工程师的称谓。工程建设项目一般实行总监理工程师负责制，监理工程师对总监负责，监理员对监理工程师负责。

（二）监理工程师资格的取得

我国监理工程师主要是通过参加监理工程师资格考试的方式取得。

1. 监理工程师资格考试的实施机构

监理工程师资格考试，在全国监理工程师资格考试委员会的统一组织指导下进行，原则上每两年进行一次；监理工程师资格考试委员会为非常设机构，于每次考试前6个月组成并开始工作。

全国监理工程师资格考试委员会由国务院建设行政主管部门和国务院有关部门工程建设、人事行政管理的专家15～19人组成，设主任委员1人、副主任委员3～5人。

省、自治区、直辖市及国务院有关部门成立地方或部门监理工程师资格考试委员会，分别负责本行政区域内地方工程建设监理单位或本部门直属工程建设监理单位的监理工程师资格考试工作。地方或部门监理工程师资格考试委员会的成立，应报全国监理工程师资格考试委员会备案。

2. 参加监理工程师资格考试的条件

凡中华人民共和国公民，身体健康，遵纪守法，具备下列条件之一者，可申请参加监理工程师执业资格考试。

（1）参加全科（4科）考试的条件：

1）工程技术或工程经济专业大专（含大专）以上学历，按照国家有关规定，取得工程技术或工程经济专业中级职务，并任职满3年。

2）按照国家有关规定，取得工程技术或工程经济专业高级职务。

3）1970年（含1970年）以前工程技术或工程经济专业中专毕业，按照国家有关规定，取得工程技术或工程经济专业中级职务，并任职满3年。

（2）免试部分科目的条件：

对从事工程建设监理工作并同时具备下列4项条件的人员，可免试《工程建设合同管理》和《工程建设质量、投资、进度控制》两科。

1）1970年（含1970年）以前工程技术或工程经济专业中专（含中专）以上毕业。

2）按照国家有关规定，取得工程技术或工程经济专业高级职务。

3）从事工程设计或工程施工管理工作满15年。

4）从事监理工作满1年。

参加全部4个科目考试的人员，必须在连续两个考试年度内通过全部科目考试；符合免试部分科目考试的人员，必须在一个考试年度内通过规定的两个科目的考试，可取得监理工程师执业资格证书。

3.《监理工程师资格证书》的取得

凡参加监理工程师资格考试者，由所在单位向本地区或本部门监理工程师资格考试委员会提出书面申请，经审查批准后方可参加考试；经监理工程师资格考试合格者，由监理工程师注册机关核发《监理工程师资格证书》；《监理工程师资格证书》的持有者，自领取证书起五年内未经注册，其证书失效。

（三）监理工程师的注册

注册监理工程师，是指经考试取得中华人民共和国监理工程师资格证书（以下简称资格证书），并按照国家规定注册，取得中华人民共和国注册监理工程师注册执业证书（以下简称注册证书）和执业印章，从事工程监理及相关业务活动的专业技术人员。未取得注册证书和执业印章的人员，不得以注册监理工程师的名义从事工程监理及相关业务活动。

1. 监理工程师注册的条件

监理工程师的注册有三种情况：初始注册、延续注册和变更注册。

（1）初始注册。

初始注册者，可自资格证书签发之日起3年内提出申请。逾期未申请者，须符合继续教育的要求后方可申请初始注册。申请初始注册，应当具备以下条件：

1）经全国注册监理工程师执业资格统一考试合格，取得资格证书。

2）受聘于一个相关单位。

3）达到继续教育要求。

4）没有法律规定的不予注册的情形。

（2）延续注册。

注册监理工程师每一注册有效期为3年，注册有效期满需继续执业的，应当在注册有效期满30日前，按照规定的程序申请延续注册。延续注册有效期3年。延续注册需要提交下列材料：

1）申请人延续注册申请表。

2）申请人与聘用单位签订的聘用劳动合同复印件。

3）申请人注册有效期内达到继续教育要求的证明材料。

（3）变更注册。

在注册有效期内，注册监理工程师变更执业单位，应当与原聘用单位解除劳动关系，并按规定的程序办理变更注册手续，变更注册后仍延续原注册有效期。

变更注册需要提交下列材料：

1）申请人变更注册申请表。

2）申请人与新聘用单位签订的聘用劳动合同复印件。

3）申请人的工作调动证明（与原聘用单位解除聘用劳动合同或者聘用劳动合同到期的证明文件、退休人员的退休证明）。

（4）不予注册的情形。

申请人有下列情形之一的，不予初始注册、延续注册或者变更注册：

1）不具有完全民事行为能力的。

2）刑事处罚尚未执行完毕或者因从事工程监理或者相关业务受到刑事处罚，自刑事处罚执行完毕之日起至申请注册之日止不满2年的。

3）未达到监理工程师继续教育要求的。

4）在两个或者两个以上单位申请注册的。

5）以虚假的职称证书参加考试并取得资格证书的。

6）年龄超过65周岁的。

7）法律、法规规定不予注册的其他情形。

2. 监理工程师注册的程序

注册监理工程师依据其所学专业、工作经历、工程业绩，按照《工程监理企业资质管理规定》划分的工程类别，按专业注册。每人最多可以申请两个专业注册。

取得资格证书的人员申请注册，由省、自治区、直辖市人民政府建设主管部门初审，国务院建设主管部门审批。取得资格证书并受聘于一个建设工程勘察、设计、施工、监理、招标代理、造价咨询等单位的人员，应当通过聘用单位向单位工商注册所在地的省、自治区、直辖市人民政府建设主管部门提出注册申请；省、自治区、直辖市人民政府建设主管部门受理后提出初审意见，并将初审意见和全部申报材料报国务院建设主管部门审批；符合条件的，由国务院建设主管部门核发注册证书和执业印章。

省、自治区、直辖市人民政府建设主管部门在收到申请人的申请材料后，应当即时作出是否受理的决定，并向申请人出具书面凭证；申请材料不齐全或者不符合法定形式的，应当在5日内一次性告知申请人需要补正的全部内容。逾期不告知的，自收到申请材料之日起即为受理。

对申请初始注册的，省、自治区、直辖市人民政府建设主管部门应当自受理申请之日起20日内审查完毕，并将申请材料和初审意见报国务院建设主管部门。国务院建设主管部门自收到省、自治区、直辖市人民政府建设主管部门上报材料之日起，应当在20日内审批完毕并作出书面决定，并自作出决定之日起10日内，在公众媒体上公告审批结果。

对申请变更注册、延续注册的，省、自治区、直辖市人民政府建设主管部门应当自受理申请之日起5日内审查完毕，并将申请材料和初审意见报国务院建设主管部门。国务院建设主管部门自收到省、自治区、直辖市人民政府建设主管部门上报材料之日起，应当在10日内审批完毕并作出书面决定。

（四）监理工程师的执业

取得资格证书的人员，应当受聘于一个具有建设工程勘察、设计、施工、监理、招标代理、造价咨询等一项或者多项资质的单位，经注册后方可从事相应的执业活动。从事工程监理执业活动的，应当受聘并注册于一个具有工程监理资质的单位。

注册监理工程师可以从事工程监理、工程经济与技术咨询、工程招标与采购咨询、工程项目管理服务以及国务院有关部门规定的其他业务。

工程监理活动中形成的监理文件由注册监理工程师按照规定签字盖章后方可生效。修改经注册监理工程师签字盖章的工程监理文件，应当由该注册监理工程师进行；因特殊情况，该注册监理工程师不能进行修改的，应当由其他注册监理工程师修改，并签字、加盖执业印章，对修改部分承担责任。

注册监理工程师从事执业活动，由所在单位接受委托并统一收费。

因工程监理事故及相关业务造成的经济损失，聘用单位应当承担赔偿责任；聘用单位承担赔偿责任后，可依法向负有过错的注册监理工程师追偿。

（五）监理工程师的权利和义务

1. 注册监理工程师享有下列权利

（1）使用注册监理工程师称谓。

（2）在规定范围内从事执业活动。

（3）依据本人能力从事相应的执业活动。

（4）保管和使用本人的注册证书和执业印章。

（5）对本人执业活动进行解释和辩护。

（6）接受继续教育。

（7）获得相应的劳动报酬。

（8）对侵犯本人权利的行为进行申诉。

2. 注册监理工程师应当履行下列义务

（1）遵守法律、法规和有关管理规定。

（2）履行管理职责，执行技术标准、规范和规程。

（3）保证执业活动成果的质量，并承担相应责任。

（4）接受继续教育，努力提高执业水准。

（5）在本人执业活动所形成的工程监理文件上签字、加盖执业印章。

（6）保守在执业中知悉的国家秘密和他人的商业、技术秘密。

（7）不得涂改、倒卖、出租、出借或者以其他形式非法转让注册证书或者执业印章。

（8）不得同时在两个或者两个以上单位受聘或者执业。

（9）在规定的执业范围和聘用单位业务范围内从事执业活动。

（10）协助注册管理机构完成相关工作。

第三节　工程建设监理的实施

一、工程建设监理的范围和依据

（一）工程建设监理的范围

根据2001年1月17日住房和城乡建设部颁布的《建设工程监理范围和规模标准规定》，下列建设工程必须实行监理：

1. 国家重点建设工程

是指依据《国家重点建设项目管理办法》所确定的对国民经济和社会发展有重大影响的骨干项目。

2. 大中型公用事业工程

是指项目总投资额在3000万元以上的下列工程项目：

1）供水、供电、供气、供热等市政工程项目。

2）科技、教育、文化等项目。

3）体育、旅游、商业等项目。

4）卫生、社会福利等项目。

5）其他公用事业项目。

3. 成片开发建设的住宅小区工程

其中，建筑面积在5万 m^2 以上的住宅建设工程必须实行监理；5万 m^2 以下的住宅建设工程，可以实行监理，具体范围和规模标准，由省、自治区、直辖市人民政府建设行政主管部门规定；为了保证住宅质量，对高层住宅及地基、结构复杂的多层住宅应当实行监理。

4. 利用外国政府或者国际组织贷款、援助资金的工程

包括：

1）使用世界银行、亚洲开发银行等国际组织贷款资金的项目。

2）使用国外政府及其机构贷款资金的项目。

3）使用国际组织或者国外政府援助资金的项目。

5. 国家规定必须实行监理的其他工程

主要是指学校、影剧院、体育场馆项目以及总投资额在3000万元以上关系社会公共利益、公众安全的下列基础设施项目：

1）煤炭、石油、化工、天然气、电力、新能源等项目。

2）铁路、公路、管道、水运、民航以及其他交通运输业等项目。

3）邮政、电信枢纽、通信、信息网络等项目。

4）防洪、灌溉、排涝、发电、引（供）水、滩涂治理、水资源保护、水土保持等水利建设项目。

5）道路、桥梁、地铁和轻轨交通、污水排放及处理、垃圾处理、地下管道、公共停车场等城市基础设施项目。

6）生态环境保护项目。

7）其他基础设施项目。

（二）工程建设监理的依据

根据《建筑法》和《工程建设监理规定》，监理的依据为：

1）有关工程建设监理的法律、法规和规章。

2）国家批准的工程项目建设文件。

3）有关的工程建设强制性标准。

4）建设监理合同及其他依法签订的工程建设合同。

二、工程建设监理的基本原则

（一）资质许可原则

《建筑法》第31条规定："实行监理的建筑工程，由建设单位委托具有相应资质条件的工程监理单位监理"。第34条规定："工程监理单位应当在其资质等级许可的监理范围内，

承担工程监理业务”。这是政府对从事工程监理的单位资质许可的强制性规定，也是从事监理活动的首要的原则。

（二）客观、公正性原则

《建筑法》第 34 条规定：“工程监理单位应当根据建设单位的委托，客观、公正地执行监理任务”。所谓客观，是指工程监理单位及其监理人员在执行监理任务中，应以事实为根据，并运用科学的方法，在充分掌握监理对象及其外部环境实际情况的基础上，适时、妥贴、高效地处理有关问题，用事实说话，不能主观臆断；所谓公正，是指工程监理单位及其监理人员在对工程实施质量、投资和进度控制时，应当以独立、超脱的“第三人”的地位，做到公正廉洁，严格把关，不放过任何影响工程质量的问题，清退不合格的材料、提出合理化建议、纠正不合理设计、严格审查预决算，达到节省投资、保证工程质量的目的，同时，在处理建设单位与承包单位之间的纠纷时，做到不偏不倚，公平对待。客观和公正是工程监理单位和监理人员应当遵循的最基本的执业准则，也是对监理活动的基本要求。

（三）总监理工程师全权负责原则

总监理工程师是监理单位履行监理合同的全权负责人。他根据监理合同赋予的权限，全权负责监理事务，并领导项目监理组开展工作。监理工程师具体履行监理职责，对总监理工程师负责。

（四）监理单位独立完成任务的原则

《建筑法》第 34 条规定：“工程监理单位不得转让工程监理业务”。建设单位将监理业务委托给工程监理单位，是建设单位对该监理单位的信誉和监理能力的信任，监理单位接受委托后，应当自行完成工程监理业务，不允许将监理业务转委托给其他工程监理单位。如果由于各种原因，监理单位确实无法完成该工程监理任务时，应依法解除合同，由建设单位将该工程的监理业务委托给其他具有相应资质条件的监理单位。

三、工程建设监理的内容

工程建设监理的基本任务是通过建设项目的一项项具体工作的完成来实现的，而这些具体的工作都取决于项目建设的阶段，阶段不同项目的具体工作就不同，因而其相应的监理内容也不同。根据 2013 年 5 月颁布的国家标准 GB/T 50319—2013《建设工程监理规范》的规定，各阶段监理及相关服务的内容如下：

（一）施工准备阶段监理

（1）代理组织单项工程或单位工程的招投标，或提供工程建设咨询服务。

（2）核查施工图设计和概预算。

（3）编撰标书、制订标底，准备并发送招标文件，协助评审标书，提出意见和建议。

（4）协助建设单位与中标单位商签工程承包合同。

（5）协助建设单位办理施工许可手续。

（6）对施工准备阶段的预备性工程，如“四通一平”等实施监理。

（7）协助建设单位优选设备供应公司或设备成套公司、商签设备成套供应合同。

（二）施工阶段监理

（1）收到工程设计文件后编制监理规划，并在第一次工地会议 7 天前报委托人。根据有关规定和监理工作需要，编制监理实施细则。

(2) 熟悉工程设计文件，并参加由委托人主持的图纸会审和设计交底会议。

(3) 参加由委托人主持的第一次工地会议；主持监理例会并根据工程需要主持或参加专题会议。

(4) 审查施工承包人提交的施工组织设计，重点审查其中的质量安全技术措施、专项施工方案与工程建设强制性标准的符合性。

(5) 检查施工承包人工程质量、安全生产管理制度及组织机构和人员资格。

(6) 检查施工承包人专职安全生产管理人员的配备情况。

(7) 审查施工承包人提交的施工进度计划，核查承包人对施工进度计划的调整。

(8) 检查施工承包人的试验室。

(9) 审核施工分包人资质条件。

(10) 查验施工承包人的施工测量放线成果。

(11) 审查工程开工条件，对条件具备的签发开工令。

(12) 审查施工承包人报送的工程材料、构配件、设备质量证明文件的有效性和符合性，并按规定对用于工程的材料采取平行检验或见证取样方式进行抽检。

(13) 审核施工承包人提交的工程款支付申请，签发或出具工程款支付证书，并报委托人审核、批准。

(14) 在巡视、旁站和检验过程中，发现工程质量、施工安全存在事故隐患的，要求施工承包人整改并报委托人。

(15) 经委托人同意，签发工程暂停令和复工令。

(16) 审查施工承包人提交的采用新材料、新工艺、新技术、新设备的论证材料及相关验收标准。

(17) 验收隐蔽工程、分部分项工程。

(18) 审查施工承包人提交的工程变更申请，协调处理施工进度调整、费用索赔、合同争议等事项。

(19) 审查施工承包人提交的竣工验收申请，编写工程质量评估报告。

(20) 参加工程竣工验收，签署竣工验收意见。

(21) 审查施工承包人提交的竣工结算申请并报委托人。

(22) 编制、整理工程监理归档文件并报委托人。

（三）工程勘察阶段服务

(1) 协助建设单位编制工程勘察任务书和选择工程勘察单位，并协助签订工程勘察合同。

(2) 审查勘察单位提交的勘察方案，提出审查意见。

(3) 检查勘察单位执行勘察方案的情况，对重要点位的勘探与测试进行现场检查。

(4) 检查勘察进度执行情况、督促勘察单位完成勘察合同约定的工作内容、审查勘察单位提交的勘察费用支付申请表，以及签发勘察费用支付证书，并报建设单位。

(5) 审查勘察单位提交的勘察成果报告，并向建设单位提交勘察成果评估报告，同时参与勘察成果验收。

(6) 根据工程勘察合同，协调处理勘察延期、费用索赔等事宜。

（四）工程设计阶段服务

（1）协助建设单位编制工程设计任务书和选择工程设计单位，并协助签订工程设计合同。

（2）依据设计合同及项目总体计划要求审查设计各专业、各阶段设计进度计划。

（3）检查设计进度计划执行情况、督促设计单位完成设计合同约定的工作内容、审核设计单位提交的设计费用支付申请表，以及签认设计费用支付证书。

（4）审查设计单位提出的新材料、新工艺、新技术、新设备在相关部门的备案情况。必要时协助建设单位组织专家评审。

（5）审查设计单位提出的设计概算、施工图预算，提出审查意见。

（6）审查设计单位提交的设计成果，并提出评估报告。

（7）协助建设单位向政府有关部门报审有关工程设计文件，并根据审批意见，督促设计单位予以完善。

（8）根据工程设计合同，协调处理设计延期、费用索赔等事宜。

（五）工程保修阶段服务

（1）定期回访工程保修情况。

（2）对建设单位或使用单位提出的工程质量缺陷，安排监理人员进行检查和记录，并要求施工单位予以修复，同时监督实施，合格后予以签认。

（3）对工程质量缺陷原因进行调查，并与建设单位、施工单位协商确定责任归属。对非施工单位原因造成的工程质量缺陷，核实施工单位申报的修复工程费用，并签认工程款支付证书。

四、工程建设监理的程序

监理的程序是指监理单位实际参与工程建设监理所应完成的步骤，根据《建筑法》和《工程建设监理规定》以及建设监理的实践，监理程序一般包括商签监理委托合同，监理前的准备、监理工作的开展和监理工作的总结四个阶段。

（一）商签监理委托合同

监理单位通过建设单位点名委托或竞标择优委托或商议委托后，与建设单位签订监理委托合同。有关监理委托合同的内容参见本章第四节。

（二）监理前的准备

监理单位与建设单位签订监理委托合同，应根据合同的要求及工程项目的规模、性质等立即着手准备工作，具体内容包括：

（1）向受监工程所在地的县级以上人民政府建设行政主管部门备案，并接受其监督管理。

（2）监理单位委派总监理工程师，并由总监理工程师组建项目监理组，同时将项目监理组名单报送建设单位。

（3）项目监理组将其授予监理工程师的权限，书面通知工程承包单位。通知的内容包括：

1）工程监理单位名称、地址、法定代表人等。

2）总监理工程师及监理组的情况。

3）监理的内容。

4）监理权限。

（4）监理组收集有关该工程项目的资料，具体包括：

1）反映工程项目特征的有关资料。包括：工程项目的批文，规划部门关于规划红线范围和设计条件通知，土地管理部门关于准予用地的批文，批准的工程项目可行性研究报告或设计任务书，工程项目地形图，工程项目勘察设计图纸及有关说明。

2）反映当地工程建设政策、法规的有关资料。包括：工程建设报建程序、应缴纳的有关税费、资质管理、监理、招投标、造价管理等方面的规定。

3）反映工程项目所在地区技术经济状况等建设条件的有关资料。包括：气象资料，工程地质及水文地质资料，与交通运输有关的资料，与供水、供电、供热、供燃气、电信等有关的资料，勘察设计单位状况，土建、安装施工单位状况，建筑材料及构配件、半成品的生产供应情况，进口设备及材料的有关到货口岸、运输方式情况等。

4）类似工程项目建设情况的有关资料。包括：类似工程项目投资方面的有关资料，类似工程项目建设工期方面的有关资料，类似工程项目的其他技术经济指标等。

（5）总监理工程师主持编制该工程项目的监理规划及相应的实施性计划或细则。

（三）监理工作的开展

1. 监理工作开展的一般要求

1）项目监理组在监理中要始终坚持监理的基本原则。

2）在监理过程中，项目监理组以总监理工程师的名义定期向建设单位报告工程建设情况，监理人员要填写监理日记、参加隐蔽工程验收、处理设计变更、核签支付工程款凭证，协调建设单位与承包单位的纠纷，直至全面完成委托监理合同中的各项要求。

3）在监理实施过程中，监理单位不得擅自变更建设单位与承包单位签订的承包合同，由于不可抗力或其他因素确需变更时，监理单位可以协助双方协商变更承包合同的有关条款，承包单位则应按监理单位的要求，提供完整的原始记录、检测记录等技术经济资料，为其开展工作提供便利。

4）建设单位与承包单位在履行承包合同中发生争议时，应提交监理单位进行调解，监理单位在接到调解要求后30日内应将调解意见书通知双方；对监理单位的调解意见有异议的，可以再申请仲裁或提起诉讼。

2. 开展监理工作的手段

在监理过程，监理工程师常采用下列手段对工程进行监理：

1）书面指示。一般情况下监理工程师的指示是以书面形式发出，如开工通知、修改进度计划的指令、暂时停工或复工指令、会议通知等。

2）工地会议或专题会议。如遇到技术或合同方面的较复杂的问题时，可召集各方通过会议进行研究和解决。

3）邀见承包商。当承包商无视监理工程师的指示或合同条件、或违反合同条件进行工程活动时，监理工程师可在制裁前对其提出警告。

4）监理记录及资料整理。

（四）监理工作总结

1）向业主提交的监理工作总结。内容包括：监理委托合同履行情况概述，监理任务或监理目标完成情况的评分，由业主提供的供监理活动使用的办公用房、车辆等清单，表明监理工作终结的说明等。

2）向监理单位提交的监理工作总结。内容包括：监理工作的经验，可以是采用某种监理技术、方法的经验，也可以是采用某种经济措施、组织措施的经验；签订监理委托合同方面的经验；如何处理好与业主、承包单位关系的经验等。

第四节　工程建设监理合同管理

一、工程建设监理合同概述

《合同法》第276条规定："建设工程实行监理的，发包人应当与监理人采取书面形式订立委托监理合同。监理人与发包人的权利和义务及法律责任，应当依照本法委托合同以及其他有关法律、行政法规的规定。"《建筑法》第31条也规定："实行监理的建设工程，由建设单位委托具有相应资质条件的工程监理单位监理。建设单位与其委托的工程监理单位应当订立书面委托监理合同"。

（一）监理合同的概念

监理合同是指建设单位（业主）与监理单位为完成某项建设监理任务签订的旨在明确双方权利和义务的有法律效力的协议。监理合同是一种委托合同，委托方为建设单位（业主），受托方为具有相应资质条件的工程监理单位。

（二）监理合同的形式

监理合同必须采用书面形式，并应参照国家推荐使用的示范文本，即住房和城乡建设部和国家工商行政管理总局于2012年3月联合发布的代号为GF－2012－0202的《建设工程监理合同（示范文本）》，原《建设工程委托监理合同（示范文本）》（GF－2000－0202）同时废止。

（三）监理合同的分类

监理合同根据所含项目监理业务范围和承包关系不同，可分为总包监理合同、总分包监理合同、阶段监理合同和专项监理合同。

总包监理合同是指业主将项目的全部建设监理任务发包（委托）给一个监理单位（总包），监理单位与业主直接签订合同，承担全部建设监理任务的完成直至维修期满。总包监理合同一般不再把其监理任务分包出去。

总分包监理合同是指在总包监理单位与业主签订了建设监理总包合同之后，总监理单位与其他几个分包监理单位之间分别签订分包监理合同，以分别委托该项目的某个部分的建设监理任务。一般分包监理单位只对总包监理单位承担义务并享有一定的权利，并不直接与业主发生关系，但分包时必须征得业主的同意。

阶段监理合同是指业主根据项目建设的不同阶段委托相应的监理单位（可以是同一个监理单位也可以是不同的监理单位）进行监理。一个项目的某个建设阶段实施完了，其监理也就相应的结束了，这种形式使业主对监理单位的选择具有针对性和灵活性，但是由于与太多的监理单位发生关系，不便于其对建设项目的宏观管理。

专项监理合同是指业主根据监理的内容（如质量控制、投资控制等）分别与不同的监理单位签订专门的监理合同，从事各专门监理的监理单位伴随着建设项目的始终，这样就强化和突出了各专项控制，这种方式一般适用于比较复杂的大中型建设项目。

二、工程建设监理合同的主要条款

根据住房和城乡建设部和国家工商行政管理总局 2012 年 3 月联合发布的《建设工程监理合同（示范文本）》（GF－2012－0202），监理合同一般由协议书、通用条件、专用条件三部分组成，具体条款如下：

（一）协议书

（1）工程概况。包括：工程名称、工程地点、工程规模、工程概算投资额或建筑安装工程费等。

（2）词语限定。协议书中相关词语的含义与通用条件中的定义与解释相同。

（3）组成本合同的文件。包括：协议书、中标通知书或委托书、投标文件或监理与相关服务建议书、专用条件、通用条件、附录、补充协议等。

（4）总监理工程师的姓名、身份证号码、注册号等。

（5）监理酬金及勘察、设计、保修或其他相关服务酬金。

（6）监理及勘察、设计、保修或其他相关服务期限。

（7）双方承诺。包括：①监理人向委托人承诺，按照本合同约定提供监理与相关服务；②委托人向监理人承诺，按照本合同约定派遣相应的人员，提供房屋、资料、设备，并按本合同约定支付酬金。

（8）合同订立的时间、地点、合同份数及双方当事人的签字盖章等。

（二）通用条件

（1）合同中的文字定义与解释。

（2）监理人的义务。包括：监理的范围和工作内容、监理与相关服务的依据、项目监理机构和人员、监理人应履行的职责、监理人应提交的报告、应提供的监理文件资料、所使用委托人的财产等。

（3）委托人的义务。包括：告知义务、无偿提供工程有关资料、提供必要的工作条件、委托人代表、委托人意见或要求、书面答复、支付酬金等。

（4）违约责任。包括：监理人的违约责任、委托人的违约责任、双方的除外责任等。

（5）支付。包括：支付的货币种类、支付申请、支付酬金、有争议部分的付款等。

（6）合同的生效、变更、暂停、解除与终止。

（7）争议解决。包括：协商、调解、仲裁或诉讼等方式。

（8）其他事项。包括：外出考察费用、检测费用、咨询费用、奖励、守法诚信义务、保密义务、通知义务、著作权保护等。

（三）专用条件

专用条件是对通用条件原则性约定的细化、完善、补充、修改或另行约定的条款。合同当事人可以根据不同工程监理的特点及具体情况，通过双方的谈判、协商对相应的专用条件进行修改补充。通用条件中未涉及的内容，可在专用条件中增加补充条款。

三、合同双方当事人的权利和义务

（一）委托人的权利

1）委托人有选定工程总承包人，以及与其订立合同的权利。

2）委托人有对工程规模、设计标准、规划设计、生产工艺设计和设计使用功能要求的认定权。

3）监理人调换总监理工程师须事先经委托人同意。

4）委托人有权要求监理人提交监理工作月报及监理业务范围内的专项报告。

5）当委托人发现监理人员不按监理合同履行监理职责，或与承包人串通给委托人或工程造成损失的，委托人有权要求监理人更换监理人员，直到终止合同，并要求监理人承担相应的赔偿责任或连带赔偿责任。

（二）委托人的义务

1）委托人在监理人开展监理业务之前应向监理人支付预付款。

2）委托人应当负责工程建设的所有外部关系的协调，为监理工作提供外部条件；根据需要，如将部分或全部协调工作委托监理人承担，则应在专用条件中明确委托的工作和相应的报酬。

3）委托人应当在双方约定的时间内免费向监理人提供与工程有关的为监理工作所需要的工程资料。

4）委托人应当在专用条款约定的时间内就监理人书面提交并要求作出决定的一切事宜作出书面决定。

5）委托人应当授权一名熟悉工程情况、能在规定时间内作出决定的常驻代表（在专用条款中约定），负责与监理人联系；更换常驻代表，要提前通知监理人。

6）委托人应当将授予监理人的监理权利，以及监理人主要成员的职能分工、监理权限及时书面通知已选定的承包合同的承包人，并在与第三人签订的合同中予以明确。

7）委托人应当在不影响监理人开展监理工作的时间内提供如下资料：与本工程合作的原材料、构配件、设备等生产厂家名录以及其他协作单位、配合单位的名录。

8）委托人应当免费向监理人提供办公用房、通信设备、监理人员工地住房及合同专用条件约定的设施，对监理人自备的设施给予合理的经济补偿。

9）根据情况需要，如果双方约定，由委托人免费向监理人提供其他人员，应在监理合同专用条件中予以明确。

（三）监理人的权利

1）选择工程总承包人的建议权和选择工程分包人的认可权。

2）对工程建设有关事项包括工程规模、设计标准、规划设计、生产工艺设计和设计使用功能要求，向委托人的建议权。

3）对工程设计中的技术问题，按照安全和优化的原则，向设计人提出建议；如果拟提出的建议可能会提高工程造价，或延长工期，应当事先征得委托人的同意；当发现工程设计不符合国家规定的或合同约定的质量标准时，监理人应当书面报告委托人并要求设计人改正。

4）审批工程施工组织设计和技术方案，按照保质量、保工期和降低成本的原则，向承包人提出建议，并向委托人提出书面报告。

5）主持工程建设有关协作单位的组织协调，重要协调事项应当事先向委托人报告。

6）征得委托人同意，监理人有权下达开工令、停工令、复工令，但应当事先向委托人报告；如在紧急情况下未能事先报告时，则应在24小时内向委托人作出书面报告。

7）工程上使用的材料和施工质量的检验权以及工程施工进度的检查、监督权。

8）工程款支付的审核和签字权，以及工程结算的复核确认权与否决权。

9）监理人在委托人授权下，可对任何承包人合同规定的义务提出变更；在监理过程中如发现承包人人员工作不力，监理人可要求承包人调换有关人员。

10）在委托的工程范围内，委托人或承包人对对方的任何意见和要求（包括索赔要求），均须首先向监理人提出，由监理人研究处置意见，再同双方协商确定；当委托人和承包人发生争议时，监理人应根据自己的职能，以独立的身份判断，公正地进行调解；当双方的争议由建设行政管理部门调解或仲裁机构仲裁时，应当提供作证的事实材料。

（四）监理人的义务

1）监理人应按合同约定派出监理工作需要的监理机构及监理人员，向委托人报送委派的总监理工程师及其监理机构主要成员名单、监理计划，完成监理合同专用条件中约定的监理工程范围内的监理业务；在履行合同义务期间，应按合同约定定期向委托人报告监理工作。

2）监理人在履行本合同的义务期间，应认真、勤奋地工作，为委托人提供与其水平相适应的咨询意见，公正地维护各方面的合法权益。

3）监理人使用的由委托人提供的设备和物品属委托人的财产；在监理工作完成或终止时，应将其设备和剩余的物品按合同约定的时间和方式移交给委托人。

4）在合同期内或合同终止后，未征得有关方同意，不得泄露与本工程、本合同有关的保密资料。

四、双方当事人的责任

（一）委托人的责任

1）委托人应当履行委托监理合同约定的义务，如有违反则应当承担违约责任，赔偿给监理人造成的经济损失。

2）监理人处理委托业务时，因非监理人原因的事由受到损失的，可以向委托人要求补偿损失。

3）委托人如果向监理人提出赔偿的要求不能成立，则应当补偿由该索赔所引起的监理人的各种费用支出。

（二）监理人的责任

1）监理人的责任期即委托监理合同有效期；在监理过程中，如果因工程建设进度的推迟或延误而超过书面约定的日期，双方应进一步约定相应延长的合同期。

2）监理人在责任期内，应当履行约定的义务；如果因监理人过失而造成了委托人的经济损失，应当向委托人赔偿；累计赔偿总额不应超过监理报酬总额（除去税金）。

3）监理人对承包人违反合同规定的质量要求和完工（交图、交货）时限，不承担责任；因不可抗力导致委托监理合同不能全部或部分履行，监理人不承担责任；但对违反合同约定义务而引起的与之有关的事宜，向委托人承担赔偿责任。

4）监理人向委托人提出赔偿的要求不能成立时，监理人应当补偿由于该索赔所导致委托人的各种费用支出。

典 型 案 例

监理工程师与业主串通欺诈承包商案

【案情】

1991年2月，中国某国际工程公司通过国际竞标的方式，获得也门某体育场的工程项目，发包方是也门阿得班公司。双方于1991年5月签订了一份国际工程承包合同，其主要内容是：

1）监理工程师职权：监理工程师由业主指定，为德国人布雷莫先生，他是为合同目的作出决定、发出证明和下达指令的人员；业主指定监理工程师的条件是要求监理工程师在行使权力时须取得业主的具体批准。

2）价格条款和支付条款：合同总价是1.5亿美元，包括承包商的工程款和建筑材料及机械设备款在内；工程开工时支付20%，中期支付25%，竣工后支付25%，余下的30%待工程验收合格后一并支付。

3）工程期间：1991年6月1日到1993年4月30日。

4）工程所需的建筑材料、机械设备等由承包商筹措和购买，但必须通过监理工程师的审批，承包商先送样品及图样给监理工程师，待通过后再成批购买。

5）工程延期要收取罚金，从承包商应获取的工程款中扣缴，延期一日，交罚金20万美元。

6）工程由承包商负责设计、施工，竣工后由监理工程师初步验收，合格后支付25%的款项；正式验收后，业主付给承包商余下的全部工程款；承包商则正式把工程移交给业主。

7）发生争议，由伦敦仲裁院仲裁。

合同经双方签订后生效，承包商按合同规定提交建筑材料的小样和机械设备的图纸，但均被监理工程师以质量不高为由否决。如此反复了五次，工程已经耽误了82天。为了不延误工期，避免双方合作破裂，中方承包商只得放弃自己购买材料及设备的权利，由监理工程师自己联系渠道购买。随后监理工程师从德国购买了材料和设备，但总费用达3000万美元之巨。后工程快要竣工时，监理工程师又以管道设计不合理为由，要求承包商重新设计和施工。承包商对此据理力争，指出当时对工程的设计监理工程师和业主并未提出异议，此设计并无实质不当，且如果改变设计和重新施工会延误工期。对此，业主置若罔闻，仍要求承包商按监理工程师的指示办。结果，承包商无奈，只得重新设计管道安装并重新施工。最后的竣工日期是1993年8月23日，延误工期115天。据此，业主要求按合同收取罚金，共计2300万美元。对此，双方发生争执，遂提交伦敦仲裁院仲裁。

【仲裁】

伦敦仲裁院受理了案件并进行了调查，经调查发现：监理工程师与业主订立了一个君子协定，由监理工程师出面百般刁难承包商，使工期拖延，业主可以少付工程款，监理工程师收取10%的回扣；监理工程师从德国购买的材料和设备，实际价值1200万美元，却采取欺骗的手法乱报发票，目的也是少付承包商工程款，1800万美元的差价，监理工程师也可收取10%的好处费。故工期的拖延纯粹是由于业主与监理工程师的恶意串通刁难所致。伦敦仲裁院最后裁定承包商对工期的拖延不负责任，并可以获得其应得的全部款项，即1.38亿美元。

【评析】

在工程建设法律关系中，监理工程师的地位是比较特殊的。一方面，他与业主签订委托监理合同，那么他与业主是委托或者雇佣关系；另一方面，在法律上监理工程师不是工程承包合同的一方当事人，他在合同中的签字只是作为鉴证人，他对承包商的监督和管理是基于合同的约定。这就要求监理工程师在业主和承包商之间应当不偏不倚、保持公正和中立，既不能偏向业主损害承包商的利益，也不能与承包商串通损害业主的利益；否则都是违法的，必会受到法律的惩罚。

在国际工程承包中，监理工程师被赋予很大的权利，但是其权利也可以采取某些方式加以限制，如在合同中明确约定其权利范围和限度。本案中，如果承包商在工程承包合同中对监理工程师在材料、设备及工程本身的验收方面的职权作一些限制，对工程延期罚金设定一个最高额的话，本案中的后果就不会发生，承包商就不会在监理工程师的百般刁难前无能为力。

第十章 建筑工程质量管理法律制度

建筑工程质量的优劣直接关系到国民经济的发展和人民生命财产的安全。因此，加强工程质量管理、完善质量管理法律体系，是一个十分重要的问题。目前，我国的建筑工程质量管理法律体系主要由以下几个方面组成：建筑工程质量的政府监督与检测制度、质量体系认证制度、竣工验收制度、质量保修制度和质量责任制度。

第一节 建筑工程质量监督与检测制度

一、建筑工程的质量监督

（一）我国的建设工程质量监督制度

《中华人民共和国建筑法》及《建设工程质量管理条例》均规定，国家实行建设工程质量监督管理制度。2010 年 8 月住房和城乡建设部颁布了《房屋建筑和市政基础设施工程质量监督管理规定》，对建筑工程的质量监督做了详细规定。

在我国，工程质量监督管理，是指主管部门依据有关法律法规和工程建设强制性标准，对工程实体质量和工程建设、勘察、设计、施工、监理单位（以下简称工程质量责任主体）和质量检测等单位的工程质量行为实施监督检查的行为。

住房和城乡建设部对全国的建设工程质量实施统一监督管理。铁路、交通、水利等有关部门按照国务院规定的职责分工，负责对全国的有关专业建设工程质量的监督管理。县级以上地方人民政府建设行政主管部门对本行政区域内的建设工程质量实施监督管理。县级以上地方人民政府交通、水利等有关部门在各自的职责范围内，负责对本行政区域内的专业建设工程质量的监督管理。

国务院发展计划部门按照国务院规定的职责，组织稽查特派员，对国家出资的重大建设项目实施监督检查；国务院经济贸易主管部门按照国务院规定的职责，对国家重大技术改造项目实施监督检查。

（二）工程质量监督管理的内容

根据《房屋建筑和市政基础设施工程质量监督管理规定》，工程质量监督管理应当包括下列内容：

（1）执行法律法规和工程建设强制性标准的情况；

（2）抽查涉及工程主体结构安全和主要使用功能的工程实体质量；

（3）抽查工程质量责任主体和质量检测等单位的工程质量行为；

（4）抽查主要建筑材料、建筑构配件的质量；

（5）对工程竣工验收进行监督；

（6）组织或者参与工程质量事故的调查处理；

（7）定期对本地区工程质量状况进行统计分析；

（8）依法对违法违规行为实施处罚。

（三）工程质量监督机构

1. 工程质量监督机构的定位

根据住房和城乡建设部2007年7月颁布的《建设工程质量监督机构和人员考核管理办法》、2003年8月颁布的《工程质量监督工作导则》及2010年8月颁布的《房屋建筑和市政基础设施工程质量监督管理规定》的规定，县级以上地方人民政府建设主管部门负责本行政区域内工程质量监督管理工作，具体工作可以由县级以上地方人民政府建设主管部门委托所属的工程质量监督机构（以下简称监督机构）实施。

据此，监督机构是受县级以上地方人民政府建设主管部门委托，经省级人民政府建设主管部门或国务院有关部门考核认定，依据国家的法律、法规和工程建设强制性标准，对工程建设实施过程中各参建责任主体和有关单位的质量行为及工程实体质量进行监督管理的具有独立法人资格的单位。

2. 监督机构应具备的基本条件

(1) 具有一定数量的监督人员，人员数量由县级以上地方人民政府建设主管部门根据实际需要确定。监督人员应当占监督机构总人数的75%以上。

(2) 有固定的工作场所和适应工程质量监督检查工作需要的仪器、设备和工具等。

(3) 有健全的质量监督工作制度，具备与质量监督工作相适应的信息化管理条件。

3. 质量监督人员

质量监督人员是指经省级人民政府建设主管部门或国务院有关部门考核认定，依法从事建设工程质量监督工作的专业技术人员。监督人员应当具备下列条件：

(1) 具有工程类专业大学专科以上学历或者工程类执业注册资格；

(2) 具有三年以上工程质量管理或者设计、施工、监理等工作经历；

(3) 熟悉掌握相关法律法规和工程建设强制性标准；

(4) 具有一定的组织协调能力和良好职业道德。

监督人员符合上述条件经考核合格后，方可从事工程质量监督工作。监督机构也可以聘请中级职称以上的工程类专业技术人员协助实施工程质量监督。省、自治区、直辖市人民政府建设主管部门应当每两年对监督人员进行一次岗位考核，每年进行一次法律法规、业务知识培训，并适时组织开展继续教育培训。国务院住房和城乡建设主管部门对监督机构和监督人员的考核情况进行监督抽查。

（四）工程质量监督的工作程序

工程项目实施质量监督，应当依照下列程序进行：

(1) 受理建设单位办理质量监督手续；

(2) 制订工作计划并组织实施；

(3) 对工程实体质量、工程质量责任主体和质量检测等单位的工程质量行为进行抽查、抽测；

(4) 监督工程竣工验收，重点对验收的组织形式、程序等是否符合有关规定进行监督；

(5) 形成工程质量监督报告；

(6) 建立工程质量监督档案。

（五）工程质量监督的具体内容

1. 对建设单位的质量监督

(1) 施工前办理质量监督注册、施工图设计文件审查、施工许可（开工报告）手续情况。

(2) 按规定委托监理情况。

(3) 组织图纸会审、设计交底、设计变更工作情况。

(4) 组织工程质量验收情况。

(5) 原设计有重大修改、变动的，施工图设计文件重新报审情况。

(6) 及时办理工程竣工验收备案手续情况。

2. 对勘察、设计单位的质量监督

(1) 参加地基验槽、基础、主体结构及有关重要部位工程质量验收和工程竣工验收情况。

(2) 签发设计修改变更、技术洽商通知情况。

(3) 参加有关工程质量问题的处理情况。

3. 对施工单位的质量监督

(1) 施工单位资质、项目经理部管理人员的资格、配备及到位情况；主要专业工种操作上岗资格、配备及到位情况。

(2) 分包单位资质与对分包单位的管理情况。

(3) 施工组织设计或施工方案审批及执行情况。

(4) 施工现场施工操作技术规程及国家有关规范、标准的配置情况。

(5) 工程技术标准及经审查批准的施工图设计文件的实施情况。

(6) 检验批、分项、分部（子分部）、单位（子单位）工程质量的检验评定情况。

(7) 质量问题的整改和质量事故的处理情况。

(8) 技术资料的收集、整理情况。

4. 对监理单位的质量监督

(1) 监理单位资质、项目监理机构的人员资格、配备及到位情况。

(2) 监理规划、监理实施细则（关键部位和工序的确定及措施）的编制审批内容的执行情况。

(3) 对材料、构配件、设备投入使用或安装前进行审查情况。

(4) 对分包单位的资质进行核查情况。

(5) 见证取样制度的实施情况。

(6) 对重点部位、关键工序实施旁站监理情况。

(7) 质量问题通知单签发及质量问题整改结果的复查情况。

(8) 组织检验批、分项、分部（子分部）工程的质量验收、参与单位（子单位）工程质量的验收情况。

(9) 监理资料收集整理情况。

5. 对工程质量检测单位的质量监督

(1) 是否超越核准的类别、业务范围承接任务。

(2) 检测业务基本管理制度情况。

(3) 检测内容和方法的规范性程度。

(4) 检测报告形成程序、数据及结论的符合性程度。

6. 对工程实体的质量监督

(1) 对工程实体质量的监督采取抽查施工作业面的施工质量与对关键部位重点监督相结合的方式。

(2) 重点检查结构质量、环境质量和重要使用功能；重点监督工程地基基础、主体结构和其他涉及结构安全的关键部位。

(3) 抽查涉及结构安全和使用功能的主要材料、构配件和设备的出厂合格证、试验报告、见证取样送检资料及结构实体检测报告。

(4) 抽查结构混凝土及承重砌体施工过程的质量控制情况。

(5) 实体质量检查要辅以必要的监督检测、由监督人员根据结构部位的重要程度及施工现场质量情况进行随机抽检。

7. 工程竣工验收监督

(1) 对以下工程竣工验收文件进行审查：①施工单位出具的工程竣工报告、包括结构安全、室内环境质量和使用功能抽样检测资料等合格证明文件，以及施工过程中发现的质量问题整改报告等；②勘察、设计单位出具的工程质量检查报告；③监理单位出具的工程质量评估报告。

(2) 对验收组成员组成及竣工验收方案进行监督。

(3) 对工程实体质量进行抽测、对观感质量进行检查。

(4) 工程竣工验收监督的记录，包括对工程建设强制性标准执行情况的评价，对观感质量检查验收的评价，对工程竣工验收的组织和程序的评价以及对工程竣工验收报告的评价。

8. 工程质量监督报告

质量监督机构应在工程竣工验收合格后 7 个工作日内，向备案机关提交工程质量监督报告。报告应根据监督抽查情况，客观反映责任主体和有关机构履行质量责任的行为及检查到的工程实体质量的情况。

工程质量监督报告由负责该项目的质量监督人员编写，有关专业监督人员签认，监督机构负责人审查签字、加盖公章。报告应包括以下内容。

(1) 工程概况和监督工作概况。

(2) 对责任主体和有关机构质量行为及执行工程建设强制性标准的检查情况。

(3) 工程实体质量监督抽查（包括监督检测）情况。

(4) 工程质量技术档案和施工管理资料抽查情况。

(5) 工程质量问题的整改和质量事故处理情况。

(6) 各方质量责任主体及相关有资格的人员的不良记录内容。

(7) 工程质量竣工验收监督记录。

(8) 对工程竣工验收备案的建议。

(9) 工程质量监督档案及信息管理。

9. 工程质量监督档案

质量监督机构应建立工程质量监督档案管理制度并推行信息化管理。工程质量监督档案一般应包括以下主要内容：

(1) 监督注册及工程项目监督工作方案。

(2) 质量行为的监督记录。

（3）地基基础、主体结构工程抽查（包括监督检测）记录。

（4）工程质量竣工验收监督记录。

（5）工程质量监督报告。

（6）不良行为记录。

（7）施工中发生质量问题的整改和质量事故处理的有关资料。

（8）工程监督过程中所形成的照片（含底片）、音像资料。

（9）其他有关资料。

工程质量监督档案应及时整理、并符合档案管理的有关规定。质量监督档案保管期限分为长期和短期两种，长期为 15 年，短期为 5 年。

质量监督机构应建立工程质量监督信息数据库，将工程建设责任主体和有关机构信息、在建及竣工工程信息、监督检查中发现的工程建设责任主体违规和违反强制性标准信息、工程质量状况统计信息、工程竣工验收备案信息等纳入数据库。

质量监督机构应将所发现的工程建设各方责任主体和有关机构的不良行为进行记录、核实、按规定的程序和权限、通过信息系统向社会公示并向上级有关部门传递。

二、建筑工程质量检测

建设工程质量检测（以下简称质量检测），是指工程质量检测机构（以下简称检测机构）接受委托，依据国家有关法律、法规和工程建设强制性标准，对涉及结构安全项目的抽样检测和对进入施工现场的建筑材料、构配件的见证取样检测。

（一）质量检测的业务内容

质量检测的内容主要包括专项检测和见证取样检测两种情况。

1. 专项检测

包括：

（1）地基基础工程检测：地基及复合地基承载力静载检测；桩的承载力检测；桩身完整性检测；锚杆锁定力检测。

（2）主体结构工程现场检测：混凝土、砂浆、砌体强度现场检测；钢筋保护层厚度检测；混凝土预制构件结构性能检测；后置埋件的力学性能检测。

（3）建筑幕墙工程检测：建筑幕墙的气密性、水密性、风压变形性能、层间变位性能检测；硅酮结构胶相容性检测。

（4）钢结构工程检测：钢结构焊接质量无损检测；钢结构防腐及防火涂装检测；钢结构节点、机械连接用紧固标准件及高强度螺栓力学性能检测；钢网架结构的变形检测。

2. 见证取样检测

包括：

（1）水泥物理力学性能检验。

（2）钢筋（含焊接与机械连接）力学性能检验。

（3）砂、石常规检验。

（4）混凝土、砂浆强度检验。

（5）简易土工试验。

（6）混凝土掺加剂检验。

（7）预应力钢绞线、锚夹具检验。

(8) 沥青、沥青混合料检验。

（二）质量检测机构

质量检测机构是具有独立法人资格的中介机构。其从事质量检测业务，应当依法取得相应的资质证书。

检测机构资质按照其承担的检测业务内容分为专项检测机构资质和见证取样检测机构资质。检测机构的资质标准如下：

1. 专项检测机构和见证取样检测机构应满足下列基本条件

(1) 专项检测机构的注册资本不少于100万元人民币，见证取样检测机构不少于80万元人民币。

(2) 所申请检测资质对应的项目应通过计量认证。

(3) 有质量检测、施工、监理或设计经历，并接受了相关检测技术培训的专业技术人员不少于10人；边远的县（区）的专业技术人员可不少于6人。

(4) 有符合开展检测工作所需的仪器、设备和工作场所；其中，使用属于强制检定的计量器具，要经过计量检定合格后，方可使用。

(5) 有健全的技术管理和质量保证体系。

2. 专项检测机构除应满足基本条件外，还需满足下列条件

(1) 地基基础工程检测类。

专业技术人员中从事工程桩检测工作3年以上并具有高级或者中级职称的不得少于4名，其中1人应当具备注册岩土工程师资格。

(2) 主体结构工程检测类。

专业技术人员中从事结构工程检测工作3年以上并具有高级或者中级职称的不得少于4名，其中1人应当具备二级注册结构工程师资格。

(3) 建筑幕墙工程检测类。

专业技术人员中从事建筑幕墙检测工作3年以上并具有高级或者中级职称的不得少于4名。

(4) 钢结构工程检测类。

专业技术人员中从事钢结构机械连接检测、钢网架结构变形检测工作3年以上并具有高级或者中级职称的不得少于4名，其中1人应当具备二级注册结构工程师资格。

3. 见证取样检测机构除应满足基本条件外，专业技术人员中从事检测工作3年以上并具有高级或者中级职称的不得少于3名；边远的县（区）可不少于2人

（三）对质量检测活动的监督管理

国务院建设主管部门负责对全国质量检测活动实施监督管理，并负责制定检测机构资质标准。省、自治区、直辖市人民政府建设主管部门负责对本行政区域内的质量检测活动实施监督管理，并负责检测机构的资质审批。市、县人民政府建设主管部门负责对本行政区域内的质量检测活动实施监督管理。

检测机构未取得相应的资质证书，不得承担质量检测业务。检测机构取得检测机构资质后，不再符合相应资质标准的，省、自治区、直辖市人民政府建设主管部门根据利害关系人的请求或者依据职权，可以责令其限期改正；逾期不改的，可以撤回相应的资质证书。任何单位和个人不得涂改、倒卖、出租、出借或者以其他形式非法转让资质证书。

质量检测试样的取样应当严格执行有关工程建设标准和国家有关规定，在建设单位或者工程监理单位监督下现场取样。提供质量检测试样的单位和个人，应当对试样的真实性负责。

检测机构完成检测业务后，应当及时出具检测报告。检测报告经检测人员签字、检测机构法定代表人或者其授权的签字人签署，并加盖检测机构公章或者检测专用章后方可生效。检测报告经建设单位或者工程监理单位确认后，由施工单位归档。见证取样检测的检测报告中应当注明见证人单位及姓名。

任何单位和个人不得明示或者暗示检测机构出具虚假检测报告，不得篡改或者伪造检测报告。检测人员不得同时受聘于两个或者两个以上的检测机构。检测机构和检测人员不得推荐或者监制建筑材料、构配件和设备。检测机构不得与行政机关，法律、法规授权的具有管理公共事务职能的组织以及所检测工程项目相关的设计单位、施工单位、监理单位有隶属关系或者其他利害关系。

检测机构不得转包检测业务。检测机构跨省、自治区、直辖市承担检测业务的，应当向工程所在地的省、自治区、直辖市人民政府建设主管部门备案。

检测机构应当对其检测数据和检测报告的真实性和准确性负责。检测机构违反法律、法规和工程建设强制性标准，给他人造成损失的，应当依法承担相应的赔偿责任。检测机构应当将检测过程中发现的建设单位、监理单位、施工单位违反有关法律、法规和工程建设强制性标准的情况，以及涉及结构安全检测结果的不合格情况，及时报告工程所在地建设主管部门。

检测机构应当建立档案管理制度。检测合同、委托单、原始记录、检测报告应当按年度统一编号，编号应当连续，不得随意抽撤、涂改。检测机构应当单独建立检测结果不合格项目台账。

第二节　建筑工程质量体系认证制度

《建筑法》第 53 条规定："国家对从事建筑活动的单位推行质量体系认证制度。从事建筑活动的单位根据自愿原则可以向国务院产品质量监督管理部门或者国务院产品质量监督管理部门授权的部门认可的认证机构申请质量体系认证。经认证合格的，由认证机构颁发质量体系认证证书。"

一、质量体系认证概述

质量体系，是指企业为保证其产品质量所采取的管理、技术等各项措施所构成的有机整体，即企业的质量保证体系。

质量体系认证，是指依据国际通用的质量管理和质量保证系列标准，经过国家认可的质量体系认证机构对企业的质量体系进行审核，对于符合规定条件和要求的，通过颁发企业质量体系认证证书的形式，证明企业的质量保证能力符合相应要求的活动。

质量体系认证的对象主要是各类企业；认证的过程是对质量体系的整体水平进行科学地评价，以证明企业的质量保证能力是否符合相应标准的要求；认证的依据是国际通用的质量管理的标准，我国已经对该国际标准等同采用并转化为我国的国家标准；认证的目的是为了使企业向用户提供可靠的质量信誉和质量担保。

推行企业质量体系认证制度的意义主要在于，通过开展质量体系认证，有利于促进企业在管理和技术等方面采取有效措施，在企业内部建立起可靠的质量保证体系，以保证产品质量，同时提高企业的质量信誉，扩大企业的知名度，增强企业竞争优势。

二、质量体系认证的标准

国际标准化组织（ISO）于 1987 年 3 月正式发布了第一部管理标准，即 ISO 9000《质量管理和质量保证》系列标准。我国于 1992 年发布了等同采用国际标准的 GB/T 19000—ISO 9000《质量管理和质量保证》系列标准，并于 1993 年 1 月 1 日正式实施。

我国的 GB/T 19000 系列标准由以下五个标准组成：

1. GB/T 19000—ISO 9000《质量管理和质量保证—选择和使用指南》

此标准阐明了质量方针、质量管理、质量体系、质量控制和质量保证五个重要质量术语的含义及其相互关系；阐述了企业应力求达到的质量目标及质量体系环境特点和质量体系标准的类型；规定了标准的应用范围、标准的应用程序；规定了证实文件应包括的内容以及供需双方签订合同前应做的准备。

2. GB/T 19001—ISO 9001《质量体系—设计、开发、生产、安装和服务的质量保证模式》

该标准是三个质量保证模式中质量水平最高、覆盖环节（过程）最多，而且质量体系要素最多的质量保证标准。它阐述了从产品设计、产品生产到售后服务全过程的质量体系要素的要求。遵照该标准，企业产品质量体系提供对合同评审、设计、生产和安装过程（服务）各个阶段、各个环节的严格控制，防止发生不合格的情况。该标准比其他两个标准增加了对设计质量控制条款和售后服务条款的质量体系要素。

3. GB/T 19002—ISO 9002《质量体系—生产和安装的质量保证模式》

该标准适用于设计已定型、生产过程复杂或产品价值昂贵的生产条件，阐述了从原材料采购至产品交付使用全过程的质量体系要求，是三个模式中应用率较高的模式标准。它要求生产企业的质量体系能提供严格控制生产过程质量的证据，保证生产和安装阶段各环节符合规定的要求，及时解决生产过程中发现的问题，防止、避免不合格情况的发生和重复出现。该标准强调预防、控制与检验相结合，并以此范围规定了 18 项质量体系要素的内容和工作程序。

4. GB/T 19001—ISO 9003《质量体系—最终检验和试验的质量保证模式》

该标准适用于相对简单或比较成熟的产品。它明确了产品形成过程检验工作、成品检验和试验的质量体系要求，强调检验工作和有效的检验系统对检验人员、检验程序、设备，都要进行严格的控制。该标准明确规定此范围内的 12 项质量体系要素构成其主要内容，是三个模式标准中质量体系要素内容和数量相对较少的模式标准。

5. GB/T 19004—ISO 9004《质量管理和质量体系要素—指南》

该标准是指导企业建立质量体系的指导标准。它在总结了不同行业、不同企业的基本要求后，提出了企业建立质量体系一般应包括的基本要素。该标准对基本质量要素的含义、要素的目标、要素间的关系以及各项工作的内容、要求、方法、人员和所要求文件、记录等都有明确的要求。该标准从建立质量体系的组织结构、责任、程序、过程和资源五个方面对人、技术、管理诸要素提出要求，明确企业质量体系的基本出发点是：应设计出有效的质量体系，以满足顾客的需要和期望，并保护公司的利益；完善的质量体系应在考虑风险、成本和利益的基础上使质量最佳化，并具有对质量加以控制的重要管理手段。

三、质量保证体系标准的选择

不同生产企业质量工作的规律、原理、原则基本相同，但市场条件、产品状况、企业素质、管理机制、消费者需要等各方面条件却千变万化。因此，企业要针对环境特点和主观因素影响，对照标准开展质量工作，对标准规定的要素及采用要素的程度进行研究，确定企业自身质量体系的构成，建立和完善质量体系。企业可以通过选择要素，组合出既符合质量管理原理，又适用于本企业条件的最佳状态的质量体系。

根据建筑业的特点，在建筑所涉及的设计、科研、房地产开发、市政、施工、试验、质量监督、建设监理等企业内部建立质量管理体系时，毫无疑问应该选择 GB/T 19004—ISO 9004 标准。同时，由于这些单位又有各自的特点，因此，其所建立的质量体系又是不相同的，这主要是质量形成的过程不同而造成的。在这些单位按照 GB/T 19004—ISO 9004 标准建立质量体系的基础上，可以根据用户的要求和企业产品的特点，选择 GB/T 19001—ISO 9001 或 GB/T 19002—ISO 9002 或 GB/T 19003—ISO 9003 标准。具体地说，设计、科研、房地产开发、总承包（集团）公司等单位可以选择 GB/T 19001—ISO 9001 标准；市政、施工（土建、安装、装饰、防腐、防水等）等企业可以选择 GB/T 19002—ISO 9002 标准。

当然，这些单位对标准的选用，也可根据实际情况灵活掌握。因为 GB/T 19001—ISO 9001 标准中包括了设计，因此对设计院、研究院和房地产开发公司等单位适用；而 GB/T 19002—ISO 9002 标准中只包括生产和安装，因此只对施工企业适用；GB/T 19003—ISO 9003 标准涉及试验和检验，所以更适用于试验室、质检站和监理公司等单位。对有些单位，如施工企业下设试验室，可以选择 GB/T 19002—ISO 9002 和 GB/T 19003—ISO 9003 用于外部的质量保证。

需要说明的是，上述系列标准属推荐性技术标准。所以，对从事建筑活动的单位申请质量体系认证采用自愿原则，任何部门和组织均不得强制其申请认证。申请认证的法定机构为国务院产品质量监督管理部门即国家技术监督局认可的，或者其授权部门认可的认证机构。经认证合格的，由认证机构颁发质量体系认证证书。

第三节　建筑工程的竣工验收与质量保修制度

一、建筑工程竣工验收制度

《建筑法》第 31 条规定："交付竣工验收的建筑工程，必须符合规定的建筑工程质量标准，有完整的工程技术经济资料和经签署的工程保修书，并具备国家规定的其他竣工条件。建筑工程竣工验收合格后，方可交付使用；未经验收或者验收不合格的，不得交付使用。"

建筑工程的竣工验收，是指在建筑工程已按照设计要求完成全部施工任务，准备交付给建设单位投入使用时，由建设单位或有关主管部门依照国家关于建筑工程竣工验收制度的规定，对该项工程是否符合设计要求和工程质量标准所进行的检查、考核工作。建筑工程的竣工验收是项目建设全过程的最后一道程序，是对工程质量实施控制的一个重要环节。认真做好建筑工程的竣工验收工作，对保证建筑工程的质量具有重要意义。

（一）建筑工程竣工验收的程序

根据建筑部颁布的《建设项目（工程）竣工验收办法》、《工程建设监理规定》和《建设工程质量监督管理规定》及其他相关法律规范的规定，建筑工程竣工验收的具体程序如下：

1. 施工单位作竣工预验

竣工预验是指工程项目完工后，要求监理工程师验收前，由施工单位自行组织的内部模拟验收。预验是顺利通过正式验收的可靠保证，一般也邀请监理工程师参加。

2. 施工单位提交验收申请报告

施工单位决定正式提请验收后向监理单位送交验收申请报告，监理工程师收到验收申请报告后参照工程合同要求、验收标准等进行仔细审查。

3. 根据申请报告作现场实验

监理工程师审查完验收申请报告后，若认为可以验收，则应由监理人员组成验收班子对竣工的工程项目进行初验，在初验中发现的质量问题，应及时以书面通知或以备忘录的形式通知施工单位，并令其按有关的质量要求进行修理甚至返工。

4. 正式竣工验收

在监理工程师初验合格的基础上，一般由建设单位牵头，组织设计单位、施工单位、工程监理单位及质量监督站、消防、环保等行政部门参加，在规定的时间内正式验收，正式的竣工验收书必须有建设单位、施工单位、监理单位等各方签字方为有效。

（二）建筑工程竣工验收的条件

根据 2000 年 1 月 30 日国务院颁布的《建设工程质量管理条例》第 16 条的规定，建筑工程竣工验收应具备下列条件：

1）完成建设工程设计和合同约定的各项内容。

2）有完整的技术档案和施工管理资料。

3）有工程使用的主要建筑材料、建筑构配件和设备的进场试验报告。

4）有勘察、设计、施工、工程监理等单位分别签署的质量合格文件。

5）有施工单位签署的工程保修书。

建筑工程经验收合格的，方可交付使用。不合格的工程不予验收；对遗留问题应提出具体解决意见，限期落实解决。

（三）建筑工程竣工验收备案

根据 2009 年 10 月住房和城乡建设部颁布的《房屋建筑工程和市政基础设施工程竣工验收备案管理办法》第四条规定：建设单位应当自工程竣工验收合格之日起 15 日内，依照本办法规定，向工程所在地的县级以上地方人民政府建设主管部门（以下简称备案机关）备案。备案应当提交下列文件：

（1）工程竣工验收备案表。

（2）工程竣工验收报告。竣工验收报告应当包括工程报建日期，施工许可证号，施工图设计文件审查意见，勘察、设计、施工、工程监理等单位分别签署的质量合格文件及验收人员签署的竣工验收原始文件，市政基础设施的有关质量检测和功能性试验资料以及备案机关认为需要提供的有关资料。

（3）法律、行政法规规定应当由规划、环保等部门出具的认可文件或者准许使用文件。

（4）法律规定应当由公安消防部门出具的对大型的人员密集场所和其他特殊建设工程验收合格的证明文件。

（5）施工单位签署的工程质量保修书；住宅工程还应当提交《住宅质量保证书》和《住宅使用说明书》。

(6) 法规、规章规定必须提供的其他文件。

工程质量监督机构也应当在工程竣工验收之日起5日内，向备案机关提交工程质量监督报告。

备案机关发现建设单位在竣工验收过程中有违反国家有关建设工程质量管理规定行为的，应当在收讫竣工验收备案文件15日内，责令停止使用，重新组织竣工验收；在重新组织竣工验收前，擅自使用的，备案机关责令停止使用，处工程合同价款2%以上4%以下罚款；在备案之前已投入使用或者擅自继续使用造成使用人损失的，由建设单位依法承担赔偿责任。

建设单位在工程竣工验收合格之日起15日内未办理工程竣工验收备案的，备案机关责令限期改正，处20万元以上50万元以下罚款。建设单位采用虚假证明文件办理工程竣工验收备案的，工程竣工验收无效，备案机关责令停止使用，重新组织竣工验收，处20万元以上50万元以下罚款；构成犯罪的，依法追究刑事责任。

二、建筑工程质量奖励制度

为鼓励建筑业企业加强管理，搞好工程质量，争创国际先进水平，促进全行业工程质量的提高，我国还实行优秀工程奖励制度，分别设立了国家优质工程奖、优秀工程勘察奖、优秀工程设计奖，还定期进行工程设计计算机优秀软件、工程建设优秀标准设计的评选。另外，中国建筑业协会还设立了建筑工程鲁班奖。

(一) 国家优质工程奖

凡在中华人民共和国土地上建设具有独立的生产和使用功能的下列工程项目，都可申报参评。

1) 新建的大中型工业、交通、农林、水利、民用和国防军工等建设项目。

2) 10万m^2以上设施配套的住宅小区。

3) 投资在2000万元以上的城市道路、桥梁、给排水、燃气、供热等市政基础设施工程。

4) 具有显著经济效益和社会效益的大中型改建、扩建和技术改造工程。

5) 对发展国民经济具有重大意义的其他工程。

参加评选的工程项目，必须同时满足下述条件：

1) 必须按规定通过了竣工验收，并经过一年的考验期；但自竣工验收至申报评选的期限，大型建设项目不得超过5年，中型建设项目不得超过3年，其他工程项目不得超过两年。

2) 必须是已经获得省、自治区、直辖市和国务院有关部门认定的优质工程。

3) 未按建设程序建设或在建设过程中发生过三级及三级以上重大工程建设事故的工程，不得参与评选。

国家优质工程每年评审一次，由国家优质工程审定委员会组织进行。日常工作则由其下设的办公室（设在住房和城乡建设部）负责。国家优质工程奖是国家级工程质量奖，每年数目控制在50项左右。

(二) 优秀工程勘察奖

凡在工程竣工验收后经一年以上时间检验的新建、扩建、改建及技术改造的工业与民用建筑项目的勘察；经一年以上时间检验的工程地质与岩土工程项目；投产后的工程测量与城市测量项目；经过开采性抽水检验，抽水能力大于设计水量的50%，或低于设计水平但有一年以上长期观测资料，或经国家储量委员会认可的水资源评估与钻井工程项目，均可申报参加评选。

优秀工程勘察奖，按地区、部门评选和全国评选两步进行。所有参评项目都必须先参加省、部级优秀工程勘察奖的评选，再由省、部有关部门从获奖项目中选择成效突出者，按获奖名次推荐上报，参加全国优秀工程勘察奖的评选。全国优秀工程勘察奖的评选由“全国优秀工程勘察设计评选委员会”负责，有关的具体事务和协调工作，则由中国工程勘察协会负责。如无特殊原因，每两年评选一次。

（三）优秀工程设计奖

凡已竣工投产、验收并经一年以上时间检验的完整的工业与民用工程建设项目或单项工程的设计，均可申报参加评选；单体构筑物、设备、技术、规程、规范、计算机应用程序等，不参加评选。申报评选的项目，原则上是近两年内竣工投产的工程建设项目，有特殊原因的，可放宽至5年内。

优秀工程设计奖，按地区、部门评选和全国评选两步进行。所有参评项目都必须先参加省、部级优秀工程设计奖的评选，再由各省、部从获奖项目中选出名列前茅者排好名次后，向住房和城乡建设部推荐参加全国评选。全国优秀工程设计奖的评选，由住房和城乡建设部邀请有关专家组成的评审委员会负责，有关具体事务，委托中国勘察设计协会办理。

全国优秀工程设计奖设金质奖、银质奖、铜质奖三种，每两年评选一次。如遇特殊情况则可提前或推后进行。

（四）建设工程鲁班奖

凡已列入国家或省、自治区、直辖市、计划单列市及国务院各部门建设计划，达到一定规模，并已形成生产能力和使用功能的新建的大型公共建筑和市政工程，大中型工业交通建设项目中的主要建筑工程或设备安装工程均可申请参加评选；个别工程规模较小达不到规模要求，但建筑风格独特、工程质量特别优良，且具有代表性、各界反映良好的工程，也可申报参评，但应从严掌握。

参评工程应按照建筑企业的隶属关系向各地建筑业协会申报，没有成立建筑业协会的向建设行政主管部门申报；经初审合格后上报中国建筑业协会，中国建筑业协会要组织复查小组，并会同有关地区或部门的相关人员共同进行复查；然后交评审委员会进行审议，并以无记名投票方式确定获奖工程。

建设工程鲁班奖是我国建筑行业在工程质量方面的最高荣誉鼓励，获奖工程质量应至少达到国内一流水平。鲁班奖每年评选一次，每次奖励的数额不超过30个。

三、建筑工程质量保修制度

《建筑法》第62条、《建设工程质量管理条例》第39条均明确规定：“建筑工程实行质量保修制度”。所谓质量保修制度，是指对建筑工程在交付使用后的一定期限内发现的工程质量缺陷，由施工企业承担修复责任的制度。质量缺陷是指建筑工程的质量不符合工程建设强制性标准以及合同的约定。建筑工程作为一种特殊的耐用消费品，一旦建成后将长期使用。建筑工程在建设中存在的质量问题，在工程竣工验收时被发现的，必须经修复完好后，才能作为合格工程交付使用；有些质量问题在竣工验收时未被发现，而在使用过程中的一定期限内逐渐暴露出来，施工企业应根据“质量保修制度”的要求无偿予以修复，以维护用户的利益。

（一）建筑工程质量保修的范围

1. 地基基础工程和主体结构工程

这两项工程的质量问题直接关系建筑物的安危，一般是不允许出现质量隐患的，一旦存在质量问题，也很难通过修复的方法解决。规定对这两项工程实行保修制度，实际上要求施工企业必须确保其质量。

2. 屋面防水工程

由于房屋建筑工程中的屋面漏水问题很常见，也很突出，所以法律中将此项工程单独列出。

3. 其他土建工程

指除屋面防水工程以外的其他土建工程，如地面、楼面、门窗工程等。

4. 电气管线、上下水管线的安装工程

包括电气线路、开关、电表的安装，电气照明器具的安装，给水管道、排水管道的安装等。

5. 供热、供冷系统工程

包括暖气管道及设备、中央空调设备等的安装工程。

6. 装修工程

是指建筑过程中的装修，属于房屋建造活动的组成部分。

7. 其他应当保修的项目范围

（二）建筑工程质量保修的期限

根据 2000 年 1 月 30 日国务院颁布的《建设工程质量管理条例》第 40 条和 2000 年 6 月 30 日住房和城乡建设部颁布的《房屋建筑质量保修办法》第 7 条的规定，下列工程的最低保修期限为：

1）地基工程和主体结构工程，为设计文件规定的该工程的合理使用年限。

2）屋面防水工程、有防水要求的卫生间、房间和外墙面的防渗漏为 5 年。

3）电气管线、给排水管道、设备安装为 2 年。

4）供热与供冷系统，为 2 个采暖期、供冷期。

5）装修工程为 2 年。

6）其他项目的保修期限由建设单位约定。

质量保修期从工程竣工验收合格之日起计算。

（三）保修的实施

建筑工程在保修期内出现质量缺陷，建设单位或者房屋建筑所有人应当向施工单位发出保修通知。如果发生涉及结构的安全的质量缺陷，建设单位或者房屋建筑所有人还应立即向当地建设行政主管部门报告，并采取安全防范措施。

对于一般的质量缺陷，施工单位接到保修通知后，应当到现场核查情况，在保修书约定的时间内予以保修；对于涉及结构安全或者严重影响使用功能的紧急抢修事故，施工单位接到保修通知后，应当立即到达现场抢修；对其他涉及结构安全的勿需紧急抢修的质量缺陷，应由原设计单位或者具有相应资质等级的设计单位提出保修方案，施工单位实施保修，原工程质量监督机构负责监督。

保修完成后，由建设单位或者房屋建筑所有人组织验收。涉及结构安全的，应当报告当地建设行政主管部门备案。

施工单位不按工程质量保修书约定保修的，建设单位或房屋建筑所有人可以另行委托其他单位保修，由原施工单位承担相应责任。

（四）保修费用的承担

建筑工程在保修期内出现质量缺陷时，施工单位负有保修的义务。但是，保修的费用并非一定由施工单位承担，而是“由质量缺陷的责任方承担”（《房屋建筑工程质量保修办法》第13条）。所谓质量缺陷的责任，有下面三种情况：

1）施工单位未按工程建设强制性标准和设计要求施工，造成质量缺陷的，施工单位为责任方。

2）由于设计方面的原因造成质量缺陷的，设计单位为责任方。

3）因建筑材料、构配件和设备质量不合格引起的质量缺陷，属于施工单位采购的或者经其验收同意的，施工单位为责任方；属于建设单位采购的，建设单位为责任方。

对于因质量缺陷造成的人身、财产损害，同样由质量缺陷的责任方承担赔偿责任。因保修不及时造成的人身、财产损害，由造成拖延的责任方承担赔偿责任。

第四节　建筑工程质量责任制度

建筑工程具有投资大、规模大、建设周期长、生产环节多、参与方多、影响质量形成的因素多等特点。不论是上述哪个主体出了问题，哪个环节出了问题，都会导致质量缺陷甚至重大质量事故的发生。因此，建筑工程质量管理最基本的原则和方法就是建立健全质量责任制，有关各方对其本身工作成果负责，共同保证工程质量。

一、建设单位的质量责任和义务

(1) 建设单位必须向有关的勘察、设计、施工、工程监理等单位提供与建设工程有关的原始资料；原始资料必须真实、准确、齐全。

(2) 建设单位不得明示或者暗示设计单位或者施工单位违反工程建设强制性标准，降低建设工程质量。

(3) 建设单位应当将施工图设计文件报县级以上人民政府建设行政主管部门或者其他有关部门；不得使用未经审查批准的施工图设计文件。

(4) 建设单位在领取施工许可证或者开工报告前，应当按照国家有关规定办理工程质量监督手续。

(5) 按照合同约定，由建设单位采购建筑材料、建筑构配件和设备的，建设单位应当保证建筑材料、建筑构配件和设备符合设计文件和合同要求。

(6) 涉及建筑主体和承重结构变动的装修工程，建设单位应当在施工前委托原设计单位或者具有相应资质等级的设计单位提出设计方案；没有设计方案的，不得施工。

(7) 建设单位收到建设工程竣工报告后，应当组织设计、施工、工程监理等有关单位进行竣工验收；建设工程经验收合格后，方可交付使用。

(8) 建设单位应当严格按照国家有关档案管理的规定，及时收集、整理建设项目各环节的文件资料，建立健全建设项目档案，并在建设项目竣工验收后，及时向建设行政主管部门或者其他有关部门移交建设项目档案。

二、勘察、设计单位的质量责任和义务

(1) 勘察、设计单位必须按照工程建设强制性标准进行勘察、设计，并对其勘察、设计的质量负责；注册建筑师、注册结构工程师等注册执业人员应当在设计文件上签字，对设计文件负责。

(2) 勘察单位提供的地质、测量、水文等勘察成果必须真实、准确。

(3) 设计单位应当根据勘察成果文件进行建设工程设计；设计文件应当符合国家规定的设计深度要求，注明工程合理使用年限。

(4) 设计单位在设计文件中选用的建筑材料、建筑构配件和设备，应当注明规格、型号、性能等技术指标，其质量要求必须符合国家规定的标准；除有特殊要求的建筑材料、专用设备、工艺生产线等外，设计单位不得指定生产厂、供应商。

(5) 设计单位应当就审查合格的施工图设计文件向施工单位作出详细说明。

(6) 设计单位应当参与建设工程质量事故分析，并对因设计造成的质量事故提出相应的技术处理方案。

三、施工单位的质量责任和义务

(1) 施工单位对建设工程的施工质量负责；施工单位应当建立质量责任制，确定工程项目的项目经理、技术负责人和施工管理负责人；建设工程实行总承包的，总承包单位应当对全部建设工程质量负责；建设工程勘察、设计、施工、设备采购的一项或者多项实行总承包的，总承包单位应当对其承包的建设工程或者采购的设备的质量负责。

(2) 总承包单位依法将建设工程分包给其他单位的，分包单位应当按照分包合同的约定对其分包工程的质量向总承包单位负责，总承包单位与分包单位对分包工程的质量承担连带责任。

(3) 施工单位必须按照工程设计图纸和施工技术标准施工，不得擅自修改工程设计，不得偷工减料；施工单位在施工过程中发现设计文件和图纸有差错的，应当及时提出意见和建议。

(4) 施工单位必须按照工程设计要求、施工技术标准和合同约定，对建筑材料、建筑构配件、设备和商品混凝土进行检验，检验应当有书面记录和专人签字；未经检验或者检验不合格的，不得使用。

(5) 施工单位必须建立、健全施工质量的检验制度，严格工序管理，做好隐蔽工程的质量检查和记录。隐蔽工程在隐蔽前，施工单位应当通知建设单位和建设工程质量监督机构。

(6) 施工人员对涉及结构安全的试块、试件以及有关材料，应当在建设单位或者工程监理单位监督下现场取样，并送具有相应资质等级的质量检测单位进行检测。

(7) 施工单位对施工中出现质量问题的建设工程或者竣工验收不合格的建设工程，应当负责返修。

四、工程监理单位的质量责任和义务

(1) 工程监理单位应当依照法律、法规以及有关技术标准、设计文件和建设工程承包合同，代表建设单位对施工质量实施监理，并对施工质量承担监理责任。

(2) 工程监理单位应当选派具备相应资格的总监理工程师和监理工程师进驻施工现场；未经监理工程师签字，建筑材料、建筑构配件和设备不得在工程上使用或者安装，施工单位不得进行下一道工序的施工；未经总监理工程师签字，建设单位不拨付工程款，不进行竣工验收。

(3) 工程监理单位应当按照工程监理规范的要求，采取旁站、巡视和平行检验等形式，对建设工程实施监理。

五、材料、设备供应单位的质量责任与义务

(1) 建筑材料、构配件生产及设备供应单位必须具备相应的生产条件、技术装备和质量保证体系，具备必要的检测人员和设备。

(2) 其供应的建筑材料、构配件和设备质量应符合国家或行业现行有关技术标准规定的合格标准和设计要求，并应符合以其产品说明、实物样品等方式表明的质量状况。

(3) 其产品或其包装上的标识应符合下述要求：

1) 有产品质量检验合格证明；

2) 有中文标明的产品名称、生产厂厂名和厂址；

3) 产品包装和商标样式符合国家有关规定和标准要求；

4) 设备应有详细的产品使用说明书，电器设备还应附有线路图；

5) 获得生产许可证或使用产品质量认证标志的产品，应有生产许可证或质量认证的编号、批准日期和有效期限。

(4) 建筑材料、构配件及设备的供需双方均应签订购销合同，并按合同条款进行质量验收；建筑材料、构配件生产及设备供应单位应对其生产或供应的产品质量负责。

典型案例 1

质量监督站因监督失职，依法承担行政赔偿责任案

【案情】

原告：蔡某

被告：北京正德房地产开发公司

1996 年 7 月 9 日，原告蔡某与被告北京正德房地产开发公司签订了《北京市外销商品房预售契约》，原告购得被告正德公寓 D 户型房屋，建筑面积为 124.6m^2，合同价款为 945074 元人民币，合同约定房屋交付的时间为 1998 年 3 月 31 日，合同附件确定了房屋交付时应达到的装修标准、设备标准及其他交用条件以及原告应分摊的共有公用部位及面积。合同签订后，原被告双方又签订了补充协议。1998 年 12 月 1 日原告入住后，发现被告交付的房屋与合同约定内容严重不符：增加了不合理的公摊面积，室内装修和设备以及公用设施与合同约定的各项标准存在较大差异，交付的房屋严重滞期，极大地影响了原告的正常生活。双方因此发生纠纷，后诉至法院。

【审理】

法院审理查明：被告兴建的正德公寓，属于北京市外销商品房高级公寓，楼房建筑面积 46397.20m^2，另有地下室 2 层人防工程，其中有建筑面积 276.03m^2 不在以上建筑面积以内。但公寓在诸多方面存在严重缺陷，根本不符合合同约定的要求，造成了原告权利的极大侵害。在诸多问题中，涉及被告擅自修改设计，变更进货梯的位置，严重影响了原告的正常生活；公寓的装饰装修标准严重下降，违背合同约定以质次价高的产品进行替代；供水、供电、供暖达不到合同约定的标准；在交付的房屋面积上严重缩水，公然进行面积欺诈；交付房屋严重滞期等。

但是，被告却认为：项目的开发经过了政府有关部门的批准，并严格履行了各项手续；公司给入住业主分摊的公用面积的方案是经过了国家有关机构批准的，原告诉称被告存在多摊和计算错误没有依据；至于在楼顶加盖的房屋也已经过有关部门同意并计入了该公寓的总面积中，并不是违章建筑，不存在擅自修改设计的问题；关于交付房屋问题，正德公寓竣工时通过了区建设工程质量监督站验收合格；至于大厅及卫生间的装修确实与原合同约定的不符，但是并没有降低装修成本，更换石材是出于美观和实用的考虑，电梯是向沈阳电梯厂购买的进口东芝电梯，公司不存在违约和欺诈行为。

一审法院对被告的主张作了进一步的调查，发现：1998 年 4 月 16 日，区建设工程质量监督站给正德公寓颁发了工程竣工核验证书，核验意见为同意建设、监理、设计、施工四方对工程验收意见，可以投入使用；1998 年 5 月，正德公寓向业主发出了入住通知书，通知业主办理入住手续等。业主主张以 1999 年 3 月 11 日作为正德公寓实际符合交付房屋的使用日期，缺乏法律依据。遂判决如下：①北京正德房地产开发公司于本判决生效后七日内双倍赔偿原告毛巾架（装修缺项）价款 116 元；②驳回原告的其他诉讼请求。一审判决后，原告不服判决上诉至二审法院，二审法院维持了原判。

针对被告是否迟延交付房屋构成违约问题，原告向区建设工程质量监督站所在地的法院提起行政诉讼，要求法院判令建设工程质量监督站纠正违法行为，承担因建设工程监督失职的民事赔偿责任和违法行政行为的行政责任。2002 年，区法院开庭审理了该行政案件，依法判决区建设工程质量监督站承担民事赔偿责任和违法行政行为的行政责任。

【评析】

该案例实际上是两个案件的综合。原告蔡某诉北京正德房地产开发公司的民事诉讼为其一，蔡某诉区建设工程质量监督站的行政诉讼为其二。

民事诉讼中，一、二审法院依据政府主管部门（本案中为区建设工程质量监督站）颁发的工程竣工核验证书等证据（合法）所做的判决是正确的；行政诉讼中，区法院作出的判决也是正确的。两案应合并审理：由于建设工程质量监督部门不履行质量监督责任，造成权利人的损失，依法承担行政责任；正德房地产开发公司承担相应的民事赔偿责任。

《建筑法》第 79 条规定：“……负责工程质量监督检查或者竣工验收的部门及其工作人员对不合格的建筑工程出具质量合格文件或者按合格工程验收的，由上级机关责令改正，对责任人员给予行政处分；构成犯罪的，依法追究刑事责任；造成损失的，由该部门承担相应的赔偿责任。”本案中，由于房屋交付的时间，特别是房屋竣工验收的时间直接关系到开发商是否构成违约的重要依据，因此，判断建设工程质量监督部门核发的竣工验收资料的真实性，就成为业主胜诉的关键。事实上，经过业主、法院的调查，建设工程质量监督部门在竣工验收问题上存在严重失职的行为，造成了不合格工程通过了验收，造成业主在原诉中追究被告违约责任的败诉，质量监督部门应当承担民事赔偿责任和行政责任。

典型案例 2

工程竣工未经验收，提前使用责任自负案

【案情】

原告：某学校

被告：安居建筑工程公司

某学校为解决学校职工住房紧张的问题，在某开发小区购买了预售商品楼两栋，由于有国家政策的扶持，每平方米价格由国家补贴 1/3、学校补贴 1/3、个人承担 1/3，作为学校的最后一次福利分房。后该学校与安居建筑工程公司签订了一份建筑工程承包合同，安居建筑工程公司负责组织施工建设，由学校提供建筑设计图纸，合同中对工期、质量、价款、结算等作了详细规定。

合同签订后，施工单位进场施工。学校也制定了分房方案，依施工蓝图按照个人得分的高低进行了分配。多年住房紧张的职工，因见内装修逐渐完毕，不顾学校和施工队伍的阻拦，强行搬了进去，到 10 月 1 日完工时，此楼已经全部投入使用。这时学校对宿舍楼工程进行验收，发现楼梯间、门厅和部分房间的墙皮脱落、木地板起鼓等质量问题，要求施工单位进行返工。安居建筑工程公司则拒绝对学校提出的质量问题进行返工，学校遂拒绝将工程尾款结算给施工单位。学校没有办法，迫于职工的压力，遂出资对质量缺陷部位进行了修复，花费了 10 万元。2000 年 11 月 2 日，学校将安居建筑工程公司诉讼至法院，要求赔偿因不履行返工和质量修缮义务而造成学校 10 万元的经济损失。

【审理】

原告主张：施工单位应对有质量缺陷的工程进行返工，并无偿承担返工的经济责任。由于被告的不履行返工义务，导致原告被迫自己出资进行修复，原告的一切损失应当由被告承担。

被告主张：工程只有经过竣工验收合格后才能交付使用，但是在工程未经验收的情况下，原告职工就擅自进入施工现场提前使用，对于其提前使用行为所造成的损失，应当自负经济损失。另外，原告按照法律规定应当及时给付工程款，工程保修期已满，原告应当返还工程质量保修金及其拖欠的工程款的利息。

法院审理认为，按照法律规定，施工单位对工程质量负有全面的责任，不得规避，对于学校的职工宿舍楼出现的墙皮脱落、木地板起鼓等情节应当依照建筑法和合同法的规定进行返工，但是这种义务是建立在建设单位不提前使用该工程的前提下，一旦建设单位提前使用了该建设工程，质量瑕疵的返工义务即行消失。因此对于被告没有按照原告要求进行瑕疵工程的返工责任应当免除。根据《建筑法》和《合同法》的规定，建设单位应当支付工程款，对于拖欠工程款行为应当按照中国人民银行固定资产贷款利率计算利息。工程质量保修金是在工程竣工验收合格并交付使用后，才进入工程质量保修期，在工程质量保修期满后才返还保修金。因此，法院判决：原告的主张予以驳回；被告请求给付工程欠款及其利息的主张成立，应予支持。对于被告索要保修金的主张给予支持。

【评析】

本案是关于建设单位提前使用建设工程的质量责任问题和工程款的给付问题。

交付经验收合格的建设工程是施工单位的责任。《建设工程质量管理条例》第 26 条、《建筑法》第 58 条、《合同法》第 281 条都规定："施工单位对建设工程的施工质量负责，建设单位在具备竣工验收条件时应当及时参加竣工验收，没有经过竣工验收或者验收未通过的，不得提前使用；发包人强行使用时，由此发生的质量问题及其他问题，由发包人承担责任。"根据上述规定，原告在宿舍楼工程还没有进行竣工验收的情况下对本单位职工擅自进入施工场地没有采取可行、有效的措施加以避免，因此对于质量缺陷的修复责任应当由建设单位即原告承担。

质量保修金应当在保修期满后返还，质量保修期的起算日期应当以工程竣工验收合格之日起计算。承包人应按法律、行政法规或国家关于工程质量保修的有关规定，对交付发包人使用的工程在质量保修期内承担质量保修责任。

本案中，争议工程由于发包人的提前占据和使用，该建筑工程已经在实际上履行了交付手续，法律规定发包人提前使用未经竣工验收交付的工程，所发生的责任由发包人承担的规定，实际上就是表明了交付工程风险责任的转移，这种情况下的交付就是以发包人提前使用的时间为标准起算保修期，保修期满，质量保修金应当返还；对于原告自行修复房屋质量缺陷而造成的实际损失，也不能按照《房屋建筑工程质量保修办法》第 4 款的规定要求被告承担，应责任自负。

第十一章 建筑安全生产与环境保护

第一节 建筑安全生产管理

一、建筑安全生产管理的内容

建筑安全生产管理，是指为保证建筑生产安全所进行的计划、组织、指挥、协调和控制等一系列管理活动，目的在于保护职工在生产过程中的安全与健康，保证国家和人民的财产不受到损失，保证建筑生产任务的顺利完成。

建筑安全生产管理包括以下几个方面的内容：

1）建设行政主管部门及其授权的建筑安全监督管理机构对建筑活动过程中安全生产的行业管理。

2）劳动行政主管部门对建筑活动过程中安全生产的综合性监督管理。

3）从事建筑活动的主体（包括建筑施工企业、勘察单位、设计单位和工程监理单位）为保证建筑生产活动的安全生产所进行的自我管理。

4）对施工现场安全的综合管理。

二、建筑安全生产管理的基本方针

坚持安全第一、预防为主的方针，是建筑活动中必须坚持的基本方针。所谓"安全第一、预防为主"，是指在建筑生产活动中，将保证生产安全放到第一位，在管理、技术等方面采取能够确保生产安全的预防措施，防止建筑工程事故发生。要坚持这一方针，应当做到以下几点：

1）从事建筑活动的单位的各级管理人员和全体职工，尤其是单位负责人，一定要牢固树立安全第一的意识，正确处理安全生产与工程进度、效益等方面的关系，把安全生产放在首位。

2）要加强劳动安全生产工作的组织领导和计划性，在建筑活动中加强对安全生产的统筹规划和各方面的通力协作。

3）要建立健全安全生产的责任制度和群防群治制度。

4）要对有关管理人员及职工进行安全教育培训，未经安全教育培训的，不得从事安全管理工作或上岗作业。

5）建筑施工企业必须为职工发放保障安全生产的劳动保护用品。

6）使用的设备、器材、仪器和建筑材料必须符合保证生产安全的国家标准和行业标准。

三、建筑安全生产管理的基本制度

（一）政府部门的安全生产监管制度

1. 安全生产许可制度

国务院2004年1月颁布的《安全生产许可证条例》第2条明确规定，国家对矿山企业、建筑施工企业和危险化学品、烟花爆竹、民用爆破器材生产企业实行安全生产许可制度。企业未取得安全生产许可证的，不得从事生产活动。

2. 依法批准开工报告的建设工程和拆除工程备案制度

建设单位应当自开工报告批准之日起15日内，将保证安全施工的措施报送建设工程所在地的县级以上地方人民政府建设行政主管部门或者其他有关部门备案。建设单位应当在拆除工程施工15日前，将施工单位资质等级证明、拟拆除建筑物、构筑物及可能危及毗邻建筑的说明、拆除施工组织方案，以及堆放、清除废弃物的措施报送建设行政主管部门或其他有关部门备案。

3. 三类人员考核任职制度

施工单位的主要负责人、项目负责人、专职安全生产管理人员应当经建设行政主管部门或者其他有关部门考核合格后方可任职，考核内容主要是安全生产知识和安全管理能力。

4. 特种作业人员持证上岗制度

垂直运输机械作业人员、起重机械安装拆卸工、爆破作业人员、起重信号工、登高架设作业人员等特种作业人员，必须按照国家有关规定经过专门的安全作业培训，并取得特种作业操作资格证书后，方可上岗作业。

5. 施工起重机械使用登记制度

施工单位应当自施工起重机械和整体提升脚手架、模板等自升式架设设施验收合格之日起30日内，向建设行政主管部门或者其他有关部门登记。

6. 政府安全监督检查制度

县级以上人民政府负有建设工程安全生产监督管理职责的部门在各自的职责范围内履行安全监督检查职责时，有权纠正施工中违反安全生产要求的行为，责令立即排除检查中发现的安全事故隐患，对重大隐患可以责令暂时停止施工。建设行政主管部门或者其他有关部门可以将施工现场的安全监督检查委托给建设工程安全监督机构具体实施。

7. 危及施工安全的工艺、设备、材料淘汰制度

国家对严重危及施工安全的工艺、设备、材料实行淘汰制度。具体目录由住房和城乡建设部会同国务院其他有关部门制定并公布。

8. 生产安全事故报告制度

施工单位发生生产安全事故，要及时、如实向当地安全生产监督部门和建设行政管理部门报告。实行总承包的由总包单位负责上报。

（二）建筑施工企业的安全生产管理制度

1. 安全生产责任制度

安全生产责任制度，是指将各项保证生产安全的责任具体落实到各有关管理人员和不同岗位人员身上的制度。这一制度是安全第一、预防为主方针的具体体现，是在长期的生产实践中用血的代价换来的行之有效、必须坚持的制度。

建筑施工企业的主要负责人依法对本单位的安全生产工作全面负责。建筑施工企业应当建立健全安全生产责任制度制定安全生产规章制度和操作规程，保证本单位安全生产条件所需资金的投入，对所承担的建设工程进行定期和专项安全检查，并做好安全检查记录。

施工企业的项目负责人应当由取得相应执业资格的人员担任，对建设工程项目的安全施工负责，落实安全生产责任制度、安全生产规章制度和操作规程，确保安全生产费用的有效使用，并根据工程的特点组织制定安全施工措施，消除安全事故隐患，及时、如实报告生产安全事故。

2. 安全生产教育培训制度

建筑施工企业应当对管理人员和作业人员每年至少进行一次安全生产教育培训，其教育培训情况记入个人工作档案。安全生产教育培训考核不合格的人员，不得上岗。

作业人员进入新的岗位或者新的施工现场前，应当接受安全生产教育培训。未经教育培训或者教育培训考核不合格的人员，不得上岗作业。

施工单位在采用新技术、新工艺、新设备、新材料时，应当对作业人员进行相应的安全生产教育培训。

3. 专项施工方案专家论证审查制度

建筑施工企业应当对基坑支护与降水工程、土方开挖工程、模板工程、起重吊装工程、脚手架工程、拆除爆破工程等达到一定规模、危险性较大的分部分项工程编制专项施工方案，并附具安全验算结果，经施工单位技术负责人、总监理工程师签字后实施，由专职安全生产管理人员进行现场监督。

4. 施工现场消防安全责任制度

建筑施工企业应当在施工现场建立消防安全责任制度，确定消防安全责任人，制定用火、用电、使用易燃易爆材料等各项消防安全管理制度和操作规程，设置消防通道、消防水源，配备消防设施和灭火器材，并在施工现场入口处设置明显标志。

5. 意外伤害保险制度

建筑施工企业应当为施工现场从事危险作业的人员办理意外伤害保险。意外伤害保险费由施工单位支付，实行施工总承包的，由总承包单位支付意外伤害保险费；意外伤害保险期限自建设工程开工之日起至竣工验收合格止。

6. 生产安全事故应急救援制度

建筑施工企业应当制定本企业的生产安全事故应急救援预案，建立应急救援组织或者配备应急救援人员，配备必要的应急救援器材、设备，并定期组织演练。

建筑施工企业还应当根据工程施工的特点、范围，对施工现场易发生重大事故的部位、环节进行监控，制定施工现场生产安全事故应急救援预案。实行施工总承包的，由总承包单位统一组织编制建设工程生产安全事故应急救援预案，工程总承包单位和分包单位按照应急救援预案，各自建立应急救援组织或者配备应急救援人员，配备救援器材、设备，并定期组织演练。

四、建筑工程施工现场的安全生产管理

（一）施工现场的安全责任制

《建筑法》第45条规定："施工现场安全由建筑施工企业负责。实行施工总承包的，由总承包单位负责。分包单位向总承包单位负责，服从总承包单位对施工现场的安全生产管理。"

施工现场是建筑施工企业从事工程施工作业的特定场所，由建筑施工企业负责全面管理，当然，施工现场的安全也应由其全面负责。建筑工程实行施工总承包的，施工现场的安全由施工总承包单位统一负责。施工总承包单位应当对现场安全实施统一管理，监督检查分包单位的施工现场安全。分包单位应就施工现场的安全向总承包单位负责，服从总承包单位对施工现场的安全生产管理。分包单位应当在总承包单位的统一管理下，在其分包工程范围内建立施工现场安全管理责任制并组织实施。

（二）施工现场应采取的安全防范措施

《建筑法》第39条规定："建筑施工企业应当在施工现场采取维护安全、防范危险、预防火灾等措施；有条件的，应当对施工现场实行封闭管理。施工阶段对毗邻的建筑物、构筑物和特殊作业环境可能造成损害的，建筑施工企业应当采取防护措施。"据此，建筑施工企业应采取以下安全防范措施。

1. 在施工现场采取维护安全、防范危险、预防火灾等措施，具体包括以下几项内容

1）施工现场道路、上下水及燃气、热力管道、电气线路、材料堆放、临时和附属设施等的平面布置，都要符合安全、卫生、防火要求并应加强管理。

2）各种机电设备的安全装置和起重设备的限位、保险装置，都要灵敏并齐全有效，没有的和损坏了的不能使用；要建立定期维修保养制度，不得带病运转；检修机械设备要同时检修防护装置。

3）脚手架、井字架（龙门架）、塔吊、施工电梯、模板和安全网等，搭设完必须经企业组织由安全、技术、机械等人员参加的验收合格后，方能使用；使用期间要指定专人维护保养，发现有变形、倾斜、摇晃等情况，要及时采取措施解决。

4）施工现场坑、井、沟和各种孔洞，易燃易爆场所，变压器周围，都要指定专人设置围栏或盖板和安全标志，夜间要设红灯示警；各种防护设施、警告标志，未经施工负责人批准，不得移动和拆除。

5）实行逐级安全技术交底制度。开工前，技术负责人要将工程概况、施工方法、安全技术措施等情况向全体职工进行详细交底；两个以上施工队或工种配合施工时，施工队长、工长要按工程进度定期或不定期地向有关班组进行交叉作业的安全交底；班组每天对工人进行施工要求、作业环境的安全交底。

6）混凝土搅拌站、木工车间、沥青加工点及喷漆作业场所等，都要采取措施，限期使尘毒浓度降到国家标准规定值以下。

7）加强季节性劳动保护工作。夏季要防暑降温；冬季要防寒防冻，防止煤气中毒；雨季和台风到来之前，应对临时设施和电气设备进行检修，沿河流域的工地要做好防洪抢险准备；雨雪过后要采取防滑措施。

8）施工现场和木工加工厂（车间）和贮存易燃易爆器材的仓库，要建立防火管理制度，备足防火设施和灭火器材，要经常检查，保持状态良好。

2. 有条件的应当对施工现场实行封闭管理

封闭管理包括两个方面：一是对在建的建筑物要用密目式安全网围栏，既保护作业人员的安全，又防止高处坠物伤人、减少扬尘外泄；二是指在现场四周设置围栏，将施工现场与外界隔断，无关人员不得随意进入。由于施工现场环境和企业条件较差，不安全因素较多，在作业过程中既容易伤害到自己，也容易伤害到现场以外的人员。因此，用密目式安全网、围墙、围栏等设施将施工现场封闭起来，既可以使施工中的不安全因素不扩散到场外，也可以起到保护环境、美化市容和文明施工的作用。但是，由于实行封闭管理需要一定的投入，加上施工现场所处的位置也不相同，如有的在城市繁华地区，有的在偏僻的荒郊野外，要求所有施工现场均实行封闭管理很难做到，也无必要，所以，在住房和城乡建设部发布的《建设工程施工现场管理规定》中规定："施工现场在市区的，周围应当设置遮挡围栏，临街的脚手架也应当设置相应的围护设施。"

3. 施工现场对毗邻的建筑物、构筑物和特殊作业环境可能造成损害的，建筑施工企业应当采取安全防护措施

由于建筑施工多为露天、高处作业，对周围环境特别是毗邻的建筑物、构筑物等很容易造成损害，所以建筑施工企业有责任和义务采取相应的安全防护措施，以避免对毗邻的建筑物、构筑物和特殊作业环境造成损害。

（三）对施工现场相关地下管线的保护

《建筑法》第40条规定："建设单位应当向建筑施工企业提供与施工现场相关的地下管线资料，建筑施工企业应当采取措施加以保护。"

与施工现场相关的地下管线资料，是指建筑施工企业从事建筑活动时经批准占用的施工场地以内的埋于地下的管道线路资料，包括供水、排水、供热、供气、通信、电力等管道和线路的资料。上述管线资料应当由建设单位提供，或由建设单位从城市建设档案馆获得后提供给施工企业，这是建设单位应尽的义务。

上述地下管线资料通常是与人民群众生活和企业经营活动相关的重要的基础设施，这些设施的保护好坏会直接影响到人民群众的生活和企业的经营活动。所以，建筑施工企业拿到有关资料后应当采取必要措施，保证这些地下设施不受到破坏。

五、建筑工程安全生产管理的其他规定

（一）关于建筑工程设计应当保证工程安全性能的规定

《建筑法》第37条规定："建筑工程设计应当符合按照国家规定制定的建筑安全工程和技术规范保证工程的安全性能。"

（二）对建筑施工活动中涉及有关重要设施的安全需办理申请批准手续的规定

《建筑法》第42条规定："有下列情形之一的，建设单位应当按照国家有关规定办理申请批准手续。

1）需要临时占用规划批准范围以外场地的。

2）可能损坏道路、管线、电力、邮电通信等公共设施的。

3）需要临时停水、停电、中断道路交通的。

4）需要进行爆破作业的。

5）法律、法规规定的需要办理报批的其他情形。"

（三）对涉及建筑主体和承重结构变动的装修工程安全的规定

《建筑法》第49条规定："涉及建筑主体和承重结构变动的装修工程，建设单位应当在施工前委托原设计单位或者具有相应资质条件的设计提出设计方案；没有设计方案的，不得施工。"

（四）对房屋拆除施工安全的规定

《建筑法》第50条规定："房屋拆除应当由具备保证安全条件的建筑施工单位承担，由建筑施工单位负责人对安全负责。"

六、工程建设各方的安全责任

（一）建设单位的安全责任

（1）建设单位应当向施工单位提供施工现场及毗邻区域内供水、排水、供电、供气、供热、通信、广播电视等地下管线资料，气象和水文观测资料，相邻建筑物和构筑物、地下工程的有关资料，并保证资料的真实、准确、完整。

(2) 建设单位不得对勘察、设计、施工、工程监理等单位提出不符合建设工程安全生产法律、法规和强制性标准规定的要求，不得压缩合同约定的工期。

(3) 建设单位在编制工程概算时，应当确定建设工程安全作业环境及安全施工措施所需费用。

(4) 建设单位不得明示或者暗示施工单位购买、租赁、使用不符合安全施工要求的安全防护用具、机械设备、施工机具及配件、消防设施和器材。

(5) 建设单位在申请领取施工许可证时，应当提供建设工程有关安全施工措施的资料。依法批准开工报告的建设工程，建设单位应当自开工报告批准之日起 15 日内，将保证安全施工的措施报送建设工程所在地的县级以上地方人民政府建设行政主管部门或者其他有关部门备案。

(6) 建设单位应当将拆除工程发包给具有相应资质等级的施工单位。并应在拆除工程施工 15 日前，将下列资料报送建设工程所在地的县级以上地方人民政府建设行政主管部门或者其他有关部门备案：

1) 施工单位资质等级证明。

2) 拟拆除建筑物、构筑物及可能危及毗邻建筑的说明。

3) 拆除施工组织方案。

4) 堆放、清除废弃物的措施。

5) 实施爆破作业的，还应当遵守国家有关民用爆炸物品管理的规定。

(二) 勘察单位的安全责任

(1) 勘察单位应当按照法律、法规和工程建设强制性标准进行勘察，提供的勘察文件应当真实、准确，满足建设工程安全生产的需要。

(2) 勘察单位在勘察作业时，应当严格执行操作规程，采取措施保证各类管线、设施和周边建筑物、构筑物的安全。

(三) 设计单位的安全责任

(1) 设计单位应当按照法律、法规和工程建设强制性标准进行设计，防止因设计不合理导致生产安全事故的发生。

(2) 设计单位应当考虑施工安全操作和防护的需要，对涉及施工安全的重点部位和环节在设计文件中注明，并对防范生产安全事故提出指导意见。

(3) 采用新结构、新材料、新工艺的建设工程和特殊结构的建设工程，设计单位应当在设计中提出保障施工作业人员安全和预防生产安全事故的措施建议。

(4) 设计单位和注册建筑师等注册执业人员应当对其设计负责。

(四) 监理单位的安全责任

监理单位应当审查施工组织设计中的安全技术措施或者专项施工方案是否符合工程建设强制性标准。

监理单位在实施监理过程中，发现存在安全事故隐患的，应当要求施工单位整改；情况严重的，应当要求施工单位暂时停止施工，并及时报告建设单位。施工单位拒不整改或者不停止施工的，监理单位应当及时向有关主管部门报告。

监理单位和监理工程师应当按照法律、法规和工程建设强制性标准实施监理，并对建设工程安全生产承担监理责任。

（五）施工单位的安全责任

（1）施工单位从事建设工程的新建、扩建、改建和拆除等活动，应当具备国家规定的注册资本、专业技术人员、技术装备和安全生产等条件，依法取得相应等级的资质证书，并在其资质等级许可的范围内承揽工程。

（2）施工单位主要负责人依法对本单位的安全生产工作全面负责。施工单位应当建立健全安全生产责任制度和安全生产教育培训制度，制定安全生产规章制度和操作规程，保证本单位安全生产条件所需资金的投入，对所承担的建设工程进行定期和专项安全检查，并做好安全检查记录。

（3）施工单位的项目负责人应当由取得相应执业资格的人员担任，对建设工程项目的安全施工负责，落实安全生产责任制度、安全生产规章制度和操作规程，确保安全生产费用的有效使用，并根据工程的特点组织制定安全施工措施，消除安全事故隐患，及时、如实报告生产安全事故。

（4）施工单位对列入建设工程概算的安全作业环境及安全施工措施所需费用，应当用于施工安全防护用具及设施的采购和更新、安全施工措施的落实、安全生产条件的改善，不得挪作他用。

（5）施工单位应当设立安全生产管理机构，配备专职安全生产管理人员。专职安全生产管理人员负责对安全生产进行现场监督检查。发现安全事故隐患，应当及时向项目负责人和安全生产管理机构报告；对违章指挥、违章操作的，应当立即制止。

（6）建设工程实行施工总承包的，由总承包单位对施工现场的安全生产负总责。总承包单位依法将建设工程分包给其他单位的，分包合同中应当明确各自的安全生产方面的权利、义务。总承包单位和分包单位对分包工程的安全生产承担连带责任。

（7）施工单位应当在施工组织设计中编制安全技术措施和施工现场临时用电方案，对达到一定规模的危险性较大的分部分项工程编制专项施工方案，并附具安全验算结果，经施工单位技术负责人、总监理工程师签字后实施，由专职安全生产管理人员进行现场监督。

（8）工程施工前，施工单位负责项目管理的技术人员应当对有关安全施工的技术要求向施工作业班组、作业人员作出详细说明，并由双方签字确认。

（9）施工单位应当在施工现场建立消防安全责任制度，确定消防安全责任人，制定用火、用电、使用易燃易爆材料等各项消防安全管理制度和操作规程，设置消防通道、消防水源，配备消防设施和灭火器材，并在施工现场入口处设置明显标志。

（10）施工单位应当向作业人员提供安全防护用具和安全防护服装，并书面告知危险岗位的操作规程和违章操作的危害。

（11）施工单位采购、租赁的安全防护用具、机械设备、施工机具及配件，应当具有生产（制造）许可证、产品合格证，并在进入施工现场前进行查验。

（12）施工单位的主要负责人、项目负责人、专职安全生产管理人员应当经建设行政主管部门或者其他有关部门考核合格后方可任职。

（13）施工作业人员进入新的岗位或者新的施工现场前，应当接受安全生产教育培训。未经教育培训或者教育培训考核不合格的人员，不得上岗作业。施工单位在采用新技术、新工艺、新设备、新材料时，应当对作业人员进行相应的安全生产教育培训。

（14）施工单位应当为施工现场从事危险作业的人员办理意外伤害保险。意外伤害保险费由施工单位支付。实行施工总承包的，由总承包单位支付意外伤害保险费。意外伤害保险期限自建设工程开工之日起至竣工验收合格止。

（六）其他有关单位的安全责任

为建设工程提供机械设备和配件的单位，应当按照安全施工的要求配备齐全有效的保险、限位等安全设施和装置。

出租的机械设备和施工机具及配件，应当具有生产（制造）许可证、产品合格证。出租单位应当对出租的机械设备和施工机具及配件的安全性能进行检测，在签订租赁协议时，应当出具检测合格证明。禁止出租检测不合格的机械设备和施工机具及配件。

在施工现场安装、拆卸施工起重机械和整体提升脚手架、模板等自升式架设设施，必须由具有相应资质的单位承担。安装、拆卸施工起重机械和整体提升脚手架、模板等自升式架设设施，应当编制拆装方案、制定安全施工措施，并由专业技术人员现场监督。施工起重机械和整体提升脚手架、模板等自升式架设设施安装完毕后，安装单位应当自检，出具自检合格证明，并向施工单位进行安全使用说明，办理验收手续并签字。

施工起重机械和整体提升脚手架、模板等自升式架设设施的使用达到国家规定的检验检测期限的，必须经具有专业资质的检验检测机构检测。经检测不合格的，不得继续使用。

检验检测机构对检测合格的施工起重机械和整体提升脚手架、模板等自升式架设设施，应当出具安全合格证明文件，并对检测结果负责。

第二节　建筑工程安全事故的处理

一、建筑工程安全事故的界定

根据事故造成的人员伤亡或者直接经济损失，建筑工程安全事故（以下简称事故）一般分为以下等级：

1）特别重大事故，是指造成30人以上死亡，或者100人以上重伤（包括急性工业中毒，下同），或者1亿元以上直接经济损失的事故。

2）重大事故，是指造成10人以上30人以下死亡，或者50人以上100人以下重伤，或者5000万元以上1亿元以下直接经济损失的事故。

3）较大事故，是指造成3人以上10人以下死亡，或者10人以上50人以下重伤，或者1000万元以上5000万元以下直接经济损失的事故。

4）一般事故，是指造成3人以下死亡，或者10人以下重伤，或者1000万元以下直接经济损失的事故。

二、安全事故的报告和现场保护

事故发生后，事故现场有关人员应当立即向本单位负责人报告；单位负责人接到报告后，应当于1小时内向事故发生地县级以上人民政府安全生产监督管理部门和负有安全生产监督管理职责的有关部门报告。情况紧急时，事故现场有关人员可以直接向事故发生地县级以上人民政府安全生产监督管理部门和负有安全生产监督管理职责的有关部门报告。

安全生产监督管理部门和负有安全生产监督管理职责的有关部门接到事故报告后，应当依照下列规定上报事故情况，并通知公安机关、劳动保障行政部门、工会和人民检察院：

(1) 特别重大事故、重大事故逐级上报至国务院安全生产监督管理部门和负有安全生产监督管理职责的有关部门。

(2) 较大事故逐级上报至省、自治区、直辖市人民政府安全生产监督管理部门和负有安全生产监督管理职责的有关部门。

(3) 一般事故上报至设区的市级人民政府安全生产监督管理部门和负有安全生产监督管理职责的有关部门。

安全生产监督管理部门和负有安全生产监督管理职责的有关部门依照前面规定上报事故情况，应当同时报告本级人民政府。国务院安全生产监督管理部门和负有安全生产监督管理职责的有关部门以及省级人民政府接到发生特别重大事故、重大事故的报告后，应当立即报告国务院。必要时，安全生产监督管理部门和负有安全生产监督管理职责的有关部门可以越级上报事故情况。

安全生产监督管理部门和负有安全生产监督管理职责的有关部门逐级上报事故情况，每级上报的时间不得超过 2 小时。

事故发生单位负责人接到事故报告后，应当立即启动事故相应应急预案，或者采取有效措施，组织抢救，防止事故扩大，减少人员伤亡和财产损失；事故发生地有关地方人民政府、安全生产监督管理部门和负有安全生产监督管理职责的有关部门接到事故报告后，其负责人应当立即赶赴事故现场，组织事故救援；事故发生地公安机关根据事故的情况，对涉嫌犯罪的，应当依法立案侦查，采取强制措施和侦查措施。

事故发生后，有关单位和人员应当妥善保护事故现场以及相关证据，任何单位和个人不得破坏事故现场、毁灭相关证据。因抢救人员、防止事故扩大以及疏通交通等原因，需要移动事故现场物件的，应当作出标志，绘制现场简图并作出书面记录，妥善保存现场重要痕迹、物证。

三、安全事故的调查

特别重大事故由国务院或者国务院授权有关部门组织事故调查组进行调查，重大事故、较大事故、一般事故分别由事故发生地省级人民政府、设区的市级人民政府、县级人民政府负责调查。省、设区的市、县等各级政府可以直接组织事故调查组进行调查，也可以授权或者委托有关部门组织事故调查组进行调查；未造成人员伤亡的一般事故，县级政府也可以委托事故发生单位组织事故调查组进行调查；上级政府认为必要时，可以调查由下级政府负责调查的事故；事故发生地与事故发生单位不在同一个县级以上行政区域的，由事故发生地政府负责调查，事故发生单位所在地政府应当派人参加。

事故调查组的组成应当遵循精简、效能的原则。根据事故的具体情况，事故调查组由有关人民政府、安全生产监督管理部门、负有安全生产监督管理职责的有关部门、监察机关、公安机关以及工会派人组成，并应当邀请人民检察院派人参加；事故调查组可以聘请有关专家参与调查。

事故调查组履行下列职责：

(1) 查明事故发生的经过、原因、人员伤亡情况及直接经济损失。

(2) 认定事故的性质和事故责任。

(3) 提出对事故责任者的处理建议。

(4) 总结事故教训，提出防范和整改措施。

(5) 提交事故调查报告。

事故调查组应当自事故发生之日起60日内提交事故调查报告；特殊情况下，经负责事故调查的人民政府批准，提交事故调查报告的期限可以适当延长，但延长的期限最长不超过60日。事故调查报告应当包括下列内容：

(1) 事故发生单位概况。

(2) 事故发生经过和事故救援情况。

(3) 事故造成的人员伤亡和直接经济损失。

(4) 事故发生的原因和事故性质。

(5) 事故责任的认定以及对事故责任者的处理建议。

(6) 事故防范和整改措施。

事故调查报告应当附具有关证据材料，调查组成员应当在事故调查报告上签名，事故调查的有关资料应当归档保存。事故调查报告报送负责事故调查的人民政府后，事故调查工作即告结束。

四、安全事故的处理

重大事故、较大事故、一般事故，负责事故调查的人民政府应当自收到事故调查报告之日起15日内作出批复；特别重大事故，30日内作出批复，特殊情况下，批复时间可以适当延长，但延长的时间最长不超过30日。

有关机关应当按照人民政府的批复，依照法律、行政法规规定的权限和程序，对事故发生单位和有关人员进行行政处罚，对负有事故责任的国家工作人员进行处分；事故发生单位应当按照负责事故调查的人民政府的批复，对本单位负有事故责任的人员进行处理；负有事故责任的人员涉嫌犯罪的，依法追究刑事责任。

事故发生单位应当认真吸取事故教训，落实防范和整改措施，防止事故再次发生。防范和整改措施的落实情况应当接受工会和职工的监督。安全生产监督管理部门和负有安全生产监督管理职责的有关部门应当对事故发生单位落实防范和整改措施的情况进行监督检查。

事故处理的情况由负责事故调查的人民政府或者其授权的有关部门、机构向社会公布，依法应当保密的除外。

五、安全事故的法律责任

事故发生单位主要负责人有下列行为之一的，处上一年年收入40%～80%的罚款；属于国家工作人员的，并依法给予处分；构成犯罪的，依法追究刑事责任：

(1) 不立即组织事故抢救的。

(2) 迟报或者漏报事故的。

(3) 在事故调查处理期间擅离职守的。

事故发生单位及其有关人员有下列行为之一的，对事故发生单位处100万元以上500万元以下的罚款；对主要负责人、直接负责的主管人员和其他直接责任人员处上一年年收入60%～100%的罚款；属于国家工作人员的，并依法给予处分；构成违反治安管理行为的，由公安机关依法给予治安管理处罚；构成犯罪的，依法追究刑事责任：

(1) 谎报或者瞒报事故的。

(2) 伪造或者故意破坏事故现场的。

(3) 转移、隐匿资金、财产，或者销毁有关证据、资料的。

(4) 拒绝接受调查或者拒绝提供有关情况和资料的。

(5) 在事故调查中作伪证或者指使他人作伪证的。

(6) 事故发生后逃匿的。

有关地方人民政府、安全生产监督管理部门和负有安全生产监督管理职责的有关部门有下列行为之一的，对直接负责的主管人员和其他直接责任人员依法给予处分；构成犯罪的，依法追究刑事责任：

(1) 不立即组织事故抢救的。

(2) 迟报、漏报、谎报或者瞒报事故的。

(3) 阻碍、干涉事故调查工作的。

(4) 在事故调查中作伪证或者指使他人作伪证的。

参与事故调查的人员在事故调查中有下列行为之一的，依法给予处分；构成犯罪的，依法追究刑事责任：

(1) 对事故调查工作不负责任，致使事故调查工作有重大疏漏的。

(2) 包庇、袒护负有事故责任的人员或者借机打击报复的。

事故调查完成后，若认定事故发生单位对事故发生负有责任的，可依照下列规定处以罚款：①一般事故，10 万～20 万元；②较大事故，20 万～50 万元；③重大事故，50 万～200 万元；④特别重大事故，200 万～500 万元。若事故发生单位主要负责人未依法履行安全生产管理职责，导致事故发生的，属于国家工作人员的，并依法给予处分；构成犯罪的，依法追究刑事责任。依照下列规定处以罚款：①一般事故，处上一年年收入 30%的罚款；②较大事故，处上一年年收入 40%的罚款；③重大事故，处上一年年收入 60%的罚款；④特别重大事故，处上一年年收入 80%的罚款。

事故发生单位对事故发生负有责任的，由有关部门依法暂扣或者吊销其有关证照；对事故发生单位负有事故责任的有关人员，依法暂停或者撤销其与安全生产有关的执业资格、岗位证书；事故发生单位主要负责人受到刑事处罚或者撤职处分的，自刑罚执行完毕或者受处分之日起，5 年内不得担任任何生产经营单位的主要负责人。

为发生事故的单位提供虚假证明的中介机构，由有关部门依法暂扣或者吊销其有关证照及其相关人员的执业资格；构成犯罪的，依法追究刑事责任。

有关地方人民政府或者有关部门故意拖延或者拒绝落实经批复的对事故责任人的处理意见的，由监察机关对有关责任人员依法给予处分。

第三节　建筑工程中的环境保护

一、建设项目环境保护管理

（一）建设项目环境保护的一般性规定

根据《中华人民共和国环境影响评价法》及国务院颁布的《建设项目环境保护管理条例》，工程项目在建设时必须遵守下列规定：

1) 建设项目一般不得产生新的污染，破坏生态环境。

2) 建设产生污染的建设项目（必须经严格审批）时，必须遵守污染物排放的国家标准和地方标准；在实施重点污染物排放总量控制的区域内，还必须符合重点污染物排放总量控制的要求。

3）工业建设项目应当采用能耗物耗小、污染物产生量少的清洁生产工艺，合理利用自然资源，防止环境污染和生态破坏。

4）改建、扩建项目和技术改造项目必须采取措施，治理与该项目有关的原有环境污染和生态破坏。

（二）建设项目环境影响评价

1. 环境影响评价的概念

环境影响评价，是指对规划和建设项目实施后可能造成的环境影响进行分析、预测和评估，提出预防或者减轻不良环境影响的对策和措施，进行跟踪监测的方法与制度。

环境影响评价是防止、控制产生新的环境问题，协调经济社会发展与环境保护的重要手段。通过环境影响评价，可以使人们认识、预见有关人为活动的环境影响，提供有针对性的指导意见和决策依据；可以为建设项目的环境管理提供科学依据，保证地区发展方向正确、建设项目选址合理、预防措施得力；可以提高公众的环境意识，为公众参与提供途径和机会；从而实现经济效益、社会效益和环境效益的统一。

2. 建设项目环境影响评价的内容

环境影响评价的文字表现形式是环境影响报告书、环境影响报告表和环境影响登记表。

（1）环境影响报告书。建设项目对环境可能造成重大影响的，应当编制环境影响报告书，对建设项目产生的污染和对环境的影响进行全面、详细的评价，其内容一般包括：

1）建设项目概况。

2）建设项目周围环境情况。

3）建设项目对环境可能造成影响的分析和预测。

4）环境保护措施及其经济、技术论证。

5）环境影响经济损益分析。

6）对建设项目实施环境监测的建议。

7）涉及水土保持的建设项目，须有水行政主管部门审查同意的水土保持方案。

8）环境影响评价结论。

（2）环境影响报告表。建设项目对环境可能造成轻度影响的，应当编制环境影响报告表，对建设项目产生的污染和对环境的影响进行分析或者专项评价，其内容一般包括：

1）项目建设地点及占地面积。

2）建设项目的总投资。

3）建设项目的给排水情况。

4）建设项目的年能耗情况。

5）污染源及治理情况分析。

6）建设项目对环境影响的分析。

7）其他需要说明的问题。

（3）环境影响登记表。建设项目对环境影响很小，不需要进行环境影响评价的，应当填报环境影响登记表。登记表的内容和格式，根据不同行业，不同类型，由国务院环境保护行政主管部门分别制定。

3. 建设项目环境影响评价程序

（1）在项目建议书阶段或可行性研究阶段，建设单位应结合选址，对建设项目建成投产后可能造成的环境影响，进行简要说明或环境影响初步分析。

(2) 建设单位在可行性研究阶段报批建设环境影响报告书或表。但是，铁路、交通等建设项目，经有审批权的环境保护行政主管部门同意，可以在初步设计完成前报批环境影响报告书或表；对于不需要进行可行性研究的建设项目，建设单位应当在开工前报批环境影响报告书或表；需要办理营业执照的，建设单位应当在办理营业执照前报批环境影响报告书或表。

(3) 建设项目环境影响报告书或表，由建设单位报有审批权的环境保护行政主管部门审批；建设项目有行业主管部门的，应当先经行业主管部门预审后，报有审批权的环境保护行政主管部门审批；对于海岸工程建设项目，应当先经海洋行政主管部门审核并签署意见后，报环境保护行政主管部门审批。

(4) 环境保护行政主管部门应当自收到建设项目环境影响报告书之日起 60 日内，收到环境影响报告表 30 日内，收到环境影响报登记表 15 日内，分别作出审批决定，并书面通知建设单位。

(5) 建设项目环境影响报告书或表经批准后，建设项目的性质、规模、地点或者采用的生产工艺发生重大变化的，建设单位应当重新报批。建设项目环境影响报告书或表自批准之日起满 5 年，建设项目方开工建设的，应当报原审批机关重新审核；原审批机关应当自收到环境影响报告书或表之日起 10 日内，将审核意见书面通知建设单位，逾期未通知的，视为审核同意。

4. 建设项目环境影响报告书或表的审批权限

根据《中华人民共和国环境影响评价法》第 23 条的规定：“国务院环境保护行政主管部门负责审批下列建设项目环境影响报告书、报告表或者环境影响登记表：

1) 核设施、绝密工程等特殊性质的建设项目；

2) 跨省、自治区、直辖市行政区域的建设项目；

3) 国务院审批的或者国务院授权有关部门审批的建设项目”。

前述规定以外的建设项目环境影响报告书、报告表或者环境影响登记表的审批权限，由省、自治区、直辖市人民政府规定；建设项目造成跨行政区域环境影响，有关环境保护行政主管部门对环境影响评价结论有争议的，其环境影响报告书或报告表由共同上一级环境保护行政主管部门审批。

5. 建设项目环境影响评价工作的管理

从事建设项目环境影响评价工作的单位必须取得国务院环境保护行政主管部门颁发的资格证书，按照资格证书规定的等级和范围，从事建设项目环境影响评价工作，并对评价结论负责。

建设单位可以采取公开招标的方式，选择从事环境影响评价工作的单位，对建设项目进行环境影响评价。任何行政机关不得为建设单位指定从事环境影响评价工作的单位，进行环境影响评价。

建设单位编制环境影响报告书或表时，还应当依照有关法律规定，征求建设项目所在地有关单位和居民的意见。

（三）建设项目环境保护设施建设

1. 建设项目环境保护设施建设的基本原则

建设项目需要配套建设的环境保护设施，必须与主体工程同时设计、同时施工、同时投产使用。这是建设项目环境保护设施建设的基本原则，简称“三同时”原则。

“三同时”原则是防止建设项目产生新的环境污染和生态破坏、防止环境质量恶化的有效措施，它是加强建设项目环境管理的主要手段，它与环境影响评价制度相结合共同形成完整的建设项目环境保护管理制度。

2. 建设项目环境保护设施建设的具体规定

1）建设项目的初步设计，应当按照环境保护设计规范的要求，编制环境保护篇章，并依据经批准的建设项目环境影响报告书或者环境影响报告表，在环境保护篇章中落实防治环境污染和生态破坏的措施以及环境保护设施投资概算。

2）建设项目的主体工程完工后，需要进行试生产的，其配套建设的环境保护设施必须与主体工程同时投入试运行；试生产期间，建设单位应当对环境保护设施运行情况和建设项目对环境的影响进行监测。

3）建设项目竣工后，建设单位应当向审批该建设项目环境影响报告书或表的环境保护行政主管部门，申请该建设项目需要配套建设的环境保护设施竣工验收，而且应当与主体工程的竣工验收同时进行；对于需要进行试生产的建设项目，则应当在该项目投入试生产之日起 3 个月内，申请竣工验收；分期建设、分期投入生产或使用的建设项目，其相应的环境保护设施应当分期验收。

4）环境保护行政主管部门应当自收到环境保护设施竣工验收申请之日起 30 日内，完成验收；验收合格，该建设项目方可正式投入生产或者使用。

二、建设工程施工现场环境保护管理

（一）施工现场环境保护管理的一般要求

施工单位应当遵守国家有关环境保护的法律规定，采取措施控制施工现场的各种粉尘、废气、废水、固体废弃物以及噪声、振动等对环境的污染和危害。

建设工程施工由于受技术、经济条件限制，对环境的污染不能控制在规定范围内的，建设单位应当会同施工单位事先报请当地人民政府建设行政主管部门和环境保护行政主管部门批准，并采取相应的有效措施。

（二）施工现场环境保护管理的具体措施

1）妥善处理泥浆水，未经处理不得直接排入城市排水设施和河流。

2）除设有符合规定的装置外，不得在施工现场熔融沥青或者焚烧油毡、油漆以及其他会产生有毒有害烟尘和恶臭气体的物质。

3）使用密封式的圆筒或者采取其他措施处理高空废弃物。

4）采取有效措施控制施工过程中的扬尘。

5）禁止将有毒有害废弃物用作土方回填。

6）对产生噪声、振动的施工机械，应采取有效控制措施，减轻噪声扰民。

7）其他保护环境、防止污染的有效措施。

三、违反环境保护管理的法律责任

有下列行为之一的，由负责审批建设项目环境影响报告书或表的环境保护行政主管部门责令限期补办手续；逾期不补办手续，擅自开工建设的，责令停止建设，可以处 10 万元以下的罚款：

1）未报批建设项目环境影响报告书、报告表或者登记表的。

2）建设项目的性质、规模、地点或者采用的生产工艺发生重大变化，未重新报批环境影响报告书、报告表或者登记表的。

3）建设项目环境影响报告书、报告表或者登记表自批准之日起满5年，建设项目方开工建设，而未报原审批机关重新审核的。

建设项目环境影响报告书、报告表或者登记表未经批准或者未经原审批机关重新审核同意，擅自开工建设的，由负责审批的环境保护行政主管部门责令停止建设，限期恢复原状，可以处10万元以下的罚款。

试生产建设项目配套建设的环境保护设施未与主体工程同时投入试运行的，由审批机关责令限期改正；逾期不改正的，责令停止试生产，可以处5万元以下的罚款。

建设项目投入试生产超过3个月，建设单位未申请环境保护设施竣工验收的，由审批机关责令限期办理环境保护设施竣工验收手续；逾期未办理的，责令停止试生产，可以处5万元以下的罚款。

建设项目需要配套建设的环境保护设施未建成、未经验收或者验收不合格，主体工程正式投入生产或使用的，由审批机关责令停止生产或使用，可以处10万元以下的罚款。

从事建设项目环境影响评价工作的单位，在环境影响评价工作中弄虚作假的，由国务院环境保护行政主管部门吊销其资格证书，并处所收费用1倍以上3倍以下的罚款。

施工单位违反施工现场环境保护管理规定，未采取有效措施防止环境污染的，由县级以上地方人民政府建设行政主管部门根据情节轻重，给予警告、通报批评、责令限期改正、责令停止施工整顿、吊销施工许可证，并可处以罚款；造成损失的，应依法赔偿损失。

环境保护行政主管部门及建设行政主管部门的工作人员徇私舞弊、滥用职权、玩忽职守，构成犯罪的，依法追究刑事责任；尚不构成犯罪的，依法给予行政处分。

典型案例1

建筑工程施工损害相邻建筑物及设备赔偿案

【案情】

原告：新华日报社

被告：南京华夏实业有限公司

1991年4月，被告南京华夏实业有限公司在毗邻原告新华日报社处投资建设的华荣大厦基础工程开始施工，未作护栏维护工程即进行敞开式开挖并大量抽排地下水。一个月后，因施工现场附近地面沉降，施工暂时停止。经过修改施工方案后，华荣大厦基础工程于同年7月28日恢复施工，进行人工开挖孔桩。同年10月中旬，原告发现其印刷厂厂房墙壁、地面开裂，三台德国进口的UNIMAN4/2卷筒纸胶印机出现异常，报纸印刷质量明显下降，印刷机严重受损，厂房墙体受损危及人员安全。经南京市人民政府召集有关单位、专家共同研究提出补救措施予以实施后，印刷厂地面沉降才得到控制，但对原告所受损失没有涉及。《会议纪要》还明确指出了被告在华荣大厦工程施工中违反有关施工规范、规程造成事故的错误。事故发生后，原告还委托南京土木建筑学会、国家印刷机械质量监督检测中心和江苏省地震局等单位对事故原因进行了鉴定。鉴定认为：华荣大厦基础工程施工大量抽排地下水是造成印刷厂厂房和印刷机受损的直接原因。1992 年 7 月 10 日，原告向南京市人民政府请求解决赔偿损失问题，但一直未得到解决。于是，原告于 1994 年 6 月 30 日向江苏省高级人民法院提起诉讼。

【审理】

原告诉称：被告在建设与本社相距 20m 的华荣大厦基础工程施工期间，因大量抽排地下水造成本社印刷厂地面沉降，厂房墙体多处开裂，印刷机基础移位，印刷机受到严重损伤，造成巨额经济损失；要求被告赔偿其请国内外专家调校修理印刷机的费用、修理所需零部件购置费、停机期间委托他人代印报纸的印刷费差价等各项损失共计人民币 1399 万元。被告答辩称：原告的损失是华荣大厦基础工程施工单位造成的，应由施工单位赔偿；原告的起诉已超过了一年的诉讼时效，已丧失胜诉权；原告的请求应交由行政部门处理；请求法院驳回原告的诉讼请求。

江苏省高级人民法院经审理认为：被告在建设华荣大厦时，未充分考虑相邻建筑物的安全，于施工期间大量抽排地下水，且初期发现问题后未能及时采取必要的防护措施，使原告方印刷厂地面发生沉降，损坏了厂房基础，致使厂房及室内印刷机械受损，事实清楚，证据充分，可以认定。被告违背处理相邻关系的原则，在建设房屋时给原告造成了巨大损失，应负全部责任。依照《中华人民共和国民法通则》第 83 条之规定，判决如下：

1）华夏公司于本判决生效后 30 日内，赔偿新华日报社各项损失共计人民币 13883580.28 元。

2）诉讼费 79428 元，诉讼保全费 70520 元，合计人民币 149948 元，由华夏公司负担。

华夏公司不服一审判决，上诉至最高人民法院，请求在分清双方当事人责任程度、合理计算对方损失的前提下，改判由双方分别承担民事责任；并请求追加华荣大厦工程施工单位（珠海中新建筑公司）为本案第三人，并判令其承担相应的民事责任。

最高人民法院经过审理，并重新委托有关机构对事故原因进行了调查和鉴定，认为：原审法院认定事实清楚，适用法律正确；华夏公司所持上诉理由不能成立，本院不予支持；依照《中华人民共和国民法通则》第 83 条之规定，判决如下：驳回上诉，维持原判；二审诉讼费 79428 元，鉴定费 232751.70 元，由华夏公司承担。

【评析】

本案是建筑工程施工措施不当造成毗邻建筑物及设备损坏导致的诉讼。本案中事实清楚，无可争议。但是，对于谁是合格的被告，或者说由谁承担责任，则值得商榷。《建筑法》第 39 条规定："建筑施工企业应当在施工现场采取维护安全、防范危险、预防火灾等措施；有条件的，应当对施工现场实行封闭管理。施工阶段对毗邻的建筑物、构筑物和特殊作业环境可能造成损害的，建筑施工企业应当采取防护措施。"根据这一规定，施工单位（即中新建筑公司）在本案中也应负一定的法律责任，而不是完全由华夏公司来承担；即使施工单位是完全按照华夏公司的大楼设计和施工方案进行施工的，也不能免除其责任；当然，如果设计有问题，设计单位也应负相应的责任。所以，根据目前的法律规定，本案正确的判决应当是由业主（华夏公司）和施工单位（中新建筑公司）共同承担损害赔偿责任。

典型案例2

施工噪声致使被饲养鸡群产蛋下降赔偿纠纷案

【案情】

原告：庞某

被告：乌鲁木齐矿务局铁厂沟露天煤矿建设指挥部（以下简称指挥部）

1983年，新疆维吾尔自治区决定开发铁厂沟地下煤炭资源。1985年6月，由新疆煤矿设计院编制了《铁厂沟露天煤矿可行性研究报告》，肯定该露天煤矿爆破引起的噪声和震动会对周围环境产生影响，但对如何采取预防措施未加论述。1988年5月，指挥部成立，并于1991年开始建设。在指挥部计划建设露天煤矿期间，米泉县煤矿劳动服务公司在该露天煤矿东南界线的边缘建立了养鸡场，并于1991年4月将养鸡场承包给了庞某。1992年2月至6月，庞某分四次购进雏鸡6970只，同年8月至10月，这些鸡先后进入产蛋期。与此同期，指挥部在露天煤矿进行爆破施工，其震动和噪声惊扰鸡群，使鸡群的产蛋率突然大幅度下降，并有部分鸡死亡。由此使庞某受到损失计120411.78元。

后庞某的鸡群经兽医研究所诊断、检验，结论为：因长期的噪声和震动造成鸡群"应激产蛋下降综合症。"另外，在爆破施工期间，附近有些居民的房屋墙壁出现裂损，其正常的生活秩序也受到一定影响。但指挥部委托地震局、环保局等对爆破施工的震动和噪声进行监测，其结论是震动速度和噪声均未超出国家规定的标准。

庞某于1993年4月向乌鲁木齐市中级人民法院提起诉讼，要求被告赔偿其损失。

【审理】

法院受理后，经审理认为：被告开始施工建设时，原告的养鸡场已经建成并投入生产，养鸡场的建立并没有违反有关规定。指挥部长期开矿爆破施工，其震动和噪声惊扰鸡群，造成鸡群"应激产蛋下降综合症"，应当承担赔偿责任。因此，判决指挥部赔偿庞某损失120411.78元。

指挥部不服，向新疆高级人民法院提起上诉。高院经过审理认为：原判事实清楚，证据确凿，适用法律正确，驳回上诉，维持原判。对于指挥部提供的地震、环保部门的鉴定结论，法院认为，因用作监测的对象与当时的客观情况不相一致，爆破地点也发生了变化，加之养鸡场的鸡不复存在，故该监测结论不能作为推翻兽医研究所诊断结论的证据。

【评析】

本案是工程施工的噪声污染导致损害而引起的诉讼。《建筑法》第41条规定："建筑施工企业应当遵守有关环境保护和安全生产方面的法律、法规的规定，采取控制和处理施工现场的各种粉尘、废气、废水、固体废物以及噪声、振动对环境的污染和危害的措施。"住房和城乡建设部颁布的《建设工程施工现场管理规定》中也规定："对产生噪声、振动的施工机械，应采取有效控制措施，减轻噪声扰民。"另外，在《民法通则》和《环境保护法》中也有类似的规定："造成环境污染损害的，有责任排除危害，并对直接受到损害的单位或个人赔偿损失。"因此，本案中两级法院均判决由被告赔偿原告损失，是完全正确的。

第十二章　建筑工程纠纷与法律服务

第一节　建筑工程纠纷概述

一、建筑工程纠纷的概念和类型

（一）建筑工程纠纷的概念

建筑工程纠纷是指在建筑活动中，各方当事人（建设单位、勘察设计单位、施工单位和工程监理单位等）之间或与行政机关、其他组织和个人之间，因合同、侵权、行政管理或权利归属等问题而发生的各种争议的总称。它可以发生在平等主体的各方当事人之间，也可以发生在行政机关（管理方）和行政相对人（被管理方）之间，也可能发生在建筑工程主体与其他组织或个人之间。

（二）建筑工程纠纷的分类

1. 根据建筑工程的不同阶段分类

1）项目策划、咨询、规划等纠纷。

2）工程勘察、设计纠纷。

3）工程施工纠纷。

4）工程竣工验收纠纷。

5）工程质量保修纠纷。

2. 根据纠纷的性质分类

1）民事纠纷。民事纠纷是指平等主体的当事人之间发生的纠纷，也是建筑活动中最常出现的纠纷。这种纠纷又可分为两大类：合同纠纷和侵权纠纷。前者是指当事人之间对合同是否成立、生效、对合同的履行情况和不履行的后果等产生的纠纷，如勘察设计合同纠纷、施工合同纠纷、委托监理合同纠纷、建材采购合同纠纷等；后者是指由于一方当事人对另一方侵权而产生的纠纷，如招标投标中招标人将工程发包给未中标单位从而导致对中标人侵权的纠纷，投标人串通投标而对招标人侵权的纠纷，工程施工中由于施工单位未采取安全措施而对他人造成损害而产生的纠纷等。

（2）行政纠纷。行政纠纷是指行政机关与被管理人之间因行政管理而产生的纠纷，如在办理施工许可证时符合办证条件而不予办理所导致的纠纷，在招投标过程中行政机关进行非法干预而产生的纠纷等。其中既有因行政机关滥用职权、越权管理、消极管理等而产生的纠纷，也有因被管理人逃避监督管理、非法抗拒管理等而产生的纠纷。

3. 纠纷的其他分类方法

根据纠纷的具体内容不同可分为工程质量纠纷、工期纠纷、工程款纠纷等；根据纠纷的目的不同可分为经济纠纷、权属纠纷、名誉纠纷等；根据纠纷发生的地域不同分为国内工程纠纷、国际工程纠纷等。

二、建筑工程纠纷的解决途径

根据我国目前的法律规定，解决建筑工程纠纷的途径主要有以下几种。

（一）协商

协商，是指当事人各方在自愿、互谅的基础上，按照法律、政策的规定，通过摆事实讲道理解决纠纷的一种方法。协商的方法是一种简便易行、最有效、最经济的方法，能及时解决争议，消除分歧，提高办事效率，节省费用，也有利于双方的团结和相互的协作关系。

协商解决纠纷应遵循两个原则：一是平等自愿的原则，即在互利、互谅、互让的基础上解决纠纷，任何一方不得以威胁或行政命令等手段强迫对方进行协商，否则，对方有权拒绝；二是合法的原则，即协商必须符合国家的法律、法规、规章和政策，也不得损害国家、集体和第三人的合法权益。协商一般适用于案情较简单、责任分歧不很大的平等主体之间发生的纠纷。

（二）调解

调解，是指第三人（即调解人）应纠纷当事人的请求，以依法或依合同约定，对双方当事人进行说服教育，居中调停，使其在互相谅解、互相让步的基础上解决其纠纷的一种途径。

调解一般有三种形式：一是民间调解，即在当事人以外的第三人或组织的主持下，通过相互谅解，使纠纷得到稳妥的解决；二是行政调解，或称行政调处，是指在有关行政机关的主持下，依据相关法律、行政法规、规章及政策，来处理纠纷的一种方式；三是司法调解，也称诉讼调解，是指在人民法院的主持下，在双方当事人自愿的基础上，以制作调解书的形式，从而解决纠纷的一种方式。司法调解具有一定的法律效力，即在调解书送达双方当事人并经签收后产生法律效力，双方必须执行，若一方不执行，另一方有权请求法院强制执行；但若调解未达成协议，或调解书送达前反悔的，则此调解书无法律约束力。

（三）仲裁

仲裁是指纠纷当事人在自愿的基础上达成协议（在合同中事先约定，或在事后达成协议），将纠纷提交非司法机构的仲裁机构审理，由仲裁机构作出对争议各方均有约束力的裁决的一种解决纠纷的方式。仲裁的主要法律依据是 1994 年 8 月全国人大常委会颁布的《中华人民共和国仲裁法》。

（四）行政复议

行政复议是解决行政纠纷的一种方式，是指当事人不服行政机关的具体行政行为提出申诉，上一级行政机关或者法律规定的其他机关根据申请，依法对原具体行政行为进行复议并重新做出裁决，从而解决纠纷的一种方式。行政复议的主要法律依据是 1999 年 4 月全国人大常委会颁布的《中华人民共和国行政复议法》。

（五）诉讼

诉讼是指人民法院在所有诉讼参与人的参加下，审理和解决各种案件的活动及在活动中产生的各种法律关系的总和。工程建设纠纷也可以通过诉讼，在人民法院的主持下来解决。诉讼有民事诉讼、行政诉讼和刑事诉讼三种。建筑活动中的纠纷主要是通过民事诉讼和行政诉讼来解决的，其法律依据是《中华人民共和国民事诉讼法》和《中华人民共和国行政诉讼法》。

第二节 建筑工程纠纷的仲裁

一、仲裁的基本原则

（一）当事人意思自治原则

这一原则通常也被称为当事人自愿原则，是仲裁最基本的原则。这一原则主要体现在以下两方面：其一，当事人是否将他们之间发生的纠纷提交仲裁，由他们自愿协商决定。仲裁法规定，当事人采取仲裁方式解决纠纷，应当双方自愿，达成仲裁协议，一方申请仲裁的，仲裁委员会不予受理。当事人未达成仲裁协议，一方向人民法院起诉的，人民法院不予受理。其二，当事人将他们之间的纠纷提交哪一个仲裁委员会仲裁，亦由他们自愿协商决定。

（二）以事实为根据，以法律为准绳原则

"以事实为根据，以法律为准绳"是我国法制建设的一项基本原则，当然也是仲裁的基本原则。事实和法律是这一原则不可分割、不可偏废的两个方面。以事实为根据，意味着仲裁庭在仲裁过程中，必须全面、客观、深入、细致地查明案件当事人的主体资格；以法律为准绳，意味着仲裁庭在查明事实的基础上必须收集、理解与案件有关的法律，并准确地适用法律，公平合理地确认当事人的权利义务关系。

（三）独立公正仲裁原则

《仲裁法》第 8 条规定，仲裁依法独立进行。仲裁委员会独立于行政机关，仲裁委员会之间也没有隶属关系，这是实现独立仲裁的组织保证。此外《仲裁法》中关于仲裁员的资格条件的规定、仲裁员回避的规定、仲裁员责任的规定等，也保证了独立公正原则在仲裁实务中的实现。

（四）一裁终局原则

一裁终局原则是世界各国普遍接受的仲裁原则，仲裁法对此原则进行了确认。裁决作出后，当事人就同一纠纷再申请仲裁或者向人民法院起诉的，仲裁委员会或人民法院不予受理。裁决书自作出之日起发生法律效力，一方当事人不履行的，另一方当事人可以依照民事诉讼法的有关规定向人民法院申请执行。

二、仲裁机构

（一）仲裁委员会

1. 仲裁委员会的设立

《仲裁法》第 10 条规定，仲裁委员会可以在直辖市和省、自治区人民政府所在地的市设立，也可以根据需要在其他设区的市设立，不按行政区划层层设立。仲裁委员会由前述规定的市的人民政府组织有关部门和商会统一组建。设立仲裁委员会，应当经省、自治区、直辖市、司法行政部门登记。

2. 仲裁委员会的条件

《仲裁法》第 11 条规定，仲裁委员会应当具备下列条件：

(1) 有自己的名称、住所和章程。名称是区别此仲裁委员会与彼仲裁委员会的标志。仲裁委员会以它的主要办事机构所在地为住所。章程由自己制订。

(2) 必要的财产。仲裁委员会作为行使仲裁权的机构必须具备必要的物质条件，有与业务活动相适应的财产，包括适应仲裁工作需要的设施、装备和独立的经费等。

(3) 有该委员会的组成人员。仲裁委员会由主任 1 人，副主任 2～4 人，委员 7～11 人组成。仲裁委员会的主任、副主任和委员是该委员会的组成人员。仲裁委员会主任、副主任和委员应当由法律、经济贸易专家和有实际工作经验的人员担任，其中法律、经济贸易专家不得少于 2/3。

(4) 有聘任的仲裁员。仲裁委员会从具备仲裁资格的人员中聘任仲裁员，设立仲裁员名册。

（二）仲裁员

1. 仲裁员资格

仲裁员在思想品德方面要公道正派，同时须具备下列条件之一：

1）从事仲裁工作满 8 年的。

2）担任律师满 8 年的。

3）曾经担任审判员满 8 年的，但现职法院审判员不能担任仲裁员。

4）从事法律研究、教学工作且具有高级职称的。

5）具有法律知识，从事经济贸易等专业且具有高级职称或者具有同等专业水平的。

2. 仲裁员名册

仲裁委员会应当将其聘任的仲裁员造就名册，供当事人选择仲裁员。仲裁委员会可以按不同专业设置专业仲裁员名册，例如按照合同、知识产权、房地产、证券等专业设立仲裁员名册。

三、仲裁协议

仲裁协议是仲裁制度的基石，它既是争议当事人将其争议提交仲裁的依据，也是仲裁机构对某一特定案件取得管辖权的前提。

（一）仲裁协议的概念

所谓仲裁协议，是指双方当事人自愿把他们之间已经发生或者将来可能发生的财产性权益争议提交仲裁解决的协议。

（二）仲裁协议的内容

所谓仲裁协议，是指一份完整有效的仲裁协议必须具备的约定事项。当事人可以在不违反法律规定的前提下自由决定将什么样的争议提交仲裁解决，可以自由选择仲裁机构等。我国《仲裁法》第 16 条规定，仲裁协议应当具有下列内容：

（1）请求仲裁的意思表示。在仲裁协议中，当事人应明确表示愿意将争议提交仲裁解决，必须是有利害关系的双方当事人，在协商一致的基础上的共同的、真实的意思表示。

（2）仲裁事项。仲裁事项指双方当事人提交仲裁的争议范围，即双方当事人将何种性质的争议提交仲裁机构仲裁。当事人只有把订在仲裁协议中的事项提交仲裁时，仲裁机构才予受理，否则仲裁机构不能受理。当然，当事人约定仲裁事项的前提是该事项具有可仲裁性，此类性质的纠纷法律允许通过仲裁加以解决。

（3）仲裁机构。双方当事人在签订仲裁协议时，应明确写明仲裁事项由哪一个仲裁机构进行仲裁。当仲裁协议约定的仲裁机构名称不准确，但能够确定具体的仲裁机构的，应当认定选定了的仲裁机构。当仲裁协议仅约定纠纷适用的仲裁规则的，视为未约定仲裁机构，但当事人达成补充协议或者按照约定的仲裁规则能够确定仲裁机构的除外。仲裁协议约定两个以上仲裁机构的，当事人可以协议选择其中的一个仲裁机构申请仲裁；当事人不能就仲裁机构选择达成一致的，仲裁协议无效。当仲裁协议约定由某地的仲裁机构仲裁且该地仅有一个仲裁机构的，该仲裁机构视为约定的仲裁机构；该地有两个以上仲裁机构的，当事人可以协议选择其中的一个仲裁机构申请仲裁；当事人不能就仲裁机构选择达成一致的，仲裁协议无效。

四、仲裁庭的组成

仲裁委员会受理了当事人双方的仲裁申请后，向当事人送达仲裁委员会的仲裁规则和仲裁员名册。当事人应当按照约定的仲裁庭的组成形式和仲裁员的选择方式，在仲裁规则规定的期间选出仲裁员。当事人没有约定的，仲裁委员会应当通知当事人在一定期间约定仲裁庭的组成形式和仲裁员的选择方式。

（一）合议仲裁庭的组成

由3名仲裁员组成的仲裁庭称为合议仲裁庭。《仲裁法》第31条第1款规定："当事人约定由3名仲裁员组成仲裁庭的，应当各自选定或者各自委托仲裁委员会主任指定；第3名仲裁员由当事人共同选定或者共同委托仲裁委员会主任指定；第3名仲裁员是首席仲裁员。"

（二）独任仲裁庭的产生

由1名仲裁员成立的仲裁庭称为独任仲裁庭。独任仲裁庭应当由当事人共同选定或者共同委托仲裁委员会主任指定仲裁员。当事人没有在仲裁规则规定的期限内约定仲裁庭组成方式或者选定仲裁员的，由仲裁委员会主任指定。

五、和解、调解、裁决

（一）和解

仲裁中的和解，是指双方当事人在没有仲裁员的参与下，自动协商解决纠纷。《仲裁法》第49条规定："当事人申请仲裁后，可以自行和解。达成和解协议的，可以请求仲裁庭根据和解协议作出裁决书，也可以撤回仲裁申请。如果撤回后反悔的，可以根据仲裁协议申请仲裁。"

（二）调解

仲裁中的调解是指在仲裁员主持下，双方当事人协商解决纠纷。《仲裁法》第51条规定："仲裁庭在作出裁决前，可以先行调解；当事人自愿调解的，仲裁庭应当调解。调解不成应当及时裁决；调解达成协议的，仲裁庭应当制作调解书或者根据协议的结果制作裁决书。调解书与裁决书具有同等法律效力。"

调解书应当写明仲裁请求和当事人协议的结果。调解书由仲裁员签名，加盖仲裁委员会印章，送达双方当事人。调解书经双方当事人签收后，即发生法律效力。在调解书签收前当事人后悔的，仲裁庭应当及时作出裁决。

（三）裁决

裁决应当按照多数仲裁员的意见作出，少数仲裁员的不同意见可以记入笔录。仲裁庭不能形成多数意见时，裁决应当按照首席仲裁员的意见作出。裁决书自作出之日起发生法律效力。

六、申请撤销仲裁裁决

撤销仲裁裁决，是指对符合法定应予撤销情形的仲裁裁决，经由当事人提出申请，人民法院组成合议庭审查核实，裁定撤销仲裁裁决的行为。

我国仲裁法规定，仲裁实行一裁终局的制度。仲裁裁决一经作出，即发生法律效力，当事人不能就同一纠纷再向仲裁委员会申请仲裁，也不能就同一纠纷向人民法院起诉或上诉。由于受到各种因素的影响，有些仲裁裁决可能出现不同程度的偏差或错误。仲裁法中设置申请撤销仲裁裁决程序这样一种监督机制，具有非常重要的意义。

（一）申请撤销仲裁裁决的条件和理由

1. 申请撤销仲裁的条件

1）提出申请的主体必须是当事人。

2）必须向有关的人民法院提出申请，当事人提出撤销裁决申请的必须向仲裁委员会所在地的中级人民法院提出。

3）必须在规定的期限内提出申请，当事人申请撤销裁决的应当自收到裁决书之日起6个月内提出。

4）必须有证据证明，裁决有法律规定的应予撤销的情形。

2. 申请撤销仲裁的理由

1）没有仲裁协议。

2）仲裁的事项不属于仲裁协议的范围或者仲裁委员会无权仲裁。

3）仲裁庭的组成或者仲裁的程序违反法定程序。

4）裁决所依据的证据是伪造的。

5）对方当事人隐瞒了足以影响公正裁决的证据。

6）仲裁员在仲裁该案时，有索贿受贿、徇私舞弊、枉法裁决的行为。

根据仲裁法的规定，除上述几项外，如果仲裁裁决违背社会公共利益，人民法院应裁定撤销该裁决。

（二）法院对撤销仲裁裁决申请的处理

人民法院受理当事人提出的撤销裁决的申请后，必须组成合议庭对当事人的申请及仲裁裁决进行审查，经审查人民法院可能作出三种处理。

1. 撤销仲裁裁决

人民法院受理撤销仲裁裁决的申请后，经审查核实当事人提出申请所依据的理由成立的，应当在2个月内裁定撤销该裁决。裁决被人民法院依法撤销后，当事人之间的纠纷并未解决，当事人可以重新要求解决纠纷的方法，或重新仲裁，或向有管辖权的人民法院提起诉讼。

2. 驳回撤销仲裁裁决的申请

人民法院经过审查，未发现仲裁裁决具有法定可被撤销的理由的，应在受理申请之日起2个月内作出驳回申请的裁定。

3. 通知仲裁庭重新仲裁

人民法院受理当事人撤销仲裁裁决的申请后，认为可以由仲裁庭重新仲裁的，通知仲裁庭在一定期限内重新仲裁，并裁定中止撤销程序，仲裁庭拒绝重新仲裁的，人民法院应当裁定恢复撤销程序。

第三节 建筑工程纠纷的行政复议

一、行政复议概述

行政复议是指公民、法人或其他组织认为行政机关的具体行政行为侵犯其合法权益，按照法定的程序和条件向作出该具体行政行为的上一级行政机关或法定机关提出申请，由受理申请的行政机关对该具体行政行为进行复查并作出复议决定的活动。

（一）行政复议特征

(1) 行政复议只能由作为行政相对人的公民、法人或其他组织提起。在行政复议中，作出具体行政行为的行政机关或法律、法规授权的组织只能作为被申请人。

(2) 行政复议权只能由法定机关行使。行政复议是行政机关内部解决行政争议，出于司法公正的考虑，行政复议原则上采取由上一级复议的原则，只有在某些特殊情况下，才由原行政机关复议。

(3) 行政复议的对象原则上只能是行政机关作出的具体行政行为。行政相对人对行政机关制定的具有普遍约束力的规范性文件不服，只能在对具体行政行为提起行政复议申请时一并提出，而不能单独提出。

(4) 行政复议对于公民、法人和其他组织是维护其合法权益的一种程序性权利，不得被非法剥夺。

(二) 行政复议的原则

(1) 合法原则。依法行政是行政活动的根本原则。行政复议权的行使必须合法，其一是依据法律，复议机关进行复议活动应当依据法律、法规的规定；其二是符合法律，不但符合程序法的规定，而且要符合实体法的规定。

(2) 公正原则。复议机关行使复议权应当公正地对待复议双方当事人，不能有所偏袒。

(3) 公开原则。行政复议活动应当公开进行，复议案件的受理、调查、审理、决定等一切活动，都应该尽可能地向当事人及社会公开，避免因暗箱操作而可能导致不合理甚至腐败现象。

(4) 有错必纠原则。行政复议机关对被申请复议的行政行为进行全面审查，不论是违法还是不当，也不论申请人有否请求，只要有错误，一概予以纠正。

二、行政复议的范围

(一) 行政处罚案件

行政处罚案件是指对行政机关作出的警告、罚款、没收违法所得、没收非法财物、责令停产停业、暂扣或吊销许可证、暂扣或吊销执照、行政拘留等行政处罚决定不服而提起的行政复议。《行政处罚法》明确规定了行政机关设定和实施行政处罚的权限、原则、程序适用等要求。行政机关违法或不当实施行政处罚，侵犯公民、法人或其他组织合法权益的，均属于《行政复议法》规定的行政复议范围，受害人均可以依法申请行政复议。

(二) 行政强制措施案件

行政强制措施案件是指对行政机关作出的限制人身自由或者查封、扣押、冻结财产等行政强制措施决定不服而提起的行政复议。行政机关为了预防，制止违法行为或危害社会的状态，以及为了查明案件事实，根据需要对公民、法人或其他组织的人身或财产采取的强制性手段，其特点在于采取强制手段直接施加于公民、法人或其他组织的人身或财产，行政机关很容易违法或不当使用。

(三) 许可证管理案件

许可证管理案件是指对行政机关作出的有关许可证、执照、资质证、资格证等证书变更、中止、撤销的决定不服而提起的行政复议。实践中存在着各种各样名目繁杂的证书，其中止、撤销、变更关系到被赋权人的合法权益，被赋权人对其不服的，有权申请复议。

(四) 行政许可案件

行政许可案件是指公民、法人或其他组织认为符合法定条件，申请行政机关颁发许可证、执照、资质证、资格证等证书，行政机关没有依法办理而提起的行政复议。在此类案件中，行政机关的行为表现有两种，一是不予答复，二是拒绝颁发。前者称之为默示的拒绝，后者称之为明示的拒绝。其行为后果是相对人不能从事所申请的活动。针对这两类行为，相对人均有权申请行政复议。

（五）违法要求履行义务案件

违法要求履行义务案件是指认为行政机关违法集资、征收财物、摊派费用或违法要求履行其他义务而提起的行政复议。对于此类行为相对人均有权申请复议。

（六）不履行法定职责案件

不履行法定职责案件是指公民、法人或其他组织申请行政机关保护人身权、财产权、受教育权等，行政机关没有依法履行而提起的行政复议。保护公民、法人或其他组织的人身权、财产权、受教育权等是行政机关的法定职责。不履行法定职责的行为表现包括拒绝履行或不予答复。

（七）侵犯法定经营自主权案件

侵犯法定经营自主权案件是指公民、法人或其他组织认为行政机关侵犯合法的经营自主权而提起的行政复议。实践中，行政机关侵犯经营自主权的形式有多种，如强行要求企业或经济组织上缴利润，强制变更企业名称，改变企业性质等。各种企业经济组织认为行政机关侵犯其法定经营自主权范围内的权利，都可以提起行政复议。

三、行政复议的管辖

行政复议管辖是指行政复议机关受理复议申请的权限和分工，即某一行政争议发生后，应由那一个行政机关来行使行政复议权。

（一）一般管辖

（1）不服县级以上各级人民政府工作部门具体行政行为的，既可以向工作部门所属的本级人民政府申请行政复议，也可以向上一级主管部门申请行政复议。但对海关、金融、国税、外汇管理等实行垂直领导的行政机关和国家安全机关的具体行政行为不服的，向上一级主管部门申请复议。

（2）不服地方各级人民政府具体行政行为的，向上一级人民政府申请行政复议。

（3）不服政府工作部门设立的派出机构依法以自己名义作出的具体行政行为的复议管辖。政府工作部门设立的派出机构比较多，如派出所、工商所、税务所等。对这些机构所作具体行政行为不服申请复议，取决于该派出机构是否依法以自己名义作出。如果这些派出机构是以设立它的行政机关的名义作出的行政行为，则应视为行政委托，按一般管辖的规定确定管辖机关，既可选择设立派出机构的政府工作部门的上一级部门，也可选择向该工作部门所属的本级地方人民政府申请行政复议；如果派出机构是依法以自己的名义作出的具体行政行为，则向设立它的政府工作部门申请复议。

（4）共同行为的复议管辖。两个或两个以上的行政机关以共同名义作出的具体行政行为称为共同行为，共同行为是两个以上行政机关共同的意思表示，因此，由其共同上一级行政机关管辖。

（二）移送管辖和指定管辖

移送管辖指接受行政复议案件的县级地方人民政府，对不属于自己受理范围的行政复议申请，应当在收到该复议申请之日起，7 日内转送有关复议机关，并告知申请人。

指定管辖是指某一行政复议案件，上级行政机关或同级人民政府指定某一行政机关管辖。指定管辖是因为管辖发生争议，且协商不成时，由他们的上级行政机关指定管辖。

四、行政复议的程序

（一）行政复议的申请

行政复议实行“不告不理”的原则，复议机关不能主动复议。因此行政复议程序以相对人申请为前提，申请人申请行政复议必须满足一定的条件，包括：

（1）申请人符合资格。即申请人是认为具体行政行为侵犯其合法权益的公民、法人或其他组织。

（2）有明确的被申请人。复议申请人提起复议申请必须明确提出谁作出了具体行政行为，谁侵犯了自己的合法权益，否则，复议机关不予受理。

（3）有具体的复议请求和事实根据。具体的复议请求是申请人提出的主张，即要求复议机关保护自己的哪些具体权益和提供哪些救济。明确的事实根据是指能证明行政机关作出具体行政行为的材料，如处罚决定书等。

（4）属于复议范围和受理复议的机关管辖。

（5）法律、法规规定的其他条件。

申请人申请行政复议，可以书面申请，也可以口头申请。口头申请的，行政复议机关应当当场记录申请人的基本情况、行政复议请求、申请行政复议的主要事实、理由和时间。

公民、法人或者其他组织申请行政复议，行政复议机关已经依法受理的，或者法律、法规规定应当先向行政复议机关申请行政复议、对行政复议决定不服再向人民法院提行政诉讼的，在法定行政复议期限内不得向人民法院提起行政诉讼。公民、法人或者其他组织向人民法院提起行政诉讼，人民法院已经依法受理的，不得申请行政复议。

（二）行政复议的受理

行政复议的受理是指复议申请人提出复议申请后，行政复议机关经审查认为符合条件而决定立案受理的活动。

1. 审查

受理以复议机关对申请的审查为前提，审查的范围包括：

1）审查申请是否符合一般条件。

2）审查是否超过法定的申请时效。如果复议申请超过申请时效，又无正当理由而申请延长期限，复议机关不予受理。

3）审查是否重复申请。对复议机关已经处理过的行政复议案件或者正在审理的行政复议案件，申请人不能再就同一请求同一理由向复议机关另行申请复议。

4）审查是否已起诉。公民、法人或其他组织已经向人民法院起诉的，不得再向行政机关申请行政复议。

5）审查复议申请书是否符合格式要求。

2. 受理

行政机关接到复议申请后，应当在5日内进行审查，决定是否受理。除不予受理和不属于本机关管辖范围的以外，行政复议申请从复议机关收到申请之日起即为受理。复议机关认为申请人提出的复议申请不符合法定条件的，不予受理，但必须具有法定理由。

（三）行政复议的审理

1. 审理方式

行政复议实行书面复议制度。复议机关在审理复议案件时，主要依据书面材料进行，不进行公开庭审。当然，书面审理也不排除复议机关进行必要的调查取证，通过一定的方式听取双方当事人意见，听取专家的意见，也不排除复议工作人员对复议案件进行讨论。

2. 撤回复议申请

提出复议申请是复议申请人的一项权利，在复议过程中，申请人也有权撤回复议申请，终止复议程序。申请人撤回申请的原因有：一是申请人自认为申请复议不妥当。二是被申请人改变其所作的具体行政行为，申请人同意而撤回复议申请。为了维护复议活动的严肃性，《行政复议法》规定申请人撤回复议申请，不得以同一事实和理由再申请复议。

3. 复议期间具体行政行为的效力

行政复议期间，原具体行政行为不停止执行。但在以下情况可暂停执行：①被申请人认为需要停止执行；②复议机关认为需要停止执行；③申请人申请停止执行，复议机关认为其要求合理；④法律规定停止执行，如《治安管理处罚法》规定的拘留处罚担保程序下的暂缓执行。

4. 行政复议证据规则

行政复议案件审理中，实行被申请人对具体行政行为负担举证责任的举证规则，即被申请人要在复议机关规定的时限内提供作出具体行政行为所依据的事实和规范性文件。不能提供的就面临着具体行政行为被复议机关撤销或认为违法或不当的危险。在复议过程中，被申请人不得自行向申请人和其他有关组织和个人收集证据。根据“先取证，后裁决”的原则，行政主体在作出具体行政行为以前必须收集足够的证据。作出具体行政行为之后，不能再收集证据，否则复议机关不予采纳。

（四）行政复议决定

复议机关对案件进行初步审查提出意见，经行政复议机关的负责人审查同意或集体讨论通过后，就有关具体行政行为是否合法、适当作出书面裁判，这就是行政复议决定。主要有以下四种：

(1) 维持决定。复议机关经过审查认为被申请人认定事实清楚，证据确凿，适用依据正确，从而维持原具体行政行为。

(2) 履行规定。复议机关经过审查，认定被申请人没有履行法律、法规规定的职责，从而作出责令其在一定期限内履行法定职责的活动。

(3) 变更决定。复议机关经过审查，认为原具体行政行为违法或不当，作出改变原具体行政行为的决定。变更决定实际上是复议机关直接作出了一个新的具体行政行为。

(4) 撤销决定。复议机关经审查认为具体行政行为违法或不当，作出否定具体行政行为的决定。撤销可以全部撤销也可以部分撤销，可以简单撤销也可责令其重新作出具体行政行为。

第四节 建筑工程纠纷的诉讼

“诉”是告诉、控告的意思；“讼”是争辩、为人辩冤及责备等意思。诉讼就是告于司法机关以争辩是非曲直，俗称打官司。根据诉讼任务和诉讼特点的不同，诉讼分为刑事诉讼、民事诉讼和行政诉讼三种。在建筑活动中很少涉及刑事诉讼，所以本节主要介绍民事诉讼和行政诉讼。

一、民事诉讼

民事诉讼是指法院在当事人和其他诉讼参与人的参加下，以审理、判决、执行等方式解决民事纠纷的活动。

（一）管辖

民事诉讼中的管辖是指各级法院之间和同级法院之间受理第一审民事案件的分工和权限。

1．级别管辖

级别管辖就是各级人民法院审理第一审民事案件的分工。即基层人民法院管辖第一审民事案件；中级人民法院管辖重大涉外案件，在本辖区有重大影响的案件，海事、海商案件，专利纠纷案件，重大的涉港、澳、台民事案件。

2．地域管辖

地域管辖就是按照国家的行政区域，划分同级人民法院之间对于第一审民事案件的职权范围。地域管辖有一个原则性的规定，即“原告就被告”。原告到被告所在地法院起诉，这是一般地域管辖。一般地域管辖不能完全解决管辖问题，于是就出现了特殊地域管辖，它不以被告所在地，而是以引起诉讼的法律事实的所在地、诉讼标的物所在地作为诉讼的管辖法院。主要有以下三类：

1）因合同纠纷提起的诉讼，由被告住所地或合同履行地法院管辖。

2）因票据纠纷提起的诉讼，由支付地或被告人住所地法院管辖。

3）因侵权行为提起的诉讼，由侵权行为地或被告住所地法院管辖。

（二）调解

调解是指在民事诉讼中双方当事人在法院审判人员的主持下，就案件争议的问题进行协商，从而解决纠纷的活动。调解有利于纠纷的迅速解决，提高办案效率，有利于双方当事人之间权利义务的实现。由于调解的结果是基于双方当事人的意愿，相对于强制性结果更易于为双方当事人所接受。

法院进行调解要基于当事人的自愿，并不得违反法律。双方当事人达成调解协议的，双方当事人签收后发生法律效力。对调解书不得上诉。

（三）第一审普通程序

人民法院审理第一审民事案件通常所适用的程序就是普通程序。

1．起诉受理

当事人的起诉要得到人民法院的受理必须符合四个条件：

1）原告必须是与本案有直接利害关系的公民、法人或其他组织。

2）有明确的被告。

3）有具体的诉讼请求、事实和理由。

4）属于人民法院受理民事诉讼的范围和受诉人民法院管辖。

2．审理前的准备

人民法院应当在立案之日起 5 日内将起诉状副本送达被告，被告应当在收到起诉副本之日起 15 日内提出答辩状，人民法院在收到“答辩状”之日起 5 日内将答辩状副本送达原告。法院应当告知当事人诉讼权利义务及合议庭组成人员。

3. 开庭审理

人民法院确定开庭日期后，应当在3日之前通知当事人和其他的诉讼参与人。对于公开审理的案件，人民法院应当在开庭审理前3日发布公告，公告当事人的姓名、案由以及开庭的时间、地点，以便群众旁听，记者采访、报道。

开庭审理前书记员应当查明当事人、其他诉讼参与人是否到庭。审判长宣布开庭并口头告知当事人有关的诉讼权利和义务。

法庭审理的一般步骤是：

(1) 法庭调查。即在法庭上通过展示与案件有关的所有证据，对案件事实进行全面的调查，方式有当事人陈述、证人出庭作证、出示书证、物证和视听资料、宣读鉴定结论等；

(2) 法庭辩论。是双方当事人及其诉讼代理人充分行使自己的辩论权，在法庭上就有争议的事实和法律问题进行辩驳和论证；

(3) 评议和宣判。在法庭调查和法庭辩论的基础上，认定案件事实，确定适用的法律，最后宣告案件的审理结果。

适用普通程序审理的案件，人民法院应当在立案之日起6个月内审结。有特殊情况需要延长的，报法院批准。批准延长的期限，最长不超过6个月，在上述期限内还未审结的，需要延长的，则由受诉法院报请上级法院批准，延长的期限，由上级法院决定。

（四）第二审程序

第二审程序是指民事诉讼当事人不服地方各级人民法院未生效的第一审裁判，而在法定期限内向上级人民法院提起上诉而引起的诉讼程序。根据法律有关规定，不服判决的上诉期间为15日，不服裁定的上诉期间为10日。提起上诉时，上诉人必须首先递交上诉状。二审法院应当对上诉请求的有关事实和适用法律进行审查。当事人没有提出请求的，不予审查。二审法院审理上诉案件，应当由审判员组成合议庭进行审理，原则上应开庭审理。案件的审理，二审法院可以到案件发生地或原审法院所在地进行。开庭审理程序同一审普通程序相同。经过审理，二审法院作出终审裁判。不得再行上诉。

二、行政诉讼

行政诉讼是法院应公民、法人或其他组织的请求，通过法定程序审查具体行政行为的合法性，从而解决一定范围内行政争议的活动。行政诉讼的原告具有唯一性即行政机关。

（一）行政诉讼的基本制度

(1) 合议制度。人民法院审理行政案件，由审判员组成合议庭，或者是由审判员、陪审员组成合议庭，不能适用独立审理制，这是因为行政案件具有较强的技术性、知识性和专业性，独任制难以胜任。

(2) 公开审判制度。除涉及国家秘密、个人隐私和法律另有规定的其他情形外，一律应公开审理。

(3) 两审终审制度。

（二）管辖

1. 级别管辖

中级人民法院拥有一审管辖权的案件是：

1) 确认发明专利权案件和海关处理的案件。

2) 对国务院各部门或者省、自治区、直辖市、政府具体行政行为提起的诉讼的案件。

3）被告为县级人民政府，且基层人民法院不适宜审理的案件。

4）重大涉外或者涉港、澳、台案件。高级人民法院审理本辖区内重大、复杂的第一审行政案件。其余案件由基层人民法院审理。

2. 地域管辖

行政诉讼的地域管辖的确定一般遵循“原告就被告”的原则，但有三种例外：

1）行政案件经过复议，复议机关改变了原具体行政行为的既可由作出原具体行政行为的行政机关所在地人民法院管辖，也可以由复议机关所在地人民法院管辖。

2）因不动产提起诉讼的，由不动产所在地法院管辖。

3）对限制人身自由的行政强制措施不服而提起诉讼的，由被告所在地或原告所在地人民法院管辖。

（三）审理程序

因行政诉讼脱胎于民事诉讼，因而二者有许多诉讼制度和程序规则是共通的。审理程序两种诉讼是一致的，可以参照民事审理的程序来进行，在此就不再赘述。

第五节　建筑工程律师实务

律师在建筑活动中起着很重要的作用。不论是在工程的前期准备阶段，还是在设计、施工、监理阶段，特别是在各种合同的签订、施工索赔及解决纠纷方面，律师的作用都不容忽视。本节仅就有关律师的一般法律规定作一笼统的介绍。

一、律师的业务

根据《中华人民共和国律师法》第28条的规定，律师的业务范围包括：

（1）接受自然人、法人或者其他组织的委托，担任法律顾问。

（2）接受民事案件、行政案件当事人的委托，担任代理人，参加诉讼。

（3）接受刑事案件犯罪嫌疑人的委托，为其提供法律咨询，代理申诉、控告，为被逮捕的犯罪嫌疑人申请取保候审，接受犯罪嫌疑人、被告人的委托或者人民法院的指定，担任辩护人，接受自诉案件自诉人、公诉案件被害人或者其近亲属的委托，担任代理人，参加诉讼。

（4）接受委托，代理各类诉讼案件的申诉。

（5）接受委托，参加调解、仲裁活动。

（6）接受委托，提供非诉讼法律服务。

（7）解答有关法律的询问、代写诉讼文书和有关法律事务的其他文书。

二、律师的权利和义务

（一）对律师的执业限制

《律师法》第41条规定：“曾担任法官、检察官的律师，从人民法院、人民检察院离任后2年内，不得担任诉讼代理人或者辩护人。”

（二）律师的权利

（1）犯罪嫌疑人被侦查机关第一次讯问或者采取强制措施之日起，受委托的律师凭律师执业证书、律师事务所证明和委托书或者法律援助公函，有权会见犯罪嫌疑人、被告人并了解有关案件情况。律师会见犯罪嫌疑人、被告人，不被监听。

(2) 受委托的律师自案件审查起诉之日起，有权查阅、摘抄和复制与案件有关的诉讼文书及案卷材料。自案件被人民法院受理之日起，有权查阅、摘抄和复制与案件有关的所有材料。

(3) 受委托的律师根据案情的需要，可以申请人民检察院、人民法院收集、调取证据或者申请人民法院通知证人出庭作证。

(4) 律师自行调查取证的，凭律师执业证书和律师事务所证明，可以向有关单位或者个人调查与承办法律事务有关的情况。

(5) 律师担任诉讼代理人或者辩护人的，其辩论或者辩护的权利依法受到保障。

(6) 律师在执业活动中的人身权利不受侵犯。律师在法庭上发表的代理、辩护意见不受法律追究。但是，发表危害国家安全、恶意诽谤他人、严重扰乱法庭秩序的言论除外。

（三）律师的义务

(1) 律师接受委托后，无正当理由的，不得拒绝辩护或者代理。但是，委托事项违法、委托人利用律师提供的服务从事违法活动或者委托人故意隐瞒与案件有关的重要事实的，律师有权拒绝辩护或者代理。

(2) 律师应当保守在执业活动中知悉的国家秘密、商业秘密，不得泄露当事人的隐私。

(3) 律师应当按照国家规定履行法律援助义务，为受援人提供符合标准的法律服务，维护受援人的合法权益。

(4) 律师不得在同一案件中为双方当事人担任代理人，不得代理与本人或者其近亲属有利益冲突的法律事务。

(5) 律师在执业活动中不得有下列行为：

1) 私自接受委托、收取费用，接受委托人的财物或者其他利益。

2) 利用提供法律服务的便利牟取当事人争议的权益。

3) 接受对方当事人的财物或者其他利益，与对方当事人或者第三人恶意串通，侵害委托人的权益。

4) 违反规定会见法官、检察官、仲裁员以及其他有关工作人员。

5) 向法官、检察官、仲裁员以及其他有关工作人员行贿，介绍贿赂或者指使、诱导当事人行贿，或者以其他不正当方式影响法官、检察官、仲裁员以及其他有关工作人员依法办理案件。

6) 故意提供虚假证据或者威胁、利诱他人提供虚假证据，妨碍对方当事人合法取得证据。

7) 煽动、教唆当事人采取扰乱公共秩序、危害公共安全等非法手段解决争议。

8) 扰乱法庭、仲裁庭秩序，干扰诉讼、仲裁活动的正常进行。

三、律师的法律顾问工作

律师担任法律顾问是指律师接受律师事务所的委托，根据聘请法律顾问合同的约定，以自己的法律知识和技能为聘请方提供法律服务，以维护聘请方合法权益的特定身份和专业性活动。

（一）律师担任法律顾问种类

(1) 按照聘请的期限不同，分为常年法律顾问与临时法律顾问。聘期在 1 年以上的为常年法律顾问。因某一特定事项而聘请法律顾问代为处理或完成的是临时法律顾问。

(2) 按照法律顾问范围不同，分为专项法律顾问与综合法律顾问。

(3) 按照聘请方自身性质不同，分为政府法律顾问、单位法律顾问、个人法律顾问。

(二) 法律顾问的主要工作范围

(1) 协助聘请方领导人正确执行国家法律、法规，对聘请方的重大事宜和重大经营决策提出法律意见。

(2) 参与起草、审核聘请方重要的规章制度，以实现聘请方经营管理的规范化、法律化。

(3) 审核合同，参与重大合同的起草、谈判工作。法律顾问应确保合同的规范性和有效性，及时、准确地为聘请方提供法律意见，争取为聘请方获得法律允许范围内的最大利益。

(4) 参与聘请方的重要经济活动，提出法律意见、处理法律事务。

(5) 接受委托，办理有关非诉讼法律事务。法律顾问接受聘请方的委托，可以全权代理聘请方办理诸如工商登记、商标注册、专利申请等非诉讼的法律事务，并应当按照聘请方的要求，在法律允许的范围内进行。

(6) 接受委托，参加纠纷处理的诉讼和非诉讼的活动。

(7) 开展与聘请方业务有关的法律咨询。法律顾问以口头或书面的形式为聘请方提供经常性的法律咨询；向聘请方提供有关信息资料、解释有关法律规定、提出有关法律意见。

(8) 配合聘请方有关部门对员工进行法制宣传教育。

四、律师解答法律咨询

律师对于公民、法人或者其他组织就社会生活和经济生活中涉及的法律问题所提出的询问给予解答、作出说明、提出建议与解决办法，这就是律师解答法律咨询。律师解答法律咨询的主要方式有：

1) 口头答询。律师当面听取咨询者的陈述和提问，当场予以解答。

2) 书信答询。

3) 出具法律意见书。法律意见书是律师提供法律服务的一种综合性的书面文件，其内容包括向咨询者提供法律依据、法律建议以及解决问题的方案。为咨询者的决策提供具体、明确、可靠的参考意见。

4) 会议答询。律师应邀参加洽谈会、座谈会、论证会或者谈判，为咨询者处理具体事务时涉及的有关法律问题作出解答、提出建议。

五、律师代书

律师代书是指律师接受委托，就委托人所指定的事件以委托人的名义，根据事实和法律，按照委托人的意见书写有关法律事务文书的一种业务活动。

(一) 律师代书的范围

(1) 代写诉讼文书。常见的主要有起诉状、答辩状、上诉状、申诉状等。

(2) 代写有关法律事务文书。这主要是指除诉讼文书以外的其他与法律事务有关的文书，包括各种协议书、委托书、遗嘱等非诉讼法律事务文书。

(3) 代写其他文书。这主要是指与社会生活有关、具有一定法律意义的文书。包括收养子女申请书、社会救济申请书、公证申请书、声明书、举报信等。

(二) 律师代书的基本要求

(1) 格式统一，事项齐全。律师代书的不同文书都有其统一、固定的格式，并有其特定的事项要求，律师不得随意更改。

（2）叙文全面，客观真实。律师代书应当尊重客观事实，无论是文书中表述的内容还是文书所引用的内容，都必须客观地反映现实，不允许有半点虚假，更不能胡编乱造、夸大或缩小；同时，论述事实应当全面，不能断章取义。

（3）文字简练，语言朴实。律师代书文字力求简洁。文意不清、文书冗长，都是与律师代书的要求相违背的。

六、代理仲裁

律师代理仲裁是指律师接受仲裁当事人及其法定代理人的委托担任仲裁代理人，参加仲裁程序中的有关活动，以维护当事人合法权益的行为。在代理仲裁中，律师的主要工作是：

（一）指导、协助委托人与对方当事人签订仲裁协议

委托人虽然尚未与对方当事人订立仲裁协议，但双方均有自愿将争议的问题提交机构评判的意向，代理律师可以指导，协助委托人与对方当事人签订仲裁协议。

（二）指导、协助委托人制作仲裁申请书

仲裁申请书是纠纷的一方当事人依据仲裁协议，向仲裁机构提出依法裁决请求的法律文书。代理律师应当指导、协助委托人制作仲裁申请书。

（三）指导、协助委托人制作仲裁答辩书

仲裁答辩书是仲裁被申请人针对仲裁申请人的仲裁申请书中的内容以及主张作出肯定或否定的答复，并运用事实和理由予以辩驳的法律文书。仲裁被申请人的代理律师应当指导、协助被申请人制作仲裁答辩书，以行使答辩的权利。

（四）调查、收集证据

根据仲裁规则的要求，当事人应当对自己的主张提供证据。代理律师应当注重证据的调查、收集。代理律师调查、收集证据，应当尽可能取得原始证据，应当制作调查笔录，并由被调查人签名、盖章。

（五）参加开庭审理

仲裁庭审理时，代理律师无特殊原因应当出庭，指导、协助委托人或经委托人授权代理委托人完成以下行为：

1）对于仲裁员中有回避情形，而本人没有自行回避的，提出回避申请。

2）对专家报告和鉴定报告提出意见，经仲裁庭许可，可以向鉴定人发问。

3）认为需要补充证据时，向仲裁庭提出补充证据申请。

4）参加仲裁庭辩论，发表仲裁代理意见。

5）仲裁庭对争议的问题进行调解。

（六）仲裁审理后的工作

仲裁庭作出裁决后，如果对方当事人不履行发生法律效力的仲裁裁决，代理律师应当建议委托人向有管辖权的人民法院提出强制执行申请，以确保委托人合法权益的实现。

七、代理行政复议

当事人向律师事务所提出指派律师代理行政复议的委托时，律师事务所应对有关事项进行审查。经审查确认行政复议当事人主体资格合法，有具体的复议请求和事实根据，属于各地方机关受理范围和管辖范围，提出申请没有超过时效，可以接受当事人的委托请求。律师接受委托后的主要工作是：

1）指导、协助委托人起草复议申请书。

2）调查取证。代理律师应当开展调查、取证工作，收集足以证明被申请复议的行政行为确有违法或不当的证据。应当制作调查笔录，并由被调查人阅读，确认无误后签名、盖章。

3）参加行政复议程序。律师应当亲自参加行政复议程序，代理委托人陈述事实、提供证据，并发表代理意见。

4）复议决定作出后的工作。

依照法律的规定，对复议决定不能提起诉讼的，告知委托人该决定为终局决定，应当服从，其中涉及委托人义务的应当履行。对复议决定可以提起诉讼的，如果委托人对该决定无异议，律师代理行为终结。如果委托人对该决定不服，告知委托人可以通过诉讼的途径解决，并说明提起诉讼的时效规定。

八、代理诉讼

我国的诉讼种类分为刑事诉讼、民事诉讼、行政诉讼三类。每类诉讼都有各自的特点，律师在这三种诉讼中发挥的作用也不尽相同。

当接受民事案件、行政案件当事人的委托，担任代理人参加诉讼时，诉讼代理人具备以下特征：

1）以委托人的名义从事活动。

2）在委托人委托的范围内进行活动，尤其对于在行使代为承认、放弃、变更诉讼请求、进行和解，提起反诉或者上诉等实体权利方面。

3）代理诉讼的律师有权调查取证，并可以按照有关规定查阅本案有关材料。

4）律师代理诉讼活动产生的法律后果，委托人应当承担。

典　型　案　例

因施工方案变更引起的工程款结算纠纷案

1997年8月25日，由某大型施工企业承建的某机场飞机区跑道地基处理工程竣工。在进行工程结算时，承包方提出：由于施工中强夯施工方案改变，工程款需增加10%（合同总价款的）。业主坚持不予增加，双方对此争议不下。

针对这一情况，业主遂与担任其法律顾问的律师紧急磋商。律师审查了工程施工合同、项目招投标文件及会议纪要等材料，并与业主方计划、工程等有关部门座谈、讨论，很快形成了处理对策，并提出一份《法律意见书》，内容如下：

合同明确规定总价包死，非约定的特殊情况不作调整。因此飞机区跑道地基处理合同对造价采取闭口包死的计价方式。合同规定工程重大变更部分可在闭口价外允许调整。合同对“重大变更”有明确规定：须经原批准、设计单位同意并办理设计修改议定单方可。本案强夯施工方案改变并不属于合同规定的重大变更。此外，工程质量须达到技术要求的标准，是总价包死的计价范围，与价格调整并无关系；同时，调整保证质量措施不属于重大设计变更。施工单位一开始采取的施工方案没有针对地基的不同情况施工，造成前期施工质量达不到要求而返工。后经专家论证，施工单位调整了施工方案，才使工程质量达到合同要求。本工程的招标文件和合同都明确规定：“各投标单位应根据各自的施工经验、机械的造型、采用的强夯垫层材料确定各项强夯参数，并据此编制强夯报价。一旦中标，在实际施工中无论强夯方案是否发生变化，费用一律不作调整。”在地基处理过程中如发现新的暗浜，应按地基处理技术文件中的要求进行施工处理，其费用在投标报价时以不可预见费的形式在营业税项前单独列支，一旦中标，一次包死。因此，为保证工程质量而对施工方案作调整，不能作为重大设计变更而成为突破合同价款、增加费用的理由；我们建议，不能让包死价款的合同开口成为实报实销的开口价，否则将难以控制投资规模。建议向承包方发出结算造价余款的书面通知，我方的合同义务已经完成；施工单位坚持实报实销，没有任何合同依据和法律依据。

律师的上述意见，符合争议的客观事实，符合业主的决策意图。上述建议最终被采纳，成为业主与施工单位谈判的依据。经交锋，施工单位不再坚持原来的意见，最终以适当补贴的方案解决了纠纷。从而使业主（顾问方）避免了较大的经济损失。

第十三章　建筑工程相关法律制度

建筑工程从立项开始到竣工验收结束涉及众多社会关系。这些社会关系大多由法律调整，这样就使建筑工程当然地与法律发生联系。与建筑工程相关的法律有刑法、民法、行政法、商法、经济法等。本章将从这些法律部门中选取与建筑工程较密切的房地产法、标准化法、劳动法、消防法、税法等加以介绍。

第一节　房　地　产　法

一、房地产的概念

房地产是房产和地产的总称，是房产和地产的结合体。在法律术语上，房地产一般又称不动产。所谓不动产是指土地和地上附着物，是不能移动或移动后会丧失其经济价值或经济用途的物体。我们所要研究的房地产，是指土地和土地上永久性建筑物及其衍生的权利，而且主要研究的是城市的房地产，因为依据现行法律规定，农村的房地产尚不列入《城市房地产管理法》的调整范围。我们所指的房产主要的指建筑在土地上的各种房屋，包括住宅、厂房、仓库和商业、服务、文化、教育、卫生、体育以及办公用房等；地产是指土地及其上下一定的空间，包括地下的各种基础设施、地面道路等。

二、房地产法的概念和调整对象

（一）房地产法的概念

房地产法是调整房地产经济关系的法律规范的总称。具体而言，房地产法是调整人们在房地产权属、开发、经营、交易、金融及涉外房地产等方面所发生的权利与义务关系的法律规范的总称。

房地产法有广义与狭义之分。广义的房地产法，包括了对房地产经济关系进行调整的所有法律规范，比如包括宪法规范、民法规范、经济法规范、行政法规范、刑法规范等，还包括国务院以及中央各部委所颁发的法规、规章等。狭义的房地产法，人们一般理解为房地产法典，在我国是指《中华人民共和国城市房地产管理法》。

（二）房地产法的调整对象

房地产法的调整对象是房地产经济关系，即国家、集体、法人、公民及其他社会组织在围绕房地产的各项活动过程中所形成的房地产关系。具体如下：

(1) 土地利用管理关系。这主要是指用于房地产开发的城市土地利用的管理关系。哪些城市土地可以用于房地产开发，哪些土地不能开发；土地使用者通过何种方式取得土地的使用权；土地的价格、用途和使用期限；土地的征用和旧城改造等，都要接受政府的管理，接受政府的审查和批准。

(2) 土地利用规划和房屋建设规划关系。任何单位或个人在城市开发房地产，都必须接受政府的土地规划管理和房屋建设规划管理。任何单位和个人，未领取规划许可证，擅自违法建筑，都必将受到法律的严厉制裁。

（3）土地财产关系。土地是有价值的。国家为了实现土地有偿使用，增加财政收入，必须考虑土地的价值，因此就发生了土地的财产关系。这类财产关系主要包括两类关系：一是土地所有关系，指国家所有权与集体所有权在经济利益上的要求；二是土地使用关系，指土地使用者向土地所有权人或原土地使用人所必须支付的对价。

（4）房屋财产关系。这里主要是指横向的、平等主体之间的经济利益关系。调整这种关系应当适用民法上的“平等互利、协商一致、等价有偿”的原则。这类经济关系包括：房屋买卖关系、转让关系、交换关系、租赁关系、继承关系、抵押关系、典当关系、相邻关系、共有关系等。

（5）城市房屋管理关系。这类关系包括：房地产权属确认、登记关系；房屋拆迁管理关系；房地产交易管理包括商品房预售管理关系、房地产评估及鉴定管理关系；房屋维修管理关系等。在这些众多的管理关系里面，都要体现国家的意志，都要发生国家有关机关与产权人或使用人之间的管理与被管理关系。

（6）涉外房地产关系和协作关系。它包括外商在中国开发房地产的经济关系和外国人在中国拥有房地产的管理关系或财产关系。

三、房地产法的特征

（一）权属基础性

房地产是不动产，它的转移并非实际物体发生位移，而是权利主体发生变动。房地产交易实际上是权利的交易。因此，房地产法是一个以权属为基础的法。

（二）主体的广泛性

房地产法调整不动产领域，其所调整的社会关系比较稳固。任何组织和个人都会与房地产发生各种联系，所以，房地产法律关系的主体具有广泛性。

（三）国家干预性

房地产对国家、企事业单位和公民来说，都是一笔很重要的财富，它关系到经济的发展和社会的稳定，因此，国家对这一领域的行政干预十分显著。在我国，从土地的无偿划拨到有偿出让、转让，从土地的利用规划到工程施工管理，从商品房的开发到售后服务，从房地产产权产籍登记过户的管理到土地联营登记、房地产抵押登记等，几乎无处不体现国家有关职能部门行使监督和管理的权利。

（四）房地产法律关系形式的书面性

房地产法律关系的相对稳定性，客观上就要求必须采用书面形式，即要求房地产法律关系的参加者，将其相互间的权利义务关系用文字记叙下来，并由有关机关签证、批准，有的甚至还要经过公证部门公证，以确保这种法律关系的稳定性和严肃性。房地产合同、土地所有权证、房屋所有权证、土地使用权证、房屋他项权证、房屋租赁许可证等，都要通过书面形式表现出来。

（五）以登记公示为合同的成立要件

这是房地产权利变动的基本要求。房地产为不动产。动产的权利变动以标的物的转移占有为原则，而不动产的权利变动，则以当事人在政府有关管理部门办理变动登记为公示的原则，未经政府管理机关办理权利变动登记，其行为不具有法律效力，这是动产权利与不动产权利变动的显著区别。我国《城市房地产管理法》第 60 条规定：“国家实行土地使用权和房屋所有权登记发证制度。”第 61 条规定：“以出让方式或者划拨方式取得土地使用权，应当向县级以上地方人民政府土地管理部门申请登记，经县级以上地方人民政府土地管理部门核实，由同级人民政府颁发土地使用权证书。在依法取得的房地产开发用地上建成房屋的，应当凭土地使用权证书向县级以上地方人民政府房产管理部门申请登记，由县级以上地方人民政府房产管理部门核实并颁发房屋所有权证书。”

四、房地产法的基本原则

（一）坚持社会主义土地公有制原则

社会主义土地公有制是我国土地制度的核心。我国目前的土地所有形态表现为两种，即国家所有和集体所有。我国《宪法》第10条规定：“城市的土地属于国家所有。农村和城市郊区的土地，除法律规定属于国家所有的以外，属于集体所有；宅基地、自留地、自留山等，属于集体所有。国家为了公共利益的需要，可以依照法律规定对土地实行征用。”《宪法》规定了全民所有和集体所有的财产神圣不可侵犯的原则，即任何组织或个人未经批准，不得侵占、买卖、出租或者以其他形式非法转让土地。依据法律规定，房地产开发用地，主要指城市国有土地，不包括集体所有土地，集体所有土地要依法被征用为国有土地后，才允许进入房地产市场。

（二）坚持土地有偿使用原则

土地资源就其自然形态本身来说，并不具有价值，但在商品经济的条件下，土地经过开发利用，凝结了人类的活劳动和物化活动，土地不仅具有价值，而且受着商品价值规律的支配，使它变成一种有价值的自然资源。国有土地实行有偿使用制度，主要是为了保证国家土地所有权经济利益上的实现，国家直接通过转让土地使用权来获得收入。如果放弃了国有土地上应得的经济收益，就等于放弃了对土地拥有的所有权。现在国家用经济手段管理土地，就是要变土地无偿使用为有偿使用，变土地无限期使用为有限期使用。如我国有关房地产法律规定，商品房用地可长达70年，期满后还可以再续期。

（三）符合城乡规划原则

城乡规划是城市、乡村发展的纲领，也是房地产开发和城乡各项建设的依据。城乡规划的基本任务是：根据国家城乡发展和建设方针、经济技术政策、国民经济和社会发展长远规划、区域规划，以及城乡所在地区的自然条件、历史情况、现状特点和建设条件，布置城镇体系，合理地确定规划期内经济和社会发展的目标，确定其性质、规模和布局，统一规划、合理利用土地，综合部署经济、文化、公用事业等各项建设，协调城乡空间布局，改善人居环境，促进城乡经济社会全面协调可持续发展。

（四）合理节约用地的原则

我国《宪法》第10条明确规定：“一切使用土地的组织和个人必须合理地利用土地”。《土地管理法》也明确规定：“国家建设和乡（镇）村建设必须节约使用土地”。这说明节约用地本身并不是一件可有可无的事情，相反它是法律赋予管理机关加强用地管理的一项职责，同时也是所有用地的单位和个人在用地的过程中应尽的一项义务。党中央、国务院于1997年5月18日发布了《关于进一步加强土地管理切实保护耕地的通知》，该通知指出：土地是十分宝贵的资源。我国耕地人均数量少，总体质量水平低，后备资源也不富裕。必须认真贯彻“十分珍惜和合理利用每寸土地，切实保护耕地”的基本国策，必须采取治本之策，扭转在人口继续增加情况下耕地大量减少的失衡趋势。

（五）坚持经济效益、社会效益和环境效益相统一的原则

所有的经济活动，其最终目的就是要产生经济效益。在房地产业的经济活动中，就是要讲求经济核算，强调投入产出的比例，为投资者带来可观的经济效果，即在有限的房屋和土地面积上，依法获得更大的经济效益。社会效益是指房地产开发对全社会所产生的良好效果和影响。任何一个房地产投资项目，都可能与整个社会或社区发生联系，因此要考虑社会和公众的利益，才能得到社会各界的广泛支持和承认。环境效益是指房地产开发过程中，必须注重环境的优化，使房地产项目与周围环境融为一体，达到房地产项目与周围环境协调的最佳状态。

经济效益、社会效益、环境效益三者是一个有机的整体。三者是矛盾的，但从最后的结果看，三者又是统一的，管理者的最大任务就是寻求三者结合的最佳点。实践中，常常会出现开发商只重视经济效益而忽视社会效益和环境效益的情况，而在此时，政府的职责就应该对这种行为进行合理的引导，以求得房地产开发商的经济效益不损害社会效益和环境效益。

（六）维护房地产权利人合法权益的原则

房地产权利人是指依法享有房地产权利的法人和自然人。具体包括：房屋所有人，即依法对房屋享有占有、使用、收益和处分的人；土地使用者，即依法获得国有土地使用权的单位和个人。《城市房地产管理法》通过对土地使用权的出让、收回、审批、使用期限、转让、交易、抵押条件的限制，租赁房屋的备案，预售商品房的条件的限制以及房地产权属登记等来维护房地产权利人的合法权益，并受法律保护，任何单位和个人都不得侵犯。

五、房地产法的任务和作用

（一）保障房地产权利人合法权益

从现有房地产权益来看，主要包括如下一些权益，房地产物权（国有土地使用权、房屋所有权）、房地产他项物权（抵押权）和房地产债权（租赁权）等。房地产在现阶段既是重要的生产资料，又是必需的生活资料，成为人们最重视、最珍惜的一种财产形式，也是人们乐于选择的投资对象。国家为了维护房地产所有人或使用人的利益，也为了维护社会稳定，因此设计了多种维护房地产权益的制度。如在房地产买卖、抵押、交换等活动中，明确要求相对人必须履行义务，以保证权利人经济利益的实际获得。

（二）维护房地产市场秩序

《城市房地产管理法》第一条中，将维护房地产市场秩序作为立法的目的加以确立。随着房地产业的迅速发展，建设用地总量失控、房地产开发投资结构不合理、房地产交易不规范、交易价格混乱等现象也随之出现。为健全房地产市场机制，解决上述种种弊端，必须健全房地产法制，维护房地产市场秩序。

（三）对房地产经济活动进行监督管理

利用房地产法来监督管理房地产经济活动是国家有效管理房地产的极其重要的手段。首先是对从事房地产开发、经营等活动的企、事业单位的资格进行监督管理；其次是对房屋的买卖和租赁等活动进行监督管理；再次是对房地产管理机关的直管公房、单位自管房和私人房产及相应的土地使用权进行监督管理；而对于管理者的违法行为也要予以惩罚和处理。

（四）促进房地产业的健康发展

在当今世界上，房地产业是一项高投资、高回报率的产业。因此，许多比较发达的国家

和地区，都把它当作重要的产业，由政府出面，大力扶持，优先发展。在我国，房地产业还属于新兴产业，正处于改革和发展的起步阶段，客观上要求用房地产法加以规范、引导、推动和保障。没有房地产法的规范、引导、推动和保障，房地产业的发展将不会充分、完善。

第二节　标　准　化　法

一、标准的概念和分类

标准，根据国家标准《标准化基本术语第一部分》（GB 3935.1—1983）的解释，即是“对重复性事物和概念所作的统一规定”。根据《中华人民共和国标准化法》第 2 条的规定，对下列需要统一的技术要求，应当制定标准：

1）工业产品的品种、规格、质量、等级或者安全、卫生要求。

2）工业产品的设计、生产、检验、包装、储存、运输、使用的方法或者生产、储存、运输过程中的安全、卫生要求。

3）有关环境保护的各项技术要求和检验方法。

4）建设工程的设计、施工方法和安全要求。

5）有关工业生产、工程建设和环境保护的技术术语、符号、代号和制图方法。”

根据上述规定，可以将标准分为产品标准和建设标准两大类。

根据标准制定的机关不同又可分为：

1）国家标准。指对需要在全国范围内统一的或国家需要控制的技术要求所制定的标准。

2）行业标准。指对需要在某个行业范围内统一的技术要求所制定的标准。

3）地方标准。指对需要在省、自治区、直辖市范围内统一的技术要求所制定的标准。

4）企业标准。指对需要在某个企业范围内统一的技术要求所制定的标准。

另外，根据标准的强制力的不同又可分为强制性标准和推荐性标准。

二、标准的制定

（一）制定标准的基本要求

制定标准应当有利于促进对外经济技术合作和对外贸易，并发挥行业协会、科学研究机构和学术团体的作用；制定标准应当有利于保障安全和人民的身体健康，保护消费者的利益，保护环境；制定标准应当有利于合理利用国家资源，推广科学技术成果，提高经济效益，并符合使用要求，有利于产品的通用互换，做到技术上先进，经济上合理，同时应做到有关标准的协调配套。

制定标准部门应当组织由专家组成的标准化技术委员会，负责标准的草拟，参加标准草案的审查工作；标准实施后，制定标准的部门应当根据科学技术的发展和经济建设的需要适时进行复审，以确认现行标准继续有效或者予以修订、废止。

（二）国家标准的制定

需要在全国范围内统一的下列技术要求，应当制定国家标准（含标准样品的制作）：

1）互换配合、通用技术语言要求。

2）保障人体健康和人身、财产安全的技术要求。

3）基本原料、燃料、材料的技术要求。

4）通用基础件的技术要求。

5）通用的试验、检验方法。

6）通用的管理技术要求。

7）工程建设的重要技术要求。

8）国家需要控制的其他重要产品的技术要求。

国家标准由国务院标准化行政主管部门编制计划，组织草拟，统一审批、编号、发布。工程建设、药品、食品卫生、兽药、环境保护的国家标准，分别由国务院工程建设主管部门、卫生主管部门、农业主管部门、环境保护主管部门组织草拟、审批；其编号、发布办法由国务院标准化行政主管部门会同国务院有关行政主管部门制定。

（三）行业标准的制定

对没有国家标准而又需要在全国某个行业范围内统一的技术要求，可以制定行业标准（含标准样品的制作）；制定行业标准的项目由国务院有关行政主管部门确定。

行业标准由国务院有关行政主管部门编制计划，组织草拟，统一审批、编号、发布，并报国务院标准化行政主管部门备案；行业标准在相应的国家标准实施后，自行废止。

（四）地方标准的制定

对没有国家标准和行业标准而又需要在省、自治区、直辖市范围内统一的工业产品的安全、卫生要求，可以制定地方标准；制定地方标准的项目，由省、自治区、直辖市人民政府标准化行政主管部门确定。

地方标准由省、自治区、直辖市人民政府标准化行政主管部门编制计划，组织草拟，统一审批、编号、发布，并报国务院标准化行政主管部门和国务院有关行政主管部门备案；法律对地方标准的制定另有规定的，依照法律的规定执行；地方标准在相应的国家标准或行业标准实施后，自行废止。

（五）企业标准的制定

企业生产的产品没有国家标准、行业标准和地方标准的，应当制定相应的企业标准，作为组织生产的依据。

企业标准由企业组织制定（农业企业标准制定办法另定），同时应充分听取使用单位、科学技术研究机构的意见，并按省、自治区、直辖市人民政府的规定备案。

对已有国家标准、行业标准或者地方标准的，鼓励企业制定严于国家标准、行业标准或者地方标准要求的企业标准，在企业内部适用。

三、标准的实施与监督

从事科研、生产、经营的单位和个人，必须严格执行强制性标准。不符合强制性标准的产品，禁止生产、销售和进口。

企业生产执行国家标准、行业标准、地方标准或企业标准，应当在产品或其说明书、包装物上标注所执行标准的代号、编号、名称；出口产品的技术要求由合同双方约定，出口产品若在国内销售，属于我国强制性标准管理范围的，应当符合强制性标准的要求；企业研制新产品、改进产品、进行技术改造，应当符合标准化要求。

国务院标准化行政主管部门统一负责全国标准实施的监督。国务院有关行政主管部门分工负责本部门、本行业的标准实施的监督。地方各级标准化行政主管部门统一负责本行政区域内的标准实施与监督。

县级以上人民政府标准化行政主管部门，可以根据需要设置检验机构，或者授权其他单位的检验机构，对产品是否符合标准进行检验和承担其他标准实施的监督检验任务。检验机构的设置应当合理布局，充分利用现有力量。

国家检验机构由国务院标准化行政主管部门会同国务院有关行政主管部门规划、审查。地方检验机构由省、自治区、直辖市人民政府标准化行政主管部门会同省级有关行政主管部门规划、审查。

国家机关、社会团体、企业事业单位及全体公民均有权检举、揭发违反强制性标准的行为。

四、违反《标准化法》的法律责任

有下列情形之一的，由标准化行政主管部门或有关行政主管部门在各自的职权范围内责令限期改进，并可通报批评或给予责任者行政处分：

1）企业未按规定制定标准作为组织生产依据的。

2）企业未按规定要求将产品标准上报备案的。

3）企业的产品未按规定附有标识或与其标识不符的。

4）企业研制新产品、改进产品、进行技术改造，不符合标准化要求的。

5）科研、设计、生产中违反有关强制性标准规定的。

生产不符合强制性标准的产品的，应当责令其停止生产，并没收产品，监督销毁或作必要技术处理；处以该批产品货值金额20%～50%的罚款；对有关责任者处以5000元以下罚款。

销售不符合强制性标准的商品的，应当责令其停止销售，并限期追回已售出的商品，监督销毁或作必要技术处理；没收违法所得；处以该批商品货值金额10%～20%的罚款；对有关责任者处以5000元以下罚款。

进口不符合强制性标准的产品的，应当封存并没收该产品，监督销毁或作必要技术处理；处以进口产品货值金额20%～50%的罚款；对有关责任者给予行政处分，并可处以5000元以下罚款。

生产、销售、进口不符合强制性标准的产品，造成严重后果，构成犯罪的，由司法机关依法追究直接责任人员的刑事责任。

未获得认证证书的产品不符合认证标准而使用认证标志出厂销售的，由标准化行政主管部门责令其停止销售，并处以违法所得二倍以下的罚款。

产品未经认证或者认证不合格而擅自使用认证标志出厂销售的，由标准化行政主管部门责令其停止销售，处以违法所得三倍以下的罚款，并对单位负责人处以5000元以下罚款。

标准化工作的监督、检验、管理人员有下列行为之一的，由有关主管部门给予行政处分，构成犯罪的，由司法机关依法追究刑事责任：

1）违反本法规定，工作失误，造成损失的。

2）伪造、篡改检验数据的。

3）徇私舞弊、滥用职权、索贿受贿的。

五、工程建设标准化工作

（一）工程建设标准化的概念

工程建设标准是工程建设活动中需要共同遵守、可以重复使用的、统一的技术、经济和管理规定，是确保工程质量安全、规范市场秩序的重要技术依据，是落实国家技术经济政策、促进技术进步的重要途径，是保护生态环境、维护人民群众的生命财产安全和人身健康权益的有力工具，更是引导工程建设节约与合理利用能源资源，促使工程建设项目达到最佳的经济效益、环境效益和社会效益的有效手段。

工程建设标准化是国家实现对工程建设技术、经济等实行宏观调控和科学管理的一项基础工作，其目的就是在工程建设领域，对各种活动中的重复性事物和概念，通过制定、发布和实施标准，达到统一，以获得最佳秩序和社会效益。

（二）工程建设标准化的地位和作用

(1) 全面建设小康社会需要加强工程建设标准化工作。

全面建设小康社会重要之点在于可持续发展能力不断增强，生态环境得到改善，资源利用效率显著提高，促进人与自然的和谐，推动整个社会走上生产发展、生活富裕、生态良好的文明发展道路。生态环境恶化、污染严重、资源利用效率低、能源紧缺是我国在全面建设小康社会过程中需要面对和必须解决的问题。因此，迫切需要根据我国技术发展现状制定符合我国可持续发展战略的技术标准。从 20 世纪 80 年代开始建筑节能标准化工作由北向南逐步推进，目前，各气候区域的居住建筑已制定相关标准，《公共建筑节能设计标准》也即将出台，将促进建筑节能工作的全面推进。《城市污水再生利用》系列标准的制定，为有效利用城市污水资源和保障污水处理的质量安全，提供了技术依据。

(2) 完善社会主义市场经济体制要求加强工程建设标准化工作。

市场经济是法制经济，需要成千上万个标准对产品、工程、服务等进行规范。从工程建设来说，标准作为一项最基本的技术、经济规则，是判断建设各方责任主体行为，合理确定工程造价，有效发挥建设投资效益，处理各种工程事故，解决各类工程纠纷等的基本依据。完善市场经济体制需要完善这些规则，并运用这些规则规范市场秩序。

(3) 应对加入世界贸易组织必须加强工程建设标准化工作。

积极开拓国际市场、有效保护国内市场，用技术性措施促进出口，抑制不必要的产品进口，是国际上的通行做法。发达国家纷纷以技术标准，尤其是涉及国家安全、人身健康、环境保护的技术标准为依据，采用由技术法规、标准和合格评定程序设置的技术性贸易措施，强化其经济和技术在国际中的竞争地位。因此，我们一方面要大力推行采用国际标准和国外先进标准的工作，提高我国的标准水平和产品的竞争力；另一方面又要充分利用标准这个手段来合理地保护我国的正当目标。

(4) 政府职能转变客观要求强化工程建设标准化工作。

政府部门真正履行起“经济调节、市场监管、社会管理和公共服务”的职能，减少行政审批，规范建设活动，关键就是要加强行政立法和技术立法。法规和标准健全，大家都按标准办事，行政审批就可以减少，就能推动政府职能的转变。《建设项目监理规范》、《建设工程项目管理规范》、《建设项目总承包管理规范》、《建筑施工安全检查标准》等标准的发布实施，将原部分行政管理手段转化为技术手段，有效加强了市场监管力度，促进了政府职能转变。

(5) 工程建设质量与安全的根本保障离不开工程建设标准化工作。

工程建设的质量，涉及国家和人民群众的生命财产安全，没有标准就没有工程的质量和安全，强制性条文的规定都是用经验教训换来的。施工图审查、竣工验收备案、工程质量监督以及工程监理等，都离不开各类标准、规范和规程。

（三）我国目前工程建设标准化的现状

多年来，特别是进入二十一世纪以来，工程建设标准化工作在各级建设主管部门以及广大工程技术人员的努力下，取得了很大的成绩，具体表现在：

（1）标准的数量和技术水平有了很大的提高。截止到2007年，经住房和城乡建设部批准和备案的工程建设标准已达到4700余项，比1980年的180余项增加了近30倍，涉及房屋建筑、城乡规划、城镇建设、交通运输、能源水利、航空航天、工业建设等各类工程建设领域，涵盖了工程建设活动的全方位、全过程和建设工程项目全寿命生命周期，形成了具有中国特色的、满足我国工程建设需要的技术标准体系。同时，标准的质量和技术水平已有了显著提高，在新一轮标准修订完成后，总体水平将达到20世纪90年代末21世纪初的工程建设技术发展水平，部分标准的技术水平接近或达到了国际先进水平。

（2）标准化工作的管理制度日趋完善。自《中华人民共和国标准化法》和《标准化法实施条例》颁布后，国家又先后制定并颁布了《工程建设国家标准管理办法》、《工程建设行业标准管理办法》、《工程建设标准局部修订管理办法》、《工程建设标准编写办法》、《工程建设标准出版印刷规定》、《实施工程建设强制性标准监督规定》等规章和规范性文件，同时国务院各部门及各省市建设行政主管部门，根据本部门、本地区的实际情况，也相应组织起草并发布实施了配套的规章和规范性文件，形成了比较完善的工程建设标准化工作的管理制度体系。目前，住房和城乡建设部正在酝酿出台《工程建设标准化管理条例》，以进一步完善工程建设标准化管理。

（3）标准化的工作队伍日益壮大。近年来，工程建设标准化作为一项政府职能得到了进一步明确，各专业部门、各地都设置或确定了标准的管理机构，配备了专门的管理人员。工程建设标准化管理机构面向全行业、团结和依靠从事工程建设勘察、规划、设计、施工、科研等专业技术人员，依靠专业机构、大专院校、科研单位和生产企业，培育并形成了一支水平高、门类全的标准化工作队伍。据不完全统计，目前，从事和参与工程建设标准化工作的人员约4万余人。另外，中国工程建设标准化协会也先后成立了43个分支机构（包括专业委员会34个，分会9个），发展会员近6000人。

但是，随着我国经济体制改革的深入，市场经济体制的逐步建立，特别是加入WTO以后，工程建设标准化工作中一些长期存在的问题，日益暴露出来，一些新的矛盾逐渐显现。如：工程建设标准体制上存有缺陷；各类标准的内容交叉重复，有时互相矛盾；标准的结构不规范、不统一；标准的制定、修订周期长、费用少，导致标准的质量低；标准的实施监督不力，强制性标准得不到强制执行等。

（四）工程建设标准化发展的方向和目标

（1）做好标准化发展的基础性研究工作。

第一，要为技术控制体制的改革做好理论研究。世界上各经济发达国家和地区的技术控制体制已趋同于一种基本模式：技术法规与技术标准。技术法规是对涉及安全、卫生、环保、节能等事项提出强制性技术要求，技术标准都属于自愿采用。在结合我国工程建设实际的基础上，对技术法规的制修订、管理、发布及其主要内容，技术法规与技术标准的实施监督等进行充分研究，同时做好技术法规的试编制工作。第二，要研究建立技术法规和技术标准体系及其推行体系，不断修订完善技术标准体系，使其真正发挥有利于满足新技术的发展及推广，优化结构，以最小的资源投入获得最大标准化效果的作用。

（2）推进工程建设标准化支撑体系建设。

开展技术支撑体系研究，筹建全国工程建设强制性标准技术咨询委员会和全国工程建设标准技术管理委员会等。完成《工程建设标准化管理条例》的修改论证和上报；完成《工程建设标准编写规定》的修订，印发《工程建设标准翻译出版管理办法》；开展《工程建设标准宣贯培训管理办法》、《工程建设标准化信息管理办法》论证。逐步建立健全标准计划、制修订过程、标准备案和强制性标准的网上管理制度。

（3）进一步完善工程建设标准体系。

近期，应以能源资源节约和合理利用、城乡规划、建设工程安全、工业建设领域标准制定修订为重点，加大工作力度。并实施在编标准项目的动态管理，加快编制进度。进一步完善、细化原有标准的修订、审批。加强现行标准的修订，提高标准的水平。

（4）适时推进强制性标准规范的法规化。

适应加入 WTO 和整顿规范建筑市场的需要，以促进工程建设标准化发展为目标，继续深化工程建设标准化工作的体制改革和机制创新。按照更严格、更科学、与国际接轨的要求，进一步完善《工程建设标准强制性条文》，开展房屋建筑、城镇燃气、城市轨道交通技术法规的编制试点，完成全文强制的《住宅建筑规范》的编制，逐步形成技术法规与技术标准相结合的标准体系。建立健全建设领域各行业的标准规范工作管理机构，初步形成以专家为依托、决策科学民主、运行灵活高效的工作管理机制。

（5）强化工程建设标准的实施和监督。

围绕已发布的重点标准规范，开展强制性标准实施情况的监督检查，完善工程建设标准实施与监督的经常性管理运行机制。整合工程建设标准化信息资源，规范工程建设地方标准的制定与管理工作，提高管理水平。利用网络信息技术，构建工程建设标准化工作平台，加快信息交流，提高工作效率和透明度。按照《工程建设地方标准化工作管理规定》的要求，协调地方标准化工作，发挥地方标准化工作在完善标准体系，推进标准体制改革，强化标准实施与监督等方面的积极作用。

第三节 劳 动 法

一、劳动法概述

（一）*劳动法的概念*

劳动法是调整劳动关系以及与劳动密切联系的其他社会关系的法律规范的总称。

（二）*劳动法的适用范围*

《劳动法》第二条规定："在中华人民共和国境内的企业、个体经济组织和与之形成劳动关系的劳动者，适用本法。国家机关、事业组织、社会团体和与之建立劳动合同关系的劳动者，依照本法执行"。根据这一规定，《劳动法》适用于：

1）在中华人民共和境内的企业、个体经济组织和与之形成劳动关系的劳动者。

2）国家机关、事业组织、社会团体的工勤人员。

3）实行企业化管理的事业组织的非工勤人员。

4）其他通过劳动合同与国家机关、事业组织、社会团体、建立劳动关系的劳动者。

《劳动法》不适用于公务员和比照实行公务员制度的事业组织和社会团体的工作人员，

以及农村劳动者（乡镇企业职工和进城务工、经商的农民除外）、现役军人、家庭保姆、在中华人民共和国境内享有外交特权和豁免权的外国人等。

（三）劳动者的基本权利和义务

1. 劳动者的基本权利

劳动者享有平等就业和选择职业的权利、取得劳动报酬的权利、休息休假的权利、获得劳动安全卫生保护的权利、接受职业技能培训的权利、享受社会保险和福利的权利、提请劳动争议处理的权利以及法律规定的其他劳动权利。

2. 劳动者的义务

劳动者应当完成劳动任务，提高职业技能，执行劳动安全卫生规程，遵守劳动纪律和职业道德。

二、劳动合同

参见第七章第五节《劳动合同》部分。

三、劳动安全卫生

（一）用人单位在劳动安全卫生方面的主要职责

1）用人单位必须建立、健全劳动安全卫生制度，严格执行国家劳动安全卫生规程和标准，对劳动者进行劳动安全卫生教育，防止劳动过程中的事故，减少职业危害。

2）用人单位提供的劳动安全卫生设施必须符合国家规定的标准；新建、改建、扩建工程的劳动安全卫生设施必须与主体工程同时设计、同时施工、同时投入生产和使用。

3）用人单位必须为劳动者提供符合国家规定的劳动安全卫生条件和必要的劳动防护用品，对从事有职业危害作业的劳动者应当定期进行健康检查。

（二）劳动者在劳动安全卫生方面的权利

1）劳动者对用人单位管理人员违章指挥、强令冒险作业，有拒绝执行的权利。

2）劳动者对危害生命安全和身体健康的行为，有权提出批评、检举和控告。

（三）劳动者在劳动安全卫生方面的义务

1）劳动者在劳动过程中必须严格遵守安全操作规程。

2）从事特种作业的劳动者必须经过专门培训并取得特种作业资格。

四、女职工和未成年工的特殊保护

《劳动法》第 58 条规定："国家对女职工和未成年工实行特殊劳动保护"。具体表现为：

1）禁止安排女职工从事矿山井下、国家规定的第四级体力劳动强度的劳动和其他禁忌从事的劳动。

2）不得安排女职工在经期从事高处、低温、冷水作业和国家规定的第三级体力劳动强度的劳动。

3）不得安排女职工在怀孕期间从事国家规定的第三级体力劳动强度的劳动和孕期禁忌从事的劳动；对怀孕 7 个月以上的女职工，不得安排其延长工作时间和夜班劳动。

4）女职工生育享受不少于 90 天的产假。

5）不得安排女职工在哺乳未满一周岁的婴儿期间从事国家规定的第三级体力劳动强度的劳动和哺乳期禁忌从事的其他劳动，不得安排其延长工作时间和夜班劳动。

6）不得安排未成年工从事矿山井下、有毒有害、国家规定的第四级体力劳动强度的劳动和其他禁忌从事的劳动。

7）用人单位应当对未成年工定期进行健康检查。

五、社会保险和福利

国家发展社会保险和福利事业，建立社会保险制度，设立社会保险基金，使劳动者在年老、患病、工伤、失业、生育等情况下获得帮助和补偿；国家兴建公共福利设施，为劳动者休息、休养和疗养提供条件；用人单位应当创造条件，改善集体福利，提高劳动者的福利待遇。

劳动者在下列情形下，依法享受社会保险待遇：

1）退休。

2）患病、负伤。

3）因工伤残或者患职业病。

4）失业。

5）生育。

劳动者死亡后，其遗属依法享受遗属津贴。劳动者享受的社会保险金必须按时足额支付。任何组织和个人不得挪用社会保险基金。

六、劳动争议处理

根据十届全国人大 2007 年 12 月 29 日通过，2008 年 5 月 1 日生效实施的《中华人民共和国劳动争议调解仲裁法》的规定：发生劳动争议，劳动者可以与用人单位协商，也可以请工会或者第三方共同与用人单位协商，达成和解协议；当事人不愿协商、协商不成或者达成和解协议后不履行的，可以向调解组织申请调解；不愿调解、调解不成或者达成调解协议后不履行的，可以向劳动争议仲裁委员会申请仲裁；对仲裁裁决不服的，可以依法向人民法院提起诉讼。

（一）调解

1. 调解组织

发生劳动争议，当事人可以到下列调解组织申请调解：

1）企业劳动争议调解委员会。

2）依法设立的基层人民调解组织。

3）在乡镇、街道设立的具有劳动争议调解职能的组织。

企业劳动争议调解委员会由职工代表和企业代表组成。职工代表由工会成员担任或者由全体职工推举产生，企业代表由企业负责人指定。企业劳动争议调解委员会主任由工会成员或者双方推举的人员担任。

2. 调解规则

调解组织的调解员应当由公道正派、联系群众、热心调解工作，并具有一定法律知识、政策水平和文化水平的成年公民担任。

当事人申请调解可以书面申请，也可以口头申请。口头申请的，调解组织应当当场记录申请人基本情况、申请调解的争议事项、理由和时间。

调解劳动争议，应当充分听取双方当事人对事实和理由的陈述，耐心疏导，帮助其达成协议。

3. 调解协议书

调解达成协议的，应当制作调解协议书。调解协议书由双方当事人签名或者盖章，经调解员签名并加盖调解组织印章后生效，对双方当事人具有约束力，当事人应当履行。

调解组织收到调解申请之日起 15 日内未达成调解协议的，当事人可以依法申请仲裁；达成调解协议后，一方当事人在协议约定期限内不履行调解协议的，另一方当事人可以依法申请仲裁。

因支付拖欠劳动报酬、工伤医疗费、经济补偿或者赔偿金事项达成调解协议，用人单位在协议约定期限内不履行的，劳动者可以持调解协议书依法向人民法院申请支付令。

（二）仲裁

1. 仲裁组织

劳动争议的仲裁组织为依法设立的劳动争议仲裁委员会。

劳动争议仲裁委员会不按行政区划层层设立。省、自治区人民政府可以决定在市、县设立；直辖市人民政府可以决定在区、县设立；直辖市、设区的市也可以设立一个或者若干个劳动争议仲裁委员会。

劳动争议仲裁委员会由劳动行政部门代表、工会代表和企业方面代表组成，其组成人员为单数。劳动争议仲裁委员会依法履行下列职责：

1）聘任、解聘专职或者兼职仲裁员。

2）受理劳动争议案件。

3）讨论重大或者疑难的劳动争议案件。

4）对仲裁活动进行监督。

2. 仲裁管辖

劳动争议由劳动合同履行地或者用人单位所在地的劳动争议仲裁委员会管辖。双方当事人分别向劳动合同履行地和用人单位所在地的劳动争议仲裁委员会申请仲裁的，由劳动合同履行地的劳动争议仲裁委员会管辖。

3. 仲裁当事人

发生劳动争议的劳动者和用人单位为劳动争议仲裁案件的双方当事人，劳务派遣单位或者用工单位与劳动者发生劳动争议的，劳务派遣单位和用工单位为共同当事人；与劳动争议案件的处理结果有利害关系的第三人，可以申请参加仲裁活动或者由劳动争议仲裁委员会通知其参加仲裁活动。

当事人可以委托代理人参加仲裁活动。委托他人参加仲裁活动，应当向劳动争议仲裁委员会提交有委托人签名或者盖章的委托书，委托书应当载明委托事项和权限。

丧失或者部分丧失民事行为能力的劳动者，由其法定代理人代为参加仲裁活动；无法定代理人的，由劳动争议仲裁委员会为其指定代理人。劳动者死亡的，由其近亲属或者代理人参加仲裁活动。

4. 仲裁的申请和受理

劳动争议申请仲裁的时效期间为一年。仲裁时效期间从当事人知道或者应当知道其权利被侵害之日起计算。

申请人申请仲裁应当提交书面仲裁申请，并按照被申请人人数提交副本；如果书写仲裁申请确有困难，可以口头申请，由劳动争议仲裁委员会记入笔录，并告知对方当事人。仲裁申请书应当载明下列事项：

1）劳动者的姓名、性别、年龄、职业、工作单位和住所，用人单位的名称、住所和法定代表人或者主要负责人的姓名、职务。

2）仲裁请求和所根据的事实、理由。

3）证据和证据来源、证人姓名和住所。

劳动争议仲裁委员会收到仲裁申请之日起5日内，认为符合受理条件的，应当受理，并通知申请人；认为不符合受理条件的，应当书面通知申请人不予受理，并说明理由。仲裁委员会受理仲裁申请后，应当在5日内将申请书副本送达被申请人；被申请人收到申请书副本后，应当在10日内提交答辩书。仲裁委员会收到答辩书后，应当在5日内将答辩书副本送达申请人。被申请人未提交答辩书的，不影响仲裁程序的进行。

5. 仲裁的开庭和裁决

劳动争议仲裁应公开进行，但当事人协议不公开进行或者涉及国家秘密、商业秘密和个人隐私的除外。

劳动争议仲裁委员会裁决劳动争议案件实行仲裁庭制。仲裁庭由三名仲裁员组成，设首席仲裁员。简单劳动争议案件可以由一名仲裁员独任仲裁。仲裁委员会应当在受理仲裁申请之日起5日内将仲裁庭的组成情况书面通知当事人。

仲裁员是本案当事人或者当事人、代理人的近亲属的；与本案有利害关系的；与本案当事人、代理人有其他关系，可能影响公正裁决的；私自会见当事人、代理人，或者接受当事人、代理人的请客送礼的。出现以上情况之一，仲裁员即须回避，当事人也有权以口头或者书面方式提出回避申请。

仲裁庭应当在开庭5日前，将开庭日期、地点书面通知双方当事人。申请人收到书面通知，无正当理由拒不到庭或者未经仲裁庭同意中途退庭的，可以视为撤回仲裁申请。被申请人收到书面通知，无正当理由拒不到庭或者未经仲裁庭同意中途退庭的，可以缺席裁决。

当事人提供的证据经查证属实的，仲裁庭应当将其作为认定事实的根据。劳动者无法提供由用人单位掌握管理的与仲裁请求有关的证据，仲裁庭可以要求用人单位在指定期限内提供；用人单位在指定期限内不提供的，应当承担不利后果。

当事人申请劳动争议仲裁后，可以自行和解。达成和解协议的，可以撤回仲裁申请。仲裁庭在作出裁决前，应当先行调解，调解达成协议的，仲裁庭应当制作调解书。调解书由仲裁员签名，加盖仲裁委员会印章，送达双方当事人。调解书经双方当事人签收后，发生法律效力。调解不成或者调解书送达前，一方当事人反悔的，仲裁庭应当及时作出裁决。

仲裁庭裁决劳动争议案件，应当自受理仲裁申请之日起45日内结束。案情复杂需要延期的，经仲裁委员会主任批准，可以延期并书面通知当事人，但是延长期限不得超过十五日。逾期未作出仲裁裁决的，当事人可以就该劳动争议事项向人民法院提起诉讼。

6. 仲裁裁决的先予执行

仲裁庭对追索劳动报酬、工伤医疗费、经济补偿或者赔偿金的案件，根据当事人的申请，可以裁决先予执行，移送人民法院执行。

仲裁庭裁决先予执行的，应当符合下列条件：当事人之间权利义务关系明确；不先予执行将严重影响申请人的生活。

劳动者申请先予执行的，可以不提供担保。

7. 仲裁裁决的履行与执行

当事人对发生法律效力的调解书、裁决书，应当依照规定的期限履行。一方当事人逾期不履行的，另一方当事人可以依照民事诉讼法的有关规定向人民法院申请执行。受理申请的人民法院应当依法执行。

（三）诉讼

当事人如对仲裁决定不服，可以自收到仲裁决定书15日之内向人民法院起诉，人民法院民事审判庭根据《中华人民共和国民事诉讼法》的规定，受理和审理劳动争议案件。审限为6个月，特别复杂的案件经审判委员会批准可以延长。当事人对人民法院一审判决不服，可以再提起上诉，二审判决是生效的判决，当事人必须执行。需注意的是，劳动争议当事人未经仲裁程序不得直接向法院起诉，否则人民法院不予受理。

第四节　消　防　法

一、消防法概述

《中华人民共和国消防法》于1998年4月29日制定，2008年10月28日修订，自2009年5月1日起施行。新的《消防法》共74条，分总则、火灾预防、消防组织、灭火救援、监督检查、法律责任、附则七章。

消防工作贯彻预防为主、防消结合的方针，按照政府统一领导、部门依法监管、单位全面负责、公民积极参与的原则，实行消防安全责任制，建立健全社会化的消防工作网络。

国务院领导全国的消防工作，地方各级人民政府负责本行政区域内的消防工作。国务院公安部门对全国的消防工作实施监督管理，县级以上地方各级人民公安机关对行政区域内的消防工作实施监督管理，并由本级人民政府公安机关消防机构负责实施。

任何单位、个人都有维护消防安全、保护消防设施、预防火灾、报告火灾、报告火警的义务。任何单位和成年人都有参加有组织的灭火工作的义务。各级人民政府应当经常进行消防宣传教育，提高公民的消防意识。

二、火灾预防

消防工作的起点是火灾的预防，预防工作在整个消防工作中占重要地位。

（一）政府的火灾预防职责

各级人民政府应当将包括消防安全布局、消防站、消防供水、消防通信、消防通道、消防装备等内容的消防规划纳入城乡规划，并负责组织实施。

城乡消防安全布局不符合消防安全要求的，应当调整、完善；公共消防设施、消防装备不足或者不适应实际需要的，应当增建、改建、配置或者进行技术改造。

地方各级人民政府应当加强对农村消防工作的领导，采取措施加强公共消防设施建设，组织建立和督促落实消防安全责任制。

在农业收获季节、森林和草原防火期间、重大节假日期间以及火灾多发季节，地方各级人民政府应当组织开展有针对性的消防宣传教育，采取防火措施，进行消防安全检查。

乡镇人民政府、城市街道办事处应当指导、支持和帮助村民委员会、居民委员会开展群众性的消防工作。村民委员会、居民委员会应当确定消防安全管理人，组织制订防火安全公约，进行防火安全检查。

国家鼓励、引导公众聚集场所和生产、储存、运输、销售易燃易爆危险品的企业投保火灾公众责任保险；鼓励保险公司承保火灾公众责任保险。

（二）建筑工程的火灾预防

建筑工程的消防设计、施工必须符合国家工程建设消防技术标准。建设、设计、施工、工程监理等单位依法对建设工程的消防设计、施工质量负责。

按照国家工程建设消防技术标准需要进行消防设计的建设工程，建设单位应当自依法取得施工许可之日起七个工作日内，将消防设计文件报公安机关消防机构备案，公安机关消防机构应当进行抽查。其中，国务院公安部门规定的大型的人员密集场所和其他特殊建设工程，建设单位应当将消防设计文件报送公安机关消防机构审核。公安机关消防机构依法对审核的结果负责。

依法应当经公安机关消防机构进行消防设计审核的建设工程，未经依法审核或者审核不合格的，负责审批该工程施工许可的部门不得给予施工许可，建设单位、施工单位不得施工；其他建设工程取得施工许可后经依法抽查不合格的，应当停止施工。

国务院公安部门规定的大型的人员密集场所和其他特殊建设工程竣工，建设单位应当向公安机关消防机构申请消防验收；其他建设工程，建设单位在验收后应当报公安机关消防机构备案，公安机关消防机构应当进行抽查。依法应当进行消防验收的建设工程，未经消防验收或者消防验收不合格的，禁止投入使用；其他建设工程经依法抽查不合格的，应当停止使用。

建筑构件、建筑材料和室内装修、装饰材料的防火性能必须符合国家标准；没有国家标准的，必须符合行业标准。人员密集场所室内装修、装饰，应当按照消防技术标准的要求，使用不燃、难燃材料。

（三）餐饮、娱乐场所及机关、团体、企事业单位的火灾预防职责

歌舞厅、影剧院、宾馆、饭店、商场、集贸市场等公众聚集的场所，在使用或开业前应当向当地公安消防机构申报，经消防安全检查合格后，方可使用或者开业。

机关、团体、企业、事业单位应当履行下列消防安全职责：

(1) 落实消防安全责任制，制订本单位的消防安全制度、消防安全操作规程，制订灭火和应急疏散预案。

(2) 按照国家标准、行业标准配置消防设施、器材，设置消防安全标志，并定期组织检验、维修，确保完好有效。

(3) 对建筑消防设施每年至少进行一次全面检测，确保完好有效，检测记录应当完整准确，存档备查。

(4) 保障疏散通道、安全出口、消防车通道畅通，保证防火防烟分区、防火间距符合消防技术标准。

(5) 组织防火检查，及时消除火灾隐患。

(6) 组织进行有针对性的消防演练。

(7) 法律、法规规定的其他消防安全职责。

单位的主要负责人是本单位的消防安全责任人；居民住宅的管理单位，应当依照上面的规定，履行消防安全职责，做好住宅区的消防安全工作。

（四）与危险品有关的单位、个人的火灾预防职责

生产、储存、运输、销售或者使用、销毁易燃易爆危险品的单位、个人，必须执行国家有关消防安全的规定。生产易燃易爆物品的单位，对产品应当附有燃点、闪点、爆炸极限等

数据的说明书，并且注明防火防爆注意事项。对独立包装的易燃易爆危险物品应贴附危险品标签。

进入生产、储存易燃易爆危险物品的场所，必须执行国家有关消防安全的规定。禁止携带火种进入生产、储存易燃易爆危险物品的场所，禁止非法携带易燃易爆危险物品进入公共场所或者乘坐公共交通工具。

储存可燃物资仓库的管理，必须执行国家有关消防安全的规定。

三、消防组织

各级人民政府应当加强消防组织建设，根据经济社会发展的需要，建立多种形式的消防组织，加强消防技术人才培养，增强火灾预防、扑救和应急救援的能力。

（一）公安消防队和专职消防队

县级以上地方人民政府应当按照国家规定建立公安消防队、专职消防队，并按照国家标准配备消防装备，承担火灾扑救工作。

乡镇人民政府应当根据当地经济发展和消防工作的需要，建立专职消防队、志愿消防队，承担火灾扑救工作。

公安消防队、专职消防队按照国家规定承担重大灾害事故和其他以抢救人员生命为主的应急救援工作。公安消防队、专职消防队应当充分发挥火灾扑救和应急救援专业力量的骨干作用；按照国家规定，组织实施专业技能训练，配备并维护保养装备器材，提高火灾扑救和应急救援的能力。

（二）单位专职消防队

下列单位应当建立单位专职消防队，承担本单位的火灾扑救工作：

(1) 大型核设施单位、大型发电厂、民用机场、主要港口；

(2) 生产、储存易燃易爆危险品的大型企业；

(3) 储备可燃的重要物资的大型仓库、基地；

(4) 前述单位以外的火灾危险性较大、距离公安消防队较远的其他大型企业；

(5) 距离公安消防队较远、被列为全国重点文物保护单位的古建筑群的管理单位。

（三）志愿消防队

机关、团体、企业、事业等单位以及村民委员会、居民委员会根据需要，建立志愿消防队等多种形式的消防组织，开展群众性自防自救工作。公安机关消防机构应当对志愿消防队进行业务指导。

四、灭火救援

县级以上地方人民政府应当组织有关部门针对本行政区域内的火灾特点制订应急预案，建立应急反应和处置机制，为火灾扑救和应急救援工作提供人员、装备等保障。

任何人发现火灾都应当立即报警；人员密集场所发生火灾，该场所的现场工作人员应当立即组织、引导在场人员疏散；任何单位发生火灾，必须立即组织力量扑救，邻近单位应当给予支援。消防队接到火警，必须立即赶赴火灾现场，救助遇险人员，排除险情，扑灭火灾。

公安机关消防机构统一组织和指挥火灾现场扑救，应当优先保障遇险人员的生命安全。火灾现场总指挥根据扑救火灾的需要，有权决定下列事项：

(1) 使用各种水源；

（2）截断电力、可燃气体和可燃液体的输送，限制用火用电；

（3）划定警戒区，实行局部交通管制；

（4）利用邻近建筑物和有关设施；

（5）为了抢救人员和重要物资，防止火势蔓延，拆除或者破损毗邻火灾现场的建筑物、构筑物或者设施等；

（6）调动供水、供电、供气、通信、医疗救护、交通运输、环境保护等有关单位协助灭火救援。

根据扑救火灾的紧急需要，有关地方人民政府应当组织人员、调集所需物资支援灭火。消防车、消防艇前往执行火灾扑救或者应急救援任务，在确保安全的前提下，不受行驶速度、行驶路线、行驶方向和指挥信号的限制；收费公路、桥梁免收车辆通行费。赶赴火灾现场或者应急救援现场的消防人员和调集的消防装备、物资，需要铁路、水路或者航空运输的，有关单位应当优先运输。

公安机关消防机构有权根据需要封闭火灾现场，负责调查火灾原因，统计火灾损失；火灾扑灭后，发生火灾的单位和相关人员应当按照公安机关消防机构的要求保护现场，接受事故调查，如实提供与火灾有关的情况；公安机关消防机构根据火灾现场勘验、调查情况和有关的检验、鉴定意见，及时制作火灾事故认定书，作为处理火灾事故的证据。

五、建筑工程消防监督审核管理

建筑工程消防监督审核，是指公安消防监督机构对新建、改建、扩建、建筑内部装修和用途变更的建筑工程项目，从设计、施工到竣工验收所实施的消防设计审核、施工安装监督检查和消防验收。

（一）建筑工程消防设计审核

国务院公安部门规定的大型的人员密集场所和其他特殊建设工程（包括新建、改建、扩建、建筑内部装修及用途变更工程）的消防设计图纸和资料应送公安消防监督机构审核，并填写相应的《建筑消防设计防火审核申报表》、《自动消防设施设计防火审核申报表》或者《建筑内部装修设计防火审核申报表》，经审核批准后，方可开工兴建。

公安消防监督机构对送审的建筑工程项目应当按照建筑防火设计、建筑消防设施设计分专业实行分工审核和技术总复核制度。消防设计审核的主要内容有：

（1）总平面布局和平面布置中涉及消防安全的防火间距、消防车道、消防水源等。

（2）建筑的火灾危险性类别和耐火等级。

（3）建筑防火防烟分区和建筑构造。

（4）安全疏散和消防电梯。

（5）消防给水和自动灭火系统。

（6）防烟、排烟和通风、空调系统的防火设计。

（7）消防电源及其配电。

（8）火灾应急照明、应急广播和疏散指示标志。

（9）火灾自动报警系统和消防控制室。

（10）建筑内部装修的防火设计。

（11）建筑灭火器配置。

（12）有爆炸危险的甲、乙类厂房的防爆设计。

(13) 国家工程建设标准中有关消防设计的其他内容。

公安消防监督机构对送审的建筑工程消防设计应当及时审核，从登记收图之日起，一般工程应当在10日之内，国家、省级重点建筑工程以及设置建筑自动消防设施的建筑工程应当在20日之内签发《建筑工程消防设计审核意见书》。需要组织专家论证消防设计的工程，可以延长至30日。在规定的期限内不予答复，即为同意。

(二) 建筑工程施工安装监督检查

施工安装单位必须按照批准的消防设计图纸施工安装，不得擅自改动。建筑消防设施、防火材料等必须选用经国家产品质量认证、国家核发生产许可证或者国家消防产品质量检测中心检测合格的产品。

公安消防监督机构根据批准的消防设计对建筑工程的施工安装活动进行抽样性检查。

(三) 建筑工程消防验收

国务院公安部门规定的大型的人员密集场所和其他特殊建设工程的建设单位应当向公安消防监督机构提出工程消防验收申请，送达建筑消防设施技术测试报告，填写《建筑工程消防验收申报表》，并组织消防验收。消防验收不合格的，施工单位不得交工，建筑物的所有者不得接收使用。

公安消防监督机构在接到建设单位消防验收申请时，应当查验建筑消防设施技术测试报告等消防验收申报材料，材料齐全后，应当在10日之内按照国家消防技术标准进行消防验收，并在消防验收后7日之内签发《建筑工程消防验收意见书》。

建筑工程消防验收后，建筑物的所有者或者管理者应当落实建筑消防设施的管理和值班人员，与具备建筑消防设施维修保养资格的企业签订建筑消防设施定期维修保养合同，保证消防设施的正常运行。

第五节 建筑工程税收管理

一、税法概述

(一) 税法的概念和调整对象

税法是国家制定的调整税务关系的法律规范的总称。

税务关系的内容广泛，概括起来可分为两类：

(1) 税收分配关系。即国家与纳税人之间在税收征纳过程中形成的分配关系。

(2) 税收征收管理关系。即在税收征收管理过程中，国家与纳税人及其他税务当事人之间形成的管理关系。

(二) 税收法律关系

税收法律关系，是指通过税法确认和调整的国家与纳税人及有关当事人之间所形成的权利义务关系。

税收法律关系由三大要素构成：

(1) 税收法律主体。它是指参加税收法律关系并享有权利和承担义务的当事人，分为征税主体和纳税主体两大类。

(2) 税收法律关系的内容。它是指税收法律关系主体双方依法所享有的权利和应承担的义务，也是税收法律关系的实质和核心。

(3) 税收法律关系的客体。它是指税收法律关系主体双方的权利义务共同指向的对象。它主要包括应税货币、实物和应税行为等。

（三）税法的构成要素

税法是由税法主体、征税对象、税目、计税依据、税率、纳税环节、纳税期限、纳税地点、税收和违章处理等要素构成的。

(1) 税收主体。是指税法规定的享有权利和承担义务的当事人，包括征税主体和纳税主体。

(2) 征税对象。也称征税客体和纳税主体共同指向的对象。

(3) 税目。也称课税品目，是征税客体的具体化，代表着征税界限或征税范围的广度。

(4) 计税依据。也称税基，是指计算应纳税额的依据。

(5) 税率。是应纳税额与计税依据之间的比例。它是计算税额的尺度，代表着征税的深度。我国税率基本形式有三种：

1) 定额税率又称固定税额，是按照单位征税对象直接规定固定的税额。

2) 比例税率，是指对同一征税对象，不分数额大小，均规定相同的征收比例。

3) 累进税率，是指同一征税对象，随数额的增大征收比例也随之提高的税率，表现为将征税对象按照数额大小划分成若干等级，不同等级适用由低到高的不同税率。

(6) 纳税环节。是指法律、行政法规规定的商品从生产到消费的过程中应当缴纳税款的环节。纳税环节的确定，关系着税制结构、税负平衡和税收体系的布局，关系着国家税款能否及时的足额入库。

(7) 纳税地点。是指法律、行政法规规定的纳税人申报缴纳税款的地点。一般地实行属地管辖，纳税地点为纳税人的所在地，但有些情况下，纳税地点为口岸地、财产所在地等。

(8) 纳税期限。法律、行政法规规定的或征税机关依据法律、行政法规核定的纳税人应当缴纳税款的期限。

(9) 税收优惠。是指对某些纳税人或征税对象给予鼓励或照顾的一种特殊规定。目前，我国税法规定的税收优惠形式主要包括：减税、免税、退税、再投资抵免、加速折旧、亏损弥补和延期纳税等。

(10) 违章处理。对于征税机关、征税人员、纳税人以及其他当事人违反税法应承担的法律后果。

（四）我国的现行税种

1994 年我国通过进行大规模的工商税制改革，形成了工商税制的整体格局。现阶段我国主要有如下税种：增值税、消费税、营业税、关税、企业所得税、外商投资企业和外国企业所得税、个人所得税、资源税、土地增值税、印花税、城镇土地使用税、房产税、车船税、固定资产方向调节税、城市维护建设税、城市房地产税、车船使用牌照税、屠宰税、筵席税、农业税（包括农村特产税）、牧业税、耕地占用税、契税、船舶吨位税共 7 大类，23 个税种。其中，农业税、牧业税、固定资产投资方向调节税和筵席税已经停征，外商投资企业和外国企业所得税统一到企业所得税中，关税和船舶吨税由海关征收，目前实际征税税种 18 个。

（五）税收征收管理

税收征收是税务机关根据税收法规对征税活动所实施的组织、指挥、控制和监督，是对纳税人履行纳税义务采取的一种管理、征收和检查行为，是税收管理的重要组成部分和基本环节。

1. 税务管理

税务管理是税务机关在税收征收管理中对征纳过程实施的基础性的制度和管理行为。

(1) 税务登记。税务登记又称纳税登记，是指纳税人按照税法规定，在指定税务机关将其基本情况和有关纳税事项填写在规定的表册中，以便税务机关对纳税人实施管理的一项制度。税务登记分为三种：开业登记、变更税务登记和注销登记。

(2) 账簿、凭证管理。从事生产经营的纳税人，扣缴义务人应按照国家财政税务主管部门的规定自领取营业执照之日起15日内设置账簿。凭证管理主要表现为发票管理。发票的印刷、发票的领购、发票的使用及发票的缴销，都必须按法律、行政法规的规定办理。

(3) 纳税申报。纳税申报，是指纳税人履行纳税义务和代征人履行代征、代扣、代缴税款义务的认定手续。

2. 税款的征收

税款征收是税务机关在法律法规规定的期限内依法对纳税人、扣缴义务人按一定的征收方式税收税款的管理活动的总称。

(1) 税款征收方式。包括：查账征收、查定征收、查验征收和定期定额征收四种方式。

(2) 税款缴纳管理。纳税人、扣缴义务应当按时缴纳或解缴税款，如果纳税人、扣缴义务人未按照规定期限交纳或解缴税款的，税务机关除责令限期缴纳或解缴外，从滞纳之日起，每日加收2‰的滞纳金。

(3) 税收保全。税务机关认为从事生产、经营的纳税人有逃避纳税义务行为的，可以在规定的纳税期之前，责令限期缴纳应纳税款。

(4) 税款的退还、补缴和追征。纳税人超过应纳税额缴纳的税款，税务机关发现后应立即退还。因税务机关的责任致使纳税人、扣缴义务人未缴或少缴税款的，税务机关在3年内可以要求他们补缴。因纳税人扣缴义务计算错误等失误，未缴或少缴税款的，税务机关可以在3年内追征。

3. 税务检查

税务检查，是税务部门、财政部门和审计部门依法对纳税人、扣缴义务人履行缴纳或解缴税款情况进行监督检查活动的统称。税务检查的范围包括：

1) 检查纳税义务人的账簿、记账凭证、报表和有关材料。

2) 到纳税人的生产、经营场所和货物存放地检查应纳税人应纳税商品、货物或其他财产。

3) 责成纳税人提供与纳税有关的证明材料、文件。

4) 询问纳税人与纳税有关的情况。

5) 到车站、码头、机场、邮政企业检查纳税人托运、邮寄、应纳税商品、货物或其他财产的有关单据、凭证和有关资料。

6) 经县以上税务局局长批准，凭全国统一格式的检查存款账户许可证明，查核从事生产、经营的纳税人、扣缴义务人在银行或者其他金融机构的存款账户。

税务检查必须遵循一定的程序。一般来说，税务检查包括查前准备、实施检查、分析定案、上级审批、送达执行、立卷归档六个环节。税务检查的定案是税务检查的终结性工作。

在定案时、必须以事实为依据，按照有关法律规定提出处理意见、并起草处理意见审批报告，经审批后，即可送达当事人执行。当事人对处理决定不服时，必须先按规定执行处理决定，然后在规定的时间内向上级税务机关申请复议。对于复议决定仍然不服的，可以在接到复议决定之日起15日内向人民法院起诉。当事人也可以直接向人民法院提起诉讼。在复议和诉讼期间，强制执行措施和税收保全措施不停止执行。

二、建筑工程相关的主要税费

目前，建筑工程所涉及的税费主要有营业税、城市维护建设税、印花税、土地增值税、房产税、城镇土地使用税、车船使用税、契税、企业所得税、个人所得税、教育费附加、残疾人就业保障金等相关税费。

（一）营业税

营业税是对在我国境内提供应税劳务、转让无形资产或销售不动产的单位和个人，就其所取得的营业额征收的一种税。

1. 纳税人

营业税的纳税人是指在我国境内提供应税劳务、转让无形资产或销售不动产的单位和个人，具体包括各种性质的企业、行政事业单位、军事单位、社会团体和其他单位，个体经营者以及其他有经营活动的个人。企业租赁或承包给他人经营的，以承租人或承包人为纳税人。

2. 征税范围

营业税的征税范围包括九个部门：交通运输业、建筑业、金融保险业、邮电通信业、文化体育业、娱乐业、服务业、转让无形资产、销售不动产。建筑业是指建筑安装作业，其征税范围包括：建筑安装企业和个体经营者从事的建筑、安装、修缮、装饰和其他工程作业的业务；企业、事业单位所属的建筑队对外承包建筑、安装、修缮、装饰和其他工程作业的业务。

2011年，经国务院批准，财政部、国家税务总局联合下发营业税改征增值税试点方案。首先，在上海交通运输业和部分现代服务业开展营业税改征增值税试点。截止到2013年8月1日，“营改增”范围已推广到全国试行。从2014年1月1日起，交通运输业、邮政服务业和部分现代服务业全部纳入营改增范围，但建筑业营业税仍维持不变。

3. 应纳税额

纳税人提供应税劳务、转让无形资产或者销售不动产，按照营业额和规定的税率计算应纳税额。计算公式：

$$应纳税额=营业额\times税率$$

营业额为纳税人提供应税劳务、转让无形资产或者销售不动产向对方收取的全部价款和价外费用。建筑业的总承包人将工程分包或者转包给他人的，以工程的全部价款减去分包给分包人或者转包人的余额为营业额；纳税人从事建筑、修缮、装饰工程作业，无论与对方如何结算，其营业额均应包括工程所用原材料及其他物资和动力的价款在内；纳税人从事安装工程作业，凡所安装的设备的价值作为安装工程产值的，其营业额应包括设备的价款在内。

营业税的税率共分三档：交通运输业、建筑业、邮电通信业、文化体育业的税率为3%；金融保险业、服务业、销售不动产和转让无形资产的税率为5%；娱乐业则适用5%～20%的幅度税率。建筑施工企业的税率为3%，建筑工程勘察、设计、监理、咨询等属于服务业，税率为5%。

4. 建筑业营业税征收管理

(1) 纳税义务发生时间。

1) 纳税人提供建筑业应税劳务，施工单位与发包单位签订书面合同，如合同明确规定付款（包括提供原材料、动力和其他物资，不含预收工程价款）日期的，按合同规定的付款日期为纳税义务发生时间；合同未明确付款日期的，其纳税义务发生时间为纳税人收讫营业收入款项或者取得索取营业款项凭据的当天。

2) 施工单位与发包单位未签订书面合同的，其纳税时间为纳税人收讫营业收入款项或者取得索取营业收入款项凭据的当天。

3) 纳税人自建建筑物，纳税时间为销售自建建筑物并收讫营业收入款项或者取得索取营业收入款项凭据的当天。

4) 纳税人自建建筑物对外赠与，纳税时间为该建筑物产权转移的当天。

(2) 纳税地点。

纳税人提供应税劳务，应当向应税劳务发生地主管税务机关申报纳税。纳税人提供的应税劳务发生在外省市，应当向劳务发生地主管税务机关申报纳税而未申报纳税的，由其机构所在地或居住地主管税务机关补征税款。

纳税人提供建筑业应税劳务，其营业税纳税地点为建筑业应税劳务的发生地。纳税人从事跨省工程的，应向其机构所在地主管地方税务机关申报纳税；纳税人在本省、自治区、直辖市范围内提供建筑业应税劳务的，其营业税纳税地点需要调整的，由省、自治区、直辖市税务机关确定。

扣缴义务人代扣代缴的建筑业营业税税款的解缴地点为该工程建筑业应税劳务发生地。扣缴义务人代扣代缴跨省工程的，税款的解缴地点为被扣缴纳税人的机构所在地。

(3) 纳税申报。

纳税人提供建筑业劳务，应按月就其本地和异地提供建筑业应税劳务取得的全部收入向其机构所在地主管税务机关进行纳税申报，就其本地提供建筑业应税劳务取得的收入缴纳营业税；同时，自应申报之月（含当月）起6个月内向机构所在地主管税务机关提供其异地建筑业应税劳务收入的完税凭证，否则，应就其异地提供建筑业应税劳务取得的收入向其机构所在地主管税务机关缴纳营业税。

(二) 城市维护建设税及教育费附加

城市维护建设税是指以单位和个人实际缴纳的增值税、消费税、营业税（以下简称“三税”）的税额为计税依据而征收的一种税。根据《中华人民共和国城市维护建设税暂行条例》规定，城市维护建设税的计税依据是纳税人实际缴纳的营业税税额。计算公式：应纳税额=增值税、消费税、营业税税额×税率。

城市维护建设税税率为：纳税人所在地在市区的，税率为7%；纳税人所在地在县城、镇的，税率为5%；纳税人所在地不在市区、县城或镇的，税率为1%。

根据《国务院关于修改〈征收教育费附加的暂行规定〉的决定》，教育费附加也是以纳税人实际缴纳的“三税”为计征依据。凡缴纳“三税”的单位和个人，都应依照规定缴纳教育费附加。目前，教育费附加的税率为3%。

纳税人应在向税务机关申报、缴纳“三税”的同时，申报、缴纳城市维护建设税和教育费附加。

（三）印花税

根据《中华人民共和国印花税暂行条例》的规定，印花税是对经济活动和经济交往中书立、领受税法规定应税凭证征收的一种行为税，凡发生书立、使用、领受应税凭证的行为，就必须履行纳税义务。

1. 纳税人

在中华人民共和国境内书立、领受税法列举凭证的单位和个人，均为印花税的纳税义务人。这里所说的单位和个人是指国内各类企业、事业、机关、团体、部队及中外合资经营企业、中外合作经营企业、外商独资企业、外国公司和其他经济组织及在华机构等单位和个人。

根据书立、领受应移凭证的不同，纳税人分为立合同人、立账簿人、立据人、领受人和使用人。

(1) 立合同人。是指合同的当事人，即对凭证有直接权利义务关系的单位和个人，不包括合同的担保人，鉴定人。当事人的代理人有代理纳税义务。

(2) 立账簿人。指开立并使用营业账簿的单位和个人。如某一企业因生产需要设立了若干营业账簿，这个企业就是印花税的纳税人。

(3) 立据人。指书立产权转移书据的单位和个人。如果该项凭证是由两方或两方以上单位或个人共同书立的，各方都是纳税人。

(4) 领受人。指领取并持有该项凭证的单位和个人。如某人领取持有政府有关部门发给的房屋产权证，该人就是印花税的纳税人。

(5) 使用人。在国外书立、领受，但在国内使用的应税凭证，其纳税人是使用人。

印花税的纳税人之所以这样规定，主要是根据权利与义务相一致的原则。既然某一单位或个人书立、领受了应税凭证，就具有了该凭证可以享受的权利，也就应该履行所应负的纳税义务。

2. 征税范围

(1) 购销、加工承揽、建设工程承包、财产租赁、货物运输、仓储保管、借款、财产保险、技术合同或者具有合同性质的凭证，如协议、合约、单据、确认书及其他各种名称的凭证。

(2) 产权转移书据。包括财产所有权和著作权、商标专用权、专利权、专有技术使用权等转移时所书立的转移书据。

(3) 营业账薄。包括单位和个人从事生产经营活动所设立的各种财务会计核算账簿。

(4) 权利许可证照。包括政府部门发给的房屋产权证、工商营业执照、商标注册证、专利证、土地使用证。

3. 税率

现行印花税实行的比例税率有四档，即：1‰，0.5‰，0.3‰，0.05‰。另外，规定其他营业账簿、权利许可证照按件定额贴花5元。

4. 印花税征收管理

(1) 纳税义务发生时间。

印花税在应税凭证的书立或领受时纳税。具体地说，合同在签立时；营业账簿在启用时；权利、许可证照在领受时缴纳。

（2）纳税地点。

印花税采用源泉控管办法征税，纳税地点为纳税人所在地。

（3）纳税期限。

印花税的纳税期限（贴花时间）是根据凭证种类分别确定的。对各类商事合同，应于合同正式签订时贴花；对各种产权转移书据，应于书据立据时贴花；对各种营业账簿，应于账簿正式启用时贴花；对各种权利、许可证照，应于证照领受时贴花。同一种类应纳税凭证，需频繁贴花的，应向当地税务机关申请按期汇总交纳，缴纳期限最长不得超过一个月，税款计算到“分”。

（四）土地增值税

土地增值税是对转让国有土地使用权、地上建筑物及其附着物并取得收入的单位和个人，就其转让房地产所取得的增值额征收的一种税。

1. 纳税人

是指转让国有土地使用权、地上建筑物及其附着物并取得收入的单位和个人。单位包括各类企、事业单位、国家机关和社会团体及其他组织。区分土地增值税的纳税人与非纳税人关键在于看其是否因转让房地产的行为而取得了收益。

2. 征税范围

《土地增值税暂行条例》及其实施细则规定，土地增值税的征税范围包括：①转让国土地使用权；②地上的建筑物及其附着物连同国有土地使用权一并转让。

3. 计税依据

土地增值税的计税依据是纳税人转让房地产所取得的增值额。增值额是纳税人转让房地产所取得的收入，减去取得土地使用权时所支付的土地价额、土地开发成本、地上建筑物成本及有关费用、销售税金等后的余额。

4. 减免规定

（1）纳税人建造普通标准住宅出售，增值额未超过扣除项目金额20%的。

（2）因国家建设需要、依法征用、收回的房地产。

（3）因城市规划、国家建设的需要而搬迁，由纳税人自行转让原房地产的，比照有关规定免征土地增值税。

（4）个人因工作调动或改善居住条件而转让原自用住房，经向税务机关申报核准凡居住满5年或5年以上的，免予征收土地增值税；居住满3年未满5年的，减半征收土地增值税；居住未满3年的，按规定征收土地增值税。

5. 纳税程序

纳税人应当自转让房地产合同签订之日起7日内，向房地产所在地税务机关办理纳税申报。申报时，纳税人应如实填写“土地增值税纳税报表”。土地增值税报表经税务机关审核确认无误后，纳税人应该在核定的期限内交清税款。

（五）房产税

房产税是以房产为征税对象，按照房产的计税价值或房产的租金收入，向产权所有人征收的一种税。

1. 纳税人

凡在我国城市、县城、建制镇和工矿区内拥有房屋产权的单位和个人，都是房产税的纳税人。具体包括：产权所有人、经营管理单位、承典人、房产代管人或者使用人。产权属于国家所有的，其经营管理的单位为纳税人；产权属集体和个人所有的，集体单位和个人为纳税人；产权出典的，承典人为纳税人。

2. 课税对象

房产税的课税对象是房产，所谓房产，是以房屋形态表现的财产。房屋是指有屋面和围护结构，能够遮风避雨，可供人们在其中生产、工作、学习、娱乐、居住或储藏物资的场所。独立于房屋之外的建筑物，不在纳税之列。

3. 征税范围

房产税的征税范围是城市、县城、建制镇和工矿区的房屋。城市是指国务院批准设立的市，其范围为市区、郊区和市辖县城，不包括农村。县城是指未设立建制镇的县人民政府所在地。建制镇是经省、自治区、直辖市人民政府批准设立的建制镇。工矿区是指工商业比较发达，人口比较集中，尚未建立建制镇的大中型工矿企业所在地。

4. 征收管理

房产税在房产所在地缴纳。房产不在同一地方的纳税，应按房产的坐落地点分别向房产所在地的税务机关纳税。房产税按年计征，分期缴纳。

（六）城镇土地使用税

城镇土地使用税是国家在城市、县城、建制镇和工矿区范围内，对使用土地的单位和个人，以其实际占用土地面积为计税依据，按照规定的税额计算征收的一种税。

1. 纳税人

国家对城镇土地使用税的纳税人，根据用地者的不同情况分别确定为：①城镇土地使用税由拥有土地使用权的单位或个人缴纳；②拥有土地使用权的纳税人不在土地所在地的，由代管人或实际使用人缴纳；③土地使用权未确定或权属纠纷未解决的，由实际使用人纳税；④土地使用权共有的，由共有各方分别纳税。

2. 课税对象

根据《城镇土地使用税暂行条例》规定，凡在城市、县城、建制镇、工矿区范围内的土地，不论是属于国家所有的土地，还是集体所有的土地，都是城镇土地使用税的课税。但是，下列土地免缴土地使用税：①国家机关、人民团体、军队自用的土地；②由国家财政部门拨付事业经费的单位自用的土地；③宗教寺庙、公园、名胜古迹自用的土地；④市政街道、广场、绿化地带等公共用地；⑤直接用于农、林、牧、渔业的生产用地；⑥经批准开山填海整治的土地和改造的废弃土地，从使用的月份起免缴土地使用税 5 至 10 年；⑦由财政部另行规定免税的能源、交通、水利设施用地和其他用地。

另外，对于新征用的土地，应依照下列规定缴纳土地使用税：①征用的耕地，自批准征用之日起满一年时开始缴纳土地使用税；②征用的非耕地，自批准征用次月起缴纳土地使用税。

3. 税率

土地使用税以纳税人实际占用的土地面积为计税依据，依照规定税额计算征收。土地使用税每平方米年税额如下：大城市 1.5 元至 30 元；中等城市 1.2 元至 24 元；小城市 0.9 元至 18 元；县城、建制镇、工矿区 0.6 元至 12 元。

省、自治区、直辖市人民政府，应当在前面所列税额幅度内，根据市政建设状况、经济繁荣程度等条件，确定所辖地区的适用税额幅度。

市、县人民政府应当根据实际情况，将本地区土地划分为若干等级，在省、自治区、直辖市人民政府确定的税额幅度内，制定相应的适用税额标准，报省、自治区、直辖市人民政府批准执行。

经省、自治区、直辖市人民政府批准，经济落后地区土地使用税的适用税额标准可以适当降低，但降低额不得超过本条例第四条规定最低税额的30%。经济发达地区土地使用税的适用税额标准可以适当提高，但须报经财政部批准。

4. 征收管理

城镇土地使用税的征收，应依照《中华人民共和国税收征收管理法》的规定办理。土地使用税按年计算，分期缴纳，缴纳期限由省、自治区、直辖市人民政府确定。土地使用税由土地所在地的税务机关征收，当地的土地管理机关应当向土地所在地的税务机关提供土地使用权属资料。

（七）车船使用税

车船使用税是对在我境内拥有并使用车船的单位和个人，按照其拥有车船的种类、吨位和规定的税额计算征收的一种税。

1. 纳税人

凡在我国境内拥有并且使用车船的单位和个人，为车船使用税的纳税义务人。如有租赁关系，拥有人与使用人不一致时，则应由租赁双方商妥确定一方为纳税人；租赁双方未商定的，由使用人纳税。如无租使用的车船，车船使用人为纳税义务人。

2. 征税对象和征税范围

征税对象为车船，征税范围为在中国境内道路或航道上行驶的除规定免税外的车船。

3. 税额、计税依据

车船使用税，按定额征收：机动车乘用车每辆10座以下200元、11座以上300元（含11座）。其他车船参见《中华人民共和国车船使用税暂行条例》的规定。

4. 征收管理

车船使用税按年一次征收。每年开征时间为二至四月份，具体时间由县、市税务机关确定。交通运输公司等个别单位一次交纳税款有困难的，可由县、市税务机关根据实际情况分二期缴纳，但下期的税款应于八月底前缴纳。车船使用税由纳税人向车船所在地的地方税务机关缴纳。

（八）契税

契税是国家在土地、房屋权属转移时，按照当事人双方签订的合同，以及所确定价格的一定比例，向权属承受人一次性征收的一种行为税。

1. 纳税人

在我国境内承受土地、房屋权属转移的单位和个人，为契税纳税人。这里所称的承受，是指以受让、购买、受赠、交换等方式所得土地、房屋权属的行为。

2. 课税对象

契税以在我国境内转移的土地、房屋权属作为课税对象。土地、房屋权属未发生转移的，不征收契税。

3. 税率

契税的税率为3%～5%的幅度税率。具体税率由省、自治区、直辖市人民政府在幅度税率规定范围内，按本地区的实际情况确定。

对个人购买普通住房，且该住房属于家庭（成员范围包括购房人、配偶以及未成年子女，下同）唯一住房的，减半征收契税。对个人购买 90 平方米及以下普通住房，且该住房属于家庭唯一住房的，减按 1%税率征收契税。

4. 计税依据

按照土地、房屋权属转移的形式、定价方法的不同，确定了不同的计税依据：

(1) 国有土地使用权出让、出售、房屋买卖，以成交价格作为计税依据。

(2) 土地使用权赠与、房屋赠与，由征收机关参照土地使用权出售、房屋买卖的市场价格核定。

(3) 使用权交换、房屋交换，为所交换土地使用权、房屋的价格差额。

(4) 以划拨方式取得土地使用权应补缴的契税，应以补缴的土地使用权出让费或者土地收益为计税依据。

5. 征收管理

契税在纳税义务发生之后，权属承受人在办理有关土地、房屋的权属变更登记手续之前交纳。纳税人应当自纳税义务发生之日起 10 日内向土地房屋所在地的契税征收机关办理纳税申报，并在契税征收机关确定的期限内交纳税款。纳税人办理纳税事宜后，征收人向纳税人开具契税凭证。

纳税人持契税完税凭证和其他的文件材料依法向土地管理部门、房产管理部门办理有关土地、房屋的权属变更登记手续。

（九）企业所得税

企业所得税，是以企业和其他取得收入的组织（以下统称企业）为纳税义务人，对其一定经营期间的所得额征收的一种税。

1. 纳税人

企业所得税的纳税人，为中华人民共和国境内设立的取得应税所得、实行独立核算的企业或者组织。

企业分为居民企业和非居民企业。居民企业，是指依法在中国境内成立，或者依照外国（地区）法律成立但实际管理机构在中国境内的企业。非居民企业，是指依照外国（地区）法律成立且实际管理机构不在中国境内，但在中国境内设立机构、场所的，或者在中国境内未设立机构、场所，但有来源于中国境内所得的企业。

2. 征税对象

居民企业应当就其来源于中国境内、境外的所得缴纳企业所得税。

非居民企业在中国境内设立机构、场所的，应当就其所设机构、场所取得的来源于中国境内的所得，以及发生在中国境外但与其所设机构、场所有实际联系的所得，缴纳企业所得税。非居民企业在中国境内未设立机构、场所的，或者虽设立机构、场所但取得的所得与其所设机构、场所没有实际联系的，应当就其来源于中国境内的所得缴纳企业所得税。

3. 计税依据

《中华人民共和国企业所得税法》第 5 条规定，企业每一纳税年度的收入总额，减除不征税收入、免税收入、各项扣除以及允许弥补的以前年度亏损后的余额，为应纳税所得额。

4. 税率

《中华人民共和国企业所得税法》第 4 条规定，企业所得税的税率为 25%。非居民企业就其来源于中国境内的所得，适用税率为 20%。

5. 征收管理

(1) 纳税地点。

居民企业以企业登记注册地为纳税地点；但登记注册地在境外的，以实际管理机构所在地为纳税地点。

非居民企业一般以机构、场所所在地为纳税地点。非居民企业在中国境内设立两个或者两个以上机构、场所的，经税务机关审核批准，可以选择由其主要机构、场所汇总缴纳企业所得税。

(2) 纳税时间。

企业所得税按纳税年度计算。纳税年度自公历 1 月 1 日起至 12 月 31 日止。

企业在一个纳税年度中间开业，或者终止经营活动，使该纳税年度的实际经营期不足 12 个月的，应当以其实际经营期为一个纳税年度；企业依法清算时，应当以清算期间作为一个纳税年度。

(3) 纳税期限。

企业所得税分月或者分季预缴。

企业应当自月份或者季度终了之日起 15 日内，向税务机关报送预缴企业所得税纳税申报表，预缴税款；企业应当自年度终了之日起 5 个月内，向税务机关报送年度企业所得税纳税申报表，并汇算清缴，结清应缴应退税款。

(十) 个人所得税

个人所得税是指对本国公民、居住在本国境内的个人的所得和境外个人来源于本国的所得征收的一种所得税。

1. 纳税人

在中国境内有住所，或者无住所而在境内居住满一年的个人，从中国境内和境外取得的所得，依照《中华人民共和国个人所得税法》规定缴纳个人所得税；在中国境内无住所又不居住或者无住所而在境内居住不满一年的个人，从中国境内取得的所得，依照规定缴纳个人所得税。

2. 征税对象

下列各项个人所得，应纳个人所得税。

(1) 工资、薪金所得。

(2) 个体工商户的生产、经营所得。

(3) 对企事业单位的承包经营、承租经营所得。

(4) 劳务报酬所得。

(5) 稿酬所得。

(6) 特许权使用费所得。

(7) 利息、股息、红利所得。

(8) 财产租赁所得。

(9) 财产转让所得。

(10) 偶然所得。

(11) 经国务院财政部门确定征税的其他所得。

3. 税率

(1) 工资、薪金所得，适用超额累进税率，税率为 3%～45%。

(2) 个体工商户的生产、经营所得和对企事业单位的承包经营、承租经营所得，适用5%～35%的超额累进税率。

(3) 稿酬所得，适用比例税率，税率为 20%，并按应纳税额减征 30%。

(4) 劳务报酬所得，适用比例税率，税率为 20%。一次收入畸高的，其应纳税所得额超过 20000 元至 50000 元的部分，依照税法规定计算应纳税额后再按照应纳税额加征五成；超过 50000 元的部分，加征十成。

(5) 特许权使用费所得，利息、股息、红利所得，财产租赁所得，财产转让所得，偶然所得和其他所得，适用比例税率，税率为 20%。

4. 应纳税所得额的计算

(1) 工资、薪金所得，以每月收入额减除费用 3500 元后的余额，为应纳税所得额。

(2) 个体工商户的生产、经营所得，以每一纳税年度的收入总额，减除成本、费用以及损失后的余额，为应纳税所得额。

(3) 对企事业单位的承包经营、承租经营所得，以每一纳税年度的收入总额，减除必要费用后的余额，为应纳税所得额。

(4) 劳务报酬所得、稿酬所得、特许权使用费所得、财产租赁所得，每次收入不超过4000 元的，减除费用 800 元；4000 元以上的，减除 20%的费用，其余额为应纳税所得额。

(5) 财产转让所得，以转让财产的收入额减除财产原值和合理费用后的余额，为应纳税所得额。

(6) 利息、股息、红利所得，偶然所得和其他所得，以每次收入额为应纳税所得额。

个人将其所得对教育事业和其他公益事业捐赠的部分，按照国务院有关规定从应纳税所得中扣除。对在中国境内无住所而在中国境内取得工资、薪金所得的纳税义务人和在中国境内有住所而在中国境外取得工资、薪金所得的纳税义务人，可以根据其平均收入水平、生活水平以及汇率变化情况确定附加减除费用，附加减除费用适用的范围和标准由国务院规定。

（十一）残疾人就业保障金

残疾人就业保障金是指（以下简称“保障金”）在实施分散按比例安排残疾人就业的地区，凡安排残疾人达不到省、自治区、直辖市人民政府规定比例的机关、团体、企事业单位和城乡集体经济组织，根据地方有关法规的规定，按照年度差额人数和上年度本地区职工年平均工资计算缴纳用于残疾人就业的专项资金。

根据《中华人民共和国残疾人保障法》及《残疾人就业保障金管理暂行规定》的规定，企业安置残疾人就业的比例为不低于上年度单位在职职工人数的 1.5%。安排一名盲人或重度肢体残疾人，按安排两名残疾人计算。安排对象不足的，经当地残疾人工作协调委员会批准，可按实有残疾人数量降低就业比例。具体的计算公式为：（企业上年底实际在职职工人数×应安排比例数－在岗残疾人职工人数)×上年度当地年平均职工工资。对暂未达到残疾人就业比例的单位，按规定向各级地税机关缴纳保障金。按比例安排残疾人不足一人的单位，按比例差额计算缴纳。

企业、城乡集体经济组织交纳的“保障金”从管理费用中列支，机关、团体和事业单位交纳的“保障金”从单位预算经费包干结余或收支结余中列支。机关、团体、事业单位因经费困难，企业因政策性亏损等原因，确需减免“保障金”的，由单位提出申请，报同级财政部门和残疾人联合会，经财政部门会同残疾人联合会审批后，可以给予减免照顾。未经批准，逾期不交者，可对逾期不交的部分按日加收5‰的滞纳金。滞纳金数额由主管地税机关认定后，与残疾人就业保障金一并征收。对拒不缴纳的单位，可依法申请法院强制执行。

第六节 建 筑 节 能

一、节能法综述

(一) 立法背景

1980年，国务院国家经委、国家计委组织了一百九十多位能源方面的专家进行能源法律的研究，1984年完成了节能法的纲要，1986年国务院正式颁布了《节约能源管理暂行条例》。该《条例》的实施，对我国节能工作起到了积极的作用，也为《节能法》的制定积累了经验。1990年3月，原国家计委召开了节约能源法起草研讨会，形成了《节约能源法编写大纲》，之后就节能法的制定进行了广泛的调研、论证和咨询，于1997年11月1日正式通过了《中华人民共和国节约能源法》，1998年1月1日起实施。

《节能法》实施近10年来，取得了令人瞩目的成绩。单位产品、单位产值的能耗大大降低，相同能耗的GDP产值则大大提高；与能源问题紧密相连的环境问题得到相当程度的改善，污染物排放量减少；经济增长、国际形象提升、能源外交更加主动。但近年来，我国能源消费增长很快，能源消耗强度高、利用效率低的问题比较严重，经济发展与能源资源及环境的矛盾日趋尖锐，现行《节能法》已经不能完全适应当前及今后节能工作的要求，亟须修订。经过各方的多次修订和审议，全国人大常委会于2007年10月28日表决通过了修订后的《节约能源法》(简称新《节能法》)，于2008年4月1日起施行。

(二) 新《节能法》的主要内容

新《节能法》共7章87条，分为总则、节能管理、合理使用与节约能源、节能技术进步、激励措施、法律责任和附则。其主要内容简介如下。

1. 将节约资源确定为基本国策

《节能法》第四条明确规定：“节约资源是我国的基本国策。国家实施节约与开发并举、把节约放在首位的能源发展战略。”

《节能法》同时强调，国务院和县级以上地方各级人民政府应当将节能工作纳入国民经济和社会发展规划、年度计划，并组织编制和实施节能中长期专项规划、年度节能计划。此外，还规定了一系列节能管理的基本制度，如实行节能目标责任制和节能考核评价等制度，国务院和县级以上地方各级人民政府每年向本级人民代表大会或者其常务委员会报告节能工作，省、自治区、直辖市人民政府每年向国务院报告节能目标责任的履行情况；实行固定资产投资项目节能评估和审查制度等。

2. 健全节能标准体系和监管制度

节能标准既是企业实施节能管理的基础，又是政府加强节能监管的依据。《节能法》明确要制定强制性的用能产品、设备能源效率标准、耗能高的产品的单位能耗限额标准，健全建筑节能标准和交通运输营运车船的燃料消耗量限值标准等。

同时，《节能法》规定了更加严格的节能管理措施，如：对落后的耗能过高的用能产品、设备和生产工艺实行淘汰制度，对于超过单位产品能耗限额标准用能的生产，责令限期治理；禁止生产、进口、销售国家明令淘汰或者不符合强制性能源效率标准的用能产品、设备；对于不符合有关节能标准的建筑工程不得开工建设，已经开工建设的，责令停止施工、限期改正，已经建成的，不得销售或者使用等。

为了加强节能监管工作，《节能法》规定，国务院和县级以上地方各级人民政府应当加强对节能工作的领导，县级以上人民政府管理节能工作的部门和有关部门应当在各自的职责范围内，加强对节能法律、法规和节能标准执行情况的监督检查，依法查处违法用能行为。

3. 扩大了调整范围

修订后的《节能法》在第三章“合理使用与节约能源”中增加规定了建筑节能、交通运输节能、公共机构节能、重点用能单位节能、农村节能及生活节能等内容。

4. 加大政策激励力度

为了加强对节能工作引导和推动，《节能法》新增设一章“激励措施”，从财政、税收、政府采购、价格和信贷等方面予以明确。

5. 明确节能执法主体，强化节能法律责任

《节能法》第十条规定：“县级以上地方各级人民政府管理节能工作的部门负责本行政区域内的节能监督管理工作。县级以上地方各级人民政府有关部门在各自的职责范围内负责节能监督管理工作，并接受同级管理节能工作的部门的指导。”

《节能法》规定了19项法律责任，包括：未按规定配备、使用能源计量器具，瞒报、伪造、篡改能源统计资料或编造虚假能源统计数据，重点用能单位无正当理由拒不落实整改要求或者整改未达到要求、不按规定报送能源利用状况报告或报告内容不实、不按规定设立能源管理岗位，建设、设计、施工、监理等单位违反建筑节能的有关标准等方面的法律责任。

二、建筑节能的监督管理

建筑节能，是指建筑在规划、设计、建造和使用过程中，通过采用新型墙体材料，执行建筑节能标准，加强建筑物用能设备的运行管理，合理设计建筑围护结构的热工性能，提高采暖、制冷、照明、通风、给排水和通道系统的运行效率，以及利用可再生能源，在保证建筑物使用功能和室内热环境质量的前提下，降低建筑能源消耗，合理、有效地利用能源的活动。

国务院建设主管部门负责全国建筑节能的监督管理工作。县级以上地方各级人民政府建设主管部门负责本行政区域内建筑节能的监督管理工作。

各级人民政府应当加强对建筑节能工作的领导，积极培育建筑节能服务市场，健全建筑节能服务体系，推动建筑节能技术的开发应用，做好建筑节能知识的宣传教育工作。

三、建筑节能规划

国务院建设行政主管部门根据国家节能规划，制定国家建筑节能专项规划；省、自治

区、直辖市以及设区城市人民政府建设行政主管部门应当根据本地节能规划，制定本地建筑节能专项规划，并组织实施。

县级以上地方人民政府规划主管部门在编制城乡规划时应当充分考虑能源、资源的综合利用和节约，对城镇布局、功能区设置、建筑特征，基础设施配置的影响进行研究论证。在具体编制城市详细规划、镇详细规划，应当按照建筑节能的要求，确定建筑的布局、形状和朝向。

县级以上地方人民政府规划主管部门依法对建筑进行规划审查，应当就设计方案是否符合建筑节能强制性标准征求同级建设主管部门的意见；对不符合建筑节能强制性标准的，不得颁发建设工程规划许可证。

四、新建建筑节能

国家建立健全建筑节能标准体系，鼓励制定、采用优于国家建筑节能标准的地方建筑节能标准。国家推广使用建筑节能的新技术、新工艺、新材料和新设备，限制使用或者禁止使用能源消耗高的技术、工艺、材料和设备。国务院节能工作行政主管部门、建设主管部门应当制定、公布并及时更新推广使用、限制使用或者禁止使用目录。建设单位、设计单位、施工单位不得在建筑活动中使用列入禁止使用目录的技术、工艺、材料和设备。

施工图设计文件经审查不符合民用建筑节能强制性标准的，县级以上地方人民政府建设主管部门不得颁发施工许可证。

建设单位不得明示或者暗示设计单位、施工单位违反民用建筑节能强制性标准进行设计、施工，不得明示或者暗示施工单位使用不符合施工图设计文件要求的墙体材料、保温材料、门窗、采暖制冷系统和照明设备。按照合同约定由建设单位采购墙体材料、保温材料、门窗、采暖制冷系统和照明设备的，建设单位应当保证其符合施工图设计文件要求。

设计单位、施工单位、工程监理单位及其注册执业人员，应当按照民用建筑节能强制性标准进行设计、施工、监理。

施工单位应当对进入施工现场的墙体材料、保温材料、门窗、采暖制冷系统和照明设备进行查验；不符合施工图设计文件要求的，不得使用。

工程监理单位发现施工单位不按照民用建筑节能强制性标准施工的，应当要求施工单位改正；施工单位拒不改正的，工程监理单位应当及时报告建设单位，并向有关主管部门报告；墙体、屋面的保温工程施工时，监理工程师应当按照工程监理规范的要求，采取旁站、巡视和平行检验等形式实施监理；未经监理工程师签字，墙体材料、保温材料、门窗、采暖制冷系统和照明设备不得在建筑上使用或者安装，施工单位不得进行下一道工序的施工。

建设单位组织竣工验收，应当对建筑是否符合建筑节能强制性标准进行查验；对不符合建筑节能强制性标准的，不得出具竣工验收合格报告。

五、既有建筑节能

根据住房与城乡建设部颁布的《民用建筑节能管理规定》，对不符合建筑节能强制性标准的既有建筑的围护结构、供热系统、采暖制冷系统、照明设备和热水供应设施等应实施节能改造。

既有建筑节能改造应当从本地的经济、社会发展水平和地理气候条件等实际情况出发，有计划、分步骤地实施分类改造。县级以上地方人民政府建设主管部门应当对本行政区域内既有建筑的建设年代、结构形式、用能系统、能源消耗指标、寿命周期等组织调查统计和分析，制定既有建筑节能改造计划，明确节能改造的目标、范围和要求，经本级人民政府批准后组织实施。

国家机关办公建筑、政府投资和以政府投资为主的公共建筑的节能改造，应当制定节能改造方案，经充分论证，并按照国家有关规定办理相关审批手续后，方可进行。

对不符合建筑节能强制性标准的居住建筑，应当在尊重建筑所有权人意愿的基础上，逐步实施节能改造。

实施既有建筑节能的改造，应当符合建筑节能强制性标准，优先采用遮阳、改善通风等低成本改造措施。对公共建筑进行节能改造，应当安装室内温度调控装置、用电分项计量装置；对实行集中供热的居住建筑进行节能改造，应当安装分栋或者分户用热计量装置和供热系统调控装置。

六、建筑用能系统运行节能

建筑所有权人或者使用权人应当保证建筑用能系统的正常运行，不得人为损坏建筑围护结构和用能系统。

国家机关办公建筑和大型公共建筑的所有权人或者使用权人应当建立健全民用建筑节能管理制度和操作规程，对建筑用能系统进行监测、维护，并定期将分项用电量报县级以上地方人民政府建设主管部门。

国家对使用空调采暖、制冷的公共建筑实行室内温度控制制度。除特殊用途外，夏季室内空调温度设置不得低于26℃，冬季室内空调温度设置不得高于20℃。

供热单位应当建立健全相关制度，加强对专业技术人员的教育和培训。同时，应当改进技术装备，实施计量管理，并对供热系统进行监测、维护，提高供热系统的效率，保证供热系统的运行符合民用建筑节能强制性标准。

七、建筑节能信息公示

《民用建筑节能管理规定》第18条规定：房地产开发企业应当将所售商品住房的节能措施、围护结构保温隔热性能指标等基本信息在销售现场显著位置予以公示，并在《住宅使用说明书》中予以载明。

公示的内容应包括：①节能性能：主要公示单位建筑面积年度能源消耗量指标以及建筑物用能系统的效率，并与建筑节能标准规定的参数进行对比；②节能措施：居住建筑主要为围护结构中墙体、屋面、地面（楼面）、门窗（幕墙）所采取的节能措施以及供热采暖（制冷）系统所采取的节能措施；公共建筑的节能措施还应包括空调、通风、照明等方面的节能措施。

县级以上建设（房地产）行政主管部门负责建筑节能信息公示的管理工作，受理购房者、社会公众对建设单位（房地产开发企业）未落实所明示的建筑节能信息内容的投诉，并调查解决。

八、违反建筑节能的法律责任

县级以上人民政府有关部门有下列行为之一的，对负有责任的主管人员和其他直接责任人员，依法给予处分；构成犯罪的，依法追究刑事责任：①对设计方案不符合建筑节能强制性标准的建筑项目颁发建设工程规划许可证的；②对不符合建筑节能强制性标准的设计方案出具合格意见的；③对施工图设计文件不符合建筑节能强制性标准的建筑项目颁发施工许可证的；④不依法履行监督管理职责的其他行为。

建设单位未按照建筑节能强制性标准委托设计，擅自修改节能设计文件，明示或暗示设计单位、施工单位违反建筑节能设计强制性标准，降低工程建设质量的，处 20 万元以上 50 万元以下的罚款。

设计单位未按照建筑节能强制性标准进行设计的，应当修改设计。未进行修改的，给予警告，处 10 万元以上 30 万元以下罚款；造成损失的，依法承担赔偿责任；两年内，累计三项工程未按照建筑节能强制性标准设计的，责令停业整顿，降低资质等级或者吊销资质证书。

对未按照节能设计进行施工的施工单位，责令改正；整改所发生的工程费用，由施工单位负责；可以给予警告，情节严重的，处工程合同价款 2%以上 4%以下的罚款；两年内，累计三项工程未按照符合节能标准要求的设计进行施工的，责令停业整顿，降低资质等级或者吊销资质证书。

工程监理单位未按照建筑节能强制性标准实施监理，对墙体、屋面的保温工程施工未采取旁站、巡视和平行检验等形式实施监理，对不符合施工图设计文件要求的墙体材料、保温材料、门窗、采暖制冷系统、照明设备等按照符合施工图设计文件要求签字的，由县级以上地方人民政府建设主管部门责令限期改正；逾期未改正的，处 10 万元以上 30 万元以下的罚款；情节严重的，由颁发资质证书的部门责令停业整顿，降低资质等级或者吊销资质证书；造成损失的，依法承担赔偿责任。

房地产开发企业销售商品房，未向购买人明示所售商品房的能源消耗指标、节能措施和保护要求、保温工程保修期等信息，或者向购买人明示的所售商品房能源消耗指标与建筑实际能源消耗不符的，依法承担民事责任；由县级以上地方人民政府建设主管部门责令限期改正；逾期未改正的，处交付使用的房屋销售总额 2%以下的罚款；情节严重的，由颁发资质证书的部门降低资质等级或者吊销资质证书。

注册执业人员未执行建筑节能强制性标准的，由县级以上人民政府建设主管部门责令停止执业 3 个月以上 1 年以下；情节严重的，由颁发资格证书的部门吊销执业资格证书，5 年内不予注册。

第十四章　国外建筑工程相关法律综述

第一节　世界各国法律制度简介

一、大陆法系

（一）大陆法系的概念

大陆法系，又称民法法系、罗马—日尔曼法系，是以罗马法为基础，以成文法为主要特征，以《法国民法典》和《德国民法典》为代表的一个世界性法律体系。其成员除法国和德国外，许多欧洲国家如瑞士、意大利、奥地利、比利时、卢森堡、荷兰、西班牙、葡萄牙等国都属于大陆法系；此外，由于近现代资本主义的殖民扩张，整个拉丁美洲、非洲的一部分、近东的某些国家都属于大陆法系；亚洲的日本、印度尼西亚、旧中国等地也引入了大陆法；另外，美国的路易斯安纳州和加拿大的魁北克，也以大陆法为主。

（二）大陆法系的结构和特点

1）大陆法的主要渊源是成文法，并在各个部门法领域都建立了比较系统的成文法典，如民法典、刑法典、商法典等，强调成文法的权威，对于判例和习惯一般不承认其效力。

2）大陆法各国都把全部法律分为公法与私法两大部分。所谓公法是指与国家状况有关的法律，包括宪法、行政法、刑法、诉讼法和国际公法；私法是与个人利益有关的法律，包括民法、商法等。而且，大陆法各国在这些法律领域中都使用相等的法律制度和法律概念，因此尽管各国语言不同，但他们的法律词汇可以准确地互相对译。

3）大陆法系一般采用普遍法院与行政法院分离的双轨制，法官经考试后由政府任命；他们比较注重实体法，认为程序法仅仅是适用实体法的工具，一般采用纠问式诉讼程序；法官的作用十分有限，他们被视为严格执行法律的工具，不得擅自创造法律违背立法者的精神。

4）大陆法重视法律的理论概括，注重法典的体例排列，讲求规定的逻辑性，概念的抽象性和明确性及语言的精炼。

二、英美法系

（一）英美法系的概念

英美法系是也称英吉利法系、普遍法法系，是以英国的普遍法、衡平法和制定法为基础，以判例法为主要特征，并融入罗马法、教会法以及中世纪商法的若干原则而逐步形成的一个世界性的法律体系，是在英国对外贸易、军事侵略、殖民统治和强制推行英国法的过程中形成的。其成员除英国、美国外，还包括爱尔兰、加拿大、澳大利亚、新西兰、冈比亚、尼日利亚、加纳、肯尼亚、乌干达、赞比亚等，以及亚洲的印度、新加坡和我国的香港特别行政区。但是，由于历史的原因，英联邦中的苏格兰、美国的路易斯安纳州、加拿大的魁北克省却不属于英美法系，而是大陆法系。

英美法系以英国和美国为代表。两国法律虽然有许可共同之处，例如两国都以判例作为法的主要渊源，都有普通法与衡平法之分等，但两国法律在自身的发展过程中，也各自形成了很多不同的特点。

（二）英国法的结构和特点

1）英国法的主要渊源是判例法，法院通行的原则是“遵循先例”，除个别领域外基本上没有成文法典。

2）英国法不像大陆法那样把法律明确地分为公法和私法，而是分为普通法和衡平法两部分，这种二元性的结构是英国法的一个主要特点。普通法是指由普通法院创立并发展起来的，适用于整个英格兰的，并区别于大陆法的一套法律规则。衡平法则是在十四世纪为了补充和匡正当时不完善的普通法，由枢密大臣法院发展起来的。两者虽然都是判例法，但是却各有特点，不论是从救济方法、诉讼程序，还是法律术语，甚至法院的组织系统都有很大的区别。二者是两套相对独立的法律体系，普通法主要包括刑法、合同法、侵权行为法等；衡平法则包括不动产法、公司法、信托法、破产法、遗嘱与继承法等。

3）英国法非常注重程序法，所谓“救济先于权利”，而不太注重实体法，实行对抗制诉讼，当事人主义色彩比较浓。

4）英国法体系十分庞杂，缺乏系统分类，部门法之间缺少逻辑联系，法官居于中心地位，他们既是法的制定者，也是法的解释者，还是法的执行者。

（三）美国法的结构和特点

美国是世界上法制最发达的国家之一，美国法主要是从英国法移植而来的，因而在法律语言、法律概念和推理方法等方面都与英国法有相同之处。但是，在美国独立以后，两国的法律基本上是独立发展的，美国法在其发展过程中，形成了自己的特点，这些特点不仅与大陆法国家不同，而且与英国法也有区别。

1）美国同英国一样，都属于判例法国家。判例是美国法的主要渊源，但是美国的成文法数量也非常多，在社会生活中的作用也越来越重要，甚至有超过判例法的趋势。所以说，美国法既不是纯粹的判例法，也不是完全的成文法，而是一种混合的制度。

2）美国法采用英国法的范畴、概念和分类方法，也将法律分为普通法和衡平法。

3）美国法律分为联邦法与州法两大部分，这是美国法律结构的一大特点。联邦法和50个州法各成体系，互不相同，使得美国的法律体系呈现出复杂多元、立体交叉、不断变化的特点。美国的法院也分为联邦法院系统和各州法院系统，两套法院系统互不隶属，独立行使权力。

4）美国法注重学理和实践的互补，既强调法院和法官的作用和地位，也注重法学家的作用，如由律师、法官和法学教授共同完成的对法律规则进行抽象的理论表达的“法律重述”，对美国的司法实践有着一定的影响力，有的州在判决中如果没有先例可循或者先例不明确，法官往往求助于“重述”。

5）美国法承认司法解释的效力，美国法院对先例、制定法条文都有司法解释的权力，当然，这种权力往往造成判例规则和制定法条文含义的极大伸缩性。

三、社会主义法律体系

20世纪以后，世界法律发展的最大变化是社会主义法的诞生。1917年俄国十月革命的胜利，在世界上诞生了第一个社会主义国家，经过十多年的努力，前苏联先后制定了宪法、民法、刑法、民事诉讼法、土地法、森林法和行政法典等，形成了比较系统的法律体系。

二次世界大战后，随着南斯拉夫、罗马尼亚、波兰等东欧一批国家以及中国、朝鲜等亚洲国家走上社会主义道路，社会主义法律体系得到了进一步的扩大和丰富。80年代末，在苏联解体和东欧剧变的冲击下，社会主义法律体系受到了挫折，但是许多社会主义国家在坚持社会主义基本方向的基础上，结合本国的国情，进行了比较大的改革，使社会主义法律体系更具备了自己的特色，并在世界法律体系中占有重要的一席。

四、发展中国家的法律体系

亚非拉地区的发展中国家，其法律也有自身的特点。这些国家，有的是以前西方列强的殖民地，其法律基本上是宗主国法律的翻版；有的虽是独立国家，但其法律或者是适用西方两大法系的，或是传统的宗教法（如伊斯兰国家等），但在二战后，这些国家都结合自己的国情，参照西方的法律，吸收本民族的传统，进行了系统的有成效的法律改革。其中，有些法律，如印度 1960 年的中央少年法、伊拉克 1973 年的涉外投资法、古巴 1982 年的合资企业法、南斯拉夫 1984 年的社会监督价格制度法、墨西哥 1984 年的外国投资管理准则，以及我国近年来颁布的很多法律，不仅在第三世界具有相当的权威，而且对西方法律制度也极有影响。

第二节　大陆法系国家建筑法律制度

一、德国建筑法

（一）德国建筑立法概述

德国是联邦制国家，联邦与各州均享有立法权。在建筑法方面，联邦和各州的立法权限是不同的：城市建筑的计划、建筑土地的分配、土地价值评价、土地交通法和开发权利法等方面由联邦立法；联邦各州则是以建筑规划法为其主要立法内容。

德国的建筑立法始于 19 世纪，如 1881 年 4 月 30 日通过的黑林州的建筑法规，1899 年 3 月 13 日不伦瑞克州的建筑法规，1900 年 7 月 1 日的萨克森建筑法，1907 年 7 月 1 日的奥尔登堡州建筑法规，1910 年 7 月 28 日的符腾堡州建筑法规，1923 年 10 月 31 日汉堡的建房设计法则和 1938 年 6 月 8 日通过的建筑警察法规等。这一时期建筑立法以州立法为主，法律规定既不完整也不统一。直到 1960 年 6 月 23 日，联邦性的建筑法才告出台，之后又于 1976 年、1979 年作了许多修改，使这部建筑法日趋完善，同时 1971 年 7 月 27 日联邦还颁布了城市建筑促进法，作为联邦建筑法的补充。1990 年 10 月 23 日联邦议会将联邦建筑法和城市建筑促进法合并为联邦建筑法典，至此德国终于有了一部超规模的建筑法律，这也标志着德国建筑立法的法典化、规范化和完备化。

（二）德国建筑法典

1. 建筑法典的立法目标

1）将城市建筑的法律原则制定在一个统一的法典中，避免部分修改中产生的问题。

2）法典是以现代和将来的城市建筑发展为其根本任务，所以必须强化环境保护。

3）简化法律和行政管理，减少或废除可撤销的某些规定，使建筑要求简单化。

4）不仅在建筑指导计划提出上规定了简单和快速的要求，而且提高了在建筑计划法上对法制要求维护的法律安全感。

5）强化社会计划的权威。

6）减除城市建筑领域的混合资助形式。

2. 建筑法典的主要内容

德国建筑法典共四篇，247 条，其主要内容如下：

（1）第一篇　城市建筑法总则，共六章，135 条。

第一章　建筑指导计划。主要规定了准备性的建筑指导计划（即土地使用计划）和连续性的建筑指导计划（即建房计划）；

第二章　建筑指导计划的保障。主要包括临时禁止变更和建筑申请的推迟，分配建筑许可和法定的社区先买权等内容；

第三章　建筑使用和其他使用土地的规定；

第四章　农用土地管理包括土地如何分配及界限的规定等；

第五章　征用包括征用的许可、补偿及征用程序；

第六章　开发包括开发的一般规定及开发费用等。

（2）第二篇　城市建筑法分则，共六章，56 条。

第一章　城市建筑的整顿措施。主要规定了整顿的准备、实施和结束，整顿的承担者和委托者，及特别整顿法的规定；

第二章　城市建筑的发展措施；

第三章　维护规章和城市建筑的命令；

第四章　社会规划和艰苦劳动补贴；

第五章　房屋出租和租赁的关系；

第六章　与农业结构改善措施相关的城市建筑措施。

（3）第三篇　其他规定，共三章，40 条。

第一章　定价；

第二章　行政程序和管辖的一般规定；

第三章　建筑土地诉讼前的程序。

（4）第四篇　过渡条款和最后决定，共两章，18 条。

第一章　过渡条款；

第二章　最后规定。

（三）建筑计划法

建筑计划法，是确立建筑方案和土地使用及自然保护的宏观要求，将个人的建筑自由与社会的共同福利相结合作为实施目标，并给予法律措施上限制的法；建筑计划法由联邦来立法。

建筑指导计划是建筑计划法中的核心内容，它包括两个方面的内容：一是由社区根据综合情况提出土地使用计划作为准备性的建筑指导计划；二是根据土地使用计划提出建房计划。建筑指导计划的任务是规范城市建筑的发展，保证土地使用与社会公正和为大众谋福利的一致性，并为保护人类环境而努力。

建筑指导计划的制定一般需要下列程序：

1）社会管理委员会提出建筑指导计划的草案并公告；

2）建筑指导计划草案的听证；

3）行政管理局和公共利益承担者的参与；

4）公众的解释说明；

5）建筑指导计划的认可和通告；

6）建筑指导计划公告、发布。

建筑方案的许可也是建筑计划法中的重要内容。建筑方案是指一个具体建筑设施的建筑计划，它的许可有很多种情况，一般是由社区管理委员会审查、通告、同意后实施。

（四）建筑规则法

建筑规则法是规范具体的建筑形状和结构，并规定许可程序的法，它以预防在建筑中可能出现的危险为目标，所以也称建筑警察法，由各州来具体立法。

建筑规则法的作用在于保障建筑土地上建立、使用建筑设施时不发生危险和损害，同时对实施建筑计划和方案从程序上限制和管理。也就是说，建筑规则法既有实体方面的规定，也有程序方面的规范。

实体方面，建筑规则法规定得非常详细，甚至有许多条款是涉及技术问题或非技术、非法律的问题。如禁止建筑外观（形）的损毁的规定，广告设施外观（形）的规定，建筑土地的间隔距离，限制尺寸的车库界限，房屋建造的高度，房间窗户的面积等。

程序方面主要的规定有：已被列入计划内容的建筑许可，建筑临时决定，建筑设施的拆除，建筑中止，禁止使用以及其他的建筑管理措施等。

（五）建筑私法

德国法将法律分为公法和私法，而建筑法则是一个公法和私法相交叉的法律领域，它除了公法范围的建筑计划法、建筑规则法外，还包括了私法中的建筑合同法和建筑侵权法的内容。在德国尽管也有许多国家的建筑计划项目，但在实施时都是通过民事合同的形式，即使用了私法的规定。

所谓建筑私法，“是由建筑计划和建筑物建造的参与者，以及直接服务于建筑物的设施和相连接的建筑自由范围内的法律关系的各种规定的总称”。其中，建筑物是指用材料和劳动关联的在土地上生产出来的产品，内容包括：新建、改建、扩建的建筑，地上及地下建筑，桥梁、纪念物、矿井、道路建筑等。建筑私法当然不是直接为这种建筑服务，而是规范在建筑实施中的人与人之间的关系，这种关系有两种：

（1）建筑合同关系。包括建筑项目合同委托者与建筑合同的关系，委托者与建筑施工企业的关系，委托者与特种专业人员（如力学家、岩土学专家、热能专家、电气专家等）之间的关系。此外，建筑私法还涉及委托者与建筑参与者不相关的第三人的关系，如相邻关系、保险关系。因而所签订的建筑合同即有以下类型：建筑师合同、与特种专业人员的合同、委托建筑企业履行建造合同、总包合同或中介总包合同、建筑参与或咨询参与合同、建筑项目管理合同、保险合同等。

（2）建筑侵权责任关系。包括建筑师与建筑企业的关系、建筑师与特种专业人员的关系、特种专业人员与建筑企业的关系、建筑企业之间的关系、建筑企业内部的关系以及在建筑参与中产生的其他侵权关系等。

二、法国建筑工程法

法国属大陆法系国家，其法律体系分为公法和私法两大部分。在建筑工程领域，也区分为公法和私法。当政府从事的建筑工程受公法支配时，这种工程属于公共工程；受私法支配时的工程，称为私工程。本节主要研究公共工程的法律规定。

(一) 公共工程的概念和含义

狭义的公共工程仅指工程活动本身，即公共工程建设；广义的公共工程既包括公共工程建设活动，也包括工程活动的结果即公共建筑物。本书取狭义说，并在后面专门介绍公共建筑物。

根据法国法的规定，公共工程必须具备下述条件：

1. 以不动产为对象

公共工程是一种工程活动，以物质活动为内容，非物质的活动不是工程。这种活动的特点是以不动产为对象，范围很广，包括改变不动产结构的活动，例如建造、修理、改造、拆除不动产的活动，也包括维持不动产的活动以及其他直接和不动产有关的活动，例如对不动产的保护、清洗、打扫、运输不动产工程的器材等。

2. 以公共利益为目的

公共工程以公共利益为目的，这是公共工程与私工程相区别的主要特点。公共工程的这一特点也使得公共工程往往享有特殊的权力。由于公共工程大都按照行政主体的计划实施，一般的理解，往往把公共工程活动和公务活动或公产管理活动等同起来，实际上法国公共工程的公共利益范围超过公务活动和公产管理活动的范围。

首先，公共利益的范围超过公务的范围，公务以外的公共利益也可以作为公共工程的目标。例如修理属于市政府财产的教堂的工程，这项工程本身不是公务活动（因为法国实行政教分离，教会的活动不是公务），但它符合公共利益，因而属于公共工程；相反，即使是关于不动产公产的活动，如果不是为了公共利益也不是公共工程，例如得到独占利用公共道路特许的私人，为了自己利益对公共道路所进行的工程不是公共工程。

其次，由于公共工程必须以公共利益为目的，所以行政主体纯粹为了财政收入目的的管理私产的工程，不是公共工程。例如国有森林属于国家私产，管理机构为了森林的安全而进行的工程活动属于公共工程，而为了森林的采伐而修建道路的工程，则不是公共工程。

另外，行政主体由于执行公务，为私人的打算而进行的工程也是公共工程。例如政府为援助难民而建造房屋的工程也就属于公共工程。但是，私人为其他私人的打算而进行的工程，即使符合公共利益，也不是公共工程。

3. 由行政主体自己实施的工程或别人为行政主体的打算而实施的工程

除前述两个条件以外，公共工程必须或者是由行政主体自己实施的工程，例如行政主体备料雇工所进行的工程是公共工程，或者由其他人实施，但以行政主体因此得到的利益作为工程的目的，即为行政主体的打算而进行的工程。为行政主体的打算而进行的工程包括在行政主体不动产上进行的工程，以及工程的结果最后归行政主体所有的工程。例如水力发电，在特许期满后，特许人的全部建设归行政主体所有，这种工程也是公共工程。

(二) 公共工程的实施

公共工程的实施可以采取不同的方式。主要的方式有：第一，行政主体直接管理施工；第二，公共工程承包合同；第三，公共工程特许合同；第四，私人或其他公法人对行政主体提供捐助的合同。

1. 行政主体直接管理施工

行政机关自己实施工程，在自己的工程人员或雇用的工程人员指挥下，组织施工队伍，购进材料进行建设。这种方式较少采用，一般适用于紧急工程、某些需要特殊人员或技术的工程、风险较大无人愿意承包的工程、承包企业索价过高的工程等。这类工程除适用公共工程的法律制度外，还涉及许多有关公务活动的法律制度，此处不再详述。

2. 公共工程承包合同

公共工程承包合同是行政主体和建筑企业家协议，后者为了前者的打算而实施某项工程建设，前者对后者支付一定价金作为报酬所订立的合同。这类合同是公共工程实施的主要方式。

(1) 公共工程承包合同的特征。

1) 合同的标的是某项公共工程；

2) 合同的报酬方式是支付一定的价金；

3) 合同是行政合同，即合同的一方当事人必须是行政主体。

(2) 公共工程承包合同的签订。

1) 公共工程承包合同签订的权限。行政主体签订公共工程合同由有关机关代表进行，有关机关在签订合同之前，往往要有其他机关授权。就国家而言，签订合同的权力随合同金额的大小而不同，一般的合同由部长授权签订，金额较大的合同由政府咨询最高行政法院意见后授权签订。地方团体签订公共工程承包合同，由大区议会主席、省议会主席和市长在各自议会的授权下签订。除必须具备正当的授权外，行政机关签订合同有时还必须咨询其他机关的意见，对国家来说，合同金额在一定数额以上时，必须咨询政府合同咨询委员会的意见，这种委员会存在于中央各部内部。

2) 公共工程承包合同签订的方式。公共工程承包合同签订的方式和一般行政合同相同，有招标、邀请发价和直接磋商三种方式。在法律没有特别规定时，行政机关可以自由决定采取哪种方式，但是，当采取招标方式时，如果合同金额达到一定数目以上时，必须在欧盟的指定报刊或其他媒体上发表，以便欧盟其他国家的企业家参加竞争。

3) 公共工程承包合同的形式。公共工程承包合同，原则上是必须采取书面形式。金额较低的合同，具备承包企业所开出的清单或发票已经足够。对于一般承包合同而言，除必须具备行政合同所共有的文件以外，还必须具备公共工程合同所特有的文件。公共工程承包合同所特有的文件主要有两项：

第一，价格清单。指明每项工程的价格，计算价格的方法。通常有整体价格、按单价计算价格、按定价表计算价格等。对于企业家而言，这是取得报酬最重要的文件。

第二，工资清单。应指明施工地点的一般工资标准，而且根据工资变动的情况修改。承包企业支付职工的工资水平，不能低于清单中所定标准。工资清单是必须有的文件，因为在承包合同中往往规定，承包人应得的报酬随工资清单的修改而变动。

上面两个文件是公共工程承包合同必须具备的文件，行政主体和承包人必须在合同中订明双方遵守以上文件中的规定。除了这些主要文件外，有的可能还有某些次要的文件，不具备合同性质，只有参考价值。例如工程概算说明书、工程数量估计书等，供行政机关参考。

(3) 公共工程承包人的权利和义务。

1) 公共工程承包人的权利。

第一，取得价金权。价金是承包人的报酬，必须规定在承包合同中，计算价金的方法有全部工程总金额方式、单位价格计算法、实际开支计算法、临时价金法等。各种计算价金的方法，可以根据工程情况结合采用，但必须在合同中明确规定。

第二，请求补偿权。主要有五种情况：损害赔偿请求权、统治者行为补偿权、不同预见情况补偿权、必要的或有益的工程补偿权和不可预见的特殊困难补偿权。

第三，请求解除合同权。下面三种情况下承包人可以请求解除合同：一是不可抗力；二是行政主体犯有严重过错，如没有正当理由命令中止工程的进行；三是行政主体对于合同条款单方面作出的修改范围太大，改变了合同的标的或主要性质。

2）公共工程承包人的义务。公共工程承包人的义务根据合同的规定而不同，主要有以下几项义务：

第一，承包人自己实施工程；

第二，遵守时间；

第三，遵守合同中各项技术规范。

以上义务是和公共工程有关的一般义务，除此之外，承包人根据社会立法、警察法规、一般行政法规等还负有其他一些义务。承包人违反义务时，行政主体具有制裁权力。

（4）公共工程中行政主体的权力。

在公共工程承包合同中，行政主体对于承包人处于一种特权地位，他的权力主要表现以下几个方面：

1）对工程实施的监督和指挥权。行政主体是建筑工程的主人，因此工程的真正指挥者是代表行政主体的工程师，承包人只是合作者和执行人。行政主体监督合同的良好执行，行政主体的工程师陪同承包人一起视察工程场地，检查工程中的材料是否符合合同中的规定，是否按照正当的工艺施工。行政主体可以要求采取某种施工方式，规定工程的开始和停止，甚至可以下达超过合同规定的指挥和命令，称为职务命令，承包人必须服从，否则可能引起制裁。

行政主体的工程实施的监督和指挥权不影响承包人对行政主体和第三者的责任。承包人由于行政主体错误的指挥而受到损失时，可以请求赔偿，由于执行行政主体的命令而增加负担时，可以请求赔偿。

2）单方面变更和解除合同权。行政主体有单方面变更合同的权力，但有一定的限制，如价金条款、合同标的等一般不能单方面变更。承包人因合同的变更所受到的损失，由行政机关补偿。合同的变更超过一定的范围时，承包人可以请求行政法院判决解除合同。

行政机关有单方面解除合同的权力，这种解除一般是根据公共利益的需要，同时，解除合同应补偿承包人因此所受到的损失。

3）制裁权。行政主体在公共工程承包合同中享有制裁权，其主要的制裁手段有罚款、损害赔偿、代执行和解除合同等。但这些制裁有很多限制条件，如损害赔偿额必须由法院判决，代执行必须是承包人具有严重过错，解除合同（非出于公共利益需要的解除）必须经过催告并经过一定期限后才能解除等。

（5）公共工程的验收和担保。

公共工程完成后，行政主体进行验收，付清余款。具体步骤是：工程完毕以后，合同双方技术人员证实工程状况，作成记录；45 天以后，由行政主体的代表，根据工程指挥人员的建议，会同承包人的代表进行验收；工程中如果有缺点应在记录中载明。

工程验收以后，承包人承担两种担保责任：工程良好结束的担保和建筑物的缺点 10 年担保责任。工程良好结束的担保期间为 1 年，维修工程和土方工程的期间为 6 个月，在这期间以内，承包人负责修理工程中不符合合同中规定的缺点；建筑物的缺点10年担保责任，是指对不动产建筑的缺点负责，对于动产制造的缺点不负责任，不动产的范围包括建筑主体部分以及和不动产结合不可分离的设备部分，缺点也只限于严重的缺点，不包括一般的缺点在内，如在验收时可以确定的缺点为一般缺点，对于在验收的不明显或其后果在最后才能显示的缺点以及影响建筑物的坚固性、妨碍建筑物正当利用的缺点都是严重缺点。

3. 公共工程特许合同

公共工程特许合同是行政主体和受特许人之间所订立的合同，后者以自己的费用实施工程建设，工程完成后受特许人在一定期间内对该公共建筑物取得经营管理权，从公共建筑物的使用人方面收取费用作为报酬，或自己免费使用。在这种方式下，行政主体可免除当初的建设投资，例如铁路建设、高速公路建设等大都采用这种方式，但是对不能收费的公共建筑物，不能采取这种方式。

（1）公共工程特许合同的订立和期限。公共工程特许合同由行政主体和受特许人签订，行政主体由监督特许公共工程的行政机关作为代表，受特许人是法国公民或公务法人及欧盟的其他相关法人，但某些特殊的公共工程仅限于法国特定的公务法人，如煤气、电力工程的特许，只能由法国煤气公司和法国电力公司独占。

合同的期间一般规定在30年到60年，特殊的工程可以缩短或延长。

（2）受特许人的权利和义务。

受特许人对建筑物享有使用权利，在受到第三者侵害时，可以提起恢复所有权的诉讼。受特许人除享有一般行政合同所有的权利外，在公共工程进行中，还可以行使役权，特别是邻地的临时占用役权，受特许人为了进行公共工程还可以享有公用征收权。

受特许人除承担一般行政合同的义务外，还承担自己从事工程建设的义务，没有行政主体的同意不能委托第三者实施工程；受特许人有维修建筑物的义务，在特许期满时，交回行政主体的建筑物必须处于良好状态；受特许人的收费标准由行政机关决定，不能任意变更。

（3）行政主体的权力。行政主体除享有行政合同规定的一般权力如工程实施的指挥监督权、单方面修改合同权等之外，当受特许人对建筑物的维修不恰当时，行政主体可以扣留受特许人的部分收入作为维修费用，但行政主休实施制裁的权力必须受行政法院的监督。

（4）公共工程特许合同的终止。

1）期限届满。合同规定的期限届满时，特许终止，公共工程由行政主体无偿收回。

2）赎买。赎买是在合同期限届满前终止特许的行为，一般有两种方式：一是按照合同规定的赎买；二是行政主体单方面决定的赎买，但必须是在行政主体认为符合公共利益时，才可以单方面决定终止特许，同时应补偿受特许人的全部损失和利益。

3）解除合同。当受特许人严重违反义务时，行政主体可以解除合同，而且一般不支付补偿费用，但是解除合同一般应由行政法院裁决。

4. 公共工程捐助合同

公共工程捐助合同是私人或其他公法人对某一行政主体提供捐助，用以进行公共工程建设的合同。这种合同具有以下特点：

1）捐助是无偿的，不要求受益的行政主体提供相应的给付作为代价。捐助人可以是私人，也可以是一个公法人，捐助的标的多种多样，可以是物质的东西如动产或不动产，也可以是财政的利益，如金钱、无息借贷、利息担保等，也可以是劳务或放弃某种权利等。

2）捐助的目的是进行公共工程建设，对公共工程以外的捐助，不是公共工程捐助合同。

3）捐助的对象是行政主体，而不是公共工程承包人或受特许人。

4）捐助是出于自愿，各种依法律规定必须履行的给付，如租税、使用费等不构成捐助。

公共工程捐助合同是由两个单边的连续行为结合而成，其中一个是提供捐助的行为，另一个是接受捐助的行为，当事人不就合同的内容进行协商。捐助人必须有完全的行为能力，公法人的捐助必须由有权限的机关提出。捐助行为在受益的行政主体接受时成立，在未接受前，捐助人可以撤回或者修改捐助行为，但必须是明白的意思表示。捐助行为一旦被接受以后，捐助人不能撤回，没有得到受益的行政主体的同意，不能变更。行政主体是否接受捐助完全自由，唯一的例外是修理教堂的捐助，如果捐助的金额足以进行修理工程时，行政主体不能拒绝，接受的行为也必须是明白的意思表示，不能修改捐助行为。

（三）公共建筑物

1. 公共建筑物的概念和特点

公共工程是一种活动，而公共建筑物是一件物体，二者既有联系，又不能等同。根据法国行政法院判例中的观点，认为公共建筑物是经过人为的加工，以满足某种公共利益为目的的不动产建筑物。它有如下特点：

(1) 公共建筑物只能是不动产建筑物。不动产包括自然性质属于不动产的物体，还包括作用上属于不动产的物体，以及固定于不动产上不可分离的物体。例如港口的起重设备、水坝的活动闸门等，表面上看是动产，但它的作用是补充不动产的用途，和不动产在作用上构成一体，因而属于不动产；还有如埋藏于土地中的管道，固定于不动产上的标志等，也属于不动产。

(2) 公共建筑物必须是经过加工的不动产。公共建筑物是人为的产物，必须具备一定的人为的加工，未经加工的不动产，如海岸、河川等不是公共建筑物。所谓人为的加工不要求必须具备复杂的结构，只要加工使不动产能够满足某项用途已足，例如在土地上铺上水泥、修建一个垃圾站等都可认为是加工。

(3) 公共建筑物必须用于满足某项公共利益目的。公共建筑物用于满足公共利益，所以具有和私建筑物不同的法律地位。公共利益目的依公共建筑物属于公法人和私人而不同，属于公法人时又依公共建筑物属于公产或私产而不同，因而公共建筑物有三种情况：

第一，属于公产的建筑物。在大部分情况下，公共建筑物属于某一公法人的公产，或者用于某种公务目的，如机场、公共道路、桥梁、公厕等。但行政主体纯粹为了财政收入目的的建筑物，不是公共建筑物。

第二，属于私产的公共建设物。行政主体和公企业的财产有公产和私产之分。若私产用于公共利益的目的，则属于公共建筑物，如乡间小道属于市镇私产，但是一种公共建筑物，再如在市有土地上建设的集市设施，属于公共建筑物，但土地是市有私产，适用私产制度。

第三，属于私人所有的公共建筑物。私人所有的建筑物，用于满足公共利益的目的需要特别保护时，也可以被认为是公共建筑物。但不是一切用于公共目的私人建筑物都是公共建筑物。私人建筑物只在行政主体同意下用于执行公共职务时，或者和行政主体的公共建筑物紧密结合时，才有可能被认为是公共建筑物，如私人所有的开放供公共使用的道路、私人团体所有的提供市政府管理和使用的停车场等。

2. 公共建筑物的法律制度

由于公共建筑物可以属于不同的类型，所以公共建筑物当然适用其所属类型的各种法律制度。同时由于公共建筑物的公益性，它也适用有关公共工程的法律制度。除此之外，公共建筑的还有一些特有的法律制度，具体表现如下。

(1) 公共建筑物不可侵害原则。公共建筑物不可侵害原则是由行政法院判例所产生，是指法院不能作出任何决定，妨碍公共建筑物的完整性和作用，即使公共建筑物的建立不符合法律决定，例如即使建筑在私人所有土地上，法院也无权判决拆除，是否应当拆除应当由行政机关决定。如果公共建筑物是违法的，给受害人造成损失，那么由行政机关给予赔偿，但是必须保存公共建筑物的存在。

(2) 处罚性保护原则。大部分公共建筑物属于行政主体公产，公产管理机关具有警察权力，可以制定保管条例附以处罚制裁，称为违警处罚。但适用违警处罚的公产只限于道路公产，而且其中一部分是公共建筑物，另一部分是非公共建筑物，如海洋、河川等。

除违警处罚外，另外一种是刑罚保护。对于由公共权力建立的或由其授权建立的纪念碑、雕像，以及对作为公共使用或装饰用的物体的毁损破坏，处以刑罚制裁。这种保护适用于一切公共建筑物，包括属于行政主体公产、私产以及私人财产的公共建筑物在内。

(3) 公共建筑物的行政役权。法律为了公共建筑物的保存和运用，对于邻近的不动产所有者规定某种容忍、不作为或作为的义务，这种义务称为行政役权。如在公共道路相交，转弯和危险处，私人不动产的利用不能妨碍公共道路的良好可见度，公墓附近 100m 内不许建筑和挖井等。

第三节　英美法系国家建筑工程相关法律制度

前已述及，英美法系国家以判例法为主。因此，他们没有独立的建筑法或建筑法典，有关建筑工程的法律规定往往散落于其他的单行条例及判例中。本书仅介绍与建筑工程有关的部分法律制度（以美国法为例）。

一、美国的城市规划法律制度

规划是指将城区分区划为特殊的定义区，以及对该区建筑和建筑物的使用加以限制性规定。在美国法中，规划实质上是对财产私有权特别是土地私有权的限制，因此规划权的行使是受很多限制的，根据联邦宪法的规定，规划权的行使必须出于公共目的，并具有宪法所要求的理性。

规划的目的在于将不宜与其他部分协调使用的土地分离出来，以在统一的计划中保护财产的价值，因而对城市和社区的合理发展有着积极的作用。但是规划也可能带来一些副作用，例如有可能把一些穷人从家园赶走，这就出现了发展与公平的矛盾。所以美国法规定，规划的权力必须由议会授予其下属机构。

传统的规划方式是把市区分为小区，每个小区再规定为不同用途，如居住区、办公区、工业区等。问题常出现在规划之前业已存在的土地的使用与规划不一致的，应如何处理。在这种情况出现以后，原使用者一般可通过下面的方式来解决：

（1）修订法案。这是指议会通过改变立法方式来改变小区的原始用途。

（2）特例。是指根据立法规划而明确准许在规定的小区内使某一土地用于不同用处，如在居民区内修建教堂。在规划法章实施之前业已存在的与规划不协调使用的，如果这种不协调使用不会造成危害，则应给予所有人一段合理时间以改变这种不协调使用。另外还有一种方法来解决，即点状规划，是指在统一规划中划出几块地来作不同使用。

（3）变通。这是指实际存在的困难或不必要的麻烦使规划法案不能按照其字面意思来实施。但是，变通必须具备下列条件：

1）如完全按规划使用土地，土地无法取得收益，使所有人入不敷出；

2）所有人的情况与其邻居相比较为独特，因而使规划显得不合理；

3）给予所有人变通待遇将不会给公众造成显著不便或显著改变小区特点。

但是，如果规划过于严厉或不合理，使得财产所有人受到损害，那么财产所有人就可以声明此种规划具有征收的性质，要求赔偿。

二、美国的土地征收法律制度

征收是指政府依法有偿从私人手中取得财产占有权。征收不同于警察权。美国的警察权不是我们通常所理解的大街上交通警或公安人员们的权力，而是指为保护公众的健康、安全、伦理及福利，在理性指导下对私有财产加以限制乃至剥夺的权力。征收与警察权非常相似，其区别仅在于取得私有财产时是否有偿。

根据联邦宪法的规定，征收必须具备以下三项要件。

1. 正当法律程序

正当法律程序是指政府对私有财产征收时，必须有宪法的依据，并依据法定的程序来实施。

2. 合理补偿

合理补偿是指赔偿所有人财产的公平市场价格，这一价格既包括财产的现有价值，也包括财产未来盈利的折扣价值。土地征收中，合理补偿问题比较复杂，特别是有关征收对租赁合同的影响上。一般的原则是：若征收全部租赁财产或全部租赁期限，则租赁合同终止；若发生部分财产征收或征收发生在部分财产租赁期限内，如果征收明显地对双方约定的财产使用造成干扰，则合同终止，反之，则合同继续执行；租赁双方另有有效合约的除外。但是无论哪种情况下，承租人均有权获得在征收过程中应得到的补偿，除非租赁合同中另有约定。

3. 公共使用

土地征收必须是为公共使用的目的。所谓公共使用，必须作广义的理解。首先公共使用排除政府利用权力损害某人利益使另一人获利，如政府征收甲的房屋给乙方使用，即不构成公共使用。但公共使用并不意味着政府征收的土地或房屋只能用以公用或给一般公众使用，政府征收后又立即转给多数私人使用，同样可以构成公共使用。

三、美国的不动产法律制度

（一）不动产的概念

美国法将财产权的标的分为动产和不动产。不动产是指土地以及与土地相关联并附着于土地的物，如房屋和其他建筑物等，有时土地也包括房屋。动产是指土地房屋以外的任何财产，包括有形物和无形物。

在美国法中，不动产与动产的划分并不像理论上那么简单。比如租赁的土地利益，在继承时通常划分为动产。一个尚未完成的土地转让，比如原所有人与他人签订的土地买卖合同，合同签订以后原所有人去世，对方没有付清钱，土地所有权也没有转移，在法律上该土地所有权属于原所有人，但在继承时自该土地所有权利益划分为动产。如果原所有人在遗嘱里写明动产归甲继承，不动产归乙继承，那么甲乙之间的利益就差别很大。所以动产与不动产的划分在美国法中很有意义。

（二）不动产的交易

1. 不动产交易的概念

不动产的交易即不动产买卖，通常是通过合同来实现，合同是双方意思表示一致的结果。交易与转让不同，转让是土地所有权人或土地权益人将土地所有权转移的行为，是单方面的法律行为，通常是通过转让书来完成，而交易是一种买卖行为。不动产的交易必须有两个法律文件，一份是合同，另一份转让书。

2. 不动产交易的步骤

不动产交易通常分为两个阶段：第一个阶段是签订合同，第二个阶段是交付转让书。

签订合同是一般的商业上的讨价还价过程，与其他合同相同。合同签订之后，你需要查明该不动产的所有权是否完整干净，别人对该所有权还有没有诉求。如果你需要银行贷款，你就需和银行签订抵押贷款合同。当你付清了全部价款或银行帮你付清了全部贷款，就进入第二阶段，称为合同的交割。合同的交割即一手交钱一手交货，一方交钱，另一方交付转让书和所有权证书，如果卖方没有对转让书和所有权证书进行登记，你就要进行登记。从法律上来说，转让书的交付意味着转让行为生效，在一般情况下你就获得了该不动产的所有权。如果通过银行贷款买房，则当你将分期付款及利息付清之后，才能获得产权。

3. 不动产交易合同

根据美国《防止欺诈法》的规定，不动产交易合同必须为书面形式，并由双方签字。否则，非文字合同在发生纠纷之后，法院将不执行。合同可以是非常正规的书面合同，也可以是双方签字的非正式备忘录，也可以由若干不同的文件共同构成书面合同。

在美国，不动产交易合同主要是通过经纪人来签订的。卖方与经纪人签订一个协议，允许经纪人将欲出售的不动产列入经纪人的出售房屋或土地名单上并向潜在的买方展现。当买方和卖方达成协议后，经纪人就可以从卖方手里获取规定的佣金，当卖方接受了买方的要约以后，一般由律师起草合同，同时律师要检查所有权证书，并起草转让书，最后由买卖双方来签订合同。

不动产交易合同的主要条款包括：双方的身份、不动产的说明、价格、支付方式等。其中，不动产的说明主要是描述出售的土地和房屋的具体情况；价格条款是必要条款，没有价格条款，合同将不发生效力；支付方式是不动产交易中比较特殊的条款，因为许多人是采用贷款的方式支付，对于贷款法院要求合同中写明具体的条款。除前述几项条款之外，合同书里还可以依据双方的意愿规定其他条款，以及合同法规定的一般条款。

4. 不动产交易中常见的几个法律问题

（1）所有权质量。也称所有权瑕疵担保，是指卖方对该不动产享有合法的所有权，没有侵犯任何第三人的权利，并且任何第三人都不会对该不动产主张任何权利，即该不动产所有权的质量是合格的。由于美国的土地财产权常常是分离的，财产权里的许多权益可能被不同的人所拥有，再加上土地转让的历史至少有上百年的历史，如果第一次转让有问题，那么所有权的质量就有问题。因而，在不动产交易中，所有权质量问题是首要问题，也是个很复杂的问题。

（2）转让登记。美国土地所有权的每一次转让都有登记，有的州还有一种所有权证书的登记，从原始的转让到交易之时的所有登记，就形成了一个所有权链锁记录，要保证所有权的质量主要是审查这些转让登记。

（3）占有权和使用权。房地产的交付使用并不意味着所有权的转让。在分期付款的不动产交易中，买方虽然先占有了房地产，但是因为钱没有付完，所以卖方还是握有土地的所有权，只有在买方全部付清之后，所有权才转移。

（4）抵押贷款。美国的抵押贷款与我国所称的“按揭”很类似，即买方通过银行或其他借贷机构贷款来买房或土地，银行帮买方付款，买方再分期付给银行，此时不动产所有权作为抵押物交给银行，如果买方停付或拒付银行的债务，银行就有权利拍卖抵押的房屋或土地，此时作为买方的房屋或土地的所有权就是不完整和不干净的。如果在这个过程中，买方又将房屋或土地卖给第三人，该第三人就承担房屋或土地被银行拍卖的风险。

（三）不动产的租赁

1. 租赁关系

租赁关系是指因租赁产生的法律关系，即出租人和承租人之间的关系，包括房东与房客之间的关系及地主与租客之间的关系。因租赁而产生的占有称为租赁占有，这与因所有权而产生的“自由占有”是有很大区别的。

租赁关系在美国不动产法中具有十分重要的地位。租赁关系有四个要素：

1）承租人的占有利益；

2）出租人的回收权利；

3）承租人对房地产的绝对占有和排他性的控制；

4）双方之间签订的合同。

前三项属于财产关系，最后一项是合同关系。在这四个要素中，承租人对土地的占有和排他性的控制是最为实质性的要素。因为这项要素的存在，租赁关系才能确立，人们才可以以此确定租赁关系与其他法律关系的区别。

2. 租赁的类型

（1）定期租赁。是指租赁有一个明确的期限，既有明确的起止时间，又有明确的截止时间，时间的起止通常从当日的子夜起算。

（2）不定期租赁。是指租赁一年一年或一月一月或一周一周地继续，只有开始的时间，没有终止的时间，终止的时间以收到终止租赁的通知为准，终止的通知应当在一个合理的期限内送达。如果是一年的租期，通知应当在租赁截止的6个月前送达。

（3）任意租赁。是指出租人和承租人双方都可以按其意愿在任何时间终止租赁关系，这实质也是一种不定期租赁。

3. 租赁合同

所有的房地产租赁都要求双方有一个协定，而且双方必须有民事权利能力才能订立，协定的内容主要有下面几项：

1）双方的身份；

2）关于所租土地或房屋的说明；

3）期限；

4）租金。

其中，期限一定要载明，否则难以执行。期限主要指租期开始的时间，因为有的租赁无终止的确定的时间。租金有时不是实质性的，这取决于租赁是免费的，还是有偿的。关于土地或房屋的说明，各州规定不一样，有的州规定严格法律上的说明是必要的，有的州则规定只要说明能区别所意欲租赁的标的即可。

前面所说的协定并非要严格的书面文书，缺少书面文书并不能否定租赁关系的存在。在这方面，各州对于不同的租赁类型，其规定差别很大。例如，对于定期租赁合同，很多州规定1年以上的租期应当有文字合同，有的州要求所有的定期租赁合同必须是文字合同，而有的州则规定不要求有文字合同。

4. 承租人的权利

（1）占有权。占有是租赁的实质，只有占有租赁关系才能成立，但是，出租人没有义务保证承租人实际占有出租的土地和房屋，出租人的义务仅仅是提供承租人一种排他性的占有权利。

（2）使用权。使用权往往受到某些限制，如限定用途的使用，禁止非法使用等，法院一般也是予以承认的。

（3）安宁享受权。是一种契约的承诺和出租人的保证，指的是出租人保证承租人在占有租赁土地或房屋时不受任何人干扰。在发生干扰的情况下，出租人应当履行保护承租人的义务，同时出租人也不得驱赶承租人。

（4）可居住性和良好居住条件，即出租人提供的房屋应具有可居住性和良好居住条件，这是出租人的义务，也是承租人的权利。

5. 出租人的损害赔偿责任

损害赔偿责任是指出租人因出租的房屋失修或缺陷使承租人或承租人的客人受到身体的伤害而产生的赔偿责任。关于赔偿责任，美国法中规定的极为复杂，但大致有下面几种情况：

1）造成伤害的原因是出租人出租的房地产或他所控制的部分；

2）出租人对于造成伤害的危险条件知道或应当知道，但没有告知承租人；

3）租赁合同规定出租人的维修义务应有利于承租人的损害赔偿的诉求；

4）危险状况在签订合同时就存在。

（四）政府对房地产的管理

前述的城市规划、土地征收等，从广义上讲也属于政府对房地产的管理。除此之外，政府主要通过下列方式对房地产进行管理。

1. 颁发房屋居住许可

有些州颁布住房条例，其中对新建或新近购买的房屋，需颁发居住许可才可居住，而许可的颁发必须满足政府要求，例如在新建公寓住宅内必须安装消火栓、烟雾警报器等。法院一般认为这类对房地产的限制不构成永久性实际占有，亦不构成征收。

2. 监管房产的转移

此即政府对房产转移加以监管，以保证承租人的利益不会因此而受到实质性的影响。如

20世纪70年代末，成千上万的出租房产转为承租个人所有制，也就是说，承租人如果想继续保持其原租赁房产，则必须购买。当然，很多承租人没有这样的经济能力，于是不得不搬出去。这样，一些城市出现了立法保护这种转让环境下的房客，同时也有保护开发商转让房产权的案例。这些立法要求开发商保证房屋达到住房条例规定的标准，而且规定一定数目的房客必须购买其居住的公寓，以使转让能够进行，而暂时无法购买的房客仍有权继续租赁。

3. 监管房屋租赁关系

政府颁发《公平住房法案》、《租赁住房标准法》等，从多方面对房屋租赁关系进行监管，具体表现在以下几个方面。

(1) 非歧视原则。政府允许房东依据一些合法标准选择房客，如房客过去的租房历史、缴付租金的数额、犯罪历史、信誉历史等。但禁止房东对房客施以某些种类的歧视，如种族、信仰、性别、肤色、家庭状况等，以保证公平住房原则。

(2) 出租房产的可居住性。各州及地方立法均规定，房东有维修出租房产、避免瑕疵的义务。即使房东不出租其所有的房产，按住房条例要求，他仍有义务将房产保持在规定的标准状况。

(3) 租金限制。政府可以限制房东出租房产的租金额及涨价幅度。一般来讲，公有住房及曾得到过政府补贴的私有住房均受到租金限制；而对于私有住房，各州及地方的规定则不一致，有的地方有租金限制，有的地方则禁止对租金加以限制。

(4) 非法租赁合同。美国法中禁止房东租房给房客供非法使用，认为这种租赁关系违反法律或公共政策，租赁合同无效。如果部分租赁条款合法，部分不合法，则租赁合同仍然有效。有些租赁合同表面上合法，而实际上承租人意图将租赁财产用于非法用途。这种情况下，如果出租人不知道承租人的非法意图的，租赁合同仍然有效；而当出租人知道或应当知道这种非法用途时，法院可以判决合同无效。

附　　录

附录一

中华人民共和国建筑法

（1997 年 11 月 1 日第八届全国人大常委会第 28 次会议通过）

第一章　总　　则

第一条　为了加强对建筑活动的监督管理，维护建筑市场秩序，保证建筑工程的质量和安全，促进建筑业健康发展，制定本法。

第二条　在中华人民共和国境内从事建筑活动，实施对建筑活动的监督管理，应当遵守本法。本法所称建筑活动，是指各类房屋建筑及其附属设施的建造和与其配套的线路、管道、设备的安装活动。

第三条　建筑活动应当确保建筑工程质量和安全，符合国家的建筑工程安全标准。

第四条　国家扶持建筑业的发展，支持建筑科学技术研究，提高房屋建筑设计水平，鼓励节约能源和保护环境，提倡采用先进技术、先进设备、先进工艺、新型建筑材料和现代管理方式。

第五条　从事建筑活动应当遵守法律、法规，不得损害社会公共利益和他人的合法权益。任何单位和个人都不得妨碍和阻挠依法进行的建筑活动。

第六条　国务院建设行政主管部门对全国的建筑活动实施统一监督管理。

第二章　建　筑　许　可

第一节　建筑工程施工许可

第七条　建筑工程开工前，建设单位应当按照国家有关规定向工程所在地县级以上人民政府建设行政主管部门申请领取施工许可证；但是，国务院建设行政主管部门确定的限额以下的小型工程除外。按照国务院规定的权限和程序批准开工报告的建筑工程，不再领取施工许可证。

第八条　申请领取施工许可证，应当具备下列条件：

（一）已经办理该建筑工程用地批准手续；

（二）在城市规划区的建筑工程，已经取得规划许可证；

（三）需要拆迁的，其拆迁进度符合施工要求；

（四）已经确定建筑施工企业；

（五）有满足施工需要的施工图纸及技术资料；

（六）有保证工程质量和安全的具体措施；

（七）建设资金已经落实；

（八）法律、行政法规规定的其他条件。

建设行政主管部门应当自收到申请之日起十五日内，对符合条件的申请颁发施工许可证。

第九条　建设单位应当自领取施工许可证之日起三个月内开工。因故不能按期开工的，应当向发证机关申请延期；延期以两次为限，每次不超过三个月。既不开工又不申请延期或者超过延期时限的，施工许可证自行废止。

第十条　在建的建筑工程因故中止施工的，建设单位应当自中止施工之日起一个月内，向发证机关报告，并按照规定做好建筑工程的维护管理工作。建筑工程恢复施工时，应当向发证机关报告；中止施工满一年的工程恢复施工前，建设单位应当报发证机关核验施工许可证。

第十一条　按照国务院有关规定批准开工报告的建筑工程，因故不能按期开工或者中止施工的，应当及时向批准机关报告情况。因故不能按期开工超过六个月的，应当重新办理开工报告的批准手续。

第二节　从业资格

第十二条　从事建筑活动的建筑施工企业、勘察单位、设计单位和工程监理单位，应当具备下列条件：

（一）有符合国家规定的注册资本；

（二）有与其从事的建筑活动相适应的具有法定执业资格的专业技术人员；

（三）有从事相关建筑活动所应有的技术装备；

（四）法律、行政法规规定的其他条件。

第十三条　从事建筑活动的建筑施工企业、勘察单位、设计单位和工程监理单位，按照其拥有的注册资本、专业技术人员、技术装备和已完成的建筑工程业绩等资质条件，划分为不同的资质等级，经资质审查合格，取得相应等级的资质证书后，方可在其资质等级许可的范围内从事建筑活动。

第十四条　从事建筑活动的专业技术人员，应当依法取得相应的执业资格证书，并在执业资格证书许可的范围内从事建筑活动。

第三章　建筑工程发包与承包

第一节　一般规定

第十五条　建筑工程的发包单位与承包单位应当依法订立书面合同，明确双方的权利和义务。发包单位和承包单位应当全面履行合同约定的义务。不按照合同约定履行义务的，依法承担违约责任。

第十六条　建筑工程发包与承包的招标投标活动，应当遵循公开、公正、平等竞争的原则，择优选择承包单位。建筑工程的招标投标，本法没有规定的，适用有关招标投标法律的规定。

第十七条　发包单位及其工作人员在建筑工程发包中不得收受贿赂、回扣或者索取其他好处。承包单位及其工作人员不得利用向发包单位及其工作人员行贿、提供回扣或者给予其他好处等不正当手段承揽工程。

第十八条　建筑工程造价应当按照国家有关规定，由发包单位与承包单位在合同中约定。公开招标发包的，其造价的约定，须遵守招标投标法律的规定。发包单位应当按照合同的约定，及时拨付工程款项。

第二节　发　　包

第十九条　建筑工程依法实行招标发包，对不适于招标发包的可以直接发包。

第二十条　建筑工程实行公开招标的，发包单位应当依照法定程序和方式，发布招标公告，提供载有招标工程的主要技术要求、主要的合同条款、评标的标准和方法以及开标、评标、定标的程序等内容的招标文件。开标应当在招标文件规定的时间、地点公开进行。开标后应当按照招标文件规定的评标标准和程序对标书进行评价、比较，在具备相应资质条件的投标者中，择优选定中标者。

第二十一条　建筑工程招标的开标、评标、定标由建设单位依法组织实施，并接受有关行政主管部门的监督。

第二十二条　建筑工程实行招标发包的，发包单位应当将建筑工程发包给依法中标的承包单位。建筑工程实行直接发包的，发包单位应当将建筑工程发包给具有相应资质条件的承包单位。

第二十三条　政府及其所属部门不得滥用行政权力，限定发包单位将招标发包的建筑工程发包给指定的承包单位。

第二十四条　提倡对建筑工程实行总承包，禁止将建筑工程肢解发包。建筑工程的发包单位可以将建筑工程的勘察、设计、施工、设备采购一并发包给一个工程总承包单位，也可以将建筑工程勘察、设计、施工、设备采购的一项或者多项发包给一个工程总承包单位；但是，不得将应当由一个承包单位完成的建筑工程肢解成若干部分发包给几个承包单位。

第二十五条　按照合同约定，建筑材料、建筑构配件和设备由工程承包单位采购的，发包单位不得指定承包单位购入用于工程的建筑材料、建筑构配件和设备或者指定生产厂、供应商。

第三节　承　　包

第二十六条　承包建筑工程的单位应当持有依法取得的资质证书，并在其资质等级许可的业务范围内承揽工程。禁止建筑施工企业超越本企业资质等级许可的业务范围或者以任何形式用其他建筑施工企业的名义承揽工程。禁止建筑施工企业以任何形式允许其他单位或者个人使用本企业的资质证书、营业执照，以本企业的名义承揽工程。

第二十七条　大型建筑工程或者结构复杂的建筑工程，可以由两个以上的承包单位联合共同承包。共同承包的各方对承包合同的履行承担连带责任。两个以上不同资质等级的单位实行联合共同承包的，应当按照资质等级低的单位的业务许可范围承揽工程。

第二十八条　禁止承包单位将其承包的全部建筑工程转包给他人，禁止承包单位将其承包的全部建筑工程肢解以后以分包的名义分别转包给他人。

第二十九条　建筑工程总承包单位可以将承包工程中的部分工程发包给具有相应资质条件的分包单位；但是，除总承包合同中约定的分包外，必须经建设单位认可。施工总承包的，建筑工程主体结构的施工必须由总承包单位自行完成。建筑工程总承包单位按照总承包合同的约定对建设单位负责；分包单位按照分包合同的约定对总承包单位负责。总承包单位和分包单位就分包工程对建设单位承担连带责任。禁止总承包单位将工程分包给不具备相应资质条件的单位。禁止分包单位将其承包的工程再分包。

第四章　建 筑 工 程 监 理

第三十条　国家推行建筑工程监理制度。

国务院可以规定实行强制监理的建筑工程的范围。

第三十一条　实行监理的建筑工程，由建设单位委托具有相应资质条件的工程监理单位监理。建设单位与其委托的工程监理单位应当订立书面委托监理合同。

第三十二条　建筑工程监理应当依照法律、行政法规及有关的技术标准、设计文件和建筑工程承包合同，对承包单位在施工质量、建设工期和建设资金使用等方面，代表建设单位实施监督。工程监理人员认为工程施工不符合工程设计要求、施工技术标准和合同约定的，有权要求建筑施工企业改正。工程监理人员发现工程设计不符合建筑工程质量标准或者合同约定的质量要求的，应当报告建设单位要求设计单位改正。

第三十三条　实施建筑工程监理前，建设单位应当将委托的工程监理单位、监理的内容及监理权限，书面通知被监理的建筑施工企业。

第三十四条　工程监理单位应当在其资质等级许可的监理范围内，承担工程监理业务。工程监理单位应当根据建设单位的委托，客观、公正地执行监理任务。工程监理单位与被监理工程的承包单位以及建筑材料、建筑构配件和设备供应单位不得有隶属关系或者其他利害关系。工程监理单位不得转让工程监理业务。

第三十五条　工程监理单位不按照委托监理合同的约定履行监理义务，对应当监督检查的项目不检查或者不按照规定检查，给建设单位造成损失的，应当承担相应的赔偿责任。工程监理单位与承包单位串通，为承包单位谋取非法利益，给建设单位造成损失的，应当与承包单位承担连带赔偿责任。

第五章　建筑工程安全生产管理

第三十六条　建筑工程安全生产管理必须坚持安全第一、预防为主的方针，建立健全安全生产的责任制度和群防群治制度。

第三十七条　建筑工程设计应当符合按照国家规定制定的建筑安全规程和技术规范，保证工程的安全性能。

第三十八条　建筑施工企业在编制施工组织设计时，应当根据建筑工程的特点制定相应的安全技术措施；对专业性较强的工程项目，应当编制专项安全施工组织设计，并采取安全技术措施。

第三十九条　建筑施工企业应当在施工现场采取维护安全、防范危险、预防火灾等措施；有条件的，应当对施工现场实行封闭管理。施工现场对毗邻的建筑物、构筑物和特殊作业环境可能造成损害的，建筑施工企业应当采取安全防护措施。

第四十条　建设单位应当向建筑施工企业提供与施工现场相关的地下管线资料，建筑施工企业应当采取措施加以保护。

第四十一条　建筑施工企业应当遵守有关环境保护和安全生产的法律、法规的规定，采取控制和处理施工现场的各种粉尘、废气、废水、固体废物以及噪声、振动对环境的污染和危害的措施。

第四十二条　有下列情形之一的，建设单位应当按照国家有关规定办理申请批准手续：

（一）需要临时占用规划批准范围以外场地的；

（二）可能损坏道路、管线、电力、邮电通信等公共设施的；

（三）需要临时停水、停电、中断道路交通的；

（四）需要进行爆破作业的；

（五）法律、法规规定需要办理报批手续的其他情形。

第四十三条　建设行政主管部门负责建筑安全生产的管理，并依法接受劳动行政主管部门对建筑安全生产的指导和监督。

第四十四条　建筑施工企业必须依法加强对建筑安全生产的管理，执行安全生产责任制度，采取有效措施，防止伤亡和其他安全生产事故的发生。建筑施工企业的法定代表人对本企业的安全生产负责。

第四十五条　施工现场安全由建筑施工企业负责。实行施工总承包的，由总承包单位负责。分包单位向总承包单位负责，服从总承包单位对施工现场的安全生产管理。

第四十六条　建筑施工企业应当建立健全劳动安全生产教育培训制度，加强对职工安全生产的教育培训；未经安全生产教育培训的人员，不得上岗作业。

第四十七条　建筑施工企业和作业人员在施工过程中，应当遵守有关安全生产的法律、法规和建筑行业安全规章、规程，不得违章指挥或者违章作业。作业人员有权对影响人身健康的作业程序和作业条件提出改进意见，有权获得安全生产所需的防护用品。作业人员对危及生命安全和人身健康的行为有权提出批评、检举和控告。

第四十八条　建筑施工企业应当依法为职工参加工伤保险缴纳工伤保险费。鼓励企业为从事危险作业的职工办理意外伤害保险，支付保险费。

第四十九条　涉及建筑主体和承重结构变动的装修工程，建设单位应当在施工前委托原设计单位或者具有相应资质条件的设计单位提出设计方案；没有设计方案的，不得施工。

第五十条　房屋拆除应当由具备保证安全条件的建筑施工单位承包，由建筑施工单位负责人对安全负责。

第五十一条　施工中发生事故时，建筑施工企业应当采取紧急措施减少人员伤亡和事故损失，并按照国家有关规定及时向有关部门报告。

第六章　建筑工程质量管理

第五十二条　建筑工程勘察、设计、施工的质量必须符合国家有关建筑工程安全标准的要求，具体管理办法由国务院规定。有关建筑工程安全的国家标准不能适应确保建筑安全的要求时，应当及时修订。

第五十三条　国家对从事建筑活动的单位推行质量体系认证制度。从事建筑活动的单位根据自愿原则可以向国务院产品质量监督管理部门或者国务院产品质量监督管理部门授权的部门认可的认证机构申请质量体系认证。经认证合格的，由认证机构颁发质量体系认证证书。

第五十四条　建设单位不得以任何理由，要求建筑设计单位或者建筑施工企业在工程设计或者施工作业中，违反法律、行政法规和建筑工程质量、安全标准，降低工程质量。建筑设计单位和建筑施工企业对建设单位违反前款规定提出的降低工程质量的要求，应当予以拒绝。

第五十五条　建筑工程实行总承包的，工程质量由工程总承包单位负责，总承包单位将建筑工程分包给其他单位的，应当对分包工程的质量与分包单位承担连带责任。分包单位应当接受总承包单位的质量管理。

第五十六条　建筑工程的勘察、设计单位必须对其勘察、设计的质量负责。勘察、设计文件应当符合有关法律、行政法规的规定和建筑工程质量、安全标准、建筑工程勘察、设计技术规范以及合同的约定。设计文件选用的建筑材料、建筑构配件和设备，应当注明其规格、型号、性能等技术指标，其质量要求必须符合国家规定的标准。

第五十七条 建筑设计单位对设计文件选用的建筑材料、建筑构配件和设备，不得指定生产厂、供应商。

第五十八条 建筑施工企业对工程的施工质量负责。建筑施工企业必须按照工程设计图纸和施工技术标准施工，不得偷工减料。工程设计的修改由原设计单位负责，建筑施工企业不得擅自修改工程设计。

第五十九条 建筑施工企业必须按照工程设计要求、施工技术标准和合同的约定，对建筑材料、建筑构配件和设备进行检验，不合格的不得使用。

第六十条 建筑物在合理使用寿命内，必须确保地基基础工程和主体结构的质量。建筑工程竣工时，屋顶、墙面不得留有渗漏、开裂等质量缺陷；对已发现的质量缺陷，建筑施工企业应当修复。

第六十一条 交付竣工验收的建筑工程，必须符合规定的建筑工程质量标准，有完整的工程技术经济资料和经签署的工程保修书，并具备国家规定的其他竣工条件。建筑工程竣工经验收合格后，方可交付使用；未经验收或者验收不合格的，不得交付使用。

第六十二条 建筑工程实行质量保修制度。

建筑工程的保修范围应当包括地基基础工程、主体结构工程、屋面防水工程和其他土建工程，以及电气管线、上下水管线的安装工程，供热、供冷系统工程等项目；保修的期限应当按照保证建筑物合理寿命年限内正常使用，维护使用者合法权益的原则确定。具体的保修范围和最低保修期限由国务院规定。

第六十三条 任何单位和个人对建筑工程的质量事故、质量缺陷都有权向建设行政主管部门或者其他有关部门进行检举、控告、投诉。

第七章 法 律 责 任

第六十四条 违反本法规定，未取得施工许可证或者开工报告未经批准擅自施工的，责令改正，对不符合开工条件的责令停止施工，可以处以罚款。

第六十五条 发包单位将工程发包给不具有相应资质条件的承包单位的，或者违反本法规定将建筑工程肢解发包的，责令改正，处以罚款。超越本单位资质等级承揽工程的，责令停止违法行为，处以罚款，可以责令停业整顿，降低资质等级；情节严重的，吊销资质证书；有违法所得的，予以没收。未取得资质证书承揽工程的，予以取缔，并处罚款；有违法所得的，予以没收。以欺骗手段取得资质证书的，吊销资质证书，处以罚款；构成犯罪的，依法追究刑事责任。

第六十六条 建筑施工企业转让、出借资质证书或者以其他方式允许他人以本企业的名义承揽工程的，责令改正，没收违法所得，并处罚款，可以责令停业整顿，降低资质等级；情节严重的，吊销资质证书。对因该项承揽工程不符合规定的质量标准造成的损失，建筑施工企业与使用本企业名义的单位或者个人承担连带赔偿责任。

第六十七条 承包单位将承包的工程转包的，或者违反本法规定进行分包的，责令改正，没收违法所得，并处罚款，可以责令停业整顿，降低资质等级；情节严重的，吊销资质证书。

承包单位有前款规定的违法行为的，对因转包工程或者违法分包的工程不符合规定的质量标准造成的损失，与接受转包或者分包的单位承担连带赔偿责任。

第六十八条 在工程发包与承包中索贿、受贿、行贿，构成犯罪的，依法追究刑事责任；不构成犯罪的，分别处以罚款，没收贿赂的财物，对直接负责的主管人员和其他直接责任人员给予处分。

对在工程承包中行贿的承包单位，除依照前款规定处罚外，可以责令停业整顿，降低资质等级或者吊销资质证书。

第六十九条 工程监理单位与建设单位或者建筑施工企业串通，弄虚作假、降低工程质量的，责令改正，处以罚款，降低资质等级或者吊销资质证书；有违法所得的，予以没收；造成损失的，承担连带赔偿责任；构成犯罪的，依法追究刑事责任。

工程监理单位转让监理业务的，责令改正，没收违法所得，可以责令停业整顿，降低资质等级；情节严重的，吊销资质证书。

第七十条 违反本法规定，涉及建筑主体或者承重结构变动的装修工程擅自施工的，责令改正，处以罚款；造成损失的，承担赔偿责任；构成犯罪的，依法追究刑事责任。

第七十一条 建筑施工企业违反本法规定，对建筑安全事故隐患不采取措施予以消除的，责令改正，可以处以罚款；情节严重的，责令停业整顿，降低资质等级或者吊销资质证书；构成犯罪的，依法追究刑事责任。

建筑施工企业的管理人员违章指挥、强令职工冒险作业，因而发生重大伤亡事故或者造成其他严重后果的，依法追究刑事责任。

第七十二条 建设单位违反本法规定，要求建筑设计单位或者建筑施工企业违反建筑工程质量、安全标准，降低工程质量的，责令改正，可以处以罚款；构成犯罪的，依法追究刑事责任。

第七十三条 建筑设计单位不按照建筑工程质量、安全标准进行设计的，责令改正，处以罚款；造成工程质量事故的，责令停业整顿，降低资质等级或者吊销资质证书，没收违法所得，并处罚款；造成损失的，承担赔偿责任；构成犯罪的，依法追究刑事责任。

第七十四条 建筑施工企业在施工中偷工减料的，使用不合格的建筑材料、建筑构配件和设备的，或者有其他不按照工程设计图纸或者施工技术标准施工的行为的，责令改正，处以罚款；情节严重的，责令停业整顿，降低资质等级或者吊销资质证书；造成建筑工程质量不符合规定的质量标准的，负责返工、修理，并赔偿因此造成的损失；构成犯罪的，依法追究刑事责任。

第七十五条 建筑施工企业违反本法规定，不履行保修义务或者拖延履行保修义务的，责令改正，可以处以罚款，并对在保修期内因屋顶、墙面渗漏、开裂等质量缺陷造成的损失，承担赔偿责任。

第七十六条 本法规定的责令停业整顿、降低资质等级和吊销资质证书的行政处罚，由颁发资质证书的机关决定；其他行政处罚，由建设行政主管部门或者有关部门依照法律和国务院规定的职权范围决定。依照本法规定被吊销资质证书的，由工商行政管理部门吊销其营业执照。

第七十七条 违反本法规定，对不具备相应资质等级条件的单位颁发该等级资质证书的，由其上级机关责令收回所发的资质证书，对直接负责的主管人员和其他直接人员给予行政处分；构成犯罪的，依法追究刑事责任。

第七十八条 政府及其所属部门的工作人员违反本法规定，限定发包单位将招标发包的工程发包给指定的承包单位的，由上级机关责令改正；构成犯罪的，依法追究刑事责任。

第七十九条 负责颁发建筑工程施工许可证的部门及其工作人员对不符合施工条件的建筑工程颁发施工许可证的，负责工程质量监督检查或者竣工验收的部门及其工作人员对不合格的建筑工程出具质量合格文件或者按合格工程验收的，由上级机关责令改正，对责任人员给予行政处分；构成犯罪的，依法追究刑事责任；造成损失的，由该部门承担相应的赔偿责任。

第八十条 在建筑物的合理使用寿命内，因建筑工程质量不合格受到损害的，有权向责任者要求赔偿。

第八章 附 则

第八十一条 本法关于施工许可、建筑施工企业资质审查和建筑工程发包、承包、禁止转包，以及建筑工程监理、建筑工程安全和质量管理的规定，适用于其他专业建筑工程的建筑活动，具体办法由国务院规定。

第八十二条 建设行政主管部门和其他有关部门在对建筑活动实施监督管理中，除按照国务院有关规定收取费用外，不得收取其他费用。

第八十三条 省、自治区、直辖市人民政府确定的小型房屋建筑工程的建筑活动，参照本法执行。

依法核定作为文物保护的纪念建筑物和古建筑等的修缮，依照文物保护的有关法律规定执行。

抢险救灾及其他临时性房屋建筑和农民自建低层住宅的建筑活动，不适用本法。

第八十四条 军用房屋建筑工程建筑活动的具体管理办法，由国务院、中央军事委员会依据本法制定。

第八十五条 本法自 1998 年 3 月 1 日起施行。

附录二

中华人民共和国招标投标法

（1999年8月30日中华人民共和国第九届全国人民代表大会常务委员会第11次会议通过）

第一章　总　　则

第一条　为了规范招标投标活动，保护国家利益、社会公共利益和招标投标活动当事人的合法权益，提高经济效益，保证项目质量，制定本法。

第二条　在中华人民共和国境内进行招标投标活动，适用本法。

第三条　在中华人民共和国境内进行下列工程建设项目包括项目的勘察、设计、施工、监理以及与工程建设有关的重要设备、材料等的采购，必须进行招标：

（一）大型基础设施、公用事业等关系社会公共利益、公众安全的项目；

（二）全部或者部分使用国有资金投资或者国家融资的项目；

（三）使用国际组织或者外国政府贷款、援助资金的项目。

前款所列项目的具体范围和规模标准，由国务院发展计划部门会同国务院有关部门制订，报国务院批准。

法律或者国务院对必须进行招标的其他项目的范围有规定的，依照其规定。

第四条　任何单位和个人不得将依法必须进行招标的项目化整为零或者以其他任何方式规避招标。

第五条　招标投标活动应当遵循公开、公平、公正和诚实信用的原则。

第六条　依法必须进行招标的项目，其招标投标活动不受地区或者部门的限制。任何单位和个人不得违法限制或者排斥本地区、本系统以外的法人或者其他组织参加投标，不得以任何方式非法干涉招标投标活动。

第七条　招标投标活动及其当事人应当接受依法实施的监督。

有关行政监督部门依法对招标投标活动实施监督，依法查处招标投标活动中的违法行为。

对招标投标活动的行政监督及有关部门的具体职权划分，由国务院规定。

第二章　招　　标

第八条　招标人是依照本法规定提出招标项目、进行招标的法人或者其他组织。

第九条　招标项目按照国家有关规定需要履行项目审批手续的，应当先履行审批手续，取得批准。

招标人应当有进行招标项目的相应资金或者资金来源已经落实，并应当在招标文件中如实载明。

第十条　招标分为公开招标和邀请招标。

公开招标，是指招标人以招标公告的方式邀请不特定的法人或者其他组织投标。

邀请招标，是指招标人以投标邀请书的方式邀请特定的法人或者其他组织投标。

第十一条　国务院发展计划部门确定的国家重点项目和省、自治区、直辖市人民政府确定的地方重点项目不适宜公开招标的，经国务院发展计划部门或者省、自治区、直辖市人民政府批准，可以进行邀请招标。

第十二条　招标人有权自行选择招标代理机构，委托其办理招标事宜。任何单位和个人不得以任何方式为招标人指定招标代理机构。

招标人具有编制招标文件和组织评标能力的，可以自行办理招标事宜。任何单位和个人不得强制其委托招标代理机构办理招标事宜。

依法必须进行招标的项目，招标人自行办理招标事宜的，应当向有关行政监督部门备案。

第十三条　招标代理机构是依法设立、从事招标代理业务并提供相关服务的社会中介组织。

招标代理机构应当具备下列条件：

（一）有从事招标代理业务的营业场所和相应资金；

（二）有能够编制招标文件和组织评标的相应专业力量；

（三）有符合本法第三十七条第三款规定条件、可以作为评标委员会成员人选的技术、经济等方面的专家库。

第十四条　从事工程建设项目招标代理业务的招标代理机构，其资格由国务院或者省、自治区、直辖市人民政府的建设行政主管部门认定。具体办法由国务院建设行政主管部门会同国务院有关部门制定。从事其他招标代理业务的招标代理机构，其资格认定的主管部门由国务院规定。

招标代理机构与行政机关和其他国家机关不得存在隶属关系或者其他利益关系。

第十五条　招标代理机构应当在招标人委托的范围内办理招标事宜，并遵守本法关于招标人的规定。

第十六条　招标人采用公开招标方式的，应当发布招标公告。依法必须进行招标的项目的招标公告，应当通过国家指定的报刊、信息网络或者其他媒介发布。

招标公告应当载明招标人的名称和地址、招标项目的性质、数量、实施地点和时间以及获取招标文件的办法等事项。

第十七条　招标人采用邀请招标方式的，应当向三个以上具备承担招标项目的能力、资信良好的特定的法人或者其他组织发出投标邀请书。

投标邀请书应当载明本法第十六条第二款规定的事项。

第十八条　招标人可以根据招标项目本身的要求，在招标公告或者投标邀请书中，要求潜在投标人提供有关资质证明文件和业绩情况，并对潜在投标人进行资格审查；国家对投标人的资格条件有规定的，依照其规定。

招标人不得以不合理的条件限制或者排斥潜在投标人，不得对潜在投标人实行歧视待遇。

第十九条　招标人应当根据招标项目的特点和需要编制招标文件。招标文件应当包括招标项目的技术要求、对投标人资格审查的标准、投标报价要求和评标标准等所有实质性要求和条件以及拟签订合同的主要条款。

国家对招标项目的技术、标准有规定的，招标人应当按照其规定在招标文件中提出相应要求。

招标项目需要划分标段、确定工期的，招标人应当合理划分标段、确定工期，并在招标文件中载明。

第二十条　招标文件不得要求或者标明特定的生产供应者以及含有倾向或者排斥潜在投标人的其他内容。

第二十一条　招标人根据招标项目的具体情况，可以组织潜在投标人踏勘项目现场。

第二十二条　招标人不得向他人透露已获取招标文件的潜在投标人的名称、数量以及可能影响公平竞争的有关招标投标的其他情况。

招标人设有标底的，标底必须保密。

第二十三条　招标人对已发出的招标文件进行必要的澄清或者修改的，应当在招标文件要求提交投标文件截止时间至少十五日前，以书面形式通知所有招标文件收受人。该澄清或者修改的内容为招标文件的组成部分。

第二十四条　招标人应当确定投标人编制投标文件所需要的合理时间；但是，依法必须进行招标的项目，自招标文件开始发出之日起至投标提交投标文件截止之日止，最短不得少于二十日。

第三章　投　　标

第二十五条　投标人是响应招标、参加投标竞争的法人或者其他组织。

依法招标的科研项目允许个人参加投标的，投标的个人适用本法有关投标人的规定。

第二十六条　投标人应当具备承担招标项目的能力；国家有关规定对投标人资格条件或者招标文件对投标人资格条件有规定的，投标人应当具备规定的资格条件。

第二十七条　投标人应当按照招标文件的要求编制投标文件。投标文件应当对招标文件提出的实质性要求和条件作出响应。

招标项目属于建设施工的，投标文件的内容应当包括拟派出的项目负责人与主要技术人员的简历、业绩和拟用于完成招标项目的机械设备等。

第二十八条 投标人应当在招标文件要求提交投标文件的截止时间前，将投标文件送达投标地点。招标人收到投标文件后，应当签收保存，不得开启。投标人少于三个的，招标人应当依照本法重新招标。

在招标文件要求提交投标文件的截止时间后送达的投标文件，招标人应当拒收。

第二十九条 投标人在招标文件要求提交投标文件的截止时间前，可以补充、修改或者撤回已提交的投标文件，并书面通知招标人。补充、修改的内容为投标文件的组成部分。

第三十条 投标人根据招标文件载明的项目实际情况，拟在中标后将中标项目的部分非主体、非关键性工作进行分包的，应当在投标文件中载明。

第三十一条 两个以上法人或者其他组织可以组成一个联合体，以一个投标人的身份共同投标。

联合体各方均应当具备承担招标项目的相应能力；国家有关规定或者招标文件对投标人资格条件有规定的，联合体各方均应当具备规定的相应资格条件。由同一专业的单位组成的联合体，按照资质等级较低的单位确定资质等级。

联合体各方应当签订共同投标协议，明确约定各方拟承担的工作和责任，并将共同投标协议连同投标文件一并提交招标人。联合体中标的，联合体各方应当共同与招标人签订合同，就中标项目向招标人承担连带责任。

招标人不得强制投标人组成联合体共同投标，不得限制投标人之间的竞争。

第三十二条 投标人不得相互串通投标报价，不得排挤其他投标人的公平竞争，损害招标人或者其他投标人的合法权益。

投标人不得与招标人串通投标，损害国家利益、社会公共利益或者他人的合法权益。

禁止投标人以向招标人或者评标委员会成员行贿的手段谋取中标。

第三十三条 投标人不得以低于成本的报价竞标，也不得以他人名义投标或者以其他方式弄虚作假，骗取中标。

第四章 开标、评标和中标

第三十四条 开标应当在招标文件确定的提交投标文件截止时间的同一时间公开进行；开标地点应当为招标文件中预先确定的地点。

第三十五条 开标由招标人主持，邀请所有投标人参加。

第三十六条 开标时，由投标人或者其推选的代表检查投标文件的密封情况，也可以由招标人委托的公证机构检查并公证；经确认无误后，由工作人员当众拆封，宣读投标人名称、投标价格和投标文件的其他主要内容。

招标人在招标文件要求提交投标文件的截止时间前收到的所有投标文件，开标时都应当当众予以拆封、宣读。

开标过程应当记录，并存档备查。

第三十七条 评标由招标人依法组建的评标委员会负责。

依法必须进行招标的项目，其评标委员会由招标人的代表和有关技术、经济等方面的专家组成，成员人数为五人以上单数，其中技术、经济等方面的专家不得少于成员总数的三分之二。

前款专家应当从事相关领域工作满八年并具有高级职称或者具有同等专业水平，由招标人从国务院有关部门或者省、自治区、直辖市人民政府有关部门提供的专家名册或者招标代理机构的专家库内的相关专业的专家名单中确定；一般招标项目可以采取随机抽取方式，特殊招标项目可以由招标人直接确定。

与投标人有利害关系的人不得进入相关项目的评标委员会；已经进入的应当更换。

评标委员会成员的名单在中标结果确定前应当保密。

第三十八条 招标人应当采取必要的措施，保证评标在严格保密的情况下进行。

任何单位和个人不得非法干预、影响评标的过程和结果。

第三十九条 评标委员会可以要求投标人对投标文件中含义不明确的内容作必要的澄清或者说明，但是澄清或者说明不得超出投标文件的范围或者改变投标文件的实质性内容。

第四十条　评标委员会应当按照招标文件确定的评标标准和方法，对投标文件进行评审和比较；设有标底的，应当参考标底。评标委员会完成评标后，应当向招标人提出书面评标报告，并推荐合格的中标候选人。

招标人根据评标委员会提出的书面评标报告和推荐的中标候选人确定中标人。招标人也可以授权评标委员会直接确定中标人。

国务院对特定招标项目的评标有特别规定的，从其规定。

第四十一条　中标人的投标应当符合下列条件：

（一）能够最大限度地满足招标文件中规定的各项综合评价标准；

（二）能够满足招标文件的实质性要求，并且经评审的投标价格最低；但是投标价格低于成本的除外。

第四十二条　评标委员会经评审，认为所有投标都不符合招标文件要求的，可以否决所有投标。

依法必须进行招标的项目的所有投标被否决的，招标人应当依照本法重新招标。

第四十三条　在确定中标人前，招标人不得与投标人就投标价格、投标方案等实质性内容进行谈判。

第四十四条　评标委员会成员应当客观、公正地履行职务，遵守职业道德，对所提出的评审意见承担个人责任。

评标委员会成员不得私下接触投标人，不得收受投标人的财物或者其他好处。

评标委员会成员和参与评标的有关工作人员不得透露对投标文件的评审和比较、中标候选人的推荐情况以及与评标有关的其他情况。

第四十五条　中标人确定后，招标人应当向中标人发出中标通知书，并同时将中标结果通知所有未中标的投标人。

中标通知书对招标人和中标人具有法律效力。中标通知书发出后，招标人改变中标结果的，或者中标人放弃中标项目的，应当依法承担法律责任。

第四十六条　招标人和中标人应当自中标通知书发出之日起三十日内，按照招标文件和中标人的投标文件订立书面合同。招标人和中标人不得再行订立背离合同实质性内容的其他协议。

招标文件要求中标人提交履约保证金的，中标人应当提交。

第四十七条　依法必须进行招标的项目，招标人应当自确定中标人之日起十五日内，向有关行政监督部门提交招标投标情况的书面报告。

第四十八条　中标人应当按照合同约定履行义务，完成中标项目。中标人不得向他人转让中标项目，也不得将中标项目肢解后分别向他人转让。

中标人按照合同约定或者经招标人同意，可以将中标项目的部分非主体、非关键性工作分包给他人完成。接受分包的人应当具备相应的资格条件，并不得再次分包。

中标人应当就分包项目向招标人负责，接受分包的人就分包项目承担连带责任。

第五章　法　律　责　任

第四十九条　违反本法规定，必须进行招标的项目而不招标的，将必须进行招标的项目化整为零或者以其他任何方式规避招标的，责令限期改正，可以处项目合同金额千分之五以上千分之十以下的罚款；对全部或者部分使用国有资金的项目，可以暂停项目执行或者暂停资金拨付；对单位直接负责的主管人员和其他直接责任人员依法给予处分。

第五十条　招标代理机构违反本法规定，泄露应当保密的与招标投标活动有关的情况和资料的，或者与招标人、投标人串通损害国家利益、社会公共利益或者他人合法权益的，处五万元以上二十五万元以下的罚款，对单位直接负责的主管人员和其他直接责任人员处单位罚款数额百分之五以上百分之十以下的罚款；有违法所得的，并处没收违法所得；情节严重的，暂停直至取消招标代理资格；构成犯罪的，依法追究刑事责任。给他人造成损失的，依法承担赔偿责任。

前款所列行为影响中标结果的，中标无效。

第五十一条　招标人以不合理的条件限制或者排斥潜在投标人的，对潜在投标人实行歧视待遇的，强制要求投标人组成联合体共同投标的，或者限制投标人之间竞争的，责令改正，可以处一万元以上五万元以下的罚款。

第五十二条 依法必须进行招标的项目的招标人向他人透露已获取招标文件的潜在投标人的名称、数量或者可能影响公平竞争的有关招标投标的其他情况的，或者泄露标底的，给予警告，可以并处一万元以上十万元以下的罚款；对单位直接负责的主管人员和其他直接责任人员依法给予处分；构成犯罪的，依法追究刑事责任。

前款所列行为影响中标结果的，中标无效。

第五十三条 投标人相互串通投标或者与招标人串通投标的，投标人以向招标人或者评标委员会成员行贿的手段谋取中标的，中标无效，处中标项目金额千分之五以上千分之十以下的罚款，对单位直接负责的主管人员和其他直接责任人员处单位罚款数额百分之五以上百分之十以下的罚款；有违法所得的，并处没收违法所得；情节严重的，取消其一年至二年内参加依法必须进行招标的项目的投标资格并予以公告，直至由工商行政管理机关吊销营业执照；构成犯罪的，依法追究刑事责任。给他人造成损失的，依法承担赔偿责任。

第五十四条 投标人以他人名义投标或者以其他方式弄虚作假，骗取中标的，中标无效；给招标人造成损失的，依法承担赔偿责任；构成犯罪的，依法追究刑事责任。

依法必须进行招标的项目的投标人有前款所列行为尚未构成犯罪的，处中标项目金额千分之五以上千分之十以下的罚款，对单位直接负责的主管人员和其他直接责任人员处单位罚款数额百分之五以上百分之十以下的罚款；有违法所得的，并处没收违法所得；情节严重的，取消其一年至三年内参加依法必须进行招标的项目的投标资格并予以公告，直至由工商行政管理机关吊销营业执照。

第五十五条 依法必须进行招标的项目，招标人违反本法规定，与投标人就投标价格、投标方案等实质性内容进行谈判的，给予警告，对单位直接负责的主管人员和其他直接责任人员依法给予处分。

前款所列行为影响中标结果的，中标无效。

第五十六条 评标委员会成员收受投标人的财物或者其他好处的，评标委员会成员或者参加评标的有关工作人员向他人透露对投标文件的评审和比较、中标候选人的推荐以及与评标有关的其他情况的，给予警告，没收收受的财物，可以并处三千元以上五万元以下的罚款，对有所列违法行为的评标委员会成员取消担任评标委员会成员的资格，不得再参加任何依法必须进行招标的项目的评标；构成犯罪的，依法追究刑事责任。

第五十七条 招标人在评标委员会依法推荐的中标候选人以外确定中标人的，依法必须进行招标的项目在所有投标被评标委员会否决后自行确定中标人的，中标无效。责令改正，可以处中标项目金额千分之五以上千分之十以下的罚款；对单位直接负责的主管人员和其他直接责任人员依法给予处分。

第五十八条 中标人将中标项目转让给他人的，将中标项目肢解后分别转让给他人的，违反本法规定将中标项目的部分主体、关键性工作分包给他人的，或者分包人再次分包的，转让、分包无效，处转让、分包项目金额千分之五以上千分之十以下的罚款；有违法所得的，并处没收违法所得；可以责令停业整顿；情节严重的，由工商行政管理机关吊销营业执照。

第五十九条 招标人与中标人不按照招标文件和中标人的投标文件订立合同的，或者招标人、中标人订立背离合同实质性内容的协议的，责令改正；可以处中标项目金额千分之五以上千分之十以下的罚款。

第六十条 中标人不履行与招标人订立的合同的，履约保证金不予退还，给招标人造成的损失超过履约保证金数额的，还应当对超过部分予以赔偿；没有提交履约保证金的，应当对招标人的损失承担赔偿责任。

中标人不按照与招标人订立的合同履行义务，情节严重的，取消其二年至五年内参加依法必须进行招标的项目的投标资格并予以公告，直至由工商行政管理机关吊销营业执照。

因不可抗力不能履行合同的，不适用前两款规定。

第六十一条 本章规定的行政处罚，由国务院规定的有关行政监督部门决定。本法已对实施行政处罚的机关作出规定的除外。

第六十二条 任何单位违反本法规定，限制或者排斥本地区、本系统以外的法人或者其他组织参加投标的，为招标人指定招标代理机构的，强制招标人委托招标代理机构办理招标事宜的，或者以其他方式干涉招标投标活动的，责令改正；对单位直接负责的主管人员和其他直接责任人员依法给予警告、记过、记大过的处分，情节较重的，依法给予降级、撤职、开除的处分。

个人利用职权进行前款违法行为的，依照前款规定追究责任。

第六十三条　对招标投标活动依法负有行政监督职责的国家机关工作人员徇私舞弊、滥用职权或者玩忽职守，构成犯罪的，依法追究刑事责任；不构成犯罪的，依法给予行政处分。

第六十四条　依法必须进行招标的项目违反本法规定，中标无效的，应当依照本法规定的中标条件从其余投标人中重新确定中标人或者依照本法重新进行招标。

第六章　附　　则

第六十五条　投标人和其他利害关系人认为招标投标活动不符合本法有关规定的，有权向招标人提出异议或者依法向有关行政监督部门投诉。

第六十六条　涉及国家安全、国家秘密、抢险救灾或者属于利用扶贫资金实行以工代赈、需要使用农民工等特殊情况，不适宜进行招标的项目，按照国家有关规定可以不进行招标。

第六十七条　使用国际组织或者外国政府贷款、援助资金的项目进行招标，贷款方、资金提供方对招标投标的具体条件和程序有不同规定的，可以适用其规定。但违背中华人民共和国的社会公共利益的除外。

第六十八条　本法自2000年1月1日起施行。

附录三

建设工程质量管理条例

（2000年1月10日国务院第25次常务会议通过，
2000年1月30日发布，自发布之日起施行）

第一章　总　　则

第一条　为了加强对建设工程质量的管理，保证建设工程质量，保护人民生命和财产安全，根据《中华人民共和国建筑法》，制定本条例。

第二条　凡在中华人民共和国境内从事建设工程的新建、扩建、改建等有关活动及实施对建设工程质量监督管理的，必须遵守本条例。

本条例所称建设工程，是指土木工程、建筑工程、线路管道和设备安装工程及装修工程。

第三条　建设单位、勘察单位、设计单位、施工单位、工程监理单位依法对建设工程质量负责。

第四条　县级以上人民政府建设行政主管部门和其他有关部门应当加强对建设工程质量的监督管理。

第五条　从事建设工程活动，必须严格执行基本建设程序，坚持先勘察、后设计、再施工的原则。

县级以上人民政府及其有关部门不得超越权限审批建设项目或者擅自简化基本建设程序。

第六条　国家鼓励采用先进的科学技术和管理方法，提高建设工程质量。

第二章　建设单位的质量责任和义务

第七条　建设单位应当将工程发包给具有相应资质等级的单位。

建设单位不得将建设工程肢解发包。

第八条　建设单位应当依法对工程建设项目的勘察、设计、施工、监理以及与工程建设有关的重要设备、材料等的采购进行招标。

第九条　建设单位必须向有关的勘察、设计、施工、工程监理等单位提供与建设工程有关的原始资料。原始资料必须真实、准确、齐全。

第十条 建设工程发包单位不得迫使承包方以低于成本的价格竞标，不得任意压缩合理工期。

建设单位不得明示或者暗示设计单位或者施工单位违反工程建设强制性标准，降低建设工程质量。

第十一条 建设单位应当将施工图设计文件报县级以上人民政府建设行政主管部门或者其他有关部门审查。施工图设计文件审查的具体办法，由国务院建设行政主管部门会同国务院其他有关部门制定。

施工图设计文件未经审查批准的，不得使用。

第十二条 实行监理的建设工程，建设单位应当委托具有相应资质等级的工程监理单位进行监理，也可以委托具有工程监理相应资质等级并与被监理工程的施工承包单位没有隶属关系或者其他利害关系的该工程的设计单位进行监理。

下列建设工程必须实行监理：

（一）国家重点建设工程；

（二）大中型公用事业工程；

（三）成片开发建设的住宅小区工程；

（四）利用外国政府或者国际组织贷款、援助资金的工程；

（五）国家规定必须实行监理的其他工程。

第十三条 建设单位在领取施工许可证或者开工报告前，应当按照国家有关规定办理工程质量监督手续。

第十四条 按照合同约定，由建设单位采购建筑材料、建筑构配件和设备的，建设单位应当保证建筑材料、建筑构配件和设备符合设计文件和合同要求。

建设单位不得明示或者暗示施工单位使用不合格的建筑材料、建筑构配件和设备。

第十五条 涉及建筑主体和承重结构变动的装修工程，建设单位应当在施工前委托原设计单位或者具有相应资质等级的设计单位提出设计方案；没有设计方案的，不得施工。

房屋建筑使用者在装修过程中，不得擅自变动房屋建筑主体和承重结构。

第十六条 建设单位收到建设工程竣工报告后，应当组织设计、施工、工程监理等有关单位进行竣工验收。

建设工程竣工验收应当具备下列条件：

（一）完成建设工程设计和合同约定的各项内容；

（二）有完整的技术档案和施工管理资料；

（三）有工程使用的主要建筑材料、建筑构配件和设备的进场试验报告；

（四）有勘察、设计、施工、工程监理等单位分别签署的质量合格文件；

（五）有施工单位签署的工程保修书。

建设工程经验收合格的，方可交付使用。

第十七条 建设单位应当严格按照国家有关档案管理的规定，及时收集、整理建设项目各环节的文件资料，建立、健全建设项目档案，并在建设工程竣工验收后，及时向建设行政主管部门或者其他有关部门移交建设项目档案。

第三章 勘察、设计单位的质量责任和义务

第十八条 从事建设工程勘察、设计的单位应当依法取得相应等级的资质证书，并在其资质等级许可的范围内承揽工程。

禁止勘察、设计单位超越其资质等级许可的范围或者以其他勘察、设计单位的名义承揽工程。禁止勘察、设计单位允许其他单位或者个人以本单位的名义承揽工程。

勘察、设计单位不得转包或者违法分包所承揽的工程。

第十九条 勘察、设计单位必须按照工程建设强制性标准进行勘察、设计，并对其勘察、设计的质量负责。

注册建筑师、注册结构工程师等注册执业人员应当在设计文件上签字，对设计文件负责。

第二十条 勘察单位提供的地质、测量、水文等勘察成果必须真实、准确。

第二十一条　设计单位应当根据勘察成果文件进行建设工程设计。

设计文件应当符合国家规定的设计深度要求，注明工程合理使用年限。

第二十二条　设计单位在设计文件中选用的建筑材料、建筑构配件和设备，应当注明规格、型号、性能等技术指标，其质量要求必须符合国家规定的标准。

除有特殊要求的建筑材料、专用设备、工艺生产线等外，设计单位不得指定生产厂、供应商。

第二十三条　设计单位应当就审查合格的施工图设计文件向施工单位作出详细说明。

第二十四条　设计单位应当参与建设工程质量事故分析，并对因设计造成的质量事故，提出相应的技术处理方案。

第四章　施工单位的质量责任和义务

第二十五条　施工单位应当依法取得相应等级的资质证书，并在其资质等级许可的范围内承揽工程。

禁止施工单位超越本单位资质等级许可的业务范围或者以其他施工单位的名义承揽工程。禁止施工单位允许其他单位或者个人以本单位的名义承揽工程。

施工单位不得转包或者违法分包工程。

第二十六条　施工单位对建设工程的施工质量负责。

施工单位应当建立质量责任制，确定工程项目的项目经理、技术负责人和施工管理负责人。

建设工程实行总承包的，总承包单位应当对全部建设工程质量负责；建设工程勘察、设计、施工、设备采购的一项或者多项实行总承包的，总承包单位应当对其承包的建设工程或者采购的设备的质量负责。

第二十七条　总承包单位依法将建设工程分包给其他单位的，分包单位应当按照分包合同的约定对其分包工程的质量向总承包单位负责，总承包单位与分包单位对分包工程的质量承担连带责任。

第二十八条　施工单位必须按照工程设计图纸和施工技术标准施工，不得擅自修改工程设计，不得偷工减料。

施工单位在施工过程中发现设计文件和图纸有差错的，应当及时提出意见和建议。

第二十九条　施工单位必须按照工程设计要求、施工技术标准和合同约定，对建筑材料、建筑构配件、设备和商品混凝土进行检验，检验应当有书面记录和专人签字；未经检验或者检验不合格的，不得使用。

第三十条　施工单位必须建立、健全施工质量的检验制度，严格工序管理，作好隐蔽工程的质量检查和记录。隐蔽工程在隐蔽前，施工单位应当通知建设单位和建设工程质量监督机构。

第三十一条　施工人员对涉及结构安全的试块、试件以及有关材料，应当在建设单位或者工程监理单位监督下现场取样，并送具有相应资质等级的质量检测单位进行检测。

第三十二条　施工单位对施工中出现质量问题的建设工程或者竣工验收不合格的建设工程，应当负责返修。

第三十三条　施工单位应当建立、健全教育培训制度，加强对职工的教育培训；未经教育培训或者考核不合格的人员，不得上岗作业。

第五章　工程监理单位的质量责任和义务

第三十四条　工程监理单位应当依法取得相应等级的资质证书，并在其资质等级许可的范围内承担工程监理业务。

禁止工程监理单位超越本单位资质等级许可的范围或者以其他工程监理单位的名义承担工程监理业务。禁止工程监理单位允许其他单位或者个人以本单位的名义承担工程监理业务。

工程监理单位不得转让工程监理业务。

第三十五条　工程监理单位与被监理工程的施工承包单位以及建筑材料、建筑构配件和设备供应单位不得有隶属关系或者其他利害关系的，不得承担该项建设工程的监理业务。

第三十六条　工程监理单位应当依照法律、法规以及有关技术标准、设计文件和建设工程承包合同，代表建设单位对施工质量实施监理，并对施工质量承担监理责任。

第三十七条　工程监理单位应当选派具备相应资格的总监理工程师和监理工程师进驻施工现场。

未经监理工程师签字，建筑材料、建筑构配件和设备不得在工程上使用或者安装，施工单位不得进行下一道工序的施工。未经总监理工程师签字，建设单位不拨付工程款，不进行竣工验收。

第三十八条 监理工程师应当按照工程监理规范的要求，采取旁站、巡视和平行检验等形式，对建设工程实施监理。

第六章 建设工程质量保修

第三十九条 建设工程实行质量保修制度。

建设工程承包单位在向建设单位提交工程竣工验收报告时，应当向建设单位出具质量保修书。质量保修书中应当明确建设工程的保修范围、保修期限和保修责任等。

第四十条 在正常使用条件下，建设工程的最低保修期限为：

（一）基础设施工程、房屋建筑的地基基础工程和主体结构工程，为设计文件规定的该工程的合理使用年限；

（二）屋面防水工程、有防水要求的卫生间、房间和外墙面的防渗漏，为5年；

（三）供热与供冷系统，为2个采暖期、供冷期；

（四）电气管线、给排水管道、设备安装和装修工程，为2年。

其他项目的保修期限由发包方与承包方约定。

建设工程的保修期，自竣工验收合格之日起计算。

第四十一条 建设工程在保修范围和保修期限内发生质量问题的，施工单位应当履行保修义务，并对造成的损失承担赔偿责任。

第四十二条 建设工程在超过合理使用年限后需要继续使用的，产权所有人应当委托具有相应资质等级的勘察、设计单位鉴定，并根据鉴定结果采取加固、维修等措施，重新界定使用期。

第七章 监督管理

第四十三条 国家实行建设工程质量监督管理制度。

国务院建设行政主管部门对全国的建设工程质量实施统一监督管理。国务院铁路、交通、水利等有关部门按照国务院规定的职责分工，负责对全国的有关专业建设工程质量的监督管理。

县级以上地方人民政府建设行政主管部门对本行政区域内的建设工程质量实施监督管理。县级以上地方人民政府交通、水利等有关部门在各自的职责范围内，负责对本行政区域内的专业建设工程质量的监督管理。

第四十四条 国务院建设行政主管部门和国务院铁路、交通、水利等有关部门应当加强对有关建设工程质量的法律、法规和强制性标准执行情况的监督检查。

第四十五条 国务院发展计划部门按照国务院规定的职责，组织稽查特派员，对国家出资的重大建设项目实施监督检查。

国务院经济贸易主管部门按照国务院规定的职责，对国家重大技术改造项目实施监督检查。

第四十六条 建设工程质量监督管理，可以由建设行政主管部门或者其他有关部门委托的建设工程质量监督机构具体实施。

从事房屋建筑工程和市政基础设施工程质量监督的机构，必须按照国家有关规定经国务院建设行政主管部门或者省、自治区、直辖市人民政府建设行政主管部门考核；从事专业建设工程质量监督的机构，必须按照国家有关规定经国务院有关部门或者省、自治区、直辖市人民政府有关部门考核。经考核合格后，方可实施质量监督。

第四十七条 县级以上地方人民政府建设行政主管部门和其他有关部门应当加强对有关建设工程质量的法律、法规和强制性标准执行情况的监督检查。

第四十八条 县级以上人民政府建设行政主管部门和其他有关部门履行监督检查职责时，有权采取下列措施：

（一）要求被检查的单位提供有关工程质量的文件和资料；

（二）进入被检查单位的施工现场进行检查；

（三）发现有影响工程质量的问题时，责令改正。

第四十九条　建设单位应当自建设工程竣工验收合格之日起15日内，将建设工程竣工验收报告和规划、公安消防、环保等部门出具的认可文件或者准许使用文件报建设行政主管部门或者其他有关部门备案。

建设行政主管部门或者其他有关部门发现建设单位在竣工验收过程中有违反国家有关建设工程质量管理规定行为的，责令停止使用，重新组织竣工验收。

第五十条　有关单位和个人对县级以上人民政府建设行政主管部门和其他有关部门进行的监督检查应当支持与配合，不得拒绝或者阻碍建设工程质量监督检查人员依法执行职务。

第五十一条　供水、供电、供气、公安消防等部门或者单位不得明示或者暗示建设单位、施工单位购买其指定的生产供应单位的建筑材料、建筑构配件和设备。

第五十二条　建设工程发生质量事故，有关单位应当在24小时内向当地建设行政主管部门和其他有关部门报告。对重大质量事故，事故发生地的建设行政主管部门和其他有关部门应当按照事故类别和等级向当地人民政府和上级建设行政主管部门和其他有关部门报告。

特别重大质量事故的调查程序按照国务院有关规定办理。

第五十三条　任何单位和个人对建设工程的质量事故、质量缺陷都有权检举、控告、投诉。

第八章　罚　　则

第五十四条　违反本条例规定，建设单位将建设工程发包给不具有相应资质等级的勘察、设计、施工单位或者委托给不具有相应资质等级的工程监理单位的，责令改正，处50万元以上100万元以下的罚款。

第五十五条　违反本条例规定，建设单位将建设工程肢解发包的，责令改正，处工程合同价款0.5%以上1%以下的罚款；对全部或者部分使用国有资金的项目，并可以暂停项目执行或者暂停资金拨付。

第五十六条　违反本条例规定，建设单位有下列行为之一的，责令改正，处20万元以上50万元以下的罚款：

（一）迫使承包方以低于成本的价格竞标的；

（二）任意压缩合理工期的；

（三）明示或者暗示设计单位或者施工单位违反工程建设强制性标准，降低工程质量的；

（四）施工图设计文件未经审查或者审查不合格，擅自施工的；

（五）建设项目必须实行工程监理而未实行工程监理的；

（六）未按照国家规定办理工程质量监督手续的；

（七）明示或者暗示施工单位使用不合格的建筑材料、建筑构配件和设备的；

（八）未按照国家规定将竣工验收报告、有关认可文件或者准许使用文件报送备案的。

第五十七条　违反本条例规定，建设单位未取得施工许可证或者开工报告未经批准，擅自施工的，责令停止施工，限期改正，处工程合同价款1%以上2%以下的罚款。

第五十八条　违反本条例规定，建设单位有下列行为之一的，责令改正，处工程合同价款2%以上4%以下的罚款；造成损失的，依法承担赔偿责任：

（一）未组织竣工验收，擅自交付使用的；

（二）验收不合格，擅自交付使用的；

（三）对不合格的建设工程按照合格工程验收的。

第五十九条　违反本条例规定，建设工程竣工验收后，建设单位未向建设行政主管部门或者其他有关部门移交建设项目档案的，责令改正，处1万元以上10万元以下的罚款。

第六十条　违反本条例规定，勘察、设计、施工、工程监理单位超越本单位资质等级承揽工程的，责令停止违法行为，对勘察、设计单位或者工程监理单位处合同约定的勘察费、设计费或者监理酬金1倍以上2倍以下的罚款；对施工单位处工程合同价款2%以上4%以下的罚款，可以责令停业整顿，降低资质等级；情节严重的，吊销资质证书；有违法所得的，予以没收。

未取得资质证书承揽工程的，予以取缔，依照前款规定处以罚款；有违法所得的，予以没收。

以欺骗手段取得资质证书承揽工程的，吊销资质证书，依照本条第一款规定处以罚款；有违法所得的，予以没收。

第六十一条 违反本条例规定，勘察、设计、施工、工程监理单位允许其他单位或者个人以本单位名义承揽工程的，责令改正，没收违法所得，对勘察、设计单位和工程监理单位处合同约定的勘察费、设计费和监理酬金1倍以上2倍以下的罚款；对施工单位处工程合同价款2%以上4%以下的罚款；可以责令停业整顿，降低资质等级；情节严重的，吊销资质证书。

第六十二条 违反本条例规定，承包单位将承包的工程转包或者违法分包的，责令改正，没收违法所得，对勘察、设计单位处合同约定的勘察费、设计费25%以上50%以下的罚款；对施工单位处工程合同价款0.5%以上1%以下的罚款；可以责令停业整顿，降低资质等级；情节严重的，吊销资质证书。

工程监理单位转让工程监理业务的，责令改正，没收违法所得，处合同约定的监理酬金25%以上50%以下的罚款；可以责令停业整顿，降低资质等级；情节严重的，吊销资质证书。

第六十三条 违反本条例规定，有下列行为之一的，责令改正，处10万元以上30万元以下的罚款：

（一）勘察单位未按照工程建设强制性标准进行勘察的；

（二）设计单位未根据勘察成果文件进行工程设计的；

（三）设计单位指定建筑材料、建筑构配件的生产厂、供应商的；

（四）设计单位未按照工程建设强制性标准进行设计的。

有前款所列行为，造成重大工程质量事故的，责令停业整顿，降低资质等级；情节严重的，吊销资质证书；造成损失的，依法承担赔偿责任。

第六十四条 违反本条例规定，施工单位在施工中偷工减料的，使用不合格的建筑材料、建筑构配件和设备的，或者有不按照工程设计图纸或者施工技术标准施工的其他行为的，责令改正，处工程合同价款2%以上4%以下的罚款；造成建设工程质量不符合规定的质量标准的，负责返工、修理，并赔偿因此造成的损失；情节严重的，责令停业整顿，降低资质等级或者吊销资质证书。

第六十五条 违反本条例规定，施工单位未对建筑材料、建筑构配件、设备和商品混凝土进行检验，或者未对涉及结构安全的试块、试件以及有关材料取样检测的，责令改正，处10万元以上20万元以下的罚款；情节严重的，责令停业整顿，降低资质等级或者吊销资质证书；造成损失的，依法承担赔偿责任。

第六十六条 违反本条例规定，施工单位不履行保修义务或者拖延履行保修义务的，责令改正，处10万元以上20万元以下的罚款，并对在保修期内因质量缺陷造成的损失承担赔偿责任。

第六十七条 工程监理单位有下列行为之一的，责令改正，处50万元以上100万元以下的罚款，降低资质等级或者吊销资质证书；有违法所得的，予以没收；造成损失的，承担连带赔偿责任：

（一）与建设单位或者施工单位串通，弄虚作假、降低工程质量的；

（二）将不合格的建设工程、建筑材料、建筑构配件和设备按照合格签字的。

第六十八条 违反本条例规定，工程监理单位与被监理工程的施工承包单位以及建筑材料、建筑构配件和设备供应单位有隶属关系或者其他利害关系承担该项建设工程的监理业务的，责令改正，处5万元以上10万元以下的罚款，降低资质等级或者吊销资质证书；有违法所得的，予以没收。

第六十九条 违反本条例规定，涉及建筑主体或者承重结构变动的装修工程，没有设计方案擅自施工的，责令改正，处50万元以上100万元以下的罚款；房屋建筑使用者在装修过程中擅自变动房屋建筑主体和承重结构的，责令改正，处5万元以上10万元以下的罚款。

有前款所列行为，造成损失的，依法承担赔偿责任。

第七十条 发生重大工程质量事故隐瞒不报、谎报或者拖延报告期限的，对直接负责的主管人员和其他责任人员依法给予行政处分。

第七十一条 违反本条例规定，供水、供电、供气、公安消防等部门或者单位明示或者暗示建设单位或者施工单位购买其指定的生产供应单位的建筑材料、建筑构配件和设备的，责令改正。

第七十二条 违反本条例规定，注册建筑师、注册结构工程师、监理工程师等注册执业人员因过错造成质量事故的，责令停止执业1年；造成重大质量事故的，吊销执业资格证书，5年以内不予注册；情节特别恶劣的，终身不予注册。

第七十三条 依照本条例规定，给予单位罚款处罚的，对单位直接负责的主管人员和其他直接责任人员处单位罚款数额5%以上10%以下的罚款。

第七十四条 建设单位、设计单位、施工单位、工程监理单位违反国家规定，降低工程质量标准，造成重大安全事故，构成犯罪的，对直接责任人员依法追究刑事责任。

第七十五条 本条例规定的责令停业整顿，降低资质等级和吊销资质证书的行政处罚，由颁发资质证书的机关决定；其他行政处罚，由建设行政主管部门或者其他有关部门依照法定职权决定。

依照本条例规定被吊销资质证书的，由工商行政管理部门吊销其营业执照。

第七十六条 国家机关工作人员在建设工程质量监督管理工作中玩忽职守、滥用职权、徇私舞弊，构成犯罪的，依法追究刑事责任；尚不构成犯罪的，依法给予行政处分。

第七十七条 建设、勘察、设计、施工、工程监理单位的工作人员因调动工作、退休等原因离开该单位后，被发现在该单位工作期间违反国家有关建设工程质量管理规定，造成重大工程质量事故的，仍应当依法追究法律责任。

第九章　附　　则

第七十八条 本条例所称肢解发包，是指建设单位将应当由一个承包单位完成的建设工程分解成若干部分发包给不同的承包单位的行为。

本条例所称违法分包，是指下列行为：

（一）总承包单位将建设工程分包给不具备相应资质条件的单位的；

（二）建设工程总承包合同中未有约定，又未经建设单位认可，承包单位将其承包的部分建设工程交由其他单位完成的；

（三）施工总承包单位将建设工程主体结构的施工分包给其他单位的；

（四）分包单位将其承包的建设工程再分包的。

本条例所称转包，是指承包单位承包建设工程，不履行合同约定的责任和义务，将其承包的全部建设工程转给他人或者将其承包的全部建设工程肢解以后以分包的名义分别转给其他单位承包的行为。

第七十九条 本条例规定的罚款和没收的违法所得，必须全部上缴国库。

第八十条 抢险救灾及其他临时性房屋建筑和农民自建低层住宅的建设活动，不适用本条例。

第八十一条 军事建设工程的管理，按照中央军事委员会的有关规定执行。

第八十二条 本条例自2000年1月30日起施行。

附录四

建设工程安全生产管理条例

（中华人民共和国国务院令第393号，《建设工程安全生产管理条例》已经2003年11月12日国务院第28次常务会议通过，现予公布，自2004年2月1日起施行）

第一章　总　　则

第一条 为了加强建设工程安全生产监督管理，保障人民群众生命和财产安全，根据《中华人民共和国建筑法》、《中华人民共和国安全生产法》，制定本条例。

第二条 在中华人民共和国境内从事建设工程的新建、扩建、改建和拆除等有关活动及实施对建设工程安全生产的监督管理，必须遵守本条例。

本条例所称建设工程，是指土木工程、建筑工程、线路管道和设备安装工程及装修工程。

第三条 建设工程安全生产管理，坚持安全第一、预防为主的方针。

第四条 建设单位、勘察单位、设计单位、施工单位、工程监理单位及其他与建设工程安全生产有关的单位，必须遵守安全生产法律、法规的规定，保证建设工程安全生产，依法承担建设工程安全生产责任。

第五条　国家鼓励建设工程安全生产的科学技术研究和先进技术的推广应用，推进建设工程安全生产的科学管理。

第二章　建设单位的安全责任

第六条　建设单位应当向施工单位提供施工现场及毗邻区域内供水、排水、供电、供气、供热、通信、广播电视等地下管线资料，气象和水文观测资料，相邻建筑物和构筑物、地下工程的有关资料，并保证资料的真实、准确、完整。

建设单位因建设工程需要，向有关部门或者单位查询前款规定的资料时，有关部门或者单位应当及时提供。

第七条　建设单位不得对勘察、设计、施工、工程监理等单位提出不符合建设工程安全生产法律、法规和强制性标准规定的要求，不得压缩合同约定的工期。

第八条　建设单位在编制工程概算时，应当确定建设工程安全作业环境及安全施工措施所需费用。

第九条　建设单位不得明示或者暗示施工单位购买、租赁、使用不符合安全施工要求的安全防护用具、机械设备、施工机具及配件、消防设施和器材。

第十条　建设单位在申请领取施工许可证时，应当提供建设工程有关安全施工措施的资料。

依法批准开工报告的建设工程，建设单位应当自开工报告批准之日起15日内，将保证安全施工的措施报送建设工程所在地的县级以上地方人民政府建设行政主管部门或者其他有关部门备案。

第十一条　建设单位应当将拆除工程发包给具有相应资质等级的施工单位。

建设单位应当在拆除工程施工15日前，将下列资料报送建设工程所在地的县级以上地方人民政府建设行政主管部门或者其他有关部门备案：

（一）施工单位资质等级证明；

（二）拟拆除建筑物、构筑物及可能危及毗邻建筑的说明；

（三）拆除施工组织方案；

（四）堆放、清除废弃物的措施。

实施爆破作业的，应当遵守国家有关民用爆炸物品管理的规定。

第三章　勘察、设计、工程监理及其他有关单位的安全责任

第十二条　勘察单位应当按照法律、法规和工程建设强制性标准进行勘察，提供的勘察文件应当真实、准确，满足建设工程安全生产的需要。

勘察单位在勘察作业时，应当严格执行操作规程，采取措施保证各类管线、设施和周边建筑物、构筑物的安全。

第十三条　设计单位应当按照法律、法规和工程建设强制性标准进行设计，防止因设计不合理导致生产安全事故的发生。

设计单位应当考虑施工安全操作和防护的需要，对涉及施工安全的重点部位和环节在设计文件中注明，并对防范生产安全事故提出指导意见。

采用新结构、新材料、新工艺的建设工程和特殊结构的建设工程，设计单位应当在设计中提出保障施工作业人员安全和预防生产安全事故的措施建议。

设计单位和注册建筑师等注册执业人员应当对其设计负责。

第十四条　工程监理单位应当审查施工组织设计中的安全技术措施或者专项施工方案是否符合工程建设强制性标准。

工程监理单位在实施监理过程中，发现存在安全事故隐患的，应当要求施工单位整改；情况严重的，应当要求施工单位暂时停止施工，并及时报告建设单位。施工单位拒不整改或者不停止施工的，工程监理单位应当及时向有关主管部门报告。

工程监理单位和监理工程师应当按照法律、法规和工程建设强制性标准实施监理，并对建设工程安全

生产承担监理责任。

第十五条　为建设工程提供机械设备和配件的单位，应当按照安全施工的要求配备齐全有效的保险、限位等安全设施和装置。

第十六条　出租的机械设备和施工机具及配件，应当具有生产（制造）许可证、产品合格证。

出租单位应当对出租的机械设备和施工机具及配件的安全性能进行检测，在签订租赁协议时，应当出具检测合格证明。

禁止出租检测不合格的机械设备和施工机具及配件。

第十七条　在施工现场安装、拆卸施工起重机械和整体提升脚手架、模板等自升式架设设施，必须由具有相应资质的单位承担。

安装、拆卸施工起重机械和整体提升脚手架、模板等自升式架设设施，应当编制拆装方案、制定安全施工措施，并由专业技术人员现场监督。

施工起重机械和整体提升脚手架、模板等自升式架设设施安装完毕后，安装单位应当自检，出具自检合格证明，并向施工单位进行安全使用说明，办理验收手续并签字。

第十八条　施工起重机械和整体提升脚手架、模板等自升式架设设施的使用达到国家规定的检验检测期限的，必须经具有专业资质的检验检测机构检测。经检测不合格的，不得继续使用。

第十九条　检验检测机构对检测合格的施工起重机械和整体提升脚手架、模板等自升式架设设施，应当出具安全合格证明文件，并对检测结果负责。

第四章　施工单位的安全责任

第二十条　施工单位从事建设工程的新建、扩建、改建和拆除等活动，应当具备国家规定的注册资本、专业技术人员、技术装备和安全生产等条件，依法取得相应等级的资质证书，并在其资质等级许可的范围内承揽工程。

第二十一条　施工单位主要负责人依法对本单位的安全生产工作全面负责。施工单位应当建立健全安全生产责任制度和安全生产教育培训制度，制定安全生产规章制度和操作规程，保证本单位安全生产条件所需资金的投入，对所承担的建设工程进行定期和专项安全检查，并做好安全检查记录。

施工单位的项目负责人应当由取得相应执业资格的人员担任，对建设工程项目的安全施工负责，落实安全生产责任制度、安全生产规章制度和操作规程，确保安全生产费用的有效使用，并根据工程的特点组织制定安全施工措施，消除安全事故隐患，及时、如实报告生产安全事故。

第二十二条　施工单位对列入建设工程概算的安全作业环境及安全施工措施所需费用，应当用于施工安全防护用具及设施的采购和更新、安全施工措施的落实、安全生产条件的改善，不得挪作他用。

第二十三条　施工单位应当设立安全生产管理机构，配备专职安全生产管理人员。

专职安全生产管理人员负责对安全生产进行现场监督检查。发现安全事故隐患，应当及时向项目负责人和安全生产管理机构报告；对违章指挥、违章操作的，应当立即制止。

专职安全生产管理人员的配备办法由国务院建设行政主管部门会同国务院其他有关部门制定。

第二十四条　建设工程实行施工总承包的，由总承包单位对施工现场的安全生产负总责。

总承包单位应当自行完成建设工程主体结构的施工。

总承包单位依法将建设工程分包给其他单位的，分包合同中应当明确各自的安全生产方面的权利、义务。总承包单位和分包单位对分包工程的安全生产承担连带责任。

分包单位应当服从总承包单位的安全生产管理，分包单位不服从管理导致生产安全事故的，由分包单位承担主要责任。

第二十五条　垂直运输机械作业人员、安装拆卸工、爆破作业人员、起重信号工、登高架设作业人员等特种作业人员，必须按照国家有关规定经过专门的安全作业培训，并取得特种作业操作资格证书后，方可上岗作业。

第二十六条　施工单位应当在施工组织设计中编制安全技术措施和施工现场临时用电方案，对下列达到一定规模的危险性较大的分部分项工程编制专项施工方案，并附具安全验算结果，经施工单位技术负责人、总监理工程师签字后实施，由专职安全生产管理人员进行现场监督：

（一）基坑支护与降水工程；

（二）土方开挖工程；

（三）模板工程；

（四）起重吊装工程；

（五）脚手架工程；

（六）拆除、爆破工程；

（七）国务院建设行政主管部门或者其他有关部门规定的其他危险性较大的工程。

对前款所列工程中涉及深基坑、地下暗挖工程、高大模板工程的专项施工方案，施工单位还应当组织专家进行论证、审查。

本条第一款规定的达到一定规模的危险性较大工程的标准，由国务院建设行政主管部门会同国务院其他有关部门制定。

第二十七条 建设工程施工前，施工单位负责项目管理的技术人员应当对有关安全施工的技术要求向施工作业班组、作业人员作出详细说明，并由双方签字确认。

第二十八条 施工单位应当在施工现场入口处、施工起重机械、临时用电设施、脚手架、出入通道口、楼梯口、电梯井口、孔洞口、桥梁口、隧道口、基坑边沿、爆破物及有害危险气体和液体存放处等危险部位，设置明显的安全警示标志。安全警示标志必须符合国家标准。

施工单位应当根据不同施工阶段和周围环境及季节、气候的变化，在施工现场采取相应的安全施工措施。施工现场暂时停止施工的，施工单位应当做好现场防护，所需费用由责任方承担，或者按照合同约定执行。

第二十九条 施工单位应当将施工现场的办公、生活区与作业区分开设置，并保持安全距离；办公、生活区的选址应当符合安全性要求。职工的膳食、饮水、休息场所等应当符合卫生标准。施工单位不得在尚未竣工的建筑物内设置员工集体宿舍。

施工现场临时搭建的建筑物应当符合安全使用要求。施工现场使用的装配式活动房屋应当具有产品合格证。

第三十条 施工单位对因建设工程施工可能造成损害的毗邻建筑物、构筑物和地下管线等，应当采取专项防护措施。

施工单位应当遵守有关环境保护法律、法规的规定，在施工现场采取措施，防止或者减少粉尘、废气、废水、固体废物、噪声、振动和施工照明对人和环境的危害和污染。

在城市市区内的建设工程，施工单位应当对施工现场实行封闭围挡。

第三十一条 施工单位应当在施工现场建立消防安全责任制度，确定消防安全责任人，制定用火、用电、使用易燃易爆材料等各项消防安全管理制度和操作规程，设置消防通道、消防水源，配备消防设施和灭火器材，并在施工现场入口处设置明显标志。

第三十二条 施工单位应当向作业人员提供安全防护用具和安全防护服装，并书面告知危险岗位的操作规程和违章操作的危害。

作业人员有权对施工现场的作业条件、作业程序和作业方式中存在的安全问题提出批评、检举和控告，有权拒绝违章指挥和强令冒险作业。

在施工中发生危及人身安全的紧急情况时，作业人员有权立即停止作业或者在采取必要的应急措施后撤离危险区域。

第三十三条 作业人员应当遵守安全施工的强制性标准、规章制度和操作规程，正确使用安全防护用具、机械设备等。

第三十四条 施工单位采购、租赁的安全防护用具、机械设备、施工机具及配件，应当具有生产（制造）许可证、产品合格证，并在进入施工现场前进行查验。

施工现场的安全防护用具、机械设备、施工机具及配件必须由专人管理，定期进行检查、维修和保养，建立相应的资料档案，并按照国家有关规定及时报废。

第三十五条　施工单位在使用施工起重机械和整体提升脚手架、模板等自升式架设设施前，应当组织有关单位进行验收，也可以委托具有相应资质的检验检测机构进行验收；使用承租的机械设备和施工机具及配件的，由施工总承包单位、分包单位、出租单位和安装单位共同进行验收。验收合格的方可使用。

《特种设备安全监察条例》规定的施工起重机械，在验收前应当经有相应资质的检验检测机构监督检验合格。

施工单位应当自施工起重机械和整体提升脚手架、模板等自升式架设设施验收合格之日起 30 日内，向建设行政主管部门或者其他有关部门登记。登记标志应当置于或者附着于该设备的显著位置。

第三十六条　施工单位的主要负责人、项目负责人、专职安全生产管理人员应当经建设行政主管部门或者其他有关部门考核合格后方可任职。

施工单位应当对管理人员和作业人员每年至少进行一次安全生产教育培训，其教育培训情况记入个人工作档案。安全生产教育培训考核不合格的人员，不得上岗。

第三十七条　作业人员进入新的岗位或者新的施工现场前，应当接受安全生产教育培训。未经教育培训或者教育培训考核不合格的人员，不得上岗作业。

施工单位在采用新技术、新工艺、新设备、新材料时，应当对作业人员进行相应的安全生产教育培训。

第三十八条　施工单位应当为施工现场从事危险作业的人员办理意外伤害保险。

意外伤害保险费由施工单位支付。实行施工总承包的，由总承包单位支付意外伤害保险费。意外伤害保险期限自建设工程开工之日起至竣工验收合格止。

第五章　监　督　管　理

第三十九条　国务院负责安全生产监督管理的部门依照《中华人民共和国安全生产法》的规定，对全国建设工程安全生产工作实施综合监督管理。

县级以上地方人民政府负责安全生产监督管理的部门依照《中华人民共和国安全生产法》的规定，对本行政区域内建设工程安全生产工作实施综合监督管理。

第四十条　国务院建设行政主管部门对全国的建设工程安全生产实施监督管理。国务院铁路、交通、水利等有关部门按照国务院规定的职责分工，负责有关专业建设工程安全生产的监督管理。

县级以上地方人民政府建设行政主管部门对本行政区域内的建设工程安全生产实施监督管理。县级以上地方人民政府交通、水利等有关部门在各自的职责范围内，负责本行政区域内的专业建设工程安全生产的监督管理。

第四十一条　建设行政主管部门和其他有关部门应当将本条例第十条、第十一条规定的有关资料的主要内容抄送同级负责安全生产监督管理的部门。

第四十二条　建设行政主管部门在审核发放施工许可证时，应当对建设工程是否有安全施工措施进行审查，对没有安全施工措施的，不得颁发施工许可证。

建设行政主管部门或者其他有关部门对建设工程是否有安全施工措施进行审查时，不得收取费用。

第四十三条　县级以上人民政府负有建设工程安全生产监督管理职责的部门在各自的职责范围内履行安全监督检查职责时，有权采取下列措施：

（一）要求被检查单位提供有关建设工程安全生产的文件和资料；

（二）进入被检查单位施工现场进行检查；

（三）纠正施工中违反安全生产要求的行为；

（四）对检查中发现的安全事故隐患，责令立即排除；重大安全事故隐患排除前或者排除过程中无法保证安全的，责令从危险区域内撤出作业人员或者暂时停止施工。

第四十四条　建设行政主管部门或者其他有关部门可以将施工现场的监督检查委托给建设工程安全监督机构具体实施。

第四十五条　国家对严重危及施工安全的工艺、设备、材料实行淘汰制度。具体目录由国务院建设行政主管部门会同国务院其他有关部门制定并公布。

第四十六条　县级以上人民政府建设行政主管部门和其他有关部门应当及时受理对建设工程生产安全

事故及安全事故隐患的检举、控告和投诉。

第六章 生产安全事故的应急救援和调查处理

第四十七条 县级以上地方人民政府建设行政主管部门应当根据本级人民政府的要求，制定本行政区域内建设工程特大生产安全事故应急救援预案。

第四十八条 施工单位应当制定本单位生产安全事故应急救援预案，建立应急救援组织或者配备应急救援人员，配备必要的应急救援器材、设备，并定期组织演练。

第四十九条 施工单位应当根据建设工程施工的特点、范围，对施工现场易发生重大事故的部位、环节进行监控，制定施工现场生产安全事故应急救援预案。实行施工总承包的，由总承包单位统一组织编制建设工程生产安全事故应急救援预案，工程总承包单位和分包单位按照应急救援预案，各自建立应急救援组织或者配备应急救援人员，配备救援器材、设备，并定期组织演练。

第五十条 施工单位发生生产安全事故，应当按照国家有关伤亡事故报告和调查处理的规定，及时、如实地向负责安全生产监督管理的部门、建设行政主管部门或者其他有关部门报告；特种设备发生事故的，还应当同时向特种设备安全监督管理部门报告。接到报告的部门应当按照国家有关规定，如实上报。

实行施工总承包的建设工程，由总承包单位负责上报事故。

第五十一条 发生生产安全事故后，施工单位应当采取措施防止事故扩大，保护事故现场。需要移动现场物品时，应当作出标记和书面记录，妥善保管有关证物。

第五十二条 建设工程生产安全事故的调查、对事故责任单位和责任人的处罚与处理，按照有关法律、法规的规定执行。

第七章 法 律 责 任

第五十三条 违反本条例的规定，县级以上人民政府建设行政主管部门或者其他有关行政管理部门的工作人员，有下列行为之一的，给予降级或者撤职的行政处分；构成犯罪的，依照刑法有关规定追究刑事责任：

（一）对不具备安全生产条件的施工单位颁发资质证书的；

（二）对没有安全施工措施的建设工程颁发施工许可证的；

（三）发现违法行为不予查处的；

（四）不依法履行监督管理职责的其他行为。

第五十四条 违反本条例的规定，建设单位未提供建设工程安全生产作业环境及安全施工措施所需费用的，责令限期改正；逾期未改正的，责令该建设工程停止施工。

建设单位未将保证安全施工的措施或者拆除工程的有关资料报送有关部门备案的，责令限期改正，给予警告。

第五十五条 违反本条例的规定，建设单位有下列行为之一的，责令限期改正，处20万元以上50万元以下的罚款；造成重大安全事故，构成犯罪的，对直接责任人员，依照刑法有关规定追究刑事责任；造成损失的，依法承担赔偿责任：

（一）对勘察、设计、施工、工程监理等单位提出不符合安全生产法律、法规和强制性标准规定的要求的；

（二）要求施工单位压缩合同约定的工期的；

（三）将拆除工程发包给不具有相应资质等级的施工单位的。

第五十六条 违反本条例的规定，勘察单位、设计单位有下列行为之一的，责令限期改正，处10万元以上30万元以下的罚款；情节严重的，责令停业整顿，降低资质等级，直至吊销资质证书；造成重大安全事故，构成犯罪的，对直接责任人员，依照刑法有关规定追究刑事责任；造成损失的，依法承担赔偿责任：

（一）未按照法律、法规和工程建设强制性标准进行勘察、设计的；

（二）采用新结构、新材料、新工艺的建设工程和特殊结构的建设工程，设计单位未在设计中提出保障施工作业人员安全和预防生产安全事故的措施建议的。

第五十七条　违反本条例的规定，工程监理单位有下列行为之一的，责令限期改正；逾期未改正的，责令停业整顿，并处10万元以上30万元以下的罚款；情节严重的，降低资质等级，直至吊销资质证书；造成重大安全事故，构成犯罪的，对直接责任人员，依照刑法有关规定追究刑事责任；造成损失的，依法承担赔偿责任：

（一）未对施工组织设计中的安全技术措施或者专项施工方案进行审查的；

（二）发现安全事故隐患未及时要求施工单位整改或者暂时停止施工的；

（三）施工单位拒不整改或者不停止施工，未及时向有关主管部门报告的；

（四）未依照法律、法规和工程建设强制性标准实施监理的。

第五十八条　注册执业人员未执行法律、法规和工程建设强制性标准的，责令停止执业3个月以上1年以下；情节严重的，吊销执业资格证书，5年内不予注册；造成重大安全事故的，终身不予注册；构成犯罪的，依照刑法有关规定追究刑事责任。

第五十九条　违反本条例的规定，为建设工程提供机械设备和配件的单位，未按照安全施工的要求配备齐全有效的保险、限位等安全设施和装置的，责令限期改正，处合同价款1倍以上3倍以下的罚款；造成损失的，依法承担赔偿责任。

第六十条　违反本条例的规定，出租单位出租未经安全性能检测或者经检测不合格的机械设备和施工机具及配件的，责令停业整顿，并处5万元以上10万元以下的罚款；造成损失的，依法承担赔偿责任。

第六十一条　违反本条例的规定，施工起重机械和整体提升脚手架、模板等自升式架设设施安装、拆卸单位有下列行为之一的，责令限期改正，处5万元以上10万元以下的罚款；情节严重的，责令停业整顿，降低资质等级，直至吊销资质证书；造成损失的，依法承担赔偿责任：

（一）未编制拆装方案、制定安全施工措施的；

（二）未由专业技术人员现场监督的；

（三）未出具自检合格证明或者出具虚假证明的；

（四）未向施工单位进行安全使用说明，办理移交手续的。

施工起重机械和整体提升脚手架、模板等自升式架设设施安装、拆卸单位有前款规定的第（一）项、第（三）项行为，经有关部门或者单位职工提出后，对事故隐患仍不采取措施，因而发生重大伤亡事故或者造成其他严重后果，构成犯罪的，对直接责任人员，依照刑法有关规定追究刑事责任。

第六十二条　违反本条例的规定，施工单位有下列行为之一的，责令限期改正；逾期未改正的，责令停业整顿，依照《中华人民共和国安全生产法》的有关规定处以罚款；造成重大安全事故，构成犯罪的，对直接责任人员，依照刑法有关规定追究刑事责任：

（一）未设立安全生产管理机构、配备专职安全生产管理人员或者分部分项工程施工时无专职安全生产管理人员现场监督的；

（二）施工单位的主要负责人、项目负责人、专职安全生产管理人员、作业人员或者特种作业人员，未经安全教育培训或者经考核不合格即从事相关工作的；

（三）未在施工现场的危险部位设置明显的安全警示标志，或者未按照国家有关规定在施工现场设置消防通道、消防水源、配备消防设施和灭火器材的；

（四）未向作业人员提供安全防护用具和安全防护服装的；

（五）未按照规定在施工起重机械和整体提升脚手架、模板等自升式架设设施验收合格后登记的；

（六）使用国家明令淘汰、禁止使用的危及施工安全的工艺、设备、材料的。

第六十三条　违反本条例的规定，施工单位挪用列入建设工程概算的安全生产作业环境及安全施工措施所需费用的，责令限期改正，处挪用费用20%以上50%以下的罚款；造成损失的，依法承担赔偿责任。

第六十四条　违反本条例的规定，施工单位有下列行为之一的，责令限期改正；逾期未改正的，责令停业整顿，并处5万元以上10万元以下的罚款；造成重大安全事故，构成犯罪的，对直接责任人员，依照刑法有关规定追究刑事责任：

（一）施工前未对有关安全施工的技术要求作出详细说明的；

（二）未根据不同施工阶段和周围环境及季节、气候的变化，在施工现场采取相应的安全施工措施，或者在城市市区内的建设工程的施工现场未实行封闭围挡的；

（三）在尚未竣工的建筑物内设置员工集体宿舍的；

（四）施工现场临时搭建的建筑物不符合安全使用要求的；

（五）未对因建设工程施工可能造成损害的毗邻建筑物、构筑物和地下管线等采取专项防护措施的。

施工单位有前款规定第（四）项、第（五）项行为，造成损失的，依法承担赔偿责任。

第六十五条 违反本条例的规定，施工单位有下列行为之一的，责令限期改正；逾期未改正的，责令停业整顿，并处10万元以上30万元以下的罚款；情节严重的，降低资质等级，直至吊销资质证书；造成重大安全事故，构成犯罪的，对直接责任人员，依照刑法有关规定追究刑事责任；造成损失的，依法承担赔偿责任：

（一）安全防护用具、机械设备、施工机具及配件在进入施工现场前未经查验或者查验不合格即投入使用的；

（二）使用未经验收或者验收不合格的施工起重机械和整体提升脚手架、模板等自升式架设设施的；

（三）委托不具有相应资质的单位承担施工现场安装、拆卸施工起重机械和整体提升脚手架、模板等自升式架设设施的；

（四）在施工组织设计中未编制安全技术措施、施工现场临时用电方案或者专项施工方案的。

第六十六条 违反本条例的规定，施工单位的主要负责人、项目负责人未履行安全生产管理职责的，责令限期改正；逾期未改正的，责令施工单位停业整顿；造成重大安全事故、重大伤亡事故或者其他严重后果，构成犯罪的，依照刑法有关规定追究刑事责任。

作业人员不服管理、违反规章制度和操作规程冒险作业造成重大伤亡事故或者其他严重后果，构成犯罪的，依照刑法有关规定追究刑事责任。

施工单位的主要负责人、项目负责人有前款违法行为，尚不够刑事处罚的，处2万元以上20万元以下的罚款或者按照管理权限给予撤职处分；自刑罚执行完毕或者受处分之日起，5年内不得担任任何施工单位的主要负责人、项目负责人。

第六十七条 施工单位取得资质证书后，降低安全生产条件的，责令限期改正；经整改仍未达到与其资质等级相适应的安全生产条件的，责令停业整顿，降低其资质等级直至吊销资质证书。

第六十八条 本条例规定的行政处罚，由建设行政主管部门或者其他有关部门依照法定职权决定。

违反消防安全管理规定的行为，由公安消防机构依法处罚。

有关法律、行政法规对建设工程安全生产违法行为的行政处罚决定机关另有规定的，从其规定。

第八章 附 则

第六十九条 抢险救灾和农民自建低层住宅的安全生产管理，不适用本条例。

第七十条 军事建设工程的安全生产管理，按照中央军事委员会的有关规定执行。

第七十一条 本条例自2004年2月1日起施行。

主要参考文献

[1] 李峻. 建筑法概论. 北京：中国建筑工业出版社，1999.
[2] 王立久. 建设法规. 北京：中国建材工业出版社，2000.
[3] 叶胜川. 工程建设法规. 武汉：武汉工业大学出版社，1999.
[4] 朱树英. 建设工程法律实务. 北京：法律出版社，2001.
[5] 建筑业与房地产企业工商管理培训教材编审委员会. 建设法律概论. 北京：中国建筑工业出版社，1998.
[6] 都芳芳. 建筑法律法规实用手册. 合肥：安徽科学技术出版社，1999.
[7] 孙镇平. 建设工程合同案例评析. 北京：知识产权出版社，2002.
[8] 孙镇平. 建设工程合同. 北京：人民法院出版社，2000.
[9] 孙连生，孙红. 建设法律实用指南. 北京：中国建材工业出版社，2000.
[10] 中华人民共和国建设部，人事教育劳动司与体改法规司. 建设法规教程. 北京：中国建筑工业出版社，1996.
[11] 中国机械工业教育协会. 建设法规与案例分析. 北京：机械工业出版社，2001.
[12] 黄强光. 建设工程合同. 北京：法律出版社，1999.
[13] 王红亮. 承揽合同·建设工程合同. 北京：中国法制出版社，2000.
[14] 黄安永. 建设法规. 南京：东南大学出版社，2002.
[15] 卞耀武. 中华人民共和国建筑法释义. 北京：法律出版社，1998.
[16] 王天翊. 建筑法案例精析. 北京：人民法院出版社，1999.
[17] 张淑君，孟庆达. 城市建设实用法律教程. 天津：天津大学出版社，2001.
[18] 严军兴，官以德. 中华人民共和国合同法典型案例精析. 北京：中国法制出版社，2000.
[19] 刘健新. 监理概论. 北京：人民交通出版社，2001.
[20] 全国监理工程师培训教材编审委员会. 工程建设监理概论. 北京：中国建筑工业出版社，1997.
[21] 全国人大法工委研究室. 中华人民共和国招标投标法释义. 北京：人民法院出版社，1999.
[22] [美] 彼得·哈伊. 美国法律概论. 2版. 沈宗灵译. 北京：北京大学出版社，1997.
[23] 李亚虹. 美国财产法. 北京：法律出版社，1999.
[24] 王名杨. 法国行政法. 北京：中国政法大学出版社，1997.